衡阳市社会科学著作出版资助项目
（HYSSHKXZZCBZZ2023CBZ）（二）01

胡安国与子侄年谱

胡秀华　胡定华 ◎ 编著

湖南大学出版社

图书在版编目（CIP）数据

胡安国与子侄年谱／胡秀华，胡定华编著. —长沙：湖南大学出版社，2024.8
ISBN 978-7-5667-3481-5

Ⅰ.①胡…　Ⅱ.①胡…　②胡…　Ⅲ.①胡安国（1074-1138）—家族—年谱
Ⅳ.①B244.99

中国国家版本馆 CIP 数据核字（2024）第 062628 号

胡安国与子侄年谱
HUANGUO YU ZIZHI NIANPU

编　　著：胡秀华　胡定华
责任编辑：崔　桐
印　　装：湖南湘衡彩印有限公司
开　　本：710 mm×1000 mm　1/16　　印　　张：30　字　　数：470 千字
版　　次：2024 年 8 月第 1 版　　　　印　　次：2024 年 8 月第 1 次印刷
书　　号：ISBN 978-7-5667-3481-5
定　　价：168.00 元

出 版 人：李文邦
出版发行：湖南大学出版社
社　　址：湖南·长沙·岳麓山　　　　　邮　　编：410082
电　　话：0731-88822559（营销部），88821594（编辑室），88821006（出版部）
传　　真：0731-88822264（总编室）
网　　址：http://press.hnu.edu.cn
电子邮箱：1697604281@ qq.com

《胡安国与子侄年谱》编纂委员会

顾　　　问　　旷瑜炎　胡显西　胡定明　胡湘云

名誉主任　　胡运武　胡支明　胡湘岳　唐仕亮　胡文学

主　　　任　　胡国民

常务副主任　胡秀华　胡定华　胡重阳

副　主　任（以姓氏笔画为序）

　　　　　　　刘　洁　李玉成　杨菊云　肖晓华　罗海龙

　　　　　　　胡心树　胡玉生　胡生正　胡光军　胡光明

　　　　　　　胡光南　胡光辉　胡向阳　胡宏平　胡泽民

　　　　　　　胡建军　胡桂清　胡海强　胡　敏　胡湘宇

　　　　　　　胡蔚东　胡融峰　徐　衡

委　　　员（以姓氏笔画为序）

　　　　　　　汤佳杰　胡心平　胡冬科　胡吉瑞　胡光平

　　　　　　　胡光林　胡光政　胡光新　胡　伟　胡伏初

　　　　　　　胡自文　胡全州　胡庆国　胡运波　胡　岚

　　　　　　　胡伯恺　胡启辉　胡　果　胡　珀　胡根荣

　　　　　　　胡海泉　胡竟超　胡棣华　胡湘江　胡镇庚

　　　　　　　胡赛美　胡耀玉

　　2016年11月5日，思想史学者，深圳大学教授、博士生导师王立新为了MOOC课程"天地大儒王船山"的录制，赴衡阳县湘西草堂。其间，受胡国民的邀请专程来南岳讲授宋代胡安国、胡宏父子开创的湖湘学派。
　　左起：胡秀华、胡重阳、王立新、胡国民、杨菊云

　　岳麓书院，自北宋以来为我国四大书院之一。宋代理学名儒胡安国、胡宏父子开创的湖湘学派弦歌不绝、千年文脉在这里得以薪火相传；张栻和朱熹会讲让岳麓书院名扬天下。清乾隆九年(1744)，清高宗乾隆皇帝颁"道南正脉"额。

　　左起：胡国民、胡定华、胡秀华、胡湘云(本年谱顾问、湖南省制造业信息化工程专家、湖南大学管理学副教授)

左一，旷瑜炎，文化学者，本《年谱》顾问，衡阳市人大常委会原副主任，在南岳衡山烟霞书院留影

左起：胡国民（本《年谱》编委会主任）、胡秀华、胡显西（本《年谱》顾问，衡阳市南岳区人大常委会原主任）、胡定华

长沙衡山商会执行会长、长沙宝沣信息技术咨询有限责任公司董事长胡运武与夫人曾庆红

安徽天长市千秋房地产开发公司董事长胡支明的南岳心愿之旅

左起：胡湘岳、胡秀华、胡国民、胡定华、胡运武

图中：胡湘岳（衡山县佳和建材有限公司董事长）

左起：杨光辉（岳云中学教师）、胡国民、彭文星（岳云中学党委书记）、胡定华、胡秀华、吕强（岳云中学校长）

湖南省100强民营企业——湖南衡洲建设有限公司董事长唐仕亮（图中左一）、总经理唐崇宇（图中左二），主持召开公司管理层人员会议

原中国西北航空公司高级经济师胡文学与夫人苗秦

左起：胡国民、胡秀华、胡定华、
杨菊云（岳云中学教师，本《年谱》
图照主要摄影者）

左起：胡运波、胡融峰（文化学
者、衡山人）、胡秀华、胡国民、胡定
华、胡蔚东（文化学者、衡东人）

2022年11月26日，《胡安国与子侄年谱》书稿首次研讨会在湖南东一文化传媒集团衡阳工作室召开。

左起：胡瀚允(东一文化传媒集团负责人)，胡国繁(文化学者、王船山故里研学实践教育基地理事长)，胡秀华，胡素(文化学者、中辞赋会员、衡南县文联原主席)，胡朝阳(文化学者、衡南县文广新局原副局长兼文化馆馆长)

湖南省示范中学——岳云中学。其前身系宋代理学名儒胡安国、胡宏父子创建的文定书院，明嘉靖年间著名学者、大臣湛若水，号甘泉，讲学南岳衡山，创建的甘泉书院和白沙书院。1946年，岳云中学从长沙迁至南岳衡山，将原文定书院、甘泉书院、白沙书院作为办学基地

"有本亭"坐落在湖南湘潭县锦石乡碧泉村碧泉潭泉水出口处山之上方。现"有本亭"景点，系2010年碧泉村"两委"重建

宋高宗建炎三年（1129）冬，宋代理学名儒胡安国父子为避战乱，举家从湖北荆门迁徙至湘潭碧泉，购地筑庐、讲学授徒，建碧泉书院和有本亭

　　左起：彭春和（文定学校副校长）、胡定华、文德富（文定学校董事长）、胡秀华、李华（文定学校党委书记）、赵铁江（文定学校校长）、胡国民

　　左起：胡凌智（湘潭人）、胡定明（本年谱顾问，湖南省优秀民营企业家，益阳人）、胡国民

　　甲辰年公祭舜帝典礼后，湘潭胡杏香率部分胡姓宗亲赴永州东安九龙岩，随访考察胡安国父子于宋高宗绍兴元年（1131）在九龙岩摩崖的题名实景。
　　图左起：胡铁湘、胡湘富、胡杏香（以上三位湘潭人）胡仕林（贵州）、胡曼文（邵阳）、胡洪林（永州）、胡科洪（湘潭）

　　2023年7月9日，本《年谱》作者一行赴湘潭县锦石乡碧泉村考察瞻仰宋代胡安国父子创建的"碧泉书院"遗址，并参观"有本亭"等景点。
　　图左起：胡国民与小孙子、谭俊明（碧泉村支部书记）、胡定华、胡秀华、胡德意（湘潭）

　　左起第一排：胡定华、胡秀华、胡香一（文化学者，江西吉安日报原副总编辑）胡国民、胡融峰、胡香一的夫人

　　左起第二排：胡重阳、胡良忠、胡泽民、胡仕礼（文化学者，江苏南京市人）胡秋民、胡赛美

　　左起：胡铁华（文化学者，湖南湘潭人）、胡恒俊（文化学者，江苏徐州市人）

　　左二：胡良忠（福建武夷山市胡安国文化研究会会长）

序

天下名山众，秀在南岳峰。南岳有贤者，千岁烟雨蒙。人类造文明，华夏仅一种。赵宋南渡后，辗转入湘中。

公元1129年深秋，一户50余口的胡姓人家，为了躲避战乱、谋求生息繁衍，从湖北荆门流落到三湘四水之间。这户人家的掌舵人，是1097年获得科举考试进士第三名的胡安国，他的原籍是福建崇安，今天叫武夷山市。

他本来是这次科举考试最高分，却因作文没有喊出执政者爱听的政治口号，加上考生中又有当朝宰相的儿子，所以在公布成绩之前，排名一路下滑。幸亏当时的皇帝宋哲宗一时心血来潮，看了他写的文章，连连称赞，并且亲自把他的排名提到第三位，要不然他在榜上的排名可能就会下落到十几位甚至几十位之后去了。

这位胡安国同学，毕业后担任过不少官职，迁居湖南之前，担任过湖北和湖南的提学官，相当于今天的省教育厅厅长。这个官职本来并不值得一提，之所以提一下，是因为他是中国历史上的第一批省教育厅厅长，他担任荆湖北路提学那年，中国第一次设立这种官位，时间是1103年，按照宋代纪年，是宋徽宗崇宁二年。建议并推行这项行政建制的，是当时的宰相蔡京。蔡京虽然是一代奸佞，但他在推行地方教育方面做出过不小的历史贡献。

因为性格刚直，坚定孔孟伦理信念，胡安国拒绝与蔡京合作，在官场一路受挫，再加上时运不济，从北方草原上一路南下的女真军队，忽然像旋风一般，以其势不可挡的战斗力，将北宋政权连根拔起。中原地区的匪盗，趁势在河南、湖北一带劫掠烧杀，胡安国只好携带家眷、僮仆等，流离失所，如同飘零的落叶，被历史的冷风，吹到湘潭县一个叫碧泉的小池塘边上，暂时躲避下来。

此后若干年，胡安国往复湘潭与衡山之间，讲学授徒，为古代一部叫作《春秋》的儒家经典做注释工作，借此表达自己对时政和社会风气的不满，同时对新建的南宋王朝提点正面建议。

胡安国去世后，他的儿子们继承父业，尤其是他的小儿子胡宏，继续在湖南地区讲学授徒，传播儒家正统的忠孝伦理，表达对国家前途和民众生存的忧虑。

湖南地区原本文化水平偏低、官民孤陋寡闻、风俗好勇斗狠，由于胡氏父子两代人的不懈努力，加上学生们的影响力，上述情况在几十年间有了不小的改善。特别是胡宏，还在对儒家主流思想与核心价值的理解和表达方面，展现出了自己独特的风格，会聚了一个经常在一起互相讨论问题、互相勉励人格的相对稳定的学者群体，这个群体，不久之后，被朱熹称作湖湘学派。

笔者曾将这个学派，约略划分为五个不同发展时期，胡安国的时期属于开创时期（大致在1129—1138年），胡宏的时期是定型时期（大致在1141—1161年），张栻的时期为发展和外传时期（大致在1164—1180年），胡大时时期是巩固期和转型期（大致在1183—1220年），后面直到元军攻陷长沙和衡阳的1276年，是退化期和消亡期。

第一、第二和第四个时期，学术、思想的领袖，都是这户胡姓的家人，胡大时是胡宏的幼子。第三个时期的领军人物是张栻，他是胡宏的入室弟子。第五个时期已无明显的代表性学者，但湖湘学派的精神还在，所以才能在面对强大的蒙古军队时，士人们纷纷投笔从戎，为维护自己的生存权益、保卫国家政权、捍卫民族文化尊严，而甘愿以卵击石，慷慨赴死。

胡氏父子创立湖湘学派，在推动湖南地区教育发展、继承传统儒家伦理、改变地方风俗等方面，做出了突出的历史性贡献。胡氏一门，在南宋一朝之中，英杰辈出，接踵相继，确实值得历史记载，也确有相当的研究价值，这早已引起学者们的重视。近些年来，胡氏一族参与此项研究的后人也越来越多，他们多半依据所藏族谱，记述祖先事迹，表彰祖先功德。胡秀华先生就是其中的佼佼者。作为胡安国的第33代子孙，秀华先生生长于衡南县，是衡阳一带小有名气的地方文化学者。

为了 MOOC "天地大儒王船山" 的录制，2016 年冬，我专程赶赴船山（王夫之）先生晚年隐居著述的衡阳县湘西草堂，摄取外景。家住南岳区的胡安国后裔胡国民先生，特意开车接送，安排我在南岳住宿，并将我来到南岳的消息，告知附近各县胡安国后人。胡秀华先生得知消息，从衡南县特意赶到南岳看望，将自己用时十三年独立编著的一百四十万字的《中国姓氏起源考与历史名人》，不吝赐赠予我。

之后，我每受邀请到衡阳讲学，秀华先生都不辞辛苦，前来助兴听讲，亲切交谈。粗略算来，数年间，我已与秀华先生晤面五六次，成了非常熟悉的老朋友。

秀华先生今岁七十三，前日又将即将出版的新著《胡安国与子侄年谱》邮寄过来，嘱为作序。

秀华先生作为中国姓氏学研究专家，这次将研究重心放在自己祖先的身上。一方面是他对姓氏学研究的进一步深化，一方面也表达了他作为后人的颂扬先德之心。这是我的理解。

与一般的家族谱牒不同，该著作参考了正史和相关地方史志，还参考了相关学者的研究成果，包括我的。该著作的不少内容，都曾经与我商讨过，征询过我的意见。依我的感觉，在史料真伪的辨识上，秀华先生下了不少功夫，不是仅凭自家族谱，人云亦云。秀华先生的新著，主要部分集中在对胡安国、胡宪、胡寅、胡宁、胡宏、胡大原、胡大壮、胡大时等的实际历史情况的汇总上，同时附录了有关他们的一些历史文献，还有他们的重要文章片段、所存诗歌等，不仅记录祖先的功德，而且对研究湖湘学派的学者也有一定参考价值。更为具体的一些内容，读者朋友可以通过阅读了解，无须本序赘介。

本序想借此说两句题外的话语。

修族谱和续修族谱之类，与祭祀祖先一样，古已有之，传续不绝。这类做法，在古代社会，是孝子贤孙的事业，也是他们人生价值的一种体现，既用以表明他们对祖先恩德的感戴和答谢，又有教育后来者，光耀门楣，不使祖先光辉陨落于地的用意。

时代已不同，今人对上述问题要有新的理解，需要与时俱进，不能躺在祖先的功劳簿子上休眠，更不能时代前行而我们反在倒退。包括撰写族谱和祭祀祖先的用心和方式，都应当有所改进。

我非常不喜欢，同时也不愿意参与各种祭祀先贤的群体性活动，总觉得这样的做法里，容易掺进更多另外的用心。真要是敬重先贤，学学他们的人生品格，了解一下他们的思想，比搞大规模的祭祀活动，更实在，更真挚，也更有益，还绿色环保。如果祭祀的是祖先，情况就更不一样，如果只是为了表达心情、表达感情那倒还好，其他任何想法和心思，只要一动，行为就会变质，就成了利用祖先，就属于长距离的"啃老"。

不论是修族谱，还是搞祭祀活动，只要越过敬、爱的界限，就是心存了另外的目的，不管这种目的，是出于攀附和利用权势，还是借此呼吁赞助，从而获得利益，或者借机拉关系，借此显示自己不忘本，也不论是地方政府的作为还是民间家族的作为。只要发动了敬、爱以外的其他心思，就是不道德的，就是不仁义的。

赞美祖先的功德，不如自己做出成就，故意显示自己不忘本，其实就是已经忘本了。而故意张扬自己家族或自己民族，强于别的家族或民族，借以藐视甚至敌视其他家族或民族，制造盲目排外情绪，鼓荡夜郎自大的既愚蠢又恶劣的心机，封闭家族与国族，阻断向他族和世界学习的路径，危险性和危害性就会更大。今日若修族谱或者续修族谱、祭祀先贤、祭祀祖先，必应先知此义，否则的话，上述的做法不仅无益，而且后患无穷。

回望，是为了向前走得更坚定，中国需要进步发展，泥古复辟是自毁前程。

因为秀华先生写作的这部新著，并没有上述的用心，所以才会应命为他作序。感谢秀华先生的信赖。

王立新[1]

2022 年 9 月 20 日于深圳

---

① 王立新　1962 年出生，黑龙江省青冈县人。思想史学者，深圳大学教授、博士生导师，长期从事中国传统文化和中国经典哲学的教学与研究。著有《胡宏》《开创时期的湖湘学派》《理学开山周敦颐》《从胡文定到王船山：理学在湖南地区奠立与开展》《天地大儒王船山》《大宋真天子》《孔子的智慧》等。

前　言

　　《胡安国与子侄年谱》，系以编年体体裁编纂记述北宋晚期至南宋初期理学名儒、湖湘学派开创者胡安国等五位先贤生平纪事的传记著述。

一、先说说两宋名儒胡安国

（一）胡安国其人

　　胡安国（1074—1138），字康侯，学者称武夷先生，崇安（今福建武夷山市）人。宋代著名学者、理学名臣、经学家、教育家，湖湘学派的奠基者、开创者。中绍圣四年（1097）进士甲科，宋哲宗皇帝亲擢其为第三名，是为探花。历官荆门府学教授，迁太学录，旋迁太学博士，提举湖北路、湖南路学事，除太常少卿、起居郎，赐三品服，寻改右文殿修撰、出知通州，召试中书舍人、给事中兼侍讲，为皇上与大臣专讲《春秋》经义，是为一代儒学宗师；宋高宗绍兴五年（1135），出知永州，是年奉诏编纂《春秋传》。绍兴六年（1136）冬书成，上呈宋高宗。绍兴七年（1137）进宝文阁直学士。绍兴八年（1138）四月，胡安国卒，享年65岁。谥文定。

　　胡安国性格耿直，为官清廉，重视教书育人，一生重气节、轻名利，不趋炎附势，不阿谀权贵，表现出鲜明的个性，具有强烈的爱国情怀和民族情感。

（二）胡安国所处的时代

　　胡安国青壮年时代，已是北宋的晚期，社会肌体早已病入膏肓，他24岁参加科举考试，被一句"无诋元祐语"所责难，差点落选。"无诋元祐语"是什么意思，就是指责他在答卷中没有批评元祐年间的朝政。说是小题大作吧，还不如说是科举舞弊。为什么这样说呢，宋哲宗九岁登基，年号"元祐"，朝政由太皇太后把持，乱政频出。待到哲宗十七岁亲政，自然是另谋作为，此时的士子应试，可以批评元祐朝政，也可以不批评，并不是一种必选项，仅仅是因为当朝宰相章惇之子也参与了此次科考，想要排名靠前，就以这种政治立场为由头，将胡安国打压下去。这不光是科场腐败，更是政治腐败。好在哲宗皇帝年轻有为，当殿面试策问，亲擢胡安国为第三名。由此，胡安国才有机会出仕。宋哲宗亲政不及九年，二十五岁驾崩，其弟端王继位，是为宋徽宗。宋徽宗是一个只爱石头花草，不爱江山的天子，"花石纲"是他的独门杰作。当金军兵临城下的时候，玩石头花草的宋徽宗只好禅位太子，钦宗继位，不及两年，靖康之变，北宋灭亡。这样的时代，即使胡安国出将入相，也难大有作为。宋室南渡，历史选择了宋高宗，宋高宗选择了谋和偏安。胡安国就只好做他的学问。

（三）胡安国其学术地位

胡安国不能算作一个高官，尽管他进士及第、探花出仕，主管过多地的地方事务，尽管他后来授三品衔，赐紫金鱼袋，但是他仕宦四十余年，历职不及六载。《宋史》中关于他的政绩、记述不多。另外那二十多年，他在干什么呢？他在做一个专心学术的学者，专治《春秋》学，以致做成了一个大学问家。关于《春秋》释义，他做到什么程度呢？到了他晚年"引疾辞官，隐归南岳"时，宋高宗担心的倒不是他不能做自己的侍讲了，而是担心他的学问有可能随着他的离去而失传。于是宋高宗想到了一个挽救的办法：同意他辞官隐归，并指示要"重悯劳之"，但附加一个条件："可特从其请，令纂修所著《春秋传》，候书成进入，以副朕崇儒重道之意。"可见宋高宗求《春秋传》之急迫心情。胡安国于绍兴五年四月间，自永州知府任上请辞，回到南岳衡山，将筑庐新居取土开挖的池塘，取名"应诏池"。此池后来叫"春秋池"。既然是奉诏纂修《春秋》，自然就慢不得。好在，成功往往只会留给有准备的人，胡安国积三十年对《春秋》的精研，晚年在应诏池旁以引疾之体、隐归之身，于绍兴六年冬终于完成了千古名篇胡氏《春秋传》。后世称之为《春秋胡传》或《胡氏春秋传》。

二、《春秋胡传》对南宋及后世的影响

（一）治国方略，必读之典籍

胡安国纂修的《春秋胡传》，宋高宗赞曰："深得圣人之旨，非诸儒所及也！"宋高宗赵构是南宋的开国皇帝，在位36年，他对胡安国编纂的《春秋胡传》喜爱有加，每每谓大臣曰："安国学优则仕，行顾于言，通经为儒者之宗，论事识治道之体。"由是将《春秋胡传》列为南宋帝王与大臣必读的经典、治国之方略，且率先垂范，身体力行，常对大臣曰："安国所解《春秋》，朕置之座右，虽间用传注，颇能发明经旨，朕喜《春秋》之学，率二十四日读一过。"

（二）讲学授徒，开湖湘学派

公元1126年，金人入侵宋廷京都汴京（今河南开封市），掳走徽、钦二帝，自此北宋败亡。史称"靖康之难"。由是，宋室南渡。

宋高宗建炎三年（1129）秋九月，胡安国居家湖北荆门漳水之滨，遭遇兵乱，故庐财物与数千卷文书被烧抢一空。于是胡宏偕同母亲王氏及家人百余口从荆门逃亡，但又不知去向何方。后得胡安国门人黎明等相助，胡安国及家人于是年秋冬之季，举家徙居湖南湘潭碧泉，之后又定居南岳衡山。其间，胡安国除奉诏纂修《春秋传》外，其主要任务是在湘潭和南岳讲学授徒，传播优秀儒家文化，讲授《春秋》，创建湘潭碧泉书院、南岳衡山文定书院，一时门人慕名而来，学子云集，从而奠立和开创了一个在中国古代学术史上具有特殊地域性的学术派别——湖湘学派。

这个地域性学派，发端于湘潭碧泉书院，拓展于南岳衡山文定书院，其鼎盛时期是在南宋乾道年间，胡宏门人张栻主讲长沙城南书院（今湖南第一师范学院）、岳麓书院（今湖南大学）时。湖湘学派的中心议题是论"性"说"道"，将性作为理学的本体。湖湘学派的学术特征，一是"经世致用，经邦济民"的政治理念；二是"学用结合，躬行践履"的哲学理念；三是"民为邦本、本固邦宁"的家国理念；四是"传道以济斯民"的教育理念。

胡安国父子创立的湖湘学派，对推动当时湖南地区的教育，对传承厚重的儒家思想文化，对湖南当时当地的地方风俗的演化发展，做出了突出的历史贡献，影响极其巨大。

（三）科举取士，经义范本之一

元、明两代及清朝初期，胡安国的《春秋胡传》被列为科举取士的经义范本之一。胡安国也因此被元、明、清三朝赐赠与追封。元至正二十二年（1362）八月，胡安国被追封楚国公；明正统二年（1437），胡安国从祀孔庙；明嘉靖十年（1531），尊称胡安国为先儒胡子；清顺治二年（1645），为至圣先师孔子立文庙，先儒欧阳修、司马光、胡安国等二十八人从祀。

三、胡安国与子侄的出彩人生片段

有道是成功者贵在坚持。宋哲宗元祐之际，在孔孟之道几陷入濒危的情况下，胡安国师从名儒程颐之友朱长文以及颍州靳裁之，开始接触程氏理学，并以此作为自己治学的目标凡三十余年，系统地、完整地整理出名留青史的《春秋胡传》，进呈宋高宗。此乃在国家危亡之际，时局动荡之秋，胡安国以一己之力挽狂澜于既倒，救学术于既绝，实为儒家思想发展史上之绝唱。

（一）胡安国的出彩人生片段

儿必大吾门　胡安国幼时就能背诵《蒙童训语》，七岁可赋小诗。祖母余氏抚之赞曰："儿必大吾门。"意思是说：这小子长大后，必定能够光大我们这个门庭。

当为大器，不移初心　胡安国十五岁在信州求学。一日，有马戏团演出，一众同窗轰然出室去看马戏表演，唯有胡安国不为所动而聚精会神读书。老师发现后赏赐他纸笔佳砚，并益勉之曰："当为大器。"两年之后，胡安国考入太学。

千里待亲，拒纳妾　胡安国29岁赴京师太学供职，除太学录。胡安国一人在京师为学官，距家荆门有千里之遥，同僚为其出谋纳卜姓女子为妾。他感叹而动情地说："我的亲人待养在千里之外，怎么可以做这种养妾的事呢？"自此，终身不复纳妾。

履职太学，恪守情操　胡安国29岁时，由太学录升为太学博士，原本有时间和机会去巴结高官，但是他坚持以圣人为标准，严守士大夫操守，不趋炎附势，"足不蹑权门"。

忠慎职守，从未登峰　宋徽宗崇宁四年（1105），在湖南路学事（相当于今省级教育厅厅长）任上的胡安国奉使湘中，首次来到南岳衡山，很想登山一游，遍览衡山之雄秀，俄而思之曰："非职事所在也。"又一日，其父母也想游南岳衡山，胡安国同样以"非职事"告之。其父母听到后，非常高兴，对胡安国说："尔周慎如此，吾复何忧？"晚年，胡安国奉诏在南岳衡山纂修《春秋传》，也从未登峰赏景。诚如胡寅《斐然集·先公行状》所云："晚岁，居山下五年，竟亦不出。"

身处患难，凝然不动　胡安国在湖南路学官任上，奉旨荐举永州布衣邓璋、王绘，却为奸人所诬陷，入置狱，被罢官。湖南帅臣曾广孝为官严正，钦佩胡安国的德行与学识，特去看望和安慰胡安国，回家后对身边人说："胡康侯当患难，凝然不动，贤于人远矣。"

侍母至孝，必躬必亲　胡安国40岁那年，母亲吴令人重病缠身。胡安国侍令人疾，食不尽器，衣不解带，居家哀毁，营奉窀穸，冒犯霜露，一事一物，必躬必亲。

献策高宗，共商国是　因靖康之变，国破家亡，民不聊生。绍兴二年（1132）春，宋高宗手谕在朝供职的胡安国长子胡寅，令其促召其父入朝。胡安国只好勉为其难同意赴京就职，并以《时政论》先献之。《时政论》凡二十一篇，是胡安国政治思想代表之作，亦是一部王道哲学，对于南宋初期国策制定以及后世湖湘文化的兴盛，影响极深。

一代帝师，邦家典型　绍兴二年（1132）八月一日，宋高宗令胡安国为侍读，专讲《春秋》，时讲官四人，援例乞各专一经，高宗曰："他人通经，岂胡安国比。"是年，朱熹之父朱松得晓胡安国任中书舍人兼侍讲，为帝王大臣讲授，即以书信祝贺，称其为："邦家典型，人物冠冕。"

霜松雪柏，道德宗师 胡安国少年即怀大志，操守自律；年二十四进士及第，为官四方，他周慎职事，律亲守廉；他执经侍讲，终成一代大儒，他挺然独秀，两袖清风留美名。谢良佐赞他："胡康侯如大冬严雪，百草萎死，而松柏挺然独秀也。"张栻赞他："其模范典型，皆足以师表后学。"真德秀赞他："惟公生于武夷而老于衡山，既乡间之先哲，又道德之宗师。"

（二）胡寅的出彩人生片段

鱼跃龙门，以为元嗣 胡寅本是胡安国堂兄胡淳之子，其胞兄就是籍溪先生胡宪。闽之俗，地狭人稠，计产养子。胡寅出生之时，其父母"以多男不举"，生活艰辛难以育养，故将其弃之水盆之中。胡安国母吴氏夜得一梦，有大鱼跃盆水中，碰巧见此情景，急忙将此婴儿救起，嘱令胡安国收养。对于此，胡寅后来在《斐然集·议服札子》中有云："抚怜鞠育，以为元嗣"。胡寅为胡安国元嗣，意为胡寅是胡安国第一个儿子，即长子也。

乳抱中常夜啼，张灯示书即止 据清雍正《崇安县志》记载，胡寅在乳抱中行为怪异，晚上不能安稳睡觉，常深夜啼哭，吵得大人不能入睡。一天深夜，胡寅又夜啼，且左哄右哄不得见效。于是祖母吴氏点燃了灯，拿一本书放在胡寅的眼前晃动，说怪不怪，怀抱中的胡寅真的不哭了。

移心于诵，读书破万卷 据《宋史》记载，胡寅少时"桀黠难制"，胡安国将其禁闭于空阁，其上有杂木，数十日之后，胡寅尽数将杂木刻成人形。于是，胡安国想到，应"移其心"，遂置书数千卷于空阁。一年多后，胡寅就做到了过目成诵。就是这些书，为胡寅后来的学术成就打下了坚实基础。

避见邦昌，择妻季兰 胡寅仪表堂堂，气宇轩昂，宣和三年（1121）进士，名列第十，年方24岁。时奸相张邦昌欲以女配胡寅，且逼迫甚急。胡寅年少气刚不从，逃之三日。太学同窗好友、同科进士张致远言："兵部郎中张訔有季女季兰，爱之。"次年四月，胡寅与张季兰在京师宜男桥岳父张彀家寓舍举行婚礼。这是胡寅在自己的婚姻大事上的一种识人之远，否则，五年之后，他就成为伪楚皇帝之婿了。

不趋张楚，心系南渡　靖康二年（1127），北宋败亡，金人扶奸人张邦昌为帝，建其傀儡政权"大楚"。依例，所有北宋官员均可入张楚政权为官，然胡寅不为所动，择机逃回家中，于次年随宋高宗南渡。建炎三年（1129）夏七月，宋高宗升杭州为临安府，擢胡寅为承奉郎试起居郎，为南宋中兴献策。

谪居岭南，《管见》行世　宋高宗绍兴二十年（1150），胡寅53岁，遭奸相秦桧"李光私史"冤案牵连，被贬果州（今四川省南充市）团练副使，岭南新州（今广东省云浮市新兴县）安置，类似于下放改造。绍兴二十五年（1155）十月，宰相秦桧中风身死，宋高宗令果州团练副使胡寅复职徽猷阁直学士，致仕。胡寅时年58岁，流放新州整整六年。其间，胡寅追忆先父胡安国生平事迹，撰写了《先公行状》，凡三万余言，以备太史氏采集；其后胡寅又编著成《读史管见》三十卷，六十万余言，该书表明了胡寅对历史和现实政治的态度，这是胡寅在没有任何文字参照的情况下，全凭记忆所作，足见其平日积累之深厚以及史学涵养功夫之厚重。朱熹赞曰："《读史管见》乃岭表所作，当时并无一册文字随行，只是记忆……"

（三）胡宁的出彩人生片段

辅父著《春秋》，辑外撰《通旨》　胡安国奉旨在南岳编纂《春秋传》，其文稿整理、文字检校均出自胡宁之手，这样，既有利于胡安国编纂之进度，又有利于胡宁对春秋学的领悟和掌握。胡安国病逝以后，为了让先父《春秋胡传》更加清晰完备，胡宁着手编撰《春秋通旨》，凡二百余章。故《宋史·胡宁传》载："安国之传《春秋》也，修纂检讨尽出宁手。宁又著《春秋通旨》，以羽翼其书云。"

胡宁讽桧，秦熺蒙羞　俗话说：一人得道，鸡犬升天。秦桧既已入相，其子秦熺也就很顺利地当上了资政殿大学士提举万寿观兼侍读知枢密院事。其时，胡宁在朝廷任敕令所删定官。有一天，秦桧问胡宁对于秦熺近来的任命外面有何议论，胡宁说："外议以为相公必不为蔡京所为也。"讽刺其事类同蔡京私权其子蔡攸。数日后，秦熺请求改任他职。

（四）胡宏的出彩人生片段

束发即著述，策志习伊洛 胡宏年十五（旧称束发之年），即自撰《论语说》，其序大意云，我自幼仰慕二程，只可惜生之太晚，不能随其左右以习伊洛之学，所以出这本书，就是鞭策自己将来学有所成。

托志有本，遂传家学 绍兴九年（1139）秋冬之季，胡宏将衡山紫云峰下居家讲学之处改建为书堂，为纪念父亲胡安国，以其谥号命名为文定书堂。绍兴十年（1140），胡宏又将湘潭碧泉书堂改建为碧泉书院。绍兴十一年（1141），胡宏又在碧泉潭上建了一座亭子，名曰"有本亭"，意在怀念追思先父胡文定公。

胡宏穷其一生治学，依托文定书院、碧泉书院，促进了湖湘学派的发展，他"优游于衡山脚下二十余年，玩心神明，不舍昼夜"，其学术成就在南宋初期达到了高峰，堪称一代大儒。

胡宏治学，传道张栻 胡宏的学术成就是在极其艰难的条件下取得的。在其先父胡安国去世后的十余年里，他"布衣藜杖，寻壑经丘，劝课农桑，以供衣食"。他在南岳紫云峰前作小圃，日亲圃事，并以其坚忍和乐观精神面对学术研究和惨淡生计。胡宏弄圃治学，盛名闻于外。张栻最初是以书信形式求教于胡宏，直至胡宏晚年即绍兴三十一年（1161），张栻才得有机会到南岳衡山（一说湘潭碧泉书院）拜见胡宏。五峰一见，知其大器，即以所闻孔门论仁亲切之旨告之。张栻遂得为胡宏最得意的弟子，与朱熹、吕祖谦齐名，是为南宋时东南三贤之一。

胡宏绝桧，终身不仕 秦桧当国，束其兄寅，说二弟何以"不通书问，意欲授登华要？"胡安国逝世后，秦桧一再招胡宏兄弟出仕，然而面对金人入侵，秦桧再度任宰相，仍奉行割地、称臣、纳贡的议和政策，在政治上打压抗金名将，甚至迫害岳飞至死，胡宏既以民族大义为重，在政治上与秦桧毫不妥协。故胡宏复书，词甚竣厉，人问之，曰："正恐其召，故示之以不可召之端耳。"严厉表明不与秦桧同朝为官。

（五）胡宪的出彩人生片段

胡宪讲学，传道朱熹　胡宪是胡安国堂兄胡淳之子，生性沉静，初从胡安国学于湖北荆门，后来胡安国改任提举湖南学事，胡宪又随侍左右，终得家学正统，26 岁入太学，36 岁科举落第，随即隐归故里籍溪，力田卖药行医以奉其亲，收徒讲学以益其学。在收徒讲学的过程中，从游者日益增多，尤其是结交了刘勉之、刘子翚之后，声名大振，时称"武夷三先生。"叔父胡安国称赞他有"隐君子操"。德行学问可圈可点。"闽学开宗"朱松与胡宪交好，非常认可胡宪，可惜英年早逝，享年 47 岁，临终前令儿子朱熹问教于武夷三先生。从此，年仅 13 岁的朱熹受业于胡宪、刘勉之和刘子翚，19 岁登进士第。

胡宪"混官"，断金败盟　绍兴六年（1136），51 岁的胡宪，第一次出仕，宋高宗诏令："建州布衣胡宪特赐进士出身，授左迪功郎，添差建州州学教授。"在任上之声望，诚如朱熹《籍溪先生胡公行状》所云："一时贤大夫闻其名者，亦皆注心高仰之。"胡宪第二次出仕，已是 75 岁高龄，召赴京师临安任秘书省正字。他在馆阁既没有用功于典册，也没有与年轻官员多说话，更没有向皇上、宰相上书之类。"人皆以为怪"。其实，大家所不知道的是，胡宪在任职期间默默地收集北边金国的资料信息，了解金人的动向，越来越清楚金人南侵的用意。于是胡宪用心整理文稿，冒着政治风险，上《章疏》论事，奏请皇上退金师之策，并建议重新启用已解职的元臣宿将张浚、刘锜。随后就辞归故里。遗憾的是，胡宪上疏之后，宋高宗并没有采纳胡宪建议。果然，不久金主完颜亮就以 60 万大军南下攻宋，导致宋军大败。胡宪的先见之明、断事之准，却跃然纸上。

四、本《年谱》在引用古籍文献时，对其部分讹误之处的校注说明

本《年谱》编纂是一项浩大的历史文化工程，所征引的古籍文献多达数十余部。自南宋以来的近九百年中，关于《宋史》与地方文献陆续编纂整理，刊刻印行，为中华文化的传承增加了不朽的文献瑰宝，然其文献中

也不乏讹误之处。主要为：

（一）有文献史实记载的讹误

比如，历史文献关于先贤胡寅的记载，其史实讹误多达数处。

一是，胡寅的生父本为胡安国的堂兄胡淳，而《宋史》与方志记载：胡寅是胡安国的弟弟之子。然胡寅出生时，而胡安国的弟弟胡安止、胡安老二位尚未出生。

二是，胡寅出生时被父母置水盆中欲将其淹死，急往救之的是胡安国母亲吴氏，然多部古籍文献记载说是胡安国的妻子。胡寅于宋哲宗元符元年（1098）在福建崇安县开耀乡籍溪里村出生，而此时的胡安国与夫人李氏尚在湖北荆门完婚不久，湖北荆门与福建崇安相距千余里，胡安国的妻子怎能急往救之？

三是，《宋史·胡寅传》载，胡寅卒于宋高宗绍兴二十一年（1151），胡寅因"李光私史"冤案，被宰相秦桧诬陷谪贬广东新州安置达六年之久。绍兴二十一年尚是贬谪安置第二年，且胡寅逝世是在秦桧之后，而秦桧在绍兴二十五年（1155）十月二十二日晚上中风而死。同年十二月，胡寅复徽猷阁直学士致仕。绍兴二十六年（1156）三四月间，胡寅从广东新州回到居家南岳衡山。据《续资治通鉴》和《宋史全文》记载，同年闰十月，胡寅病逝于衡州。

（二）有文稿整理或刊印时讹误

宋高宗绍兴十一年（1141）间，胡宏在湘潭碧泉潭上建造了一座亭子，名曰"有本亭"。意在怀念追思先父胡文定公，表其所愿学，以无忘先君子平生之言，由是胡宏撰写了《有本亭记》。然而《有本亭记》的首句"绍兴庚戌岁"，在年代干支表述上就出现失误，因为胡安国举家从湖北荆门迁居湘潭碧泉，实为宋高宗建炎三年（1129）。所以正确的表述是应是"建炎己酉之冬。""建炎己酉之冬"一说，胡宏在他的《祭杨子川文》《向侍郎行状》等多处文献中均是这样表述的。因为宋高宗的帝王年号在绍兴的三十二年中没有"庚戌"岁次之干支，"绍兴庚戌岁，"实为建炎己酉之冬。出现这种讹误应该不可能是一代大儒胡宏生前的笔误。宋孝宗淳熙二年（1175），胡宏逝世已是一十四年，胡宏季子胡大时将先父遗作诗文编纂整理为《五峰先生诗文全集》，呈恩师、岳父张栻审定，并请为之序。笔者推断，《有本亭记》的首句"绍兴庚戌岁"的讹误，或许是大时公编纂整理时有误，或许是后世刊印时有误。

（三）有在编修衡湘胡氏谱牒文献时，因困于年代久远，或许资料缺失所造成的讹误

这里不妨说说关于衡湘胡氏始迁祖先儒胡安国夫人的姓氏一事，对此，典籍文献与衡湘谱牒文献记载不一。在典籍文献《斐然集》中，胡寅多次提到先父安国公的夫人为李氏、王氏。绍兴十年（1140），胡寅在他的《申尚书省议服状》中有云："伏念寅于先父谥文定，为世适长子，服母李氏、继母王氏丧，合齐衰……"

绍兴八年（1138）至绍兴二十二年（1152），胡寅历时十五年，在谪居之地新州将文定公生平纪事反复订正，数易其稿，撰编成三万余言的《先公行状》。此时胡寅在新州并将《行状》誊抄了几份，分别寄送给了两位弟弟胡宁和胡宏，嘱其妥为珍藏，以利采用。《行状》关于胡安国的夫人一事，就有两处着墨，其一，"公初娶李氏，继室王氏，皆赠令人。"其二，"诸孤以其年九月一日，葬于潭州湘潭县龙穴山，令人王氏祔焉。"

洋洋三万余言的《先公行状》，是胡安国的生平记述，书成后，胡寅、胡宁、胡宏兄弟三人应各执有一册手稿珍存，今江西泰和舍溪胡氏尚珍藏《先公行状》先人的手抄本。《先公行状》后收录在胡寅专著《斐然集》中。宋宁宗嘉定三年（1210），闽人郑肇之持节湖湘，求先贤遗著，得胡宏季子，时年约62岁的胡大时将先伯父致堂公胡寅的遗著《斐然集》呈送郑肇之刊刻面世。至此，距胡寅逝世已有五十五年了。

《衡湘胡氏谱》尊始迁祖胡安国夫人为刘氏，而且记载只有一位夫人。衡湘胡氏一修谱是胡宏次子胡大壮，于宋宁宗嘉定十三年（1220）编修的。宋宁宗朝参知政事（副宰相）兼知潭州，主政湖南时的卫泾，曾向朝廷举荐胡大壮为岳麓书院山长。作为知名学者的胡大壮，他不可能把自己李、王两位奶奶的姓氏都搞错。故笔者推断，把胡安国夫人李氏和王氏误传为刘氏，或许是明洪武年间，安国公九世"志"字孙辈在编修衡湘胡氏二修谱时所留下的"遗憾"？这一是因为年代久远，自安国公进士及第入仕并迁楚之荆门至二修谱时已是 299 年；自大壮公嘉定十三年（1220）创修衡湘胡氏谱至二修谱时已是 177 年，足可见时间跨度之大。二是因为资料缺失，诚如明洪武朝礼部主事，二修谱主修志华公撰谱序所云："吾族武夷之世家，此本源也……因第世远年湮、磨蒙壳落……志华难以知其详。"还有，胡寅的《斐然集》南宋时刊印传世量极小，主事者当时可能未曾见到《先公行状》。由此误记安国公夫人为刘氏，这只能说是一种历史"遗憾"了。

综上所述，本《年谱》在征引与此相关联的古籍文献时，对文献中发现的部分讹误之处，用括注或校注的形式作出说明，用以还原历史真实。

胡定华

二〇二四年六月记于南岳古镇东街四号

目　录

第一编　年　谱

第二编　传记与文献资料

第一编

年谱

一、胡安国年谱

胡安国（1074—1138），宋代著名学者，理学名臣，湖湘学派奠基者、开创者。衡湘胡氏始迁祖。字康候，号青山，学者称武夷先生，世称胡文定公。建州崇安（今福建省武夷山市）人。三试于礼部，北宋绍圣四年（1097）进士甲科，本廷试第一名，时宰相等权贵将其排名一路往下滑。殿试时，宋哲宗赵煦亲擢胡安国为第三名（探花）。

胡安国历任荆门府学教授、太学博士，提举湖北路、湖南路学事。宋钦宗靖康元年（1126），胡安国除太常少卿、

胡安国像

起居郎，召试中书舍人兼侍讲，赐三品服。寻改右文殿修撰，出知通州。宋高宗建炎三年（1129）起复除给事中，专讲《春秋》。绍兴五年（1135），胡安国以徽猷阁待制兼知永州。寻辞，差提举江州太平观，赐紫金鱼袋，诏令编纂著述《春秋传》。

胡安国毕生精研《春秋》，潜心著述讲学，乃一代帝王之师。志在"尊王攘夷，经世致用"。绍兴六年（1136）冬十二月，《春秋胡传》书成，凡三十卷，十万余言。除提举万寿观兼侍读，复提举江州太平观。进宝文阁直学士。

宋高宗绍兴八年（1138）四月十三日，胡安国卒，享年65岁。葬于湘潭隐山。诏赠四官，转左朝请郎，谥文定。赠左太中大夫。

（一）北宋熙宁七年至靖康二年
（1074—1127）

宋神宗熙宁七年甲寅（1074），胡安国出生

九月初三日，胡安国在建州崇安县开耀乡籍溪里（今福建省武夷山市五夫镇胡坊村）出生。

熙宁八年乙卯（1075），胡安国2岁

宋神宗复召王安石任观文殿大学士，同平章事。王安石撰《三经新义》，被颁赐给宗室、大学及诸州府学。

熙宁九年丙辰（1076），胡安国3岁

王安石罢相，出判江宁府。

熙宁十年丁巳（1077），胡安国4岁

宋神宗元丰元年戊午（1078），胡安国5岁

元丰二年己未（1079），胡安国6岁

元丰三年庚申（1080），胡安国7岁

公初能言，母吴氏试教以《训童蒙韵语》数十字，两过能记。祖母余氏抚之曰："儿必大吾门。"七岁，为小诗，有以文章道德自任之句。（见《斐然集·先公行状》卷二十五，第485页）

元丰四年辛酉（1081），胡安国8岁

西夏内乱，宋趁机发兵大举进攻西夏。此役，宋军大败，死伤二十多万，举国震惊。

元丰五年壬戌（1082），胡安国9岁

元丰六年癸亥（1083），胡安国10岁

胡安国年少时，性格急躁，曾怒吼一兵士。此说见《朱子语类》引胡宪所说云："原仲说，文定少时性最急，尝怒一兵士，至亲殴之，兵辄抗拒。无可如何，遂回入书室中作小册，尽写经传中有宽字者于册上以观玩。从此后遂不性急矣。"

其间，为了让胡安国更好地学习，父母送他到外祖父吴仙州教授处读书，"岁时得一归，留不过信宿"。胡安国勤奋刻苦，"日记数千言，不复忘"。（见《斐然集·先公行状》卷二十，第485页）

元丰七年甲子（1084），胡安国11岁

司马光等人历时十九年，编纂成《资治通鉴》一书。

元丰八年乙丑（1085），胡安国12岁

三月，宋神宗赵顼病卒，终年38岁。其子赵煦年10岁即位，是为宋哲宗。

宋哲宗元祐元年丙寅（1086），胡安国13岁

是年，王安石和司马光相继去世。

元祐二年丁卯（1087），胡安国14岁

元祐三年戊辰（1088），胡安国15岁

年十有五，胡安国学业长进，离开外祖父家赴信州（今江西省上饶市）入州学。一日，有马戏团演出，其他诸生皆去观看，唯胡安国不为所动，坚持读书，州学教授发现后非常感动，赏赐他纸笔佳砚。益勉之曰："当为大器。"越两年，与计偕，既而报闻，遂入太学。（见《斐然集·先公行状》卷二十五，第485页）

元祐四年己巳（1089），胡安国16岁

是年，胡安国赴京师（今河南省开封市），入太学。"修懋德业，不舍昼夜"。

是时元祐盛际，师儒多贤彦。安国师从名儒程颐之友朱长文及颍州靳裁之。朱长文为孙复的弟子，胡安国间接受到孙复《春秋》学的影响。靳裁之最为器重胡安国，经常面授其二程之学。由是胡安国开始接受并尊崇理学，并以此作为自己从学的目标。由于胡安国品学兼优，自祭酒以下相

与称叹曰："是真可为诸生表率者矣。"（见《斐然集·先公行状》卷二十五，第486页）

元祐五年庚午（1090），胡安国17岁

在太学读书。

元祐六年辛未（1091），胡安国18岁

翰林学士苏轼被贬为颍州知州。
胡安国在太学学习。

元祐七年壬申（1092），胡安国19岁

在太学学习。

元祐八年癸酉（1093），胡安国20岁

高太皇太后死。时年17岁的宋哲宗赵煦始亲政。

宋哲宗绍圣元年甲戌（1094），胡安国21岁

在太学继续学习。

绍圣二年乙亥（1095），胡安国22岁

仍处太学研学。

绍圣三年丙子（1096），胡安国23岁

为明年京师科举考试，攻坚克难。

胡安国在太学学习期间，程颐尚在，但胡安国并无机缘与程氏谋面。尽管胡安国是程门弟子中最优秀的，但他并没有见过程颐，当胡安国对程颐产生敬仰之情并深究程氏思想学术的时候，程颐已经过世了。虽然这是一个很大的遗憾，但是胡安国的思想却基本依循了程颐，个人所得也主要是对于程颐理学思想的继承与发挥，所著传世之作《春秋胡传》，也自称："事按左氏，义取公羊、穀梁之精者，大纲本孟子，而微辞多以程氏之说为据。"（见《从胡文定到王船山：理学在湖南地区的奠立与开展》，第48-49页）

程颐（1033—1107），北宋著名哲学家、教育家、理学创始人之一。字正叔，世称伊川先生，程颢之弟，河南洛阳人。和程颢相比，程颐的时间大多投入在学术研究和教育活动中。程颐曾在汉州、许州、洛阳、关中等地讲学三十余年。与当时著名学者张载切磋学术，又接纳谢良佐、杨时、游定夫、吕大临、周纯明等众多学生，为一时之盛。哲宗时，经司马光推荐，程颐50岁开始出仕，寻召为秘书省校书郎，擢崇政殿说书。久之加直秘阁。程颐主要著述有《周易程氏传》《遗书》《文集》《经说》等。他与程颢的著作，明代后期合编为《二程全书》。

朱长文（1039—1098），北宋著名学者、官员。字伯原，吴县人，人称乐圃先生。朱长文是孙复的弟子。孙复是宋代理学的先驱，以研治《春秋》而著称。胡安国师从朱长文，为孙复的再传弟子。

靳裁之（？—？），河南颍川人，精通儒家学说，学宗二程（程颢、程颐）。胡安国入太学，师从靳裁之，常面授二程之学。"由是学问益疆，识致日明"。

绍圣四年丁丑（1097），胡安国 24 岁

是年春三月，胡安国三试于礼部，年二十有四，中绍圣四年进士第。初，殿试考官定胡安国为第一，将唱名，宰执以无诋元祐话语，遂以何昌言为榜首（状元），方天若为第二。又欲以宰相章惇子为第三名。复试，宋哲宗赵煦亲擢胡安国为第三名（探花）。（见《宋史·胡安国传》，亦见《斐然集·先公行状》卷二十五，第 486 页）

"三月癸亥，御集英殿，赐正奏名进士何昌言并诸科进士等及第、出身，释褐共六百九十人。"（见《宋史全文·宋哲宗三》卷十三下，第 891 页）

是年，朝廷授胡安国常州军事判官，寻改授江陵府观察推官。未赴，如荆门纳室，娶妻李氏。（见《斐然集·先公行状》卷二十五，第 486 页）

宋哲宗元符元年戊寅（1098），胡安国 25 岁

是年，胡安国赴江陵推官任时，途经荆门府，地方官员帅臣监司一见，合章奏请胡安国为府学教授，得准允。于是胡安国迁荆门府学教授（教授，学官名，掌学校课试等事）。时荆门府学有职员 10 余人，风气不正，有贪污学校公粮者，有欺负胡安国年轻不服从管理者。任上，胡安国整顿学风，革除劣迹职员。由是，学校风气为之一振。"于是远近父兄喜遣子弟来。"（见《斐然集·先公行状》卷二十五，第 486 页）

胡安国为哲宗皇帝朝第三人赐第，出官历荆南府教授，太学博士。（见《斐然集·谢御札促家君札子》卷十，第 198 页）

是年，胡安国奉母吴夫人之命，将同堂从兄胡淳刚生下来的第三个儿

子胡寅抚为长子。

是年，胡安国父亲胡渊偕同夫人吴氏和尚在襁褓中的胡寅，在长女婿宿州教授范舜举夫妇陪同下，举家迁往湖北荆门定居。

元符二年己卯（1099），胡安国 26 岁

胡安国在荆门府学教授任上。

元符三年庚辰（1100），胡安国 27 岁

正月，宋哲宗赵煦病卒，享年 25 岁。因没有子嗣，弟赵佶嗣位，是为宋徽宗。

胡安国在荆门府学教授任上。

时胡安国与妻李氏已婚四年，或许李氏尚未生育？是年，胡安国继娶妻王氏。

宋徽宗建中靖国元年辛巳（1101），胡安国 28 岁

胡安国在荆门府学教授任上。

《宋元学案》黄宗羲曰："先生（胡安国）为荆门教授，龟山（杨时）代之，因此识龟山。因龟山方识游酢、谢良佐，不及识伊川（程颐）。"

是年，胡安国次子胡宁在湖北荆门出生。

宋徽宗崇宁元年壬午（1102），胡安国 29 岁

是年，胡安国荆门府学教授任期满。除太学录（太学录，学官名，太学录主要是协助学正执行学规）。

宋代中央官学有国子学和太学，其中太学是中央官学的主体和重点。

太学分为三舍，即外舍生定额为 3000 人，内舍生 600 人，上舍生 200 人，共计 3800 人，这是宋代太学极盛时期。官员子弟可免试入学，而平民须经考试合格后才能入学。太学三舍法是宋代选官制度的一个组成部分。

在太学录任上。未几，迁太学博士（博士，官名，负责教学和训导太学生）。胡安国在太学博士任上，坚持以圣人为标准，严守士大夫操守，不趋炎附势，"足不蹑权门"。（见《斐然集·先公行状》卷二十五，第486 页）

时胡安国在京都为太学官，同僚商议为安国买妾，且为其物色卜姓女子。安国婉拒，叹曰："吾亲待养千里之外，何以是为?"亦终身不复买妾。（见《斐然集·先公行状》卷二十五，第522 页）

是年，得湖南安抚使入谏垣的张舜民和时任太学录胡安国的举荐，杨时出为荆州府学教授。胡安国十分敬重杨时，托杨时写信引见程门第一高足谢良佐。（见《从胡文定到王船山：理学在湖南地区的奠立与开展》，第86 页）

是年，胡安国在国学太学官任上，参与管理京城最高学府事务。然为研习学问，常向当代名儒、大学问家请教。时一代名儒、程门高足杨时在荆州府学教授任上，于是胡安国就《论语》等学问讲论，致书信问学杨时。由此，杨时就有了首次答胡康侯问学书。之后，两位宋代名儒就学问讲论书信往复不断。且时间长达三十余年。（见《杨时集·杨龟山年谱》附录二，第 1159-1160 页）

答胡康侯问学书

〔宋〕杨　时

《正蒙》之书，关中学者尊信之与《论语》等，其徒未尝轻以示人，盖恐未信者不惟无益，徒增其鄙慢尔。如《西铭》一篇，伊川谓与孟子"性善""养气"之论同功，皆前圣所未发也。详味之，乃见其用意之深。

性命之说，虽扬雄犹未能造其藩篱，况他人乎？而世儒易言之，多见其妄也。孔子曰："五十而知天命。"以孔子之圣，犹待五十而后知。其所知盖有未易言者，非止如世儒之说也。学者当求之圣人，不当徒为空言而已。

公之笃志好学，而每蒙谦虚，不见鄙外，故辄肆言之，而不自知其愚也，惟亮之！（见《杨时集·答胡康侯名安国书》卷二十其四，第541-542页）

崇宁二年癸未（1103），胡安国30岁

期年，用法改京秩。至政事堂，安国请外任。蔡京不允，密使张康国欲荐以馆职，安国不愿就。博士例除诸道提举官，拟改任河北路学事，安国辞，以南人，不便于照顾年老父母。遂除湖北路学事。（见《斐然集·先公行状》卷二十五，第486-487页）

是年，胡安国得知程门第一高足谢良佐在湖北应城宰任上。胡安国此时学官位虽高于谢良佐，但却专程赴应城问学，拜会谢良佐，一时传为佳话。之后胡安国与谢良佐交往日密，感情渐笃，经常讨论学问，胡安国自觉义理更加精纯。此后，谢良佐尝语朱震曰："胡康侯正如大冬严雪，百草萎死，而松柏挺然独秀也。"（见《从胡文定到王船山：理学在湖南地区的奠立与开展》，第81页）

是年，谢良佐赴湖北提学府回访胡安国，胡安国以尊师之礼接待谢良佐。当谢良佐返回应城时，胡安国又"必端笏正立目送之，僚属惊异，吏民耸观"。（见《斐然集·先公行状》卷二十五，第524页）

谢良佐（1050—1103），北宋著名学者。字显道，寿春上蔡（今属河南省驻马店市）人。学者称上蔡先生。程门（程颢、程颐）第一高足，胡安国好友，胡宪恩师。宋神宗元丰八年（1085）进士。历官渑池、应城知县。宋徽宗朝时被召，任书局馆职、监西京竹场，因议徽宗朝用"建中靖国"年号不祥。一事入狱，废为平民。是年秋出狱，回归乡里。崇宁二（1103）卒，享年54岁。谢良佐创立上蔡学派，门人众多，著名弟子有朱震等。谢良佐创立的上蔡学派，对胡安国开创的湖湘学派影响甚大。

是年，胡安国改任湖南路学事（学事，古代地方教育行政官署，北宋崇宁二年（1103）始置，掌一路州县学政）。（见《斐然集·寄张相德远》卷十八，第355页）

又据《宋史·杨时传》载："……暨渡江，东南学者推杨时为程氏正宗，与胡安国往来讲论尤多。"

是年，胡安国赴任提举湖南路学事，好友杨时以诗赠云：

送胡康侯使湖南

北溟有潜鳞，其广数千里。杨馨历东海，汎汎等蜉蚁。
百川竞奔注，漫不见涯涘。寄之天地间，大泽晷空耳。
胡侯荆山资，妙质久砻砥。飞声动疏冕，持节照湘水。
功名与时会，事道从此始。骈骝驾轻车，夷路道九轨。
朝燕暮腾越，快意未为喜。圣门学须强，一篑亏可耻。
扩之天地宽，于道乃云迩。为士贵弘毅，无忘味斯旨。

（见《杨时集》卷三十八，第944-945页）

胡安国与杨时志同道合，友谊非同一般。为传播二程理学，继承孔孟道统，互相砥砺，相互诱发，于不同地域开启两个不同学派的端倪，成为南渡以后传播二程理学思想最早、最有力的典范。自宋徽宗崇宁二年（1103）至宋高宗绍兴四年（1134）的三十余年交往中，两位顶级理学大家互通书信达数十封之多。书信内容多为学术讲论与问学，以及关心时事等。比如："格物致知"的问题,《春秋》纪元问疑,程颐语录的编辑整理问题,向子韶的《墓志铭》问题,对王安石《三经新义》的批驳问题,外战内盗问题,治道理财问题,等等。(见《从胡文定到王船山:理学在湖南地区的奠立与开展》,第87页)

杨时(1053—1135),宋代官员,著名学者。字中立,南剑州将乐(今福建将乐县)人,宋神宗熙宁九年(1076)进士,学者称其龟山先生。历官浏阳、余杭、萧山三县知县,皆有惠政,民思之不忘。杨时为"程门四大弟子"之一。宋徽宗崇宁二年(1103),得张舜民、胡安国举荐,杨时任荆州府学教授,召为秘书郎、迁著作郎、兼国子祭酒、给事中、徽猷阁直学士,累官至工部侍郎。宋高宗绍兴五年(1135),卒,享年83岁。谥文靖。著述有《二程粹言》《龟山集》。

崇宁三年甲申(1104),胡安国31岁

是年,胡安国夫人李氏病逝。时胡宁尚只有4岁,胡宁或系李氏所出?待考。

崇宁四年乙酉(1105),胡安国32岁

是年,胡安国奉使湘中,日出按属部,首次来到南岳衡山。爱其雄秀欲登览,寻而止曰:"非职事所在也。"故未登山。它日,安国父母二老也想游南岳衡山,安国亦以非职事告之。安国父亲渊公及令人喜曰:"尔周慎如此,吾复何忧!"(见《斐然集·先公行状》卷二十五,第522页)

是年,季子胡宏出生。

崇宁五年丙戌（1106），胡安国33岁

三月，例罢学司事，令胡安国出为成德军（今河北省正定县）通判。

八月，所罢司官仍旧。时母吴令人多病，厌道途之劳，胡安国留居荆门。（见《斐然集·先公行状》卷二十五，第487页）

是年，朝廷令各路学官推举遗逸，胡安国推举永州布衣邓璋、王绘应诏。王绘已老，不愿行，胡安国请命朝廷，以一官风劝学者。

时零陵县主簿李良辅以脏被弹劾，逃到京城，诉于朝，称邓璋、王绘二人是范纯仁的同党。宰相蔡京遂改李良辅任京官追查此事，并令湖南宪司置狱推治，人皆为胡安国胆落。

湖南帅臣曾孝广，字仲锡，福建晋江人。曾孝广为官严正，不趋炎附势，能仗义执言。他钦佩胡安国的德行与学识，特地来看望胡安国，以尽安慰之情。曾孝广退后与人言："胡康侯当患难，凝然不动，贤于人远矣。"（见《斐然集·先公行状》卷二十五，第487页）

蔡京以狱不成，遂诬陷胡安国"推举贤能不善"，罢其官。为胡安国执言的湖南帅臣曾孝广等官员也一同被罢官。（见《宋史·胡安国传》，亦见《斐然集·先公行状》卷二十五，第487页）

中书舍人胡安国，初为太学博士，足不及权门。蔡京恶其异己。会安国举永州布衣王绘、邓璋遗逸，蔡京以三人乃范纯仁、邹浩之客，置狱推治，安国坐除名。（见《续资治通鉴·宋纪第九十七》卷二，第558页）

范纯仁（1027—1101），北宋大臣，贤相。字尧夫，北宋名臣范仲淹次子。其先邠州人也，后徙江南，遂为苏州吴县人。宋仁宗皇祐元年（1049）进士，调知武进县，以远亲不赴。其父仲淹没，方出仕。历著作

佐郎、知襄城县、签书许州观察官、知襄邑县、擢江东转运判官。召为殿中侍御史。迁侍御史、通判安州、政知蕲州，历京西提点刑狱、京西陕西转运副使。神宗朝，纯仁迁知和州，徙邢州，未至，加直龙图阁、知庆州。哲宗立，进吏部尚书，数日，同知枢密院事。元祐三年（1088），拜尚书右仆射兼中书侍郎（宰相）。宋徽宗建中靖国元年（1101），卒。享年75岁。赠开府仪同三司，谥曰忠宣。

宋徽宗大观元年丁亥（1107），胡安国34岁

是年，胡安国罢官湖南学事，问舍求田于荆门漳水之滨，治农桑，甘淡薄，服勤左右，婉然愉色。

其间，则专意经史及百家之文。家人忘其贫，而亲心适焉。（见《斐然集·先公行状》，第487页）

大观二年戊子（1108），胡安国35岁

居荆门漳水之滨，研习《春秋》等经史著作，治农桑，甘淡薄。

大观三年己丑（1109），胡安国36岁

居荆门漳水之滨，研习《春秋》等经史著作，耕作农田。

大观四年庚寅（1110），胡安国37岁

是年，李良辅以他罪伏法。

时有台臣毛注，生卒年不详，字圣可，衢州西安（今属浙江衢州市）人，与其他侍御史联名上奏，弹劾宰相蔡京，指其罪积恶大。宋徽宗于是免去蔡京宰相之职，让其离开京师。毛注又为胡安国辨明前事。

未几，朝廷有旨，令胡安国复其官。（见《宋史·胡安国传》）

张商英为相，胡安国始得复官。（见《续资治通鉴·宋纪九十七》，第558 页）

宋徽宗政和元年辛卯（1111），胡安国 38 岁

宰相张商英荐胡安国提举成都府路学事。胡安国以父母年老，即乞侍养。为了照顾年迈的父母，以尽人子之孝，朝廷同意胡安国暂停赴四川成都府路学事。"满二年，未朝参"。（见《斐然集·先公行状》卷二十五，第 487 页）

张商英（1043—1121），北宋官员，宋徽宗朝一代名相、学者、书法家。字天觉，蜀州新津（今四川省成都市新津区）人。宋英宗治平二年（1065）进士。历官南州知县、监察御史，知洪州，工部、吏部、刑部侍郎，除中书侍郎，遂拜尚书右仆射。旋贬崇信军节度使，衡州安置。宋徽宗宣和三年（1121），卒，享年 79 岁。赠少保，谥文忠。

政和二年壬辰（1112），胡安国 39 岁

胡安国研习《春秋》循序渐进，有新的感悟。

政和三年癸巳（1113），胡安国 40 岁

母吴令人重病缠身。胡安国是个大孝子，"公侍令人疾，食不尽器，衣不解带，一事一物，必躬必亲"。（见《斐然集·先公行状》卷二十五，第 487 页）

政和四年甲午（1114），胡安国 41 岁

胡安国在荆门居家侍奉多病的母亲和研习《春秋》。

政和五年乙未（1115），胡安国 42 岁

胡安国母亲吴老令人在荆门病逝，归葬荆门漳水之滨。赐永寿县君，赠令人。丁母忧，胡安国在湖北荆门守制。（见《斐然集·先公行状》卷二十五，第 487 页）

政和六年丙申（1116），胡安国 43 岁

胡安国居家守制，研习《春秋》。

胡安国研习《春秋》已 10 余年。安国曰："某之初学也。用功十年，遍览诸家，欲多求博取，以会要妙，然但得其糟粕耳。"（见《斐然集·先公行状》卷二十五，第 519 页）

政和七年丁酉（1117），胡安国 44 岁

胡安国居家守制。研习《春秋》。

守制期间，胡安国粗谷杂粮度日，不置办新衣。其父胡渊很是心疼，过意不去。（见《斐然集·先公行状》卷二十五，第 487-488 页）

政和八年戊戌（1118），胡安国 45 岁

"服除，政和八年矣"。

是年，宰相余深（？—1130），字原仲，福建罗源县人。荐名士十人入朝供职，胡安国名列其中。于是胡安国应诏赴京，后因病无法上朝，旧交好友常来探望。胡安国留京百日后，回到湖北荆门。（见《斐然集·先公行状》卷二十五，第 487-488 页）

宋徽宗宣和元年己亥（1119），胡安国 46 岁

朝廷令胡安国提举江南东路学事。时胡安国父亲渊公感疾一年。

十一月，胡安国父亲胡渊在湖北荆门病逝，享年 71 岁。归葬荆门。追赠中大夫。

据清雍正《崇安县志·孝行》记载："胡渊，字泽之，籍溪里人。少聪敏能文，长益强识。熙宁初，以亲老家贫，授学江浙。每岁终，度父母所须，力能致者，悉市归以献。后以母老有末疾，不复远游，即里开教生徒，晨夕归省。每生徒馈食有甘腴，必持归以佐母膳，母怜其诚，为之强进，躬自蔬食水饮。其子安国贵，乃斥其俸以赡养兄弟之子，又取而教之。"（见清雍正《崇安县志·孝行》，第 340 页）

丁父忧，胡安国未赴江南东路学事任。（见《斐然集·先公行状》卷二十五，第 488 页）

宣和二年庚子（1120），胡安国 47 岁

是年，应胡安国之邀，程门高足，同乡好友游酢为胡安国先父胡渊撰写了《宣义胡公墓志铭》。

宣义胡公墓志铭

〔宋〕游 酢
宣和二年三月

公讳渊，字泽之，姓胡氏，其先江南人，唐末避地于建州崇安之籍溪。曾祖敏，祖容，皆率德不耀，父罕，负气节，重然诺，乡邻有竞者，不决于有司，而听其一言，环左右数百家，终岁无讼。资产本饶给，群从数数称贷无所偿，以故致空匮，怡然终不恨。

公生而聪敏，蚤岁能缀文。及冠，试于有司，不与选。而益务强识，

下至阴阳卜筮之书，无不精究，亲老家贫，于是往来授学江浙间，岁终度父母所须，力能致者，尽市归以献，退无私焉。丁外艰，母有末疾，不复远游，里闬教生徒，晨夕归省，祁寒暑雨不移晷，每诸生馈食，有鲜肥悉持归以佐母膳。母怜其诚，为之强进，而疏食饮水，躬自安之。既永感，晚寓江湖间而家焉。

岁时追慕，常欲归省坟垅，子孙以年高力谏止之。公曰："吾少不能致禄养，一恨也；晚以贫故，不能处先庐，终洒埽，二恨也；今虽七十，筋力犹健，得一归上冢，死且瞑目矣。"既归，表识阡原，补植松槚，徘徊顾瞻，一恸而去，行道为之恻楚，以子通籍，再封宣义郎。宣和元年十一月壬子卒于所居之正寝。子男五人，二早卒，安国朝奉郎，新差权发遣提举江南东路学事；安止，安老皆幼；女二人，长适宿州教授范舜举，次在室；孙男女四人，完贡入太学。

方庆历、皇祐间，书籍多未刊，皆手传，公为儿童时，父所传书于同乡仙洲吴居士之家。居士阅其所写《论语》，字体谨慎，终二十篇文无误；又视瞻凝审，重叹赏之。有女未嫁，聪睿少伦，读书能探微旨。为择对，不轻许，察公端悫，特以妻之。公既资纯孝，又得贤配，相与竭力，以事其亲，虽厄穷贫窭，而闺门之内雍如也。

初，安国典教荆州，数与守忤，公知其性峻，促使求田问舍。而夫人又每诫其子曰："人患无德义耳，汝慎无得以生事累其心。"公乃自为茸庐舍，买田数顷，语妻挐曰："古者人有恒产，故士不仰禄，今之宦游者，率低徊仰廪以自负于义，一招废斥，置父母妻子于饥寒，恝然无念，可乎？"居无何，其子使湖外，论荐隐士，属吏诉之，以为所荐者党人邹公浩所嘱，而故相范公之门人也，坐是除名。归而托于所茸之田庐，安处无外营，亲旧乃知公识微而虑远也。后朝廷复其子官，总益部，而涉远道，历险涂，恐难以奉安舆。将归诚控闻，又恐不知者随而媒孽之，以贻亲忧，踌躇未决，公察其意。乃曰："世间祸福，非人谋所及，汝自择于义可也。"卒听其子弃官就养，处约虽久，迄无悔辞。

自其子入官，尽斥其俸余以赡兄弟之子，又取其子而教之，激其惰而扬其能，必欲成就而后已。临终语安国曰："儒者特立独行，不加少以为多，汝当以古人自期。"言讫而逝。

次年庚子三月辛酉，其子遵治命，以公入夫人之兆。将葬，来请铭。铭曰：孰不为事，事莫严于亲；孰不为守，守莫先于身；惟此两者，公得之于己，而又以成其子之仁。少也文词发策上第，壮也学行望隆缙绅，而且惕然内省，力久不息，以要于古人，则公之子也，公谁与伦。（见游酢《游荐山集》卷四）

游酢（1053—1123），北宋著名理学家、教育学家、书法家。字定夫，号广平，建阳长平（今福建省建阳市）人。少聪慧，研读经书，擅长文学。著名理学家程颢、程颐得意门生，与谢良佐、杨时、吕大临并称"程门四大弟子"。相传一年冬天下大雪，游酢与杨时到洛阳拜程颐为师，程颐正在闭门静坐，为不打扰老师休息，他们二人在门下侍立。等程颐醒来时，门外的雪已是一尺多厚。这就是尊师重教"程门立雪"典故的由来。宋神宗元丰五年（1082），游酢进士第。游酢历官太学博士，知河清县，监察御史，知和州、舒州、濠州等。宋徽宗宣和五年（1123），卒，享年71岁。著有《中庸义》《易说》等。

宣和三年辛丑（1121），胡安国 48 岁

是年，长子胡寅科举进士及第，名列甲科第十名。

宣和四年壬寅（1122），胡安国 49 岁

四月，长子胡寅与张季兰在京师宜男桥成婚，其岳丈为兵部郎中张䙘。

是年，江陵吴郛，字卫道，至漳水之滨拜胡安国为师。（见《斐然集·送吴郛赋》卷一，第 15 页）

十二月三十日，胡寅与妻张季兰归荆门省亲。

是年，胡寅从学于杨时。

宣和五年癸卯（1123），胡安国50岁

正月元日，胡寅与妻子盛服拜见父母，并见族人。胡安国夫妇见到媳妇张季兰很是高兴，爱之如女。

宣和六年甲辰（1124），胡安国51岁

四月，胡安国的长孙、胡寅的长子胡大原在西京洛阳出生。

宣和七年乙巳（1125），胡安国52岁

宣和末，侍臣李弥大、吴敏、谭世绩合章荐胡安国经学可用，齿发未落，特落致仕，除尚书屯田员外郎。安国辞。（见《斐然集·先公行状》卷二十五，第488页）

十二月，金国大军分两路侵宋。宋徽宗赵佶禅位太子赵桓，自称太上皇。赵桓继位，是为钦宗。改明年为靖康元年。

宋钦宗靖康元年丙午（1126），胡安国53岁

二月，宋钦宗先后以太常少卿、起居郎召胡安国。安国三辞而不允。朝廷促旨沓降，安国幡然有复仕意。

二月十三日，时与胡安国以师友相称的杨时，虽已七十三岁，基于他的学问影响，宋钦宗皇帝令其为右谏议大夫兼侍讲兼国子监祭酒（国子监：古代国家最高学府和教育行政主管机构，掌管国子、太学等；祭酒：学官名，即国子监最高学官负责人，宋代官阶为正三品）。于是胡安国"访士于时"，荐胡宁、胡宏兄弟俩拜师于杨时。

六月，胡安国至京师，以疾在告。一日亭午，宋钦宗赵桓在后殿接见胡安国，甚为关爱，君臣商谈许久。胡安国就治国方略直言上呈，钦宗大为感慨。问曰："卿学何所师承？"对曰："孤陋寡闻，莫逃明鉴。"由是，钦宗皇帝令胡安国欲任词掖，安国以有病为由辞，曰："臣壮年守官湖湘，得足疾，颓心荣进，亦已乞身。"（见《斐然集·先公行状》卷二十五，第489-490页）

是年，杨时的门人罗从彦致书胡安国，将自己的《春秋指归》寄给胡安国，希望胡安国能给予赐教。因为战乱的原因，胡安国未及时复信，直到建炎四年（1130）前后，胡安国才复信。（见《从胡文定到王船山：理学在湖南地区的奠立与开展》，第89页）

罗从彦（1072—1135），宋代学者，官员。字仲素，南剑（今福建省沙县）人。自幼笃志好学，闻同郡人杨时得河南程氏学，十分羡慕。政和二年（1112），杨时知萧山县事，罗从彦徒步去萧山拜见杨时，遂从杨时学。时杨时弟子千余人，无人及罗从彦者，甚为高徒。后经杨时推荐，罗从彦变卖田产作旅费，赴洛阳拜师程颢，请授《易经》。为求学问，罗从彦一生贫困，除收藏书籍外，家徒四壁。绍兴二年（1132），罗从彦以特科恩授惠州博罗县主簿。绍兴五年（1135）初，卒于任上，享年64岁。谥文质。著有《中庸说》《春秋指归》等。

七月七日，宋钦宗再次召见胡安国，欲委以重任。胡安国四次上表婉拒。

九月初，皇上有旨，召试胡安国为中书舍人，赐三品服（中书舍人，官名。掌起草诏令，参与机密，官阶正四品）。胡安国在中书舍人任上，时间虽不足一月，为朝廷兴盛计，先后上了数道缴奏。一是举荐贤能之士，胡安国与吏部尚书梅执礼等同时举荐河南布衣尹焞。合奏称曰："河南布衣尹焞学穷根本，德备中和，言动可以师法，器识可以任大，近世招延之士无出其右者。"尹焞后累官至礼部侍郎。（见《宋史·尹焞传》）。

二是劾奏许景衡、晁说之、王安中、何㮚、冯澥、耿南仲等黜职案，终为这些权贵重臣们所不容。（见《斐然集·先公行状》卷二十五，第491-494页）

十月，胡安国被门下侍郎耿南仲所忌，改任右文殿修撰，出知通州（今江苏省南通市）。盖是年十月晦也。（见《宋史·胡安国传》）

钦宗帝即位，召胡安国赴京师入对，言："明君以务学为急，圣学以正心为要。"又言："纪纲尚紊，风俗益衰，施置乖方，举动烦扰。大臣争竞而朋党之患萌，百执窥觎而浸润之奸作。用人失当而名器愈轻，出令数更而士民不信。若不扫除旧制，乘势更张，窃恐大势一倾，不可复正。"语甚剀切，日昃始退。耿南仲闻其言而恶之，力谮于帝，帝不答。许翰入见，帝谓曰："卿识胡安国否？"翰对曰："自蔡京得政，士大夫无不受其笼络，超然远迹不为所污如安国者实少。"遂除中书舍人。及言者论李纲专主战议，丧师费财，纲遂出守。舍人刘珏当制，谓纲勇于报国；吏部侍郎冯澥言珏为纲游说，珏坐贬。安国封还词头，且论澥越职言事。耿南仲大怒，何㮚从而挤之，遂胡安国出知通州。胡安国在省一月，多在告之日，及出，必有所论列。或曰："事之小者，盍姑置之？"安国曰："事之大者，无不起于细微。今以小事为不必言，至于大事又不敢言，是无时可言也。"人服其论。（见《续资治通鉴·宋纪》卷九十七，第558-559页）

十一月，金兵攻入北宋京都汴京（今河南省开封市），宋钦宗赵桓亲往金营和谈，被金兵扣押。（见《宋史·钦宗本纪》）

十二月，宋钦宗奉上降书向金国投降。

金帝向宋廷索金一千万锭，银二千万锭，帛一千万匹。于是大括金银，金价至五十千，银至三千五百。金又索京城骡马，括得七千余匹，悉归之。（见《续资治通鉴》卷第九十七，第568页）

靖康二年丁未（1127），胡安国54岁

二月，金太宗完颜晟废宋徽宗赵佶、宋钦宗赵桓为庶人。

三月，金人奉册立张邦昌为伪楚皇帝，国号大楚，都金陵。

四月，金帅宗翰退师，并将宋徽宗、宋钦宗、皇太子、亲王、皇后、公主、驸马、嫔妃、大臣等数百人押往金国。史称"靖康之难"。

（二）南宋建炎元年至绍兴八年
（1127—1138）

宋高宗建炎元年丁未（1127），胡安国54岁

五月初一，宋徽宗第九子、钦宗之弟赵构在南京（今河南省商丘市）即位，是为宋高宗。改元建炎，大赦天下。（见《宋史·本纪第二十四高宗一》，第443页）

五月一日，今上皇帝登极。胡安国上书朝廷，指出自宋徽宗崇宁年间以来，国有九失。胡安国的敢言直谏，被一些权贵们利用而加以诋毁，耿南仲就是这些权贵们的典型代表。尽管置身于这样的政治环境，胡安国却表现出不畏权贵的凛然正气。（见《斐然集·先公行状》卷二十五，第494-496页）

六月癸亥，知通州胡安国、提举杭州洞霄宫许景衡并试给事中，提举亳州明道宫刘珏试中书舍人。许景衡、刘珏闻命冒暑赴朝，胡安国辞，不至。（见《宋史全文·宋高宗一》卷十六上，第1049页）

建炎二年戊申（1128），胡安国 55 岁

六月四日，宋高宗召胡安国为给事中（官名，掌审读奏案、文书等，官阶正四品）。诏命点校《左传》兼侍讲，为皇上和大臣专讲左氏《春秋》。时宰相黄潜善专权妄作，斥逐忠贤，胡安国不愿与之共事而三辞。于是宰相黄潜善便上奏宋高宗，说胡安国不宜任用，希望对胡安国重加谴黜。中书舍人刘观等为胡安国说情，宋高宗只好暂罢胡安国给事中一职。（见《斐然集·先公行状》卷二十五，第 497–500 页）

六月己未，前知通州胡安国已除给事中指挥，更不施行。胡安国因言朝中权臣过失，宰相黄潜善大怒，言者因论安国被命经年，托疾不至，要流俗之誉，失人臣之礼。安国遂罢。（见《宋史全文·宋高宗二》卷十六下，第 1097 页）

胡安国辞官后，归居家荆门。

建炎三年己酉（1129），胡安国 56 岁

己酉建炎三年春正月，宋高宗在扬州。

四月，枢密院使张浚荐胡安国可大用，宋高宗以给事中召胡安国。安国辞，并致书宰相吕颐浩，再次列举时下朝政中存在的问题。（见《斐然集·先公行状》卷二十五，第 500 页）

五月，宋高宗亲赐起居郎胡寅手札曰："卿父未到，可谕朕旨，催促前来，以副延伫。"

六月，胡安国收到宋高宗手札和长子胡寅的书信，于是只好赴京都临安供职，次子胡宁随父行。当胡安国赶到池阳（今安徽省池州市）时，便闻宋高宗为躲避金兵而去了吴越一带。时安国身染重疾，遂具奏引疾而

返。是日亦敕下，令胡安国提举临安府洞霄宫。（见《斐然集·先公行状》卷二十五，第501页）

秋九月，荆门江陵遭遇兵乱，胡安国故庐财物与数千卷文书被烧抢一空。（见《胡宏集·题祖妣志铭》，第194-195页）

是年冬季，胡安国由湖北荆门避战乱，渡洞庭而南，举家徙湖南湘潭碧泉（今湖南省湘潭县南七十里）。黎明"具器币"前往迎接。胡安国见山好泉清，遂买山筑室为家居，以住宅为书堂。著述《春秋》，教授生徒。

关于胡安国由荆门迁居湘潭之事，朱熹曾引胡安国之侄胡宪说如下："向见籍溪说，文定当建炎间，兵戈扰攘，寓荆门，拟迁居，适湘中有两士人协力具舟楫，往迎文定，其一人乃黎才翁。文定始亦有迟疑之意。及至湘中，则舍宇动用，便利如归，处之极安。又闻范丈说，文定得碧泉，甚爱之，有本亭记所谓命门弟子往问津焉。"（见《朱子语类》卷一〇一）

另一位恭迎胡安国的弟子则是杨训。湘潭何歌劲先生在他的《碧泉胡氏迁湘史事考》著述中如是说："湘潭碧泉胡氏，以胡安国、胡宏父子为代表，自南宋初年由荆门迁来湘潭，落籍于此，遂开宋明理学湖湘学派之先……胡氏入湘的引导者乃黎明与杨训。"何歌劲先生引用了胡寅《斐然集·荚氏墓志铭》一文中的一段记述："予先君子岁在己酉，航洞庭而南，小憩碧泉之上，老于衡岳之阳，登让求益，久而愈恭者，太学进士杨训其一也。"荚氏乃杨训之母也。

关于杨训的"太学进士"身份，何先生是这样表述的："杨训是胡安国在太学任教时的学生，而非迁入碧泉后才教益的弟子。"为此，他引述了宋人笔记中杨训在北方就学时向胡安国请益关于避乱去向的对话，"时群盗蜂起，右文殿修撰胡安国一日谓其门人杨训者曰：'昔寇起燕山则关中、河北可避。入关河则淮南、汉南可避；今至湖外惟二广尔，又焉保二广之无寇也？至此可谓穷矣，只得存心以听命。'训问曰：'存心如何？'安国曰：'行善而莫为恶耳'。"（见熊克《中兴纪事本末》卷十九）

黎明，字才翁，宋代学者，湘潭人也。以孝友信义著称。宋徽宗崇宁四年（1105）至五年（1106），胡安国在湖南学事任上，典教潭州（今湖南省长沙市），黎明师事胡文定公。建炎之乱，文定避地荆门，得才翁引荐，文定一家徙湘潭碧泉。黎明为卜室庐，具器币往迎之。胡氏之居南岳，实昉于此。

杨训（？—1154），字子川，宋代学者，湘潭人也。宋徽宗崇宁初年，胡安国在太学录、太学博士任上的门生，一说胡安国避"靖康之难"，徙居湖南湘潭时，杨训受学文定。当问孝，文定曰："谨言而慎行。一言之尤，一行之悔，是为不孝。"先生退而思曰："吾从事于《新经》之教，以太学进士争能否于笔舌间者，已二十年，岂有内省之功，从事于言行者乎？"乃更诵《语》《孟》经史，稼穑致养，不汲汲于利禄。其在碧泉书舍，求愈久而愈恭，称高弟。

由于国难，胡安国举家在奔逃中从湖北迁往湖南湘潭。诚如胡寅在绍兴六年《寄刘致中书》所云："顷在荆州，大人弃官躬耕，共为子职。比岁屡稔，廪粟渐盈，方有买田合族之意。而散于盗贼，空囊来湘中，食口无虑千指，流离漂转，略无宁岁。壬子冬，又遇劫，散亡遂尽。"（见《斐然集》卷十七，第337页）

建炎四年庚戌（1130），胡安国57岁

三月，胡寅回到湘潭碧泉家中。

是年秋，门人吴郛卫道来湘潭碧泉拜会恩师胡安国，叙旧道故。此时距吴卫道第一次求师于漳水之滨，已有八年。（见《斐然集·送吴郛赋》卷一，第15页）

十月一日，胡安国夫人、胡宏母亲王氏在湘潭碧泉病逝。归葬湘潭县龙穴山。"冬十月一日，先令人疾革，执君手，顷之，捐馆舍"。（见《斐

然集·悼亡别记》，第 382 页）

胡安国一生两娶：初娶李氏，继室王氏，皆赠令人。（见《斐然集·先公行状》，第 525 页）

又绍兴十年（1140），胡寅呈《申尚书省议服状》（庚申）有云："伏念寅于先父谥文定，为世适长子，服母李氏、继母王氏丧，合齐衰……"（见《斐然集》卷九，第 195 页）

又《先公行状》有云："诸孤以其年九月一日，葬于潭州湘潭县龙穴山，令人王氏祔焉。"（见《斐然集》卷二十五，第 526 页）

宋高宗绍兴元年辛亥（1131），胡安国 58 岁

"辛亥春，巨盗马友、孔彦舟交战于衡、潭，兵漫原野"。时胡安国碧泉这个家已不能栖身。

四月，胡安国令胡寅西入邵州（今湖南省邵阳市）。席未暖，他盗至，又南入山，与峒獠为邻。（见《斐然集·悼亡别记》卷二十，第 382 页）

初，靖康末，秦桧在中司，以抗议请存赵氏，为金所执去，天下高之。及归，骤用为相，力引一时仁贤胡安国、程瑀等。（见《续资治通鉴三·宋纪》卷一百三十，第 236 页）

十一月乙未，秦桧荐提举临安府洞霄宫胡安国试中书舍人兼侍讲。（见《宋史全文·宋高宗五》卷十八上，第 1249 页）

是年，胡安国致书参知政事秦桧，即《与秦桧书》，提出应对时局的多项建议。期待朝廷能"振颓纲，修弊法，变薄俗，苏穷民，庶几观听有孚，以启中兴之兆。"（见《斐然集·先公行状》卷二十五，第 501 页）

十二月，宋高宗诏令胡安国任中书舍人兼侍讲，安国辞。（见《斐然集·先公行状》卷二十五，第501页）

绍兴二年壬子（1132），胡安国59岁

春，正月，宋高宗在绍兴。湖南安抚使向子湮，自曹成军中复归蓝山县。

新中书舍人胡安国移书于时任广西、湖南宣抚使吴敏，以谓："帅臣见执而方伯不能治，此方伯之耻，不知策将安出？愿速遣前军进，由昭、贺以通舂陵，北檄荆自衡移永，东檄吴锡严兵宜章，而亲总中军急渡岭而北，下临清湘，据三湖上流之地。然后诘问曹成擅移屯所与执帅臣之罪，就檄子湮赴军前议事。若其悔罪自新，则与之招安；不然，断而讨之，胜负可决；若复延久，必生内变。"吴敏然其言不能用。（见《续资治通鉴·宋纪》卷一百十，第773页）

二月，时新除舍人胡安国，避地湖东，以书信致秦桧，言："吴敏兵寡，宜就遣韩世忠以为之副，俾歼殄群寇，收拾遗民。人言向子湮忠节，在今日可以扶持纲常，愿怜其无救而陷于贼，复加任用，俾收后效。"（见《续资治通鉴·宋纪》卷一百十，第775页）

壬子春，宋高宗不许胡安国辞职，手谕胡安国长子胡寅，令其促召其父入朝。（见《斐然集·谢御札促召家君札子》卷十，第197-198页）。

胡安国只好勉为其难同意赴京就职，胡寅与胡宁侍行，胡宏留家守舍。胡安国以《时政论》先献之。（见《斐然集·先公行状》卷二十五，第504-516页；又可见《斐然集·悼亡别记》卷二十，第382页）

夏四月甲申，中书舍人胡安国上"制国论"，亦即"时政论"。（见《宋史全文·宋高宗五》卷十八上，第1265页）

《时政论》凡二十篇，是胡安国政治思想代表之作。

时政论

定计论

臣闻自昔拨乱兴衰者，必有前定不移之计，而后有举必成，大功可就。修内政，张四维，师帅不遣上卿，伐国不动大众，教民怀生，示信讨贰，此齐侯、晋文前定之计也。取关中，据河内，大封同姓，以惩孤立，减省官吏，以息百姓，抑制将帅，保全功臣，此高帝、光武前定之计也。斩高德儒，叱宇文士及以远佞人，赏孙伏伽，礼王、魏以开言路，宣示好恶，使民向方，薄赋轻徭，选用廉吏，此唐太宗前定之计也。陛下履极六年，以建都则未有必守不移之居，以讨贼则未有必操不变之术，以立政则未有必行不反之令，以任官则未有必信不疑之臣。弈者举棋不定，不胜其偶，况立国而不定乎？夫难平者事也，易失者时也。舍今不图，后悔何及。人主广览兼听，不可自专。宰相择才使能，不可自用。望赐咨询，佥定国论，谋所以前定者。

建都论

立国者必建都，必据形势，握轻重之权；必居要津，观方来之会；如北辰在天，安于其所不可动也。陛下驻跸金陵，本以旧邸，号称建康，降诏为受命之符，传播天下，则可都者一也。自刘先主、吴孙氏、诸葛武侯一代英雄，周游吴、楚，皆称建康王者之宅，则可都者二也。北据大江，外阻长淮，隔绝奔冲，难于超越，则可都者三也。有三吴为东门，有荆、蜀为西户，有七闽、二广风帆海舶之饶为南府，则可都者四也。诸路朝觐，郡县贡输，水陆舟车，道里适等，则可都者五也。凡都北者必辟境于南，而都南者必略地于北。昨者銮舆时迈，狩于吴、越，则王道所谓望实俱丧，而晋不果迁之地也。三省百司寓于南昌，则李煜避周，徙自秦淮，卒不能振之所也。国势一统，不可数分，国都一定，不可数动。与北人居穹庐，逐水草，无城郭、宫室、市朝者，异矣。今宜还都建康，环诸路而中持衡，则人心不摇而大事可定也。

设险论

按《春秋》书晋师伐虢，灭下阳。下阳者，虞、虢之塞邑也。塞邑既举，则虢已亡矣。圣人特书，以示后世设险守邦之法。故魏人都许，不恃方城而守襄阳。蜀人都益，不恃剑门而守汉中。吴人都秣陵，不恃大江而守荆渚。夫荆渚，江上上流也。北据汉沔，西通巴蜀，东连吴会，真用武之国。故楚子自秭归徙都，日以富强，近并谷、邓，次及汉东，下收江、黄，横行淮、泗，遂兼吴、越，传六七百年而后止。此虽人谋，亦地势使然也。后逮汉衰，刘表收之，坐谈西北；先主假之，三分天下；关公用之，威振中华；孙氏有之，抗衡曹魏。晋、宋、齐、梁倚为重镇，财赋兵甲，当南朝之半，其为江东屏蔽，犹虞、虢之有下阳也。今欲定都建康，而以湖北为分镇，失险甚矣。按湖北十有四州，其要会在荆峡，故刘表时军资寓江陵，先主时重兵屯油口，关公、孙权则并力争南郡，陆抗父子则协规守宜都，晋大司马温及其弟冲则保据渚宫与上明，此皆荆峡封境也。今割以与人，使跨长江，临吴会，犹居高屋建瓴水也，独无虞、虢下阳之虑乎？臣谓欲保江左必都建康，欲守建康必有荆峡，然后地形险固，北可出秦甲，西可下蜀货，血气周流，首尾相应矣。"又曰："昔人谓大江天所以限南北，而陆抗乃曰此守国末务，非智者所先。何也？杜预尝袭乐乡矣，胡奋尝入夏口矣，贺若弼尝济广陵矣，曹彬尝渡采石矣，则其险信未足恃也。虽未足恃，然魏武困于居巢，曹丕困于濡须，拓跋困于瓜洲，苻坚困于淝水，皆不得渡，则其险亦未可弃也。设险以得人为本，保险以智计为先。人胜险为上，险胜人为下。人与险均，才得中策。方今所患，在于徒险而人谋未善尔。地有常险，则守亦有常势。当孙氏时，上流争襄阳而不得，故以良将守南郡与夷陵；下流争淮南而不得，故以大众筑东兴与皖口；中流争安陆而不得，故以三万劲卒戍邾城。邾城，今黄冈是也。今欲固上流必保汉沔，欲固下流必守淮泗，欲固中流必以重兵镇安陆，此守江常势，虽有小变，而大概不可易者也。今强敌侵河朔，叛臣扰山东、淮北、京畿诸镇，处危疑之地，大江设险，未可轻弃。若委任得人，则不特可保江左而已。

制国论

凡制国者必周知山川形势土地所宜，然后可与谋。荆州在江汉沮漳之间，水陆沃衍，乃足食足兵要地，江左、六朝所以必争而不肯失也。弃为分镇，使法得自立，兵得自用，财得自理，官得自命，即与战国诸侯无异，而非上世封建之法也。宜有更张，独仍旧制，通荆湖宪漕二司，治盗理财，而以襄阳隶湖北，岳阳隶湖南，鄂渚隶江西，则地理连属，形利势便矣。”又曰：“变更旧制，不稽今古，则事不可行。近岁荆湖变更旧制多矣。于国家形势，初无所益，徒困两路之民耳。今既复南北两路，宜罢荆峡分镇，仍旧制帅司于荆南，一便也。公安军宜仍旧，废为属邑，二便也。靖州置在崇宁元年，自鼎、沣应副，岁费二十七万，今此二州既皆残毁，宜仍旧废为渠阳寨，三便也。武冈军置在崇宁四年，自邵、衡、永应副费亦不赀，今此三州既皆空乏，宜仍旧废为武冈县，四便也。四者仍旧，创添窠阙，悉从除削，省并官吏，裁损文书，有所谓刀弩手、博易务、营田司，事皆欺罔，驱民为盗者也。宜依往年，禁止保马茶盐法施行，以戒误国害民之贼，然后国制定民心安矣。”又曰：“昔祖宗宅都于汴，其势当自内而制外，是故置京西路。而襄州在汉水之南，则以制湖北也，置湖北路；而岳、鄂在荆水之南，则以制湖南与江西也。今建都江左，未能恢复中原，则当自南而制北，置于江西者治南昌，而分兵屯鄂；置于湖南者治长沙，而分兵屯岳；置于湖北者治荆南，而分兵屯襄；则东南之势全，恢复之基立矣。今安抚大使，古州伯也，形势必相属而后能相援，有无必相资而后能相成。五岭之外，财赋盛于东南，兵马出于西北，宜置大帅一员，兼统二广以殿南服。荆湖残破，北路尤甚，若置大帅必兼领夔府。盖峡中有盐米耕牛而无旷土，荆渚有沃衍桑田而无余田。若弛瞿塘之禁，懋迁有无，商旅自西而入，物货沿江而下，不越数年，荆州富盛，形势可成矣。

恤民论

保国必先恤民，而恤民之事有五：一曰除暴，二曰择令，三曰轻赋，四曰革弊，五曰省官。近岁除外暴者主通和，竟为敌国所误，不敢用兵，而其流毒遍中国自若也。除内暴者用招安，竟为盗贼所误，不敢用兵，而盗贼毒遍天下自若也。为民父母，安得若是恝。又官爵之，其与成汤为童子报仇，不亦异乎？今刘忠残党蹂数郡，曹成反复劫帅臣，理无可赦，宜早加殄灭，肃清江湖。然后精择县令，一意抚绥，则民心安，邦本固矣。近岁此官冗滥已极，宜以五说稍革其弊。籍中外尝为台省寺监官，依仿汉制，分宰百里。俟有殊绩，即不次擢用。又增重事权，优假其礼，许借服色，厚给廪饩。凡军马驻本县者并听节制，其经由者悉从阶级，以免将士凌辱，示百姓瞻仰之尊。则又据今县，分户口，赋人多寡轻重分为三等。上县朝廷选差，中县吏部注拟，下县帅臣监司通共奏辟。不得侵互，立为定格。仍用宋元嘉法，以六期为断，革去三年为任，两考成资，与堂选数易之弊。使吏无苟免，民心有系。凡三等县，皆以四条纠正税籍，团结民兵，劝课农桑，敦勉孝悌。俟及三年，考其事效已就绪者，就行旌赏；未有伦者，严加程督。如此，则民心安、邦本固矣。焚林而田，非不得兽，而明年无兽。竭泽而渔，非不得鱼，而明年无鱼。以近事验之，京东西路岁入凡一千万，其余山泽之利，在祖宗时捐以与民，不尽取也，百姓归戴，无有二心。及李彦等取为西城之租，穷竭民力，其时若有言罢此掊克，然后国用足，则必指为妄言也。然百姓愁苦，转而为盗。今此四路所入，不归王府五年矣。荆湖南北岁入凡五百万，其外岂无遗利。在祖宗时捐以与民，不尽取也，百姓归戴，无有二心。及部使者取之折变，则有一折两折三折，收籴则有均籴、敷籴、补籴，散引则有曲引、盐引、茶引，受纳则有一加、再加、倍加，其时若有言罢此诸色然后国用足，亦必指为妄言也。然百姓愁苦，转而为盗。今此两路所入，不归王府三年矣。乃知有若所为百姓足君孰与不足，信不诬也。今封境日蹙，赋敛日重，百姓日贫，田莱日荒，更临之以贪吏，困之以弊法，是为敌国驱民也。愿诏大臣速讲轻赋恤民之事，为生财足用之源，以京东、西，湖南、北，为至戒，则民心安，邦本固矣。凡为国以利不以义者，皆自小人始，为其所见者小，不知大体，法所以弊也。祖宗时以义为利，四海无困穷之苦，天禄永安，所利大矣。姑以盐法论之，行于西者与商贾共其利，行于北者与编户共其利，行于东南者与漕司共其利，大计所资，均及中外，所谓以义为利也。崇宁首变此法。利出自然者禁而不得行，则解池是也。利在编户者皆入于官府，则河朔是也。利通外计者悉归于朝廷，则六路是也。诸路空乏，乃复百种诛求，尤不能给。民穷为盗，遂失岁入常赋以数千万计，则盐法实致之耳。陛下宜鉴前失，有所改更，久而未也，天下望焉。略以湖南一路言之，昔日岁课一百万缗，本路得自用者居其半，故敛不及民而上下足。变法以来，既尽归之朝廷，则本路诸色支费皆出横敛。至如上供，旧资盐息者，犹不蠲除，民所以益困也。又略以道州一郡言之，岁认上供钱二万缗。往时本州岛岁卖盐息，常倍此数，故敛不及民而上下足。今上供钱仍旧，而盐息不复有矣。乃至以曲引均科，此民所以益困也。又略以来阳一邑言之，有未变法前官所自运盐，有既变法后客所拘纳盐。封桩日久，既缘军期支用，而盐司必欲追索，朝旨亦令拨还。不知何自而出？岂得不取于民，此民所以益困也。以一路一郡一县观之，则他处可知矣。今榷货所入，岁以千万，计其利至厚，谓宜遍下诸路一一检会。凡若此类，悉蠲除之，以活百姓，使稍安其业，不至为盗。长纳二税，存国家大利之原，不亦善乎！榷酤之弊亦极矣，略以道州言之。课额既高，岁有亏欠，即抑勒专知牙校，令兼管州仓，俾因受纳，取足于税户，其害为如何？此民所以益困也。又以邵阳言之，酒课岁约二万余缗，而折税为糯者凡六千斛。糯贵于粳，价几一倍，其它固未论，此民所以益困也。近者尝下诸路会计，而州县利此为造弊之端，不以实闻，固当断以必行，令凡系官监酒务许百姓买扑，人纳净利，与转运司及本州岛支用。收官务年费米麦等专以赡军。兼济公私，存活百姓，使稍安其业，不至为盗。长纳二税，存国家大利之原，不亦善乎！如此庶几民心安、邦本固矣。自崇宁以来，中外创添员局，重以滥赏，不胜其冗，蠹国生乱，至今未革，而又加甚。兵官旧系两员者，添差至于七员八员而未止也。监当旧系一员者，添差至于四员五员而未止也。其余荒残州县，未有百姓，先置官司，凡是旧员，一一填足，又多不应差注之人。其为民害，不异寇贼。考于《春秋》，以民为重，而大夫次之。考于《孟子》，以民为贵而社稷次之。故养民者陛下之职也。愿亟行并省，以建武为法，既不病民，所省官吏使居闲散，稍捐廪禄养之，亦无失职之叹。庶几民心安邦本固矣。

立政论

人主宰臣必先明其所职而后政可立。选择忠贤以为辅弼，任而不疑者，人主职也。荐进人才，布列中外，赏罚不私者，宰相职也。唐太宗既黜封德彝邪说，任房、杜为相矣。又敕尚书庶务并属左右丞，而责二公以广求贤人，随才任使，此委相臣以其职者也。陈平既不答文帝决狱之问，自谓所主佐天子理阴阳矣，而召河南守吴公为廷尉。吴公治平为天下第一，其能致民无冤可知。此使九卿各得其职者也。而政有不立乎？陛下以宰相不可非其人，频有选任，可谓得人主之职矣。然而政事未立者，窃恐所以责任异于唐太宗，而宰相所以自任未若陈献侯也。夫坐政事堂，受词决讼，弊精神于簿书，而进退人才，赏功罚罪，有未察焉，则失其职矣，政何由立乎？陛下以庶务决之六曹，官长皆得专达，并如元祐大臣所请，自非大事不复资白，则中书之务简矣。然后专责宰相以慎简六曹长贰，诸路帅守部使者及上县令宰，咸得其人，而政治不建，未之闻也。"又曰："三纲，军国政事之本，人道所由立也。三纲正则基于治而兴，三纲沦则习于乱而亡。《春秋》宋华督有不赦之恶，齐、鲁、陈、郑同会以成其恶，受赂而归。天子不讨，方伯不征，咸自以为利也。未几，陈有五父之乱，齐有无知之乱，郑有子突、亹、仪之乱，鲁有叔牙、庆父之乱。数十年间，四国舛逆，几至丧亡。则以昧于坚冰之戒，不能辨之于早也。《春秋》备书于策，以明三纲之重，为后世鉴，深切著明矣。昨者张邦昌挟女真，僭名号，援契丹立晋为例，分遣使人布谕诸路，直下赦令，倍行恩赏，原其用心，与华督何异。陛下特施宽典，赐死于隐，而不尸诸市朝，已失刑矣。及敌骑南骛，乘舆渡江。黄潜善及其党事穷计迫，乃指邦昌为金人所立而迫之至死，遂以致寇，欲自解其误国之罪，至其宗族皆命以官，是训诱乱臣贼子使利于为恶。此臧哀伯所谓百官象之，又何诛焉者也。于是不逾旬月，苗傅、刘正彦有今将之心，既伏大刑。而近臣乃有抗章乞行湔洗，无所忌惮。故比日群盗，所在焚劫，或有官吏乐为之用。末流至此，可不戒乎！愿特降指挥。昨在围城，有职当守御，视城垂破而端坐不救者。有草为表章上诋君父，取媚敌人，受其妇女者。有起自闲散，特仕伪朝，长其谏省者。有于苗、刘肆逆，并建节旄，所除制命，极意称美者。及乞用邦昌、傅、正彦之党者。审其轻重，不过数人。依法施之，以正人心、息邪说，则三纲不至沦胥，而军国政事得以时立矣。

核实论

政事纪纲莫大于赏罚，而功罪是非以毁誉为本者也。必要其真伪，而后赏罚当。比下赦文，推美仁宗皇帝盛德大业，应举行政，事并欲上遵嘉祐。臣尝考其大要，特在于直言数闻，毁誉核实而已。必自大臣与台谏始。大臣定功罪，施赏罚于上，台谏论功罪，主毁誉于下，不可不先核也。仁宗皇帝信王曾之正，任吕夷简之才，终以富弼、韩琦为宰相，而余靖、蔡襄、贾黯、吕诲等迭居台谏，此真伪所由核也。故丁谓虽以奸邪当国，而终投四裔；寇准虽以忠正远贬，而终得辨明；范仲淹虽屡以危言获罪，欧阳修虽以讥斥佞人招难明之谤，而皆终闻政事。是邪说不得乱毁誉之真，而直道行也。邪说息、直道行，则恶人有所惮而不为，善人有所恃而不恐，此所以致至和、嘉祐之治者也。昨者黄潜善、汪伯彦、范宗尹辈广引奸邪，颠倒是非，变乱名实。谏官郑毂攻李纲以六不可贷之罪，验于奏议则无据，按于施为则无迹，特以撰造文致、倾陷大臣。当时遂信行之，又以美官激劝之，是欲其乱毁誉之真而不核也。言官马伸击潜善、伯彦措置乖方，凡举一事，必立一证，皆天下所共知见，不敢以无为有，以是为非，当时乃罢黜之，又置诸危地残贼之，是恶其乱毁誉之真而不核也。邪说何由息，公道何由行乎？今毂虽已死，恤典隆厚，伸虽有诏命，不闻来期。按《春秋》治奸慝者不以存没必施其身，所以惩恶也。奖忠良者及其子孙，远而不泯，所以劝善也。陛下必欲继仁宗之政，则按是非，明赏罚，使天下知所惩劝，亦何远之有？

尚志论

帝王应时而造，必先立志。欲定大事而志不先立，则无本矣，焉能有成？靖康臣僚不知责难，劝渊圣笃于立志，而即安屈辱，城下结盟。此齐国佐、宋华元，请合余烬，背城借一，誓死力争，有以国毙而不肯从者也。当时国势何异厝火积薪之下而寝其上。宰相徐处仁遽进谀说，以为金兵出境，社稷再安，由圣德俭勤，致有天人之助。遂言今日可比唐、虞，而臣主俱荣，抑何志之卑陋也。故庙堂聚讼，颠沛末流，未及期年，坐以失国。夫志则不立，急于事为，虽有远猷宏议，必格而不得施矣。陛下自初发愤欲殄寇仇，当时亲信左右莫能辅道，乃至因循，坐消岁月，国日益削，六载于今。然上天所以启悟圣情，日跻盛德，陛下所以深惩既往，刻厉将来者，可谓卓然有立于万物之表矣。愿坚持此志，无复变迁，仍饬群臣，各致法家拂士之义。必志于恢复中原，只奉陵寝；必志于扫平仇敌，迎复两宫；必志于得四海之欢心，以格宗庙；必志于致九州岛之美味，以养父兄。然后文武百僚，六军万姓，丕应溪志，而陛下孝悌之责塞矣。

正心论

心者，身之本也。身者，家之本也。家者，国之本也。国者，天下之本也。能正其心则朝廷百官万民莫不一于正，安与治所由兴也。不正其心，则朝廷百官万民皆习于不正，危与乱所由致也。然心有所愤怒而弗能忍，则不得其正。有所贪欲而弗能窒，则不得其正。有所蔽惑而弗能断，则不得其正。有所畏怯而弗能自强，则不得其正。正心之道，先致其知而诚其意，故人主不可不学也。盖戡定祸乱虽急于戎务，而裁决戎务必本于方寸。不学以致知，则方寸乱矣，何以成帝王之业乎！陛下日亲典策，博考古今，往行前言，固将畜德。又经变故，备尝险阻，外患益深，必无邪念。至诚所发，通贯幽明，固有人不及知而天独知之者矣。愿更选正臣多闻识、有智虑、敢直言者，置之左右。日夕讨论，以克厥宅心。表正于上，则内外远近将各归于正。奚乱之不息乎！

养气论

凡用兵胜负，系军旅之强弱。军旅强弱，系将帅之勇怯。将帅勇怯，系人主所养之气曲直如何耳！盖人主将将者也，以直养气，自反而缩，则孟子所谓约，而狐偃所谓壮也，壮则强。以曲丧气，自反而不缩，则孟子所谓馁，而狐偃所谓老也，老则弱。纣师如林，武王数其不事宗庙、贼虐谏辅之罪，则商曲而周直，故周胜。项羽威震天下，汉祖数其弑义帝之十罪，则楚曲而汉直，故汉胜。凡曲直者，兵家之大要，制胜之先几也。金人称兵，曲亦甚矣。陛下上皇之子，孝慈之弟，自大元帅入践宸极，比年以来，克勤听政，追赏直士，登用谠言，令问四达，可谓直矣。以直对曲，胜负已分。中国士气，宜不待鼓而自强。然敌兵每动，四方震慑奔走，莫与抗衡者，以兵家之略、制胜之几，未有以明之也。今欲使人人知彼曲我直，以作其衰败不振之气。更在陛下强于为善，益新厥德，使无有曲失可得指议。则守为刚，气可塞乎两间，震为怒，气可以安天下，将帅必听命而不敢骄，军旅必畏威而不敢惰，不待对敌接刃，而百胜之算已坐决于九重矣。

宏度论

人主以天下为度者也，明当并日月，不可私照临；德当配天地，不可私覆载；所好当遵王道，不可以私劳行赏；所恶当遵王路，不可以私怒用刑。其喜怒则当发必中节，和气缢缊而万物育也，故能理其情而君道备矣。然人情易发而难制者惟怒为甚。克己然后可以治怒，顺理然后可以忘怒。《书》曰：'必有忍乃其有济'，此治怒不迁之法也。忍者，隐忍不发之称。迁者，自此迁彼之谓。能隐忍而不迁，则事必济矣。汉高帝忍于有故怨者而封雍齿，忍于数窘辱者而赦季布，忍于比己为桀、纣者而用周昌。至如丁公免己于厄，可谓有再生之恩矣，及即位，乃斩以徇，其不赏私劳如此，故能成帝业于五载之近。陛下圣度虚明，天心广大，固当不以私喜亲近谀佞，亦当不以私怒疏远正直。中外百执，其有迷国误朝，罪恶昭著，众所指目不可掩者，虽有私劳，愿陛下与众弃之，不使幸而得免以致天下之疑也。其有抱忠守正，犯颜逆耳，公论所归不可蔽者，虽遭谗谤，愿陛下与士共之，不使退而穷处以失天下之心也。如此赏而必当，是谓天命。罚而必当，是谓天讨。施之一人而千万人悦以畏矣。

宽隐论

自昔创业兴衰与增光洪业之君，待遇臣下，恩礼虽一，而崇高严恪，常行于介胄爪牙之夫，以折其骄悍难使之气。柔逊谦屈，必施于林壑退藏之士，以厉其廉靖无求之节。乃能驾驭人才，表正风俗。故汉高祖之威行于暴秦强楚，而不行于四皓；世宗之威行于寻、邑、王郎、赤眉、铜马、陇蜀之主，而不行于严光、周党。惟公孙述能行其威于李业等，然不能行于吴汉。是何也？威有所当加，势有所可屈。加于所当加以立威则强，屈于所可屈以忘势则昌。反是道者，难乎免于乱亡之祸矣。陛下屡下诏书，详延遗逸，而群臣有不能钦承美意者，凡所宣召，或有未至，不原情实，即肆谗谤，以为违于"君命召，不俟驾"之义。被以偃蹇之名，而欲加以不恭之罪。虽陛下宽容，不从其说。而侍从近臣，不有忠言奇策，上动圣听，奋扬天威，殄歼强敌，顾请施于疾病退藏之臣，其意安在？夫召而不至者，其心岂乐贫贱而恶富贵哉，其必有以也。若听其所守，下全隐居之操，上有好善之美，两得之矣。四月八日所下敕书，首欲上遵仁宗法度。谨按康定间尝以词馆招张俞矣，辞而不受，至于四五。其后又以修起居注用王安石矣，辞而不受至于八九。皆从其欲，又优奖之，以励风俗，未尝加以雷霆之威，而纪纲不缘此而不立，命令不缘此而不行。威加于西，则臣服元昊，威加于北，则削平王则，威加于南，则扫荡智高。柔巽屈于隐士，而德愈隆。刚克伸于四裔，而威愈震。可谓知所用矣。此其所宜遵者也。望特降诏书，申明此旨。凡被召有不能赴者，悉从其欲，不强制之。独以威刑外施暴威之戎，内扫贪残之贼，与悍骄不可使之将。谗说殄行，则天下归心而治道成矣。

论既入，上即命再遣使促召。未至，复除给事中。（见《斐然集·先公行状》卷二十五，第504—516页）

六月，胡安国与子胡寅、胡宁在避难暂居地清湘县（今广西壮族自治区桂林市全州县）出发，前往京师供职。"自清江登舟，经祖印江口，趋行在所"。（见《斐然集》卷五，第117页，又见《斐然集·悼亡别记》卷二十，第382页）

七月，宋高宗召见胡安国，上曰："闻卿大名，渴于相见，何为累召不至？"胡安国拜谢，进曰："臣逢保国必先定计，定计必先定都，建都择地必先设险，设险分土，必先遵制，制国以守，必先恤民。夫国之有斯民，犹人之有元气，不可不恤也。除乱贼，选县令，轻赋敛，更弊法，省官吏，皆恤民之事也。而行此有道，必先立政；立政有经，必先核实；核实者，是非毁誉，各不乱真，此致理之大要也。是非核实，而后号令行；人心顺从，惟上所命；以守则固，以战则胜，以攻则服，天下定矣……"上劳问甚渥，公退而就职。（见《斐然集·先公行状》卷二十五，第516页）

乙丑，给事中胡安国入对，帝曰："闻卿大名，何为累召不至？"安国再拜辞谢，进曰："……尚志所以立本也，正心所以决事也，养气所以制敌也，宏度所以用人也，宽隐所以明德也。具此五者，帝王之能事备矣。乞以核实而上十有五篇，付宰相参酌施行。"（见《续资治通鉴·宋纪一百

十一》卷二，第786页）

秋七月乙丑，给事中胡安国入对。宋高宗曰："闻卿大名，何为累召不至？"安国再拜辞谢，进曰："臣逢保国必先定计，定计必先定都，建都择地必先设险……"（见《宋史全文·宋高宗五》卷十八上，第1273页）

居旬日，胡安国拜见宋高宗，以足疾恳求去位，辞给事中兼侍讲。上曰："闻卿深于《春秋》，方欲讲论。"遂以《左氏传》令安国点句正音。

安国奏曰："《春秋》乃仲尼亲笔，门人高弟不措一词，实经世大典，见诸行事，非空言比也。义精理奥，尤难窥测。今方思济艰难，岂宜耽玩文采。莫若潜心圣人之经。"上称善。安国因荐司勋员外郎朱震，资政殿学士、新除提举万寿观兼侍读张守知福州，从所请也。上曰："福建盗贼之后，要在拊循凋瘵，用守为宜。"

甲戌，给事中胡安国进兼侍读，给事中程瑀、中书陈与义并兼侍讲。宋高宗令安国兼读《春秋》，仍谕以"随事解释，不必作义，朕将咨询"。（见《宋史全文·宋高宗五》卷十八上，第1274-1275页）

八月一日，宋高宗令胡安国为侍读，专讲《春秋》。胡安国请求在外编辑成书，不敢当讲席。章再上，未允。

时讲官四人，援例乞各专一经。高宗曰："他人通经，岂胡安国比，不许。"时胡安国专为宋高宗与大臣讲习《春秋》经义，为一代帝王之师。（见《斐然集·先公行状》卷二十五，第516-517页）

胡安国根据南宋的社会现实，禀告宋高宗皇帝，经圣人手削过的《春秋》，乃一部经世大典，对于解决当今政治问题，可以提供借鉴。
其目的，志在"尊王攘夷，民惟固本，经世致用"。

是年，胡安国在给事中兼侍讲任上。给事中这一职位，主要协助皇帝处理政务，审读内外出纳文书，驳正政令。因其责任重大，于是胡安国就朝廷政事急缓先后之事，致书杨时请教。杨时时已年届八十，从工部侍郎任上致仕回乡颐养天年。且平时只谈学问，不问政事。胡安国的来信，不得不促使杨时重新审视国事，关心天下事。由是不顾年迈，撰写了 2000 余字的书信回致胡安国。（见《杨时集·杨龟山年谱》附录二，第 1161－1162 页）

答胡给事问政事先后缓急书

〔宋〕杨　时

承示问政事先后缓急之序与夫要领所在。某自视昏耄，何足以知之？以公积学之久，经纶之业，皆素所厌饫者，乃下询于陈腐陋儒，非公不以贤自挟，乐取诸人以为善，何以有此？三复来贶，钦叹无已。然厚意不可以虚辱，试诵其所闻，惟宽明不以僭渎为罪，则万万幸甚！

某窃观自金人渝盟，河北、淮南诸郡皆非吾有，民物凋弊，赋入无几，军储资用，十百于前日。天时地利，在今日皆不可恃也。所恃者，人和而已。方时艰难，不早为之经划，一旦有不足，不免暴取于民。一失民心，其患有不可胜言者，不得不虑也。

某窃谓当今政事，惟理财最为急务。考之先王，所谓理财者，非尽笼天下之利而有之也；取之有道，用之有节，各当于义之谓也。取之不以其道，用之不以其节，而不当于义，则非理矣。故《周官》以九职任之，而后以九赋敛之。其取之可谓有道矣，九赋之入，各有所待：如关市之赋以待王之膳服，邦中之赋以待宾客之类是也。邦之大用，内府受之，邦之小用，外府受焉，有不可得而侵紊之也。冢宰以九式均节之，下至工事刍秣之微，匪颁好用，皆用式焉，虽人主不得而逾也。所谓惟王及后，世子不会，特膳服之类而已。有不如式，虽有司不会，冢宰得以式论之矣。世儒以谓至尊不可以法数制之，非正论也。

夫天之所生，地之所藏，今犹昔也。昔常有余而今不足，其弊必有在矣。朝廷盖未之究也。建隆之初，荆湖、江浙、河东、川广、福建，皆非朝廷有也，所有者，惟南京东西数郡而已。当五季之乱，干戈日寻，然未尝以用不足为忧。崇宁以来，承祖宗积累之厚，尺地莫非其有也，一民莫非其臣也。而日以不足为忧，何哉？虑之不得其道故也。国家景德，皇祐尝为《会计录》以总核天下财赋之出入。百官饩廪之奉，军储边计，凡邦国之经用，皆有常数。如内府所藏，以待军兴，郊尝之费；茶盐之入，以待边储。元丰之备对，元祐之会计，皆放此也。此祖宗之遗法，盖得《周官》待用之意也。今宜为《绍兴会计录》，取祖宗三书参较之。凡吏员之增减，兵旅之多寡，户口之登耗，赋入之盈虚，皆可考也。知有余不足之弊根可以究见矣。然后量入以为出，而均节之。残破州县，使有无相补，庶无阙事矣。

祖宗设制置发运司，盖始于王朴之议。其措划可谓详尽矣。朝廷捐数百万缗以为籴本，使总六路之计，通融移用，与三司相为表里，以给中都之费。六路丰凶，更有不常。一路岁稔，则增籴以充漕计，饥凶去处，则罢籴，使轮折斛钱而已。故上下俱宽，而中都不乏，最为良法。

自胡师文以籴本为羡余以献，发运司拱手无可为者，此真达之议所从起也。既行直达，而盐法随变，其患有不可胜言者。盖转搬与盐法相因以为利，不可偏举也。祖宗时，荆湖南北、江东西，漕米至真扬下卸，即载盐以归。诸路每岁所得盐课，无虑数十万缗，以充经费。故漕计不乏，则横敛不加于民，而上下裕矣。自抄盐之法行，盐课悉归榷货，诸路一无所得，故漕计日以不给。而经用不可阙，非出于漕臣之家，亦取诸民而已，此上下所以诸受其弊也。闽中旧官卖盐，每觔二十七文，今民间每觔至百二三十文。细民均被其害，而盗贩所以公行也。所谓制置发运与三司相为表里者，盖发运通融六路之计，钱谷银绢之类，视三司所阙者为之应办，故中都常不阙也，其为利多矣。

自黄帝立丘乘之法以寓军政，历世因之，未之有改也。至周为尤详：居则为比、闾、族、党、州、乡，出则为伍、两、军、师之制，使之相保相受，刑罚庆尝相及，用一律也。天子无事，岁三田以供祭祀宾客，充君之庖而已，其事宜若缓而不切也。而王执路鼓亲临之，教以坐作进退，有不用命者，则形戮随之。其教习之严如此，故六乡之兵出则无不胜，以其威令素行故也。丘井之废久矣，兵农不可以复合，而伍、两、军、师之制不可不讲。无事之时，使之相保相受，刑罚庆赏相及。用之于有事之际，则申之以束伍之令，督之旌旗指挥之节。临难而不相救，见敌而不用命，必戮无赦，使士卒畏我而不畏敌，然后可用。若夫伍法不修，虽有百万之师，如养骄子，不可用也。传曰："秦之善士，不可当齐、晋之节制；齐、晋之节制，不可以当汤、武之仁义。"某窃谓虽有仁义之兵，苟无节制，亦不可以取胜。《甘誓》曰："左不攻于左，汝不恭命；右不攻于右，汝不恭命。弗用命，则孥戮女！"《牧誓》曰："不愆于六步七步，乃止齐焉；不愆于四伐五伐，乃止齐焉。"其节制之严盖如此。故圣人著之于经，以为后世法也。故诸葛孔明曰："有制之兵，无能之将，不可以败；无制之兵，有能之将，不可以胜。"此之谓也。

夫军政不修，无甚于今日，闽中盗贼初啸聚，不过数百而已，其后猖獗如此，盖王师养成其祸也。贼在建安几二年，无一人一骑至贼境者。王师所过，民被其毒，有甚于盗贼。百姓至相谓曰"宁被盗贼，不愿王师入境。"军无律，一至于此。

此二事，最今日之急务。自蔡京用事，王黼、李邦彦继之，祖宗之法扫荡殆尽。如尚书省戾祖宗之法者非一二事。冗官之未澄汰，与役法之弊，所当损益，未易缕数也。然今日二事，在《易》，盖《蛊》之时也。《蛊》之成卦。"刚上而柔下"。刚柔不交，上下不相与，不足与有为。巽而上无刚健之才，不能以有为。此事之所有蛊也。《左传》"皿虫为蛊。"蛊者，败坏之象也。先生之治蛊也，如治陋室然。欂栌居楔，各安所施，不易其处，则庶几其苟完矣。物物而纷更之，腐者败，倾者不可复支矣。夫"通变之谓事"，因其财而通变之，则蛊元亨而天下治矣，此治蛊之道也。此二事，其大略如此。其委曲措划，在执国柄者详视而审处之，非毫楮可尽也。

夫执中不可以无权。执中无权，犹执一也。圣人所谓权者，犹权衡之权，量轻重而取中也。用之无铢两之差，则物得其平矣。今物有首重而末轻者，执其中而不知权，则物失其平，非所以用中也。世人以用智为知权，误矣。孟子曰："所恶于智者，为其凿也。如智者若禹之行水，则无恶于智也。"盖禹之行水，循固然之理，行其所无事而已。若用智以为权，则皆智之凿，孟子之所恶也，可不慎欤？（见《杨时集·答胡康侯名安国书》卷二十其八，第546-550页）

是年，朱熹的父亲朱松知晓胡安国任给事中兼侍读，为帝王与大臣讲授《春秋》，即以书信祝贺！称其为："邦家典型，人物冠冕。"后来，朱松于临终之时，令朱熹从学胡宪等，可能也是对胡安国的敬仰心态所致。（见《韦斋集·贺中书胡舍人启》第69页）

八月己亥，给事中兼侍读胡安国就侍卫诸军一事建言："自古盛王，虽用文德，必有亲兵专掌宿卫。成王即政，周公指虎贲与常伯同戒於王，欲其知恤。虎贲者，尤今侍卫诸军也……。"（见《宋史全文·宋高宗五》卷十八上，第1279页）

八月二十一日，胡安国因论故相朱胜非，为宰相吕颐浩所忌，遂落职提举建昌军（今江西省南城县）仙都观。实八月二十一日也。是夕，彗出东南，右相秦桧三上章乞留胡安国，宋高宗没有回复。于是秦桧即解相印去位。（见《斐然集·先公行状》卷二十五，第518页）

八月戊申，给事中兼侍读胡安国被罢职。安国以论朱胜非不从，力求去，胜非皇恐，亦上书稽印，走傍郡，乞奉祠。吕颐浩言于上，是日，诏安国可落职，提举建昌军仙都观。右仆射秦桧三上章乞留安国，不报，遂家居不出。（见《宋史全文·宋高宗五》卷十八上，第1280页）

九月，胡安国辞官，乘船离开京师，胡寅、胡宁随父同行。三日之后到达衢梁（今浙江省衢州市），下船访医。居旬日，再度登舟行至丰城。于是父子一行只好寓居丰城（今江西省丰城市）龙泽寺中。（见《斐然集·先公行状》卷二十五，第518页）

时恰值知道州向子忞因被论弃城遭贬，也住在丰城的僧寺中。胡安国知向子忞曾莅官周敦颐故里道州，安国便问向子忞，可知晓道州周敦颐的一些遗事。向子忞答以未闻。（见《从胡文定到王船山：理学在湖南地区的奠立与开展》，第 36 页）

冬十一月，胡安国令胡寅回暂居地清湘（今广西壮族自治区全州市）省家。（见《斐然集·悼亡别记》卷二十，第 382 页）

绍兴三年癸丑（1133），胡安国 60 岁

正月初一，胡寅有诗云：

癸丑元日，文定时留丰城，今归清湘唁家

去年已向爆声残，晓气细缊雨不寒。
玉佩想闻趋桂殿，彩衣遥祝献椒盘。
千龄帝运方更始，一统王春正履端。
不与时光共流转，此心那更觅人安。

（见《斐然集》卷三，第 56 页）

胡安国居丰城约半年，于癸丑（绍兴三年），春正月（一说四月），回到湘潭碧泉。（见《斐然集·悼亡别记》卷二十，第 382 页）

秋七月，胡安国一家才重新聚首于南岳衡山之下。"秋七月，然后尊卑会于南岳"。（见《斐然集·悼亡别记》卷二十，第 382 页）

胡安国初寄居南岳胜业寺①
（即今祝圣寺），此时胡氏一家的
生活起居才算基本安定下来，这
一住就是两年多。之后胡安国在
南岳衡山紫云峰麓购置土地，筑
室定居，讲学授徒著书为业，该
故居后被胡宏改建为文定书院。
其遗址，现为湖南省示范重点中
学岳云中学兴建的科技楼。亦即
春秋楼。

胡安国一家徙居南岳衡山。
胡寅在《斐然集》中有过这样的
表述："绍兴壬子六月，先公再被
掖垣之命。某时侍行，自清江登

南岳衡山祝圣寺（杨菊云摄影）

舟，经祖印江口，趋行在所。未几罢归，还憩丰城之龙泽寺。明年初夏，
归隐南山"。（见《斐然集》卷五，第 117 页）

---

① 胜业寺，今名祝圣寺，位于南岳镇东街中段，为南岳著名古寺。1983 年被国务院定为全
国汉族重点寺院。

据《南岳总胜集》记载，大禹曾在此建清冷宫，祀奉舜帝。今日祝圣寺西边，有一个禹柏庵，
即是据此传说而建。唐玄宗天宝（742—756）初，净土宗的第三代祖师承远在此建寺，名弥陀台。
唐代宗乾元年间（758—760）增建精舍，改称"般舟台"；大历末年（779），代宗赐名"般舟道
场"；唐德宗贞元间（785—805）赐名"弥陀寺"；唐武宗会昌五年（845）下诏毁佛寺，弥陀寺
废。五代时楚王马殷（896—929）又在故址重建，易名报国寺。

北宋太平兴国间（968—976），宋太宗下诏更寺名为"胜业寺"。宣和元年（1119），宋徽宗
崇信道教，曾将胜业寺改名"神宵宫"。不久即恢复佛教，仍用名"胜业寺"。

公元 1127 年，北宋败亡，宋室南渡。因避战乱与匪患，胡安国率家人于宋高宗绍兴三年
（1133）七月聚首南岳衡山之下。初寄居胜业寺，因筑庐一时未果，这一住就是两年多。期间，胡
安国除短暂出知永州外，绝大部分时间是在胜业寺研习和奉诏编纂《春秋传》，直至绍兴六年
（1136）二月初六日，胡安国才举家乔迁紫云峰下新居。

清康熙四十四年（1705），湖南巡抚赵申乔拟请康熙帝南巡，便在胜业寺寺院处，大兴土木，
兴建行宫。后因康熙南巡未果，行宫封闭近十年。五十一年（1712）三月，逢康熙帝六十大寿，
湖广总督额伦特，湖南巡抚王之枢奏改行宫为祝圣寺。雍正五年（1727），湖南巡抚王国栋又一次
将行宫改祝圣寺的情况向朝廷呈送了奏折，雍正皇帝作了"知道了"朱批，并允肯"祝圣寺"寺
名。是时，胜业寺归并祝圣寺，祝圣寺名从此始。

南岳衡山祝圣寺天王殿（杨菊云摄影）

　　是年，胡安国常谓好友、门人曰："吾与谢（谢良佐）、游（游酢）、杨（杨时）三公，义兼师友，实尊信之。若论其传授，都自有来历。据龟山（杨时）所见在《中庸》，自明道（程颢）先生所授。吾所闻在《春秋》，自伊川（程颐）先生所发。"

　　胡安国在《与宰相书》一文中又曰："杨公造养深远，烛理甚明，混迹同尘，知之者鲜。行年八十，志气未衰，精力少年殆不能及。"（见《杨时集·历代名人论杨时》附录六，第1261页）

　　是年，胡安国就研习《春秋》经义有关问题，致书问学杨时。杨时虽年届八十晋一，但身体仍健朗，由是就论《春秋义》等致书答问胡安国。（见《杨时集·杨龟山先生年谱》附录二，第1163页）

与胡康侯往复书论《春秋义》

〔宋〕杨 时

　　刘质夫受经于明道、伊川之门，积有年矣。其论"元年"之义详甚，故未敢轻议其说。蒙录示第一段义，非高明不见鄙外，何以得此？幸甚幸甚。

公之用意精深，非浅陋所能窥其阃奥，然意有所疑，义不敢默，姑试言之：所谓"元者仁也，仁者心也，《春秋》深明其义，当自贵者始，故治国先正其心"，其说似太支离矣，恐改元初无此意。三代正朔，如忠、质、文之尚，循环无端，不可增损也。秦以亥为正，失其旨矣。"斗纲之端连贯营室，织女之纪指牵牛之初，以纪日月，故曰星纪。五星起其初，日月起其中。"其时为冬至，其辰为丑。三代各据一统，明三统常合而迭为首。周环，五行之道也。周据天统，以时言也；商据地统，以辰言也；夏据人统，以人事言也。故三代之时，惟夏为正，谓《春秋》以周正纪事是也。正朔必自天子出。改正朔，恐圣人不为也。若谓以夏时冠月，如"定公元年冬十月，陨霜杀菽"，若以夏时言之，则十月陨霜，乃真时也，不足为灾异。周十月，乃夏之八月。若以夏时冠月，当曰"秋十月"也。正朔如建子、丑是也。虽用夏时月，不可谓改正朔。

鄙意如此。公试思之，如何？如未中理，更希疏示，以开未悟。（见《杨时集·答胡康侯名安国书》其六卷二十，第543-544页）

绍兴四年甲寅（1134），胡安国61岁

胡安国隐居衡山，著述《春秋传》。也常往返湘潭和衡山两处，广授门徒，这一学者群体的学术思想，在当时产生了广泛的影响，逐步形成了宋代理学中的一个重要学派——湖湘学派。

是年，长子胡寅为朝廷所召。胡安国告戒曰："凡出身事主，本吾至诚恳恻、忧国爱君、济民利物之心。立乎人之本朝，不可有分毫私意。议论施为、辞受取舍、进退去就，据吾所见义理，上行勿欺也。故可犯，至诚而不动者矣，不诚未有能动者也。善人君子、吾信重之，不轻慢；恶人小夫，吾悯怜之，不憎恶之。"（见《斐然集·先公行状》卷二十五，第518页）

是年，胡安国按照自己的身体尺寸，命造"束身椑"，即棺材。之后，

每年上一遍油漆。（见《斐然集·先公行状》卷二十五，第 525 页）

时胡安国年事已高，加以疾病，每岁酿酒一斛，备家庙荐享。造曲
蘖，治秫米，洁器用，节齐量，无不躬视。于其祭也，沐浴盛服，率子孙
诸妇各执其事。方享则敬，已祭必哀，济济促促，如祖考之临也。（见
《斐然集·先公行状》，第 524-525 页）

是年冬，胡安国将自己编纂整理的《伊川先生语录》手抄本，自南岳
衡山寄往远在千里之外已致仕回乡的杨时审定。（见《杨时集·杨龟山先
生年谱》附录二，第 1163 页）

绍兴五年乙卯（1135），胡安国 62 岁

二月，宋高宗令赵鼎为左相，张浚为右相兼知枢密院事。张浚举荐胡
安国为徽猷阁待制，知永州。

二月，提举建昌军仙都观胡安国复徽猷阁待制，知永州，不许辞免。
制曰："朕惟士君子读圣人之书，学先王之道，岂能独善其身而已哉。治
人治己，成己成物，易地则皆然，世俗之儒，名师孔孟，实蹈杨墨，可与
论中庸者鲜矣。安国学优则仕，行顾于言，通经为儒者之宗，论事识治道
之体。顷从时望，召置琐闱，方嘉便于咨询，顾何嫌于封驳。奉身而去，
亦即累年。予力思共理之良，尔安得独善于己。零陵虽小，有社有民，竹
马欢迎，相望数舍。往读中兴之颂，无忘平日之言。"（见《宋史全文·宋
高宗八》卷十九中，第 1389-1390 页）

三月，胡安国在湖南，闻有是诏，以书与其子起居郎胡寅曰："比诏
问旧宰执，即是国论未定，正要博谋，此机会不可失。若赞得归是，其绩
不小，汝勉思之。吾有《时政论》二十篇，虽未详，大纲举矣。诸葛复
生，不能易此也。"（见《宋史全文·高宗八》卷十九中，第 1405 页）

三月，胡安国与杨时又有书信往复。这次书信主要内容有：抗金捷报，向子韶行状，程颐生前讲学授徒经典语类问答，即《伊川先生语录》等。这次书信往复，或许是两位学术大家与好友最后一次书信往来。

答胡康侯书信

〔宋〕杨　时

《伊川先生语录》在念，未尝忘也，但以兵火散失，收拾未聚。旧日惟罗仲素（罗从彦）编集备甚，今仲素已死于道途，行李亦遭贼火。已托人于其家寻访，若得五六，亦便下手矣。

和卿（向子韶）志文，深愧鄙拙，不足以发扬其美，蒙公见与，可以塞责矣。《三经义辨》已成书，俟脱稿即附去，以求参订也。

近因伤冷，嗽大作，累日不能兴。昨日方稍平，然饮食犹未复常，倦甚，作书不及一一。（见《杨时集·答胡康侯名安国书》卷二十其九，第552页）

答胡康侯书信

〔宋〕杨　时

人至辱书，知已离丰城，台候动止万福，欣慰欣慰！

明仲（胡寅）回，想详知湖外事。若衡湘可居，于公私计良便。衡湘去荆门不远，旧业可渐葺治矣。盖远会集，临纸惘然，蒸暑浸剧，伏冀为道珍卫。

承谕乃江西宣谕使风采可仰，吾乡使者甚不挠，但未见惠泽及民，污吏革面者。盗贼得韩，申二将平之，今已无事。敝乡去岁大役，恶少旧常作过者死亡略尽，自此可无盗贼之虞矣。

近见报，襄阳镇抚檄诸郡领兵收复中都屡捷，洋州亦有报杀获金寇千余人，所至有捷报，中兴可指日望也。可喜可喜。

和卿平生相知，第鄙文不足以发盛美为愧耳。浙中数事与初授恩命皆某亲闻见者，故不敢专用行状，其他皆无更易。如宗室养他人子，初云材用不足，患之细也，养他人子，则宗枝乱矣。其建议乃云："有父兄在，同居者减半，其养母勿给，于是其弊渐去"。则只是以财不足为忧。凡宗室例皆裁减，与所谓乱宗枝之意不相应。公更问其详，为增损之，乃善。

《伊川先生语录》，昔尝集诸门人所问，以类相从，编录成帙，今皆失之。罗仲素旧有一本，今仲素已死，着其婿寻之未到。近宣干喻子才云有本甚多，计到浙中便付来。（见《杨时集·答胡康侯名安国书》卷二十其十二，第554-555页）

胡安国在知永州任上不足三个月，时以"摈斥三载，未能寡过，不习吏事，年衰病据"为由力辞。于是宋高宗皇帝同意胡安国辞去永州知府任，乞以左朝散郎充徽猷阁待制，提举江州太平观，赐紫金鱼袋，令其纂修《春秋传》，候成书进呈。"以称朕崇儒重道之意"。（见《斐然集·先公行状》卷二十五，第519页）

夏四月，新除徽猷待制知永州胡安国乞以本官奉祠。诏：安国经筵旧臣，引疾辞郡，重悯劳之，可从其请，提举江州太平观。令纂修《春秋传》俟成书进入，以称朕崇儒重道之意。（见《宋史全文·宋高宗八》卷十九中，第1405页）

四月二十四日，程门高足、胡安国好友杨时卒。杨时逝世后，其后人敬邀吕本中撰写行状。吕本中出生于世家大族。其先祖吕蒙正、吕夷简、吕公著先后为北宋宰相。吕本中本人忠孝爱国，刚直清慎，又是杨时的得意门生，对于恩师后人的请求，欣然应允。并不负众望，洋洋几千字的《杨龟山先生行状》很快写成。

是年，胡安国得知昔日崇安好友王蘋于绍兴四年冬被宋高宗皇帝召见，并授官左朝奉郎兼秘书省正字，高宗称其"通儒"。胡安国非常高兴，马上写信给王蘋，并将《春秋胡传》底本送阅一份，希望王蘋能提出一些意见。王蘋对《春秋胡传》进行了认真地校阅后即复信。胡安国对此非常感激。（见《从胡文定到王船山：理学在湖南地区的奠立与开展》，第100页）

十一月，胡安国上书朝廷，就《春秋传》著述事项及主旨思想向宋高宗奏请曰："恭维陛下，天资聪明，既尊《春秋》之书，以新盛德；宜用《春秋》之法，以断政事，即有拨乱反正之功。臣所撰修缮写进本……上尊《春秋》之法，亦以消臣子谄谀之端。"（见《建炎以来系年要录》卷九十五）

是年，胡安国受邀为资政殿学士许景衡撰写墓志铭。因胡安国潜心著述《春秋传》，再加之疾病缠身，只好委托长子胡寅代撰。即《资政殿学士许公墓志铭》代文定作。（见《斐然集》卷二十六，第527-530页）

是年冬，胡安国屡感寒疾，气血衰损，不能阅书，命子胡宏取《春秋说》诵于前，间一解颐而笑。时新居书堂犹未成，独戒胡宏曰："当速营家庙，若祭于寝，非礼也。"次子胡宁问疾时，胡安国泣而抚之。至于诸子，则正容曰："事兄友弟"，遂不复语。（见《斐然集·先公行状》卷二十五，第525页）

十二月，胡寅除徽猷阁待制知邵州（今湖南省邵阳市）。

绍兴六年丙辰（1136），胡安国63岁

二月，胡安国一家由南岳胜业寺乔迁紫云峰新居。

是年孟仲夏之际，杨时次子杨迥带着吕本中写的《杨龟山先生行状》，不远千里，从福建来到南岳衡山紫云峰胡安国住处，拜请胡安国为先父撰写《墓志铭》。

杨时年长胡安国21岁，彼此相知相识、讲学论道凡三十余年。既同为

闽人，又亦师亦友。

杨迥到访拜请，胡安国甚为感动。于是他放下手头其他紧要事务，专心致志为生前好友、一代名儒、理学大家杨时撰写《龟山先生墓志铭》和《杨龟山先生行状》。

龟山先生墓志铭

〔宋〕胡安国

自孔子没，遗经仅在，而圣学不传。所谓见而知之与闻而知之者，世无其人，则有西方之杰，窥见间隙，遂入中国，举世倾动，靡然从之。于是人皆失其本心，莫知所止，而天理灭矣。宋嘉祐中，有河南二程先生，得孟子不传之学于遗经，以倡天下。而升堂睹奥，号称高弟，在南方则广平游定夫，上蔡谢显道与公三人是也。

公讳时，字中立，姓杨氏。既没逾年，诸孤以右史吕本中所次行状来请铭。谨案：杨氏出于弘农，为望姓。五世祖唐末避地闽中，寓南剑州之将乐县，因家焉。

公资禀异甚，八岁能属文。熙宁九年，中进士第，调汀州司户参军。不赴，杜门续学，渟滀涵浸，人莫能测者几十年。久之，乃调徐州司法。丁继母忧。服阕，授虔州司法。公烛理精深，晓习律令，有疑狱众所不决者，皆立断。与郡将议事，守正不倾。罹外艰。除丧，迁瀛州防御推官。知潭州浏阳县，安抚使张公舜民以客礼待之。漕使胡师文恶公之与张善也，岁饥，方赈济，劾以不催积欠，坐冲替。

张公入长谏垣，荐之。除荆南教授。改宣德郎。知杭州余杭县。迁南京宗子博士。会省员，知越州萧山县，提点均州明道观，成都府国宁观。后例罢。差监常州市易务，公年几七十矣。

是时，天下多故。或说当世贵人，以为事至此必败，宜力引旧德老成置诸左右，开导上意，庶几犹可及也。则以秘书郎召。到阙，迁著作郎。及对，陈儆戒之言。除迩英殿说书。公知时势将变，遂陈论政事，其略曰：

近日蠲除租税，而广济军以放税降官，是诏令为虚文耳。安土之民不被惠泽，而流亡为盗者独免租赋，百姓何惮不为盗？夫信不可去，急于食也，宜从前诏。嘉祐通商榷茶之法，公私两便。今茶租钱如故，而榷法愈急，宜少宽之。诸犯榷货，不得根究来历，今茶法独许根究来历，追乎蔓延，狴犴充斥，宜即革之。东南州县均敷盐钞，迫于殿最，计口而授，人何以堪？宜酌中立额，使州县易办；发运司，宜给籴本，以复转般之旧。如预买，宜损其数，而实支所买之值。燕、云之军，宜退守内郡，以省运输之劳。燕、云之地，宜募边民为弓箭手，使习骑射，以杀常胜军之势。卫士，天子爪牙，而分为二三，宜循其旧，不可增损。

凡十余事，执政不能用。而虏骑已入寇，则又言：

今日所急者，莫大于收人心。边事之兴，免夫之役，毒被海内，误国之罪，宜有所归。西城聚敛，东南花石，其害尤甚。宿奸巨猾，借"应奉"之名，豪夺民财，不可数计。天下积愤，郁而不得发几二十年。欲致人和，去此三者。会渊圣即位，公乞对。曰：

君臣一体。上皇痛自引咎，至托以倦勤避位，而宰执叙迁，安受不辞，此何理也？城下之盟，辱亦甚矣。主辱臣死，大臣宜任其责，而皆首为窜亡自全之计。陛下孤立何赖焉？乞正典刑，为臣子不忠之戒。童贯为三路总帅，虏人侵疆，弃军而归，置而不问，故梁方平，何灌相继逃去。大河天险，弃而不守。虏人奄至城下，而朝廷不知。帅臣失职，无甚于此！宜以军法从事。防城所仍用阉人提举，授以兵柄，此覆军之辙，不可复蹈。

渊圣大喜，擢为右谏议大夫。

虏人厚取金帛，又遂掠以三镇，遂讲和而去。公上疏曰：

河朔朝廷重地，三镇又河朔要藩，今一旦弃之，虏廷以二十州之地贯我腹中，距京城无藩篱之固，戎马疾驱，不数日而至。此非经远之谋。四方勤王之师，逾月而后集，使之无功而去，厚赐之则无名，不与则生怨，不可不虑也。始闻三镇之民欲以死拒守，今若以兵摄之，使腹背受敌，宜可为也。朝廷欲专守和议，以契丹百年之好，犹不能保，宁能保此狂虏乎？夫要盟，神不信，宜审处之，无至噬脐。

于是渊圣乃诏出师，而议者多持两端，屡进屡却。公又言："闻金人驻兵磁、相，劫掠无算。誓书之墨未干，而叛不旋踵。肃王初约及河而反，今挟之以往，此叛盟之大者，吾虽欲专守和议不可得也。今三镇之民以死拒之于前，吾以重兵拥其后，此万全之计，望断自宸衷，无惑浮言。"而议者不一，故终失此机会，于是太原诸郡皆告急矣。

太学生伏阙乞留李纲、种师道，军民从之者数万人，执政虑其生乱，引高欢事揭榜于衢，且请以礼起邦彦。公言："士民伏阙，诟骂大臣，发其隐匿，无所不至，出于一时忠愤，非有作乱之心，无足深罪。李邦彦首划遁逃之策，捐金割地，质亲王以主和议，罢李纲而纳誓书，李业奉使失辞，惟虏言是听。此二人者，国人之所同弃也。今敷告中外，乃推平贼和议之功归此二人，非先王宪天自民之意，宜收还榜示，以慰人心。"

邦彦等既罢，赵野尚存。公复言："野昔尝建言，请禁士庶以天王君圣为名者，上皇后以谓诡谀之论。废格不行。而野犹泰然，不以为耻。乞赐罢黜。"上皆从之。

或意太学又将伏阙鼓乱，乃以公兼国子祭酒，遂言："蔡京以继述神宗皇帝为名，实挟王安石以图身利，故推尊安石，加以王爵，配享孔子庙庭，然致今日之祸者，实安石有以启之也。谨按安石昔为邪说，以涂学者耳目，败坏其心术者，不可缕数，姑即一二事明之"。

昔神宗皇帝称美汉文罢露台之费，安石乃言："陛下若能以尧、舜之道治天下，虽竭天下以自奉，不为过也。"夫尧、舜茅茨土阶，其称禹曰"克俭于家"，则竭天下者，必非尧、舜之道。后王黼以三公领应奉司，号为享上，实安石自奉之说有以倡之也。其释凫鹥之末章，则曰："以道守成者，役使群众，泰然而不为骄；宰制万物，费而不为侈。"按此章止谓能持盈，则神祇祖考安乐之，无后艰耳，而安石独为此说。后蔡京辈争以奢僭相高，轻费妄用，穷极淫侈，实安石此说有以倡之也。其害岂不甚哉！乞正其学术之谬，追夺王爵，明诏中外，毁去配享之像。

遂降安石从祀之列。谏官冯澥力主王氏，上疏诋公。又会学官纷争，有旨皆罢。即上章乞出，除给事中。章又四上。请去益坚。以徽猷阁直学士，提举西京崇福宫。又恳辞职名不当得，有旨："杨某学行醇固，谏争有声，请闲除职，累月恳辞，宜从其志，以励廉退。"改徽猷阁待制。

上即位，除工部侍郎。论自古贤圣之君，未有不以典学为务者，以君德在是故也。上然之，除兼侍讲。二年，以老疾乞出，除龙图阁直学士，提举杭州洞霄宫。四年，上章告老，从之。绍兴五年四月二十四日，终于正寝，享年八十有三。葬本邑西山之原。近臣朱震奏公："尝排邪说，以正天下学术之谬；辨诬谤，以明宣仁圣烈之功，雪冤抑，以复昭慈圣献之位。据经论事，不愧古人。所著《三经义辨》，有益学者，乞下本州抄录，仍优恤其家。"有旨：赠官，赙以金帛。

娶余氏，赠硕人，先卒。

子五人：迪，早卒；迥、遹、适、造，已仕。女四人：长适陈渊，次陆棠，次李郁，次未嫁。孙男七人，孙女五人，曾孙一人。

公天资夷旷，济以问学，充养有道，德器早成，积于中者纯粹而闳深，见于外者简易而平淡。闲居和乐，色笑可亲，临事裁处，不动声气。与之游者，虽群居终日，嗒然不语，饮人以和，而鄙薄之态，自不形也。推本孟子性善之说，发明《中庸》《大学》之道，有欲知方者，为指其攸趣，无所隐也。当时公卿大夫之贤者，莫不尊信之。

崇宁初，代余典教诸宫，始获从公游，三十年间，出处险夷，亦尝睹之熟矣；视公一饭，虽蔬食脆甘，若皆可于口，未尝有所嗜也；每加一衣，虽狐貉缊袍，若皆适于体，未尝有所择也；平生居处，虽弊庐夏屋，若皆可以托宿，未尝有所羡而求安也。故山之田园，皆先世所遗，守其世业，亦无所营增豆区之入也。老之将至，沉伏下僚，厄穷遗佚，若将终身焉。子孙满前，每食不饱，亦不改其乐。然则公于斯世，所欲不存，果何求哉？心则远矣。凡训释论辨以辟邪说存于今者，其传浸广，故特载宣和末年及靖康之初诸所建白，以表其深切著明。而公之学于河南，小尝试之，其用已如此，所谓"援而止之而止"，必有以也，"进不隐贤，必以其道"，岂不信乎？世或以不屑去疑公，盖浅之为丈夫也。铭曰：

天不丧道，文其在兹。维天之命，尸者其谁？孰能识车中之状，意欲施之兄弟，而遽并为世师。伟兹三贤，阔步共驰，有学术业，颜其馁而。公名最显，垂范有祠。岂不见庸，孔艰厥时。狂澜奔溃，底柱不欹。邪说害正，倚门则挥。嗟彼奸罔，谗言诋欺。我扶有极，人用不迷，奚必来世，判其是非？有援则止，直道何疵！不勉而和，展也可夷。河流在北，伊水之湄。谁其似者？订此铭诗。（见《杨时集》附录二·墓志铭，第1134~1141页）

杨龟山先生行状

〔宋〕胡安国

龙图阁直学士杨公殁，其子迥持杖泣而告曰："藉不朽之言，以重先人，幸莫大焉。"鸣呼！公今逝矣，斯文寥落，老成殆尽，予忍铭？按状：

公讳时，字中立。号龟山。其先蜀人，唐初徙于江州之湖口。高祖子江，为西镛州司户，家于州，因占籍焉。曾祖胜达，祖明，俱读书不仕，以道自娱。考埴，赠正义大夫。

公生八九岁时能诗赋，已有成立之志，熙宁间补太学生，寻登进士第，授汀州司户参军。复授徐州司法。闻河南程明道与弟伊川讲孔，孟绝学于河、洛，遂弃仕，与建安游君定夫往颍昌，以师礼从学焉。明道甚喜，每言曰："杨君最会得容易。"及归，送之出门，语人曰："吾道南矣。"明道卒，又师事伊川于洛。一日，伊川偶瞑而坐，公与定夫侍立不去。及觉，谓曰："贤辈尚在此乎？"出门，雪深三尺矣。其信道之笃如此。后伊川见学者多从佛学，独君与谢君显道不变，因叹曰："学者皆流于夷狄矣，惟有杨、谢二君长进。"时天下方趋王氏新学，公独斥之为非，其守正避邪，确乎不可易。

元祐中，为虔州司法。公决断疑狱，无所留滞。寻丁父忧，哀毁逾礼，乡邦化之。绍圣、崇宁、大观间，历知浏阳、余杭、萧山三县，皆有善政。民感其惠，咸为之立祠。是时从公学者益众，虽高丽国王亦问公"安在"焉。宣和中，因丞相京荐，召为秘书郎。上疏请复祖宗旧制，乞除熙宁以来新法，其论时事甚恶。徽宗首肯之，曰："卿所陈，皆尧、舜之道。"除迩英殿说书。

钦宗即位，公极言童贯败师之罪，乞罢庵寺防城。钦宗以为谏议大夫兼侍讲。未几，吴公敏乞用公以靖太学，遂兼国子祭酒。时丞相京擅权，公极论其罪恶，实踵王氏私智以误国，乞追夺安石王爵及罢享祀。君子以为（下有脱字）。乃罢祭酒，以徽猷阁待制致仕。

高宗即位，复以公为工部侍郎。公拳拳然以圣贤典学为劝，除兼侍讲。寻以老疾求去，乃授今职致仕焉。

绍兴五年四月，公遘疾，势虽稍增，而起居谈论如常。厥明，盥漱就枕，诸子侍侧，忽视之，而公已逝矣。享年八十有三。

公天资夷旷，济以问学，充养有道，德器早成，积于中者纯粹而闳深，见于外者简易而平淡。闲居和乐，色笑可亲，临事裁处，不动声色。与知游者，虽群居终日，嗒然不语，饮人以和，而鄙薄之态，自不形也。推本孟子性善之说，发明《中庸》《大学》之道，有欲知方者，为指其攸趣，无所隐也。当时公卿大夫之贤者，莫不尊信之。

崇宁初，代余典教诸宫，始获从公游。三十年间，出处险夷，亦尝晌之熟矣，视公一饭，虽蔬食脆甘，若皆可于口，未尝有所嗜也；每加一衣，虽狐貉缊袍，若皆适于体，未尝有所择也；平生居处，虽敝庐夏屋，若皆可以托宿，未尝有所羡而求安也。故山之田园，皆先世所遗，守其世业，亦无所营增豆区之入也。老之将至，沉伏下僚，厄穷遗佚，若将终身焉。子孙满前，每食不饱，亦不改其乐也。然则公于斯世，所欲不存，果何求哉？心则远矣。

公所著述，有《易》《书》《礼记》《周礼》《中庸》《论语》诸《解》《孟子》《春秋义》《三经筵讲议》《校正伊川易》《字说辨》及奏议，诗文若干卷。

夫人余氏，先公卒。子五：长迪，次迥，三通，四适，五造，俱为郎官。女二：长适陈渊，次适李郁。孙八，云已膺乡荐，航、崧、森今游太学，岳与次山读书郎。

以十月二十二日葬于邑之水南之原。从而铭之曰：

惟德惟纯，惟道斯正。孟性孔仁，周诚程敬，载道而南，驱邪翼正。注书立言，大开后进。历仕外邦，民感善政，黼黻四朝，赞襄允称。位崇望高，由材匪命。允若其人，端与国并。南山之原，水土深莹。于以藏

之，百世其定。（见《杨时集·附录二·行状》，第1143–1146页）

四月，建州人刘勉之致书时在邵州知府任上的胡寅，责其不归见生母，是为不孝。然胡寅对此事的由来根本不知道，于是便将书信转呈给父亲胡安国。由是胡安国致书信刘勉之，责备刘勉之离间他们父子关系，作《辩谤》一篇以授胡寅："此欲离间吾父子也。汝祖母于汝始生，收而存之，即以付吾。吾时年二十有五，婚娶之初，孰云无子？而洎尔母氏劬劳，顾复以逮长立，遂承宗祀，亦惟不违汝祖母爱怜付托之重，于汝之大义本末如此。汝他日于世母当厚有以将意而已。"（见《斐然集·申尚书省议服状庚申》卷九，第195页）

是年，崇安好友王蘋在朝任秘书省正字兼史馆校勘，胡安国除兼侍讲被召赴行在。两人得以聚首，其时胡安国与王蘋已是三十年不曾相见了。当时陈公辅正上章请禁程颐学术，胡安国一面表示坚决抗议，一面引王蘋自代，说王蘋"学有渊源，识通世务。使司献纳，必有补于圣时"。（见《从胡文定到王船山：理学在湖南地区的奠立与开展》，第100页）

翰林朱震与胡安国交情非同寻常，常与问学，从之游。方侍讲《春秋》，欲拜读胡安国所著《春秋》。安国曰："某之初学也。用功十年，遍览诸家，欲多求博取，以会要妙，然但得其糟粕耳。又十年，时有省发，遂集众传，附以己说，犹未敢以为得也。又五年，去者或取，取者或去，己说之不可于心者尚多有之。又五年，书向成。旧说之得存者寡矣。及此二年，所习似益察，所造似益深，乃知圣人之旨益无穷，信非言论所能尽也。今幸圣上笃好，要当正学以言，不当曲学以阿世，子发期勉之。"（见《斐然集·先公行状》卷二十五，第519页）

朱震（1072—1138），宋代官员，著名易学家。字子发，世称汉上先生，湖北荆门人。谢良佐高足，胡安国好友。常问学《春秋》于胡安国。宋徽宗政和年间（1111—1118）进士。仕州县以廉称，胡安国一见大器之，荐于宋高宗。擢为祠部员外郎，兼川、陕、荆、襄都督府详议官。寻迁秘书少监兼侍经筵、转起居郎、迁中书舍人、转给事中兼直学士院、迁翰林学士。宋高宗绍兴八年（1138），卒，享年67岁。著有《汉上易传》等。

数月后，胡安国又回到了南岳衡山和湘潭碧泉，接续整理所著《春秋传》。

十月，胡安国令胡宁、胡宏兄弟赴福建崇安知会时任建州教授胡宪，主要是关于胡寅身世一事。

《春秋传》亦称《春秋胡传》，三十卷，凡十万余言。胡安国历时三十年，在南岳衡山书成。

冬十二月，胡安国缮写奏御《进表》《春秋传序》，连同《春秋胡传》第二年春上呈宋高宗。

进　表

〔宋〕胡安国

臣安国言：臣昨奉圣旨纂修所著《春秋传》，候书成进入，续奉圣旨，令疾速投进。今已成书，谨缮写奏御。臣安国诚惶诚恐，顿首顿首。

臣伏观春秋二百四十二年，其行事备矣。仲尼因事属词，深切著明，非《五经》比也。本夫周室东迁，礼乐征伐自诸侯出，及平王末年，王迹既熄，故《春秋》作于隐公之初，逮庄、僖而下，五霸迭兴，假仁义而行，以推戴宗周为天下之共主，号令征伐，莫敢不从。其文则史官称述，无制作之法，其义则以尊周为名，而仲尼固曰："丘窃取之矣。"霸德既衰，诸侯放恣，政在大夫，专权自用，官及失德，宠赂益章，然后陪臣执国命，夷狄制诸夏，皆驯致其道，是以至此极耳。仲尼德配天地，明并日月，自以无位与时道不行于天下也。制《春秋》之义，见诸行事，垂训方来。虽祖述宪章，上循尧、舜、文、武之道，而改法创制，不袭虞、夏、商、周之迹。盖洪水滔天，下民昏垫，与《箫韶》九成，百兽率舞，并载于《虞书》，大木斯拔与嘉禾合颖，鄙我周邦与六服承德，同垂乎周史，此上世帝王纪事之例。至《春秋》，则凡庆瑞之符、礼文常事，皆削而不书。而灾异之变、政事阙失，则悉书之，以示后世，使鉴观天人之理，有恐惧祗肃之意。若事斯语，若书诸绅，若列诸座右，若几杖盘盂之有盟有戒，乃史外传心之要典，于以反身，日加修省，及其既久，积善成德，上下与天地同流。自家刑国，措之天下，则麟凤在郊，龟龙游沼，其道亦可驯致之也。故始于隐公，止于获麟，而以天道终焉，比于《关雎》之应，而能事毕矣。

书火于秦，赖诸儒口相传授。及汉初兴，张子房为韩灭秦，以明《春秋》复仇之义。三老董公请汉为义帝发丧，以暴项羽弑君之恶。下逮武、宣之世，时君信重其书，学士大夫诵说，用以断狱决事，虽万目未张，而大纲克正。过于春秋之时，其效亦可见矣。粤自熙宁，崇尚释老蒙庄之学，以虚无为宗，而不要义理之实。殆及崇宁，曲加防禁，由是用事者以灾异之变，政事阙失，则默不敢言，而庆瑞之符与礼文常事，则咏歌赞颂，洋洋乎盈耳！是与《春秋》正相反也。侈心益纵，至夷狄乱华，莫之能遏，岂不痛哉！

陛下天赐勇智，圣德日新，嗣承实位于三纲九法伦斁之后，发于独断，崇信是经，将以拨乱世反之正。圣王之志，既自得之，又命臣下有能诵习其书者，使训明其义。而臣以荒芜末学，荣奉诏（音）［旨］，辄不自揆，罄竭所闻，修成《春秋传》三十卷十万余言，上之御府。恭惟肃将天讨之余，万几之暇，特留宸念。时赐省览，取自圣裁。监天人休咎之符，核赏罚是非之实，懋检身之盛德，恢至治之远图，式叙邦经，永康国步，则臣虽委身填壑，志愿毕矣，谨奉表投进以闻。臣安国诚惶诚恐，顿首顿首，谨言。

绍兴六年十二月□日，左朝散郎、充徽猷阁待制、提举江州太平观、赐紫金鱼袋，臣胡安国上表。（见《春秋传》，第7-9页）

春秋传序

〔宋〕胡安国

古者列国各有史官，掌记时事。《春秋》，鲁史尔，仲尼就加笔削，乃史外传心之要典也，而孟氏发明宗旨，目为天子之事者。周道衰微，乾纲解纽，乱臣贼子接迹当世，人欲肆而天理灭矣。仲尼，天理之所在，不以为己任而谁可？五典弗惇，己所当叙；五礼弗庸，己所当秩；五服弗章，己所当命；五刑弗用，己所当讨。故曰："文王既没，文不在兹乎？天之将丧斯文也，后死者不得与于斯文也。天之未丧斯文也，匡人其如予何？"圣人以天自处，斯文之兴丧在己而由人乎哉！故曰："我欲载之空言，不如见诸行事之深切著明也。"空言独能载其理，行事然后见其用。是故假鲁史以寓王法，拨乱世反之正。叙先后之伦，而典自此可惇；秩上下之分，而礼自此可庸。有德者必褒而善自此可劝；有罪者必贬而恶自此可惩。其志存乎经世，其功配于抑洪水、膺戎狄、放龙蛇、驱虎豹，其大要则皆天子之事也。故曰："知我者，其惟《春秋》乎！罪我者，其惟《春秋》乎！"

知孔子者谓此书遏人欲于横流，存天理于既灭，为后世虑至深远也；罪孔子者，无其位而托二百四十二年南面之权，使乱臣贼子禁其欲而不得肆，则戚矣。是故《春秋》见诸行事，非空言比也。公好恶，则发乎《诗》之情；酌古今，则贯乎《书》之事；兴常典，则体乎《礼》之经；本忠恕，则导乎《乐》之和；著权制，则尽乎《易》之变。百王之法度，万世之绳准，皆在此书，故君子以谓《五经》之有《春秋》，犹法律之有断例也。学是经者，信穷理之要矣；不学是经，而处大事决大疑能不惑者，鲜矣。自先圣门人以文学名科如游、夏尚不能赞一辞，盖立义之精如此。去圣既远，欲因遗经窥测圣人之用，岂易能乎？然世有先后，人心之所同然一尔，苟得其所同然者，虽越宇宙，若见圣人亲炙之也，而《春秋》之权度在我矣。

近世推隆王氏新说，按为国是，独于《春秋》，贡举不以取士，庠序不以设官，经筵不以进读。断国论者无所折衷，天下不知所适。人欲日长，天理日消，其效使夷狄乱华，莫之遏也。噫，至此极矣！仲尼亲手笔削，拨乱反正之书，亦可以行矣。

天纵圣学，崇信是经，乃于斯时奉承诏旨，辄不自揆，谨述所闻，为之说以献。虽微辞奥义，或未贯通，然尊君父、讨乱贼、辟邪说、正人

心、用夏变夷，大法略具。庶几圣王经世之志，小有补云。（见《春秋传》，第1—2页）

绍兴七年丁巳（1137），胡安国64岁

是年春，胡安国将《春秋胡传》连同奏御《进表》《春秋胡传·序》上呈宋高宗。并表明心志："谨修有用之文，少报无功之禄。"（见《斐然集·先公行状》，第519页）

《春秋胡传》书呈朝廷后，深得宋高宗赞赏。他屡对近臣称道，谓其"深得圣人之旨，非诸儒所及也。"并且赐其银绢三百匹两，以奖励胡安国纂修《春秋传》之辛劳。不久，胡安国进宝文阁直学士。

元、明、清时，《春秋三传》与宋代胡安国的《春秋胡传》皆列为科举取士的经义范本。

胡安国的《春秋胡传》，凡三十卷，十万余言。现将其《卷一·隐公元年》的点注正音附后，以飨读者。

《春秋胡传·隐公元年》

〔宋〕胡安国

隐公上

孟子曰："王者之迹熄而《诗》亡，《诗》亡然后《春秋》作。"今按《邶》《鄘》而下多春秋时诗也，而谓"《诗》亡然后《春秋》作"，何也？自《黍离》降为《国风》，天下无复有《雅》，而王者之诗亡矣。《春秋》作于隐公，适当《雅》亡之后。又按《小雅·正月》，刺幽王诗也，而曰："赫赫宗周，褒姒灭之。"逮鲁王孝公之末，幽王已为犬戎所毙，惠公初年，周既东矣。《春秋》不作于孝公、惠公者，东迁之始，流风遗俗犹有

存者。郑武公入为司徒,善于其职,则犹用贤也;晋侯捍王于艰,锡之秬鬯,则犹有诰命也;王曰"其归视尔师",则诸侯犹来朝也;义和之蔑,谥为文侯,则列国犹有请也。及平王在位之日久,不能自强于政治,弃其九族。《葛篇》有"终远兄弟"之刺;不抚其民,周人有"束薪、蒲、楚"之讥。至其晚年,失道滋甚,乃以天王之尊,下赗诸侯之妾,于是三纲沦,九法斁,人望绝矣。夫妇,人伦之本,朝廷风化之原。平王子母,适冢正后,亲遭褒姒之难,废黜播迁,而宗国颠覆,亦可省矣。又不是惩,而赗人宠妾,是拔本塞源,自灭之也。《春秋》于此盖有不得已焉尔矣。托始乎隐,不亦深切著明也哉!

元年

即位之一年必称元年者,明人君之用也。大哉乾元,万物资始,天之用也;至哉神元,万物资生,地之用也。成位乎其中,则与天地参。故体元者,人主之职,而调元者,宰相之事。元,即仁也;仁,人心也。《春秋》深明其用。当自贵者始,故治国先正其心,以正朝廷与百官,而远近莫不壹于正矣。《春秋》立文兼述作,按《舜典》纪"元日"、《商训》称"元祀"、此经书"元年",所谓祖二帝、明三王,述而不作者也。正次王,王次春,乃立法创制,裁自圣心,无所述于人者,非史册之旧文矣。

春,王正月

按《左氏》曰:"王周正月。"周人以建子为岁首,则冬十有一月是也。前乎周者以丑为正,其书始即位曰"惟元祀十有二月",则知月不易也;后乎周者以亥为正,其书始建国曰"元年冬十月",则知时不易也。建子非春亦明矣,乃以夏时冠周月,何哉?圣人语颜回以为邦,则曰"行夏之时"。作《春秋》,以经世,则曰"春王正月",此见诸行事之验也。或曰:"非天子不议礼,仲尼有圣德无其位,而改正朔,可乎?"曰:"有是言也。"不曰"《春秋》天子之事"乎?以夏时冠月,垂法后世,以周正纪事,示无其位,不敢自专也,其旨微矣。加王于正者,《公羊》言"大一统"是也。国君逾年改元,必行告庙之礼;国史主记时政,必书即位之事,而隐公阙焉,是仲尼削之也。古者诸侯继世袭封,则内必有所承;爵位土田受之天子,则上必有所禀。内不承国于先君,上下禀命于天子，诸大夫扳己以立而遂立焉，是与争乱造端，而篡弑所由起也。《春秋》首绌隐公以明大法，父子君臣之伦正矣。

三月，公及邾仪父盟于蔑

鲁，侯爵，而其君称"公"，此臣子之词，《春秋》从周之文而不革者也。我所欲曰"及"。邾者，鲁之附庸；仪父，其君之字也。何以称字？中国之附庸也。王朝大夫例称字，列国之命大夫例称字，诸侯之兄弟例称字，中国之附庸例称字，其常也。圣人按是非，定褒贬，则有例当称字或黜而书名，例当称人或进而书字，其变也。常者，道之正；变者，道之中。《春秋》大义公天下，以讲信修睦为事，而刑牲歃血要质鬼神，则非所贵。故盟有弗获己者而汲汲欲焉，恶隐公之私也。或言褒其首与公盟而书字，失之矣。

夏五月，郑伯克段于鄢

用兵，大事也。必君臣合谋而后动，则当称国；命公子吕为帅，则当称将；出车二百乘，则当称师。三者咸无称焉，而专目郑伯，是罪之在伯也，犹以为未足，又书曰"克段于鄢"。克者，力胜之词。不称弟，路人也。于鄢，操之为已蹙矣。夫君亲无将，段将以弟篡兄，以臣伐君，必诛之罪也，而庄公特不胜其母焉尔。曷为纵释叔段，移于庄公，举法若是失轻重哉？曰："姜氏当武公存之时，常欲立段矣；及公既没，姜以国君嫡母主乎内，段以宠弟多才居乎外，国人又悦而归之，恐其终将轧己为后患也，故授之大邑而不为之所，纵使失道以至于乱。然后以叛逆讨之，则国人不敢从，姜氏不敢主，而大叔属籍当绝，不可复居父母之邦，此郑伯之志也。王政以善养人，推其所为，使百姓兴于仁而不偷也，况以恶养天伦，使陷于罪，因以剪之乎？《春秋》推见至隐，首诛其意以正人心，示天下为公，不可以私乱也。垂训之义大矣。"

秋七月，天王使宰咺来归惠公、仲子之赗

上古应时称号，故其名三变。《春秋》以天自处，创制立名，系王于天，为万世法，其义备矣。冢宰称宰，咺者名也。王朝公卿书官，大夫书字，上士、中士书名，下士书人。咺位六卿之长而名之，何也？仲子，惠公之妾尔，以天王之尊，下赗诸侯之妾，是加冠于屦，人道之大经拂矣。

天王，纪法之宗也；六卿，纪法之守也。议纪法而修诸朝廷之上，则与闻其谋；颁纪法而行诸邦国之间，则专掌其事，而承命以赗诸侯之妾，是坏法乱纪自王朝始也。《春秋》重嫡妾之分，故特贬而书名，以见宰之非宰也。或曰僖公之母成风，亦庄公妾也，其卒也，王使荣叔归含且赗，其葬也，王使召伯来会葬。下赗诸侯之妾而名其宰，荣、召何以书字而不名？于前赗仲子，则名冢宰；于后葬成风，王不称天，其法严矣！

九月，及宋人盟于宿

内称"及"，外称"人"，皆微者。其地以国，宿亦与焉，微者盟会，不志于《春秋》，此其志者，有宿国之君也。凡书"盟"者，恶之。或曰《周官》有司盟，掌盟载之法，诅祝作其词，玉府共其器，戎右役其事，太史藏其约。苏公亦曰："出此三物，以诅尔斯。"夫盟以结信，出于人情，先王犹不禁也，而谓"凡书盟者恶之"，可乎？曰："盟以结信，非先王所欲而不禁，逮德下衰，欲禁之而不克。春秋之时，会而歃血，其载果掌于司盟，犹不以为善也，又况私相要誓，慢鬼神，犯刑政，以成倾危之习哉？今鲁既及仪父、宋人盟矣，寻自叛之，信安在乎？故知"凡书盟者恶之"也。

冬十有二月，祭伯来

按《左氏》曰："非王命也。"祭伯，畿内诸侯，为王卿士，来朝于鲁，而直书曰"来"，不与其朝也。人臣义无私交，大夫非君命不越境。所以然者，杜朋党之原，为后世事君而有贰心者之明戒也。惟此义不行，然后有藉外权如缪留之语韩宣惠者，交私议论如庄助之结淮南者，倚强藩为援以胁制朝廷如唐卢携之于高骈、崔胤之于宣武、昭续之于邠岐者矣。经于内臣朝聘告赴，皆贬而不与，正其本也。岂有诬上行私，自植其党之患哉？

公子益师卒

凡公子、公孙登名于史册，贵戚之卿也，不书官者、故侍讲程颐以谓："不与其以公子故，而自为卿也。"古者诸侯大夫皆命于天子、即卒必书，此《春秋》贵大臣之意。其不日，《公羊》以为"远"，然公子驱远矣，而书日，则非远也。《穀梁》以为"恶"，然公子牙、季孙意如恶矣，而书日则非恶也。《左氏》以为"公不与小敛"，然公孙敖卒于外而公在内，叔孙舍卒于内而公以外，不与小敛明矣，而书日，《左氏》之说亦非也。其见恩数之有厚薄欤？

注：文中的黑体字为《春秋》原著，正文为胡安国编纂。

三月丙子，召徽猷阁待制、提举江州太平观胡安国赴行在。时胡安国上所纂《春秋传》。翰林学士朱震乞降诏嘉奖，帝曰："安国明于《春秋》之学，向来偶缘留程瑀而出，可召之。"张浚曰："若安国，乃君子之过于厚耳；小人必须观望求合，岂肯咈旨！"帝曰："安国岂得为小人？俟其来，当置之讲筵。"故有是命，仍用金字递行。（见《续资治通鉴·宋纪》卷一百十八，第 49 页）

《春秋传》上呈之后，深得宋高宗赞赏，赐其银绢三百匹两，以奖励其著述《春秋传》之辛劳。胡安国力辞，高宗不允，遂受赐。

是年，胡安国将此赏赐交由时任建州教授侄儿胡宪，令其在福建崇安老家，买田先庐傍，修缮祖茔，资助宗族贫困者。（见《斐然集·先公行状》卷二十五，第 521 页）

关于皇上赐银绢赏赐胡安国与除宝文阁直学士一事，胡寅代其父撰写了《代家君除宝文阁直学士谢表》，"臣某言，昨奉圣旨，以臣解释《春秋》书成，特除宝文阁直学士，仍赐银绢三百两。臣寻具辞免，准诏书不允，不得再有陈请者。臣已扶疾，望阙谢恩，祇受讫……"。（见《斐然集》卷六，第 141–142 页）

三月丙子，召提举江州太平观胡安国赴行在。时安国上所纂《春秋传》，翰林学士朱震乞降诏嘉奖。上曰："安国明于《春秋》之学，比诸儒所得尤邃，向来偶缘留程瑀而出，可令召来。"张浚曰："若安国乃君子之过，过于厚耳。小人必须关望求合，岂肯咈旨。"上曰："安国岂得为小人，俟其来，当置之讲筵。"故有是命，仍用金字递行。安国自言所著传事按《左氏》义，取《公羊》《穀梁》之精者，大纲本《孟子》，而微辞多以程氏之说为据。凡三十年乃成。上甚重之。（见《宋史全文·宋高宗十》卷二十上，第1492-1493页）

是年，宋高宗令胡安国再度出知永州。安国辞，复提举江州太平观。（见《宋史·胡安国传》，亦见《斐然集·先公行状》卷二十五，第521页）

冬十月丁酉，新知永州胡安国提举江州太平观。从所请也。赵鼎进呈，因言："安国昨进《春秋解》必尝经圣览？"上曰："安国所解，朕置之座右，虽间用传注，颇能发明经旨，朕喜《春秋》之学，率二十四日读一过。居常禁中亦自有日课，早朝退省阅臣僚上殿章疏，食后读《春秋》《史记》，晚食后阅内外章奏，夜读《尚书》，率以二鼓罢。"（见《宋史全文·宋高宗五》卷二十上，第1513页）

十一月，谏官陈公辅请禁程颐之学，朱震时在经筵，不能据理力争，遭到论者的非议。胡安国对朱震的怯懦深为不满。

随后，胡安国亲自上书为程氏辩诬，称："孔孟之道不传久矣，自程颐兄弟始发明之，然后知其可学而至也。今欲使学者蹈中庸、师孔孟，而禁从程颐学，是入室而不由户也……自嘉祐以来，程颐与兄程颢及邵雍、张载，皆以道德名世。"（见《从胡文定到王船山：理学在湖南地区的奠立与开展》，第49页）

绍兴八年戊午（1138），胡安国65岁

胡安国一生为著述《春秋传》，殚精竭虑，殆忘寝食，疾遂日增。
二月，宋高宗令徽猷阁待制胡安国晋宝文阁直学士。

四月十三日，胡安国病逝于书堂正寝，享年六十有五。（见《斐然集·先公行状》卷二十五，第521页）

"予先君子岁在己酉，航洞庭而南，小憩碧泉之上，老于衡岳之阳。"（见《斐然集·英氏墓志铭》卷二十六，第 546 页）"遗表上闻。诏赠四官，赙银绢二百匹两。公积阶至朝奉郎。靖康登极，覃恩，转朝散郎。致仕，转朝请郎。至是，赠左朝议大夫。"（见《斐然集·先公行状》卷二十五，第 521 页）

安国风度凝远，言必有教，动必有法，燕居独处，未尝有怠慢。而与人谈论，气怡词简，若中无所有。性本刚急，晚更冲澹，年浸高，加以疾病，而谨礼无异乎平时。家居食不过兼味，病中值岁大旱，所居岑寂，膳羞不可致，子弟或请稍近城郭，便药饵。安国曰："死生有命，岂以口体移不赀之躯哉。"虽转徙屡空，取舍一介必度于义。少从游酢、谢良佐、邹浩游，与向子韶、曾开、唐恕、朱震情义最笃。震被命召，问出处之宜，安国曰："世间惟讲学论政，则当切切询究。若夫行己大致去就语默之机，必自斟酌，不可决诸人，亦非人所能决也。"由中兴以来，诸儒之进退最合于诸谊者，安国与尹焞而已。（见《宋史全文·宋高宗五》卷二十中，第 1535 页）

五月辛丑，提举江州太平观胡安国上遗表，谥文定。后数月，诏曰："安国所进《春秋解义》，著一王之大法，朕朝夕省览，以考治道，方欲擢用，遽闻沦亡。可拨银、帛三百匹两，令湖南监司应付葬事，赐田十顷，以给其孤。"（见《宋史全文·宋高宗五》卷二十中，第 1539 页）

是年，学友、同仁朱震上言为胡安国请谥，称胡安国"正义直指，风气凝然。""孝于亲、忠于君，好学不倦，安贫乐道"，请谥称。

是年，礼部太常官合议曰："谨按谥法，道德博文曰文，纯仁不差曰定。宋高宗下诏，赐谥胡安国文定。"

六月丁丑，……翰林学士兼侍读翊善朱震疾亟，上奏乞致仕，且荐尹焞代为翊善。夜，朱震卒，年六十七。中夕奏至，上达旦不寐。戊寅，辅臣奏事，上惨然曰："杨时既物故，胡安国与朱震又亡，同学之人，今无存者，朕痛惜之。"（见《宋史全文·宋高宗十一》卷二十中，第1544页）

九月，胡寅有《赐先公银绢谢表》："昨于绍兴八年九月，臣本家准尚书省札子，三省同奉圣旨，以臣父所进《春秋》义，著一王之法，方欲召用，遽闻沦亡，特赐银绢三百匹两，令湖南转运司应副葬事，仍赐田十顷，以恤其孤，余人不得援例。除赐田先具辞免外，余已祗受皇恩者。遗忠作圣，具存谨始之书；宸念闵贤，特厚饰终之典……"（见《斐然集》卷六，第142-143页）

胡安国病逝后，胡寅有《寄赵秦二相戊午》，言："某幼承义方之训，才忝科第。先父宦情久寂，即便挂冠……自乙卯（绍兴五年，1135）丙辰（绍兴六年，1136）得疾，日就衰耗。某又从仕拘缀，少得定省。比及大故，又不在左右，扫地号天，无所逮及，痛贯五内，何以生为。言念父子久荷眷怜，伏惟闻之，亦动钧抱。追念先父道学高深，德行纯懿，潜心大典，术业修明……但荆、闽远阻，势难归葬。礼有时制，不敢逾越，已于八月内克襄大事于湘潭县之西山，先妣祔焉。"（见《斐然集》卷十八，第356-357页）

九月一日，胡寅兄弟将先父胡安国葬于湘潭县龙穴山（今湘潭县排头乡隐山村），令人王氏祔焉。（见《斐然集·先公行状》卷二十五，第526页）

胡安国虽有官身，然躬耕荆门漳滨二十余年。自科举登第至休致，凡四十年，在官实历不登六载。虽数以罪去，其爱君之心远而逾笃。每朝廷被召，即置家事不问，或通夕不寐，志在康济艰难。见中原陷没，百姓涂炭，若疾痛之切于身也……常语同志曰："某以为志在天下，视不义富贵真如浮云者……"（见《斐然集·先公行状》卷二十五，第525页）

宋徽宗崇宁五年（1106），胡安国在湖南路学事任上因公务路过南岳

衡山，拟想登峰，但考虑到"非职事所在也"，故未果。自绍兴三年
（1133）七月至绍兴八年（1138）四月，胡安国徙居南岳衡山凡五年。其
间，曾短时间出知永州。绍兴五年（1135）四月，宋高宗令胡安国在南岳
纂修《春秋传》，侯书成进入，以副宋高宗崇儒重道之意。五年来，胡安
国固守"非职事所在也"，不负圣上重托，纂修《春秋传》，故从未登山游
览。诚如胡寅《先公行状》所云："公晚岁，居山下五年，竟亦不出。"
（见《斐然集·先公行状》卷二十五，第522页）

胡安国毕生俭朴，衣服常缝缝补补，或至二三十年。"岁不必随有所
增制，远适亦以自从"。（见《斐然集·先公行状》卷二十五，第525页）

胡安国初娶李氏，继室王氏，皆赠令人。子三人，长寅，左奉议郎，
试尚书礼部侍郎兼侍讲；次宁，右承务郎、行尚书祠部员外郎；季宏，右
承务郎。女申，适迪功郎监潭州南岳庙向沈，其父即抗金名臣，河南开封
向子韶和卿也。孙大原，右承务郎。公没五年之后，始生大经、大常、大
本、大壮、大时。（见《斐然集·先公行状》卷二十五，第525页）

胡安国是宋代理学名
臣，开一代儒宗，功业文
章，名垂青史。其费一生
之力所作《春秋传》，被
列为南宋帝王与大臣必读
治国处事之方略。"靖康
之难"后，中原文化东
（南）移。胡安国与其子
胡宏在湘潭碧泉、南岳衡
山讲学授徒，从而奠定了
一个在中国古代学术史上

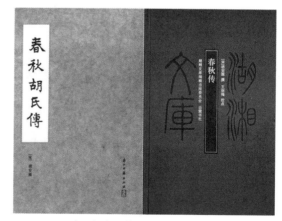

宋·胡安国著（屈路明摄影）

具有特殊地域性的学术派别——湖湘学派。

胡安国一生著述颇丰，除《春秋胡传》外，另辑有《文集》十五卷，《资治通鉴举要补遗》一百卷。

绍兴十九年乙巳（1149），朝廷以郊恩赠胡安国左太中大夫。（见《斐然集·先公行状》卷二十五，第526页）

附录一　胡安国的诗作

舟入荆江东赴建康

长江渺渺接天浮，万古朝宗日夜流。
洲在尚传鹦鹉赋，台高应见凤凰游。
路经赤壁怀公瑾，水到柴桑忆仲谋。
白日幸无云物蔽，好看澄景对高秋。

十二月立春

未临除夕气先交，玉嶂朝来见日消。
冰自解围回木色，花能传信满梅梢。
人家剪彩应书字，天仗迎春尽广郊。
北望寒云魂梦断，任从飞去莫相招。

牡丹秋开

秀出群芳照碧栏，世间颜色比应难。
晓来露采光先泛，晚得云阴叶未残。
艳质易迷人竞赏，道心无染兴终闲。
使君认取真消息，同向樽前笑里看。

将移居别荆门诸公

卜得湘山好结邻，移家又出鼎湖滨。
交深未敢抛知己，老病何如避故人。
一柱贯头分手去，仲宣楼下别情真。
春帆肯问南天路，为煮清泉试味深。

雪

彤云无际朔风高，万窍嘘声正怒号。
梅径有香迷皓萼，渔舟堪画压洪涛。
樵家束桂邀行客，村馆论钱吝薄醪。
破腊莫嫌寒色□，会看禾黍满东皋。

移居碧泉

买山固是为深幽，况有名泉冽可求。
短梦正须依白石，澹情好与结清流。
庭栽疏竹容驯鹤，月满前川寺补楼。
十里乡邻渐相识，醉歌田舍即丹邱。

重过丫头岩思先大夫（其一）

道旁山色古犹今，绿鬓偏惊白发侵。
回想临岐分袂处，更谁能会此时心。

重过丫头岩思先大夫（其二）

慈颜何在杳难承，教子生来重一经。

谩向人间拾青紫，岂胜衣彩日趋庭。

黄石山

凤吹鸾舆向戚姬，满朝无策定倾危。
直须致得商山老，能遣君王意自移。

元　日

竞装祓木饯余寒，颂遂椒花上彩笺。
览镜自惊非昔貌，举杯回喜得新年。

严陵钓台

归隐桐江知几春，静看浮世一沤轻。
此心有处元无着，误说持竿作钓名。

赤　壁

片语能令孙仲谋，气如山涌剑横秋。
莫言诸葛成何事，万古忠言第一流。

赠云居僧明公五首（其一）

手握乾坤杀活机，纵横施设在临时。
满堂兔马非龙象，大用堂堂总不知。

赠云居僧明公五首（其二）

踏遍江南春寺苔，野云纵迹去还来。

如今□□□峰顶，无法可传心似灰。

赠云居僧明公五首（其三）

祝融峰似在城天，万古江山在目前。
须信死心元不死，夜来明月又重圆。

赠云居僧明公五首（其四）

明公从小便超群，佳句流传继碧云。
问道别来诸念息，定将何法退魔军。

赠云居僧明公五首（其五）

十年音信断鸿鳞，梦想云居顶上人。
香饭可能长自饱，也应分济百千身。

题崔白喧晴图

黑头禽笑白头禽，头白多因计虑深。
栖向柳条犹不稳，从风斜折更关心。

春日书怀

一气本无息，春风花又开。
景多闲后见，诗好静中来。
午枕庄周梦，东轩靖节杯。
不须篱畔菊，能制暮龄颓。

首夏言怀

白日延清景，红芳转绿阴。
川云长淡荡，鱼鸟自高深。
静养中和气，闲消忿欲心。
此情虽不语，沙界总知音。

过凤林关

马首西南二十年，每经关左重留连。
殷勤拂石临流水，邂逅凭栏倚暮烟。
千古物情吟不尽，四时风景画难传。
何人可作隆中伴，待结比邻买钓船。

奉次朱子发稧饮碧泉

不牵春草咏池塘，且对山泉共举觞。
碧玉涌波清见底，戏鳞依荇款成行。
杯盘草草情逾厚，淡话平平味更长。
亦有浯溪笋天石，待镌佳颂压元郎。

以上诗歌引自《全宋诗》。

竹园书屋

四壁无图画，推窗尽简书。
真吾何所寄，深处乐如如。

《竹园书屋》一诗，引自清同治《江西安福县志·艺文志》。

春日有感

桃李成蹊径，春风到草亭。

泉光翻浪碧，竹色倚窗青。

纵懒从人鄙，忘机觉自醒。

济时暂束手，白头抱遗经。

紫云峰下闲居抒怀

群峰排闼拥柴扉，结得危楼倚翠微。

就枕涧边听瀑布，长吟松下指罗衣。

夷犹异地聊为老，流落名山可当归。

经学幸能通圣睿，莫辞校雠作深帷。

以上两首诗歌，引自宁淑华《胡安国：湖湘学派创始人》一书。

附录二　湖湘学之源——湘潭碧泉书院

碧泉书院位于湘潭西南的隐山，隐山群峰连绵，其间有小山名曰盘屈石山，高约百米许。山下有泉，其色湛蓝澄碧，既非天光倒影，又非草树回映，乃此泉自具之色。人们因其颜色而呼之为"碧泉"，或曰"碧泉潭"。

南宋建炎三年（1129），太学博士、理学大家胡安国因避金兵南侵之乱，从湖北荆门，举家迁徙来此，遂买山筑室为家居，创建了碧泉书堂。他在

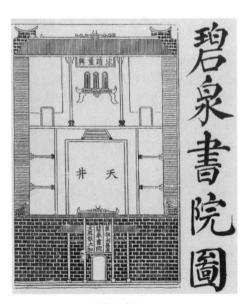

碧泉书院图

这里遍置竹石花木，使之四时恒荫，景色宜人。绍兴八年（1138）四月，胡安国去世，五峰公胡宏子承父业，传其湖湘学，于绍兴十年（1140）将书堂修缮扩大，改名为碧泉书院，并作《碧泉书院上梁文》以纪其事。

绍兴十一年（1141），胡宏有感于"人希探本"并创立了他的性本论儒学观，于是在碧泉潭上建"有本亭"。

碧泉书院培养了一批杰出的湖湘学传人，如张栻、彪居正（岳麓书院山长）等人皆在此求学问道。他们将碧泉书院重视经世致用、安邦治国的治学精神和爱国主义思想发扬光大，湖湘学自此开始盛行。

乾隆长沙府志·碧泉书院

碧泉书院在湘潭县西七十里，宋胡安国南游筑室。其子胡宏与张南轩讲道于此，以近碧泉因名焉。明万历丙子，邑人督学周子屏复修之，读书讲道于此。今废。（见清乾隆《长沙府志·学校志·书院》，第 299 页）

湘潭碧泉有本亭（2010 年，碧泉村两委重建）（胡铁华摄影）

湘潭县志·湖湘学派

胡安国讲学碧泉，传学胡宏及弟子。胡宏传学张栻。张栻湘中门人众多，仅见于《岳麓学案》的即有 33 人。他们先后讲学于碧泉、岳麓、南岳等书院，培养大批学者，形成胡氏学派，一称'隐山之学'。黄宗羲称'湖南学派'，说'湖南一派，在当时最盛'。也称'衡岳湖湘之学'或'湖湘学派'。王闿运称'潭学'，说'胡开潭学，朱张继响'；又说：'道学开自周敦颐，乡邦无传其学者。至安国及子寅、宏来发明之。湖湘之学，比于关洛。'湖湘学派研究传统理学，有历史局限性，但提倡修身为学，主张经世致用，重教化，讲名节，轻利禄，憎邪恶，对湘潭乃至湖南的人文教化和道德风尚有深远影响。（见《湘潭县志·人物传》卷三十五，第 812 页）

胡宏逝世后，南宋孝宗乾道年间（1165—1173），随着湖湘学子的群体北迁长沙岳麓书院，或县域县学，碧泉书院渐趋冷落，甚而出现了"书堂何寂寂，草树亦芊芊"之景。南宋末年，书院在战乱中被焚，元代由里人衡氏修复，元末又毁于兵火。明万历四年（1576），周之屏（湘潭县射埠人）予以重修，并读书讲道其中。明崇祯年间（1628—1644），县人唐斋君再次重修。清顺治五年（1648）书院不幸又毁于兵火。不久，唐世征避兵乱来碧泉定居，他有感书院的荒废，与胡宏后裔胡愚商议复修。唐世征于顺治十八年（1661）考中进士，出为山西玉县知县，至康熙初年，书院方复修完毕，并作《碧泉书院记》以志纪念。（见《湘潭市岳塘区碧泉书院旅游指南》）

湖南通史·碧泉书院

碧泉书院，在今湘潭县西南。它由南宋胡安国、胡宏创建。南宋初，胡安国避地荆楚，来到"色如拖蓝，投物水中皆碧"的碧泉，深为这里"苍然群木之下，翠绿澄静、藻荇交映"的自然景色所吸引，流连忘返，遂与弟子们在此开荒芟草，植松竹，结庐舍，是为碧泉书堂。胡宏师承父学，修建和扩大书堂，讲学授徒，并改名为"碧泉书院"。他自己撰《碧泉书院上梁文》，号召学术界以此为开端，振兴书院，"伏愿上梁以后中，远邦朋至，近地风从。袭稷下之纷芳，继杏坛而跄济"。胡氏父子以书院为阵地，研究和传播理学，培养弟子，形成自己经世济民的学术风格，开创湖湘学派。从这种意义上说，碧泉书院实际成为了宋代湖湘学派的发源地。(见《湖南通史·古代卷》，第560-561页)

附录三　湖湘学派发祥地——南岳衡山文定书院

文定书院的创建

创建人：文定书院创建人为胡寅、胡宁、胡宏兄弟，实际负责者为胡宏。

南岳衡山紫云峰远眺（杨菊云摄影）

创建时间：据胡宏《文定书堂上梁文》所言："我祖武夷传世，漳水成家。自戎马之东侵，奉板舆而南迈。乃眷祝融之绝顶，实繄诸夏之具瞻。岩谷萦回，奄有荆、衡之胜；江湖衿带，旁连汉、沔之雄。既居天地之中，宜占山川之秀。回首十年之奔走……"宋高宗建炎三年（1129）秋九月，荆门江陵遭遇兵匪之乱，胡安国故庐财物书籍被烧抢一空，为避战乱，胡安国一家数十余口从荆门逃难，得友人相助，渡洞庭而南，举家徙湖南湘潭碧泉，遂买山筑室为家居。建炎三年（1129）至绍兴九年（1139），正好十年，从胡宏《文定书堂上梁文》所言推断，南岳衡山文定书院创建竣工时间，应为宋高宗绍兴九年（1139）秋冬季。

书院命名：宋代理学名臣，一代帝王之师、湖湘学派奠基人胡安国，历时三十年著述《春秋传》，亦曰《春秋胡传》。于宋高宗绍兴六年（1136）在南岳衡山书成。是年冬十二月，胡安国缮写奏御与《春秋传》上呈宋高宗。寻进宝文阁直学士。绍兴八年（1138）四月十三日胡安国病逝于书堂正寝，享年六十有五。诏赠左朝议大夫，谥号文定。世称胡文定。书院即以胡安国谥号命名——文定书院。

历代敕建、重建、重修文定书院纪略

（以下史料，引自明代《衡州府志》《衡山县志》《南岳志》，衡山县胡志良所撰《湖湘学派发源地文定书院详考》等）

第一次敕建

时间：明孝宗弘治八年乙卯（1495）。

资金来源：朝廷拨款，监察御史郑惟桓建。

记：明孝宗朝大学士、内阁首辅李东阳撰《重建文定书院记》。

重建文定书院记

〔明〕李东阳

衡岳之阴（笔者注：地理坐标实为衡岳之阳），宋胡文定公书院在焉。历胜国以来，颓圮殆尽，而遗址尚存。弘治乙卯，监察御史郑君惟桓按视其地，图所以兴复之者，以属于衡州府同知邓君淮，其经理之费又皆为之区画，不出于官，不扰于民，乃上其事于朝，如其请。中为堂，祀公，配以少子宏，所谓五峰先生者。而房庑、庖厨之类皆备。又掘地得旧祭器若干，葺而完之。岁春秋，则如仪修祀事。又将聚其乡之学者居之，其所以崇儒重道者至矣！无何，会兵部何主事孟春奉使过焉，邓居因寓书京师，请予记。

案文定公本崇安人，哲宗时举进士，为太常博士、提举湖南学政事。高宗时拜中书舍人，以疾求去，留兼侍读，专讲《春秋》。后以宝文阁学士致仕。盖公初患居当兵冲，徙于荆，再徙于衡，优游十五年以卒。子五峰以荫补官，家居不调，晚辞召命，创楼著书者二十余年，视公尤久，此书院之所以由建也。

公之学以尊王贱伯为本，安夏攘夷为用。当金强宋屈之时，朝野靡然，附和议者为识时，论雪耻者为生事。而公引征议，正色直言，所以警君心而裨治道者至矣。身既不用，其所为传，卓然成一家言。至我国朝，遂列诸学宫，用诸场屋，为不刊之典。使公用于一时，亦孰若传于后之为远哉。若五峰虽未见为用，而出处明决，未尝屈己以干禄，深得乎家学之正矣。

公今从祀孔子庙庭，天子之所亲视，儒臣之所分祼，天下学者之所尊祀也。况其所居之，非游宦流寓之可比。不特举而祀之，其可哉？且及门之士，私塾之人，如孔氏之有颜、孟，皆有配享从祀之列。况公作述之善有如五峰者，出而成之。征诸南轩之授受，考亭之论议，又若是著也，而可以无配乎哉？

书院之作，乃古庠序之遗制。宋之初，学校未立，故盛行于时。今虽建学置师遍于天下，无俟乎其他。而前贤往迹风教之所关亦不容废，如兹院者是也。夫祭者学之所有事也，而其所以为学岂独粢盛俎笾仪文度数之间哉？

衡之学者，读公之书，学公之学，固将亲羹墙于庙貌，思景行于高山。虽欲自画于道，而亦有不容己者矣。湖南之地，春陵则有濂溪，岳麓则有南轩，兹院相距不数百里。遗风流泽相望而不绝也。

东阳长沙世家，盖尝登岳麓，吊其所谓书院者。闻文定公之风而有感焉，因为记之，以成贤御史及贤有司之志云。（见明万历《衡州府志·学校志》卷七，第 328—329 页）

李东阳（1447—1516），明孝宗、武宗朝大学士，内阁首辅，著名学者。字宾之，号西涯，湖南茶陵人。家族世代行伍出身，以戍籍居京师。天顺八年（1464）进士第，时年十八岁。选庶吉士，授编修。累迁侍讲学士，充东宫讲官，入内阁专典诰敕。弘治八年（1495），入直文渊阁，参与机务。久之，进太子少保，礼部尚书兼文渊阁大学士。武宗立，屡加少傅兼太子太傅，加特进左柱国。李东阳年十八岁入仕，历仕英宗、宪宗、孝宗、武宗四任皇帝，职任五十年，柄国十八载，清节不渝。自明兴以来，宰臣以文章领袖缙绅者，杨士奇后，东阳而已，朝廷大著作多出其手。学士大夫出其门者，悉灿然有所成就。明武宗正德八年（1516），卒，享年70岁。赠太师，谥文正。

第二次重修

时间：明思宗崇祯六年癸酉（1633）。

资金来源：官府、寺僧、胡文定后裔捐资。

记：衡山知县何仕冢《重修文定书院并改建长寿庵记》。

第三次重修

时间：清圣祖康熙四十九年庚寅（1710）。

资金来源：官府拨款，僧、后裔捐资共700余两白银。

记：康熙朝大学士（宰相）陈廷敬的三儿子陈壮履奉命撰《重修胡文定公书院记》。

第四次重修

时间：清高宗乾隆十五年庚午（1750）。

资金来源：衡山县府拨款。

记：衡山知县高自位撰《重修胡文定公书院并建义塾记》。

第五次重修

时间：清宣宗道光元年辛巳（1821）。

资金来源：衡山县府拨款与后裔捐资。

记：衡山县训导龚玥撰《重修胡文定书院记》。

第六次重建

时间：清文宗咸丰九年己未（1859）。

资金来源：胡文定公后裔捐资。

记：晚清中兴名臣，大学士曾国藩撰《重修胡文定公书院记》。

重修胡文定公书院记

〔清〕曾国藩

天下之书院，楚为盛；楚之书院，衡为盛，以隶岳故也。《岳志》注：衡书院，十又八，惟胡文定公书院独敕建，为最著，以传《春秋》故也。

公致仕隐衡，筑室紫云峰下。室后左右有山。其山之右为祝圣台，山下凿莲池，建"春秋楼"于其中。今"春秋塘"其地也。书院即公居址。创院未详何时，当考。李西涯记曰："经胜国曰颓圮，曰遗址，曰兴复，曰掘地得旧祭器"，可见自宋元时已有之。意者，不创于公子致堂、五峰，其即晦庵、南轩二子乎？自弘治乙卯郑御史、邓同知重建，后至崇祯时已圮，公裔来誉、我变修复，何令仕家为之记。康熙间，公裔殿长、影桑继修。乾隆间谢令仲元、高令自位重修。道光初，公裔省山先生、苏亭同年暨咸吉、楚池砺之、恪甫诸公，又增房庑，定祭期、复礼田，置岁修，而院制一新。龚学博坍《记》甚详。逮今不四十年，又将鞠为灌莽矣。顷接运书云："族世盛倡，率严峻等禀，请当事，纠族人酿金重新"，求予记其事。

予难违运意，故不辞。顾或者曰："院毗长寿庵，修院不修庵，不顺。不知庵原在左，何令忌其东益，迁院后。谢令以压来龙，将废之，未果。况僧迭与公裔讼，则听其自兴废也，亦宜。"或又曰："兹院，春、秋官祭，非家祠。胡姓私修、私祭，反小。而公不知自郑御史奏请后，虽为阖邑之义塾，而自何令永属公裔以院事，胡姓遂相继经理，卒赖以不废。不然，彼韦宙庐、潘邠侯、澹庵、南轩、白沙诸院，独非名贤耶？独非公塾耶？何至今求其故址，且有不可得知者。非以其裔不在，而院遂颓耶？"

予于是益叹何令谋其周而虑之远也。嗟呼！台榭宫室之美，有力者何难立？致不转瞬而荒芜者，有之。若夫歌楼舞馆，多在通都大邑、车马辐辏之区，当时亦足以豪，未几荆棘丛生，令人不堪回首。而惟儒林著作之地，即僻处山谷石间，亦越却常新。如"文选楼""尔雅台"，直垂千百世不朽。然非有贤子孙，不失文为文献，亦昔迹今莽，故衡古院多墟。公院落，如鲁殿，灵光独巍然存也。顾予把笔而重，多感也。公以忤蔡京除名，隐此著《春秋传》，使人明君臣大义，其有功于纲常，岂浅鲜！今者干戈扰攘，忽忽十余年，而凯未奏，若明《春秋》，安得至此？予膺简命督兵，岁无虚日，丁巳读礼南归，运与旷君尧臣晋谒。予订期登祝融，属二君居停主，将跻公堂拜公像。至期，奉旨南征，不果行。运与诸君，读公之书，修公之院，是必深明《春秋》者。目击时艰，其激于义愤，当何如也？谨纪始末，书于石，用示公之后贤与诸来院肄业者。

咸丰九年己未秋八月既望

（见清光绪《南岳志》卷十七，第 553-554 页）

曾国藩（1811—1872），晚清中兴名臣，湘军和洋务派首领。初名子诚，字伯函，号涤生，湖南湘乡（今属湖南省双峰县）人。道光十八年（1838）进士第，入翰林院为军机大臣穆郭阿门生。累迁内阁学士、礼部侍郎、署兵、工、刑、吏部侍郎。咸丰二年（1852），太平军由广西进军湖南，清廷震怒。为镇压太平天国，同年底因母丧在家守制的曾国藩受命在湖南留办团练，编练湘军。四年（1854）二月发布《讨粤匪檄》，率兵出衡州阻击太平军，不敌而败。五年（1855）初，进攻江西九江、湖口，遭太平军重创。八年（1858）六月，奉诏出办浙江军务。十年（1860），加兵部尚书衔，授两江总督，以钦差大臣督办江南军务。次年 9 月，督其弟曾国荃攻陷安庆，11 月，奉命统辖江苏、安徽、江西、浙江四省军务。同治三年（1864）七月攻破天京（今南京），完成对太平天国起义的镇压。以功加太子太傅、晋一等毅勇侯，授体仁阁大学士，寻武英殿大学士，历直隶总督、两江总督。同治十一年（1872）三月二十日，卒于两江总督任上，享年 62 岁。赠太傅，谥文正。

第七次重修

时间：清德宗光绪十九年癸巳（1893）。

资金来源：衡山县府拨款，文定公后裔捐资。

记：举人唐龙骧撰《续修胡文定公书院记》。

清光绪年间，第七次重修文定书院图

弘治衡山县志·文定书院

胡文定公书院，在岳山西南。宋胡安国，字康侯，谥文定，建宁府人，以宝文阁学士致仕，退居衡山，十五年不出。有《春秋传》行于世。其季子宏，字仁仲，号五峰，于衡岳增创书楼，著书五十三篇。（见明弘治《衡山县志·书院卷》校注本，第52页）

万历衡州府志·胡文定公书院

胡文定公书院在岳山西，南宋胡安国以宝文阁学士致仕，退居衡山十有五年，不出。有《春秋传》行于世。二子寅，宏于衡山增创书楼，各有

著述。今书院祀文定先生，以二子配。大学士长沙李东阳有记。（见明万历《衡州府志·学校志》卷七，第328页）

万历衡州府志·胡安国故居

胡安国故居在岳山西南，安国以宝文阁学士退居衡山十有五年，所著有《春秋传》。（见明万历《衡州府志·地理志·古迹》卷二，第258页）

笔者注：胡安国徙居湖南湘潭、南岳衡山，实则只有10年（1129—1138）。

乾隆衡州府志·胡文定公祠

胡文定公祠，即文定书院，在紫云峰下，祀胡安国父子。（见清乾隆《衡州府志》卷十七，第187页）

乾隆衡州府志·三贤祠

三贤祠在县城内，祀胡安国、朱子、张栻，以胡宏、胡寅、林择之配，每春秋二仲致祭。（见清乾隆《衡州府志》卷十七，第187页）

乾隆衡山县志·胡文定公书院

文定名安国，初提举湖南学事，诏举遗逸。安国以王绘，邓璋应诏。零陵簿某言其人乃范纯仁客，而流人邹浩所请托也。蔡京得簿言，命湖南提刑按治，无验，安国竟除名。读书衡山紫云峰下，著《春秋传》，十五年不出。二子寅、宏增创书楼，各有著述。今书院祀文定先生，配以二子，盖重建于明弘治乙卯，监察御史郑公惟桓属衡州府同知邓公惟成之也。大学士长沙李东阳有记。（见清乾隆《衡山县志·学校志》卷八，第158页）

又乾隆《衡山县志·儒学田粮志》载："胡文定公书院，田租三十九石粮。"

嘉庆衡山县志·文定书院

文定书院，旧邑志在紫云峰下，明孝宗时监察御史郑惟桓建，祀胡安国，以安国二子配。李东阳有记。

按李东阳记，不言书院建于何处。今之所建实在紫云峰右，前为书院，后为佛寺。明崇祯间知县何仕冢有《重修文定书院并改建长寿庵记》。（见清嘉庆《衡山县志·学校卷》卷十五）

嘉庆衡山县志·文定书院

南岳志续修文定书院记，明弘治八年乙卯修，胡文定书院掘地得祭器若干，悉葺而藏院。岁修祀事，则出而陈之。

按文定书院，即当年隐处著书处，由宋而元而明，南岳屡经兵燹，书院鞠为茂草。藏祭器于地中，以俟后人之复修庙貌，仍获遗器以妥公灵，是亦有心者之为之也。然越数百年，而地中久埋之物尚可葺而藏之陈之，知公之灵爽实式凭之矣。（见清嘉庆《衡山县志·外纪卷》卷五十五）

光绪衡山县志·胡文定公书院祭祀题本

巡按湖广监察御史郑惟桓等奏为兴起斯文、以励风化事：臣窃见湖广衡州府衡山县南岳山旧有宋儒胡安国书院一所，元大历戊申命有司修葺，仍赐以旧额，命学士杨宗饰为山长。于时先贤有祠，师生有室，育士有田，迨入国朝，虽尝举行，未经上请著于祀典，历世久远，旧室颓圮止遗故址。臣尝巡历到彼，躬诣书院，窃独伤之，已令有司修葺完备。臣谨按《宋史·列传》：胡安国本崇安人，强学力行，卓然有立。早与龟山杨时游，得伊洛之传。间上书，力诋时政，志图恢复。进讲经筵，议论正大，

倾动流辈，迨其著解《春秋》，比诸儒所得尤邃。故宋渡江以来，儒者进
退合义，以安国为首称。今我朝设科取士，士各专一经，而《春秋》则宗
胡氏，其有功于斯文大矣。后退休衡岳之下，为终焉计，买地结庐，名曰
书堂，十五年不出。季子宏增创书楼，优游衡岳，凡二十年，卒传其父之
学。当时，南轩张栻从游于宏，而朱熹闻栻得衡山胡氏学，亦往从而问
焉。湖南道学，于斯为盛，及考安国投进《春秋》，当在寓衡岳之时。而
宏之在衡著书五十三篇，皆仁政之大者。又考《衡州郡志》载：安国墓亦
在衡山县九都，恨子孙莫知所之。仰惟我国家崇儒重道，凡有功于斯文
者，皆蒙立祠，有司致祭。惟安国明一王之法，垂经世之典，天下万世共
仰，而体魄未有所栖，精神流寓之所顾，不得享一笾一豆之奉，诚为缺
典。如蒙允许，乞敕该部查照先年表章宋元诸儒故事合无，行移有司，于
书院中设立胡安国木主，春秋致祭。仍以其子宏配，著在祀典。拨人守
护，不致废坠，庶使衡之学者，履其地则思其人，思其人则学其学，学其
学则斯文不泯，士风益振，而亦可以少副朝廷崇儒重道之意矣。（见清光
绪《衡山县志·文类·题本》卷五）

光绪南岳志·胡文定祠

胡文定公祠：在紫云峰下。即文定公书院，祀宋胡安国，以其子寅、
宏配享。祠之兴废，详书院。惟查国朝康熙四十五年，福建学政归安沈涵
疏请颁赐宋儒祠额。允之。于是将乐杨时专祠赐御书"程氏正宗"额，崇
安胡安国专祠赐御书"霜松雪柏"额，延平李侗专祠赐御书"静中气象"
额，朱子武夷书院赐御书"学达性天"额，朱子建阳家祠赐御书"大儒世
泽"额，建阳蔡元定专祠赐御书"紫阳羽翼"额，元定子沈专祠赐御书
"学阐畴图"额。今武夷书院赐额久经摹悬岳麓、鹿洞诸书院，则胡文定
祠蒙赐"霜松雪柏"额，亟应从崇安恭摹悬挂紫云峰书院，以昭圣世崇儒
重道之特典，且以风示天下后世云。

三贤祠：在县城内，祀胡安国、朱子、张南轩，配胡宏、胡寅、林用
中。（见清光绪《南岳志·祠庙卷》，第 269-270 页）

光绪南岳志·文定书院

文定书院，在紫云峰下。其后有春秋楼。明孝宗时，监察御史郑惟桓建，祀胡安国，以安国二子配。（见清光绪《南岳志·书院》卷十七，第547页）

民国宁乡县志·文定书堂

宁乡私塾旧传，有文定书堂在县治东北三十里沩水滨，为先儒胡安国讲学处。又有灵峰书院，安国子胡宏与张南轩讲学处，在县东北四十里，道山。（见民国《宁乡县志·学宫卷》第353页）

明·万历《衡州府志》卷之九学校志，收录明神宗朝礼部尚书曾朝节《胡文定公书院》七律诗一首：

胡文定公书院

〔明〕曾朝节

岳下空斋老岁华，遗经相对饮烟霞。
藏山不负看今日，俎豆依然自一家。

民国时期，文定书院改为胡氏文定小学，抗战时期改为质文小学，后即停办。民国三十五年（1946），岳云中学从长沙迁到南岳衡山，将宋代文定书院、明代甘泉书院和白沙书院作为办学基地，并将文定学校所存房屋辟为教工宿舍。1986年拆除旧房，新建"科技楼"。2002年9月，又对科技楼加以整修，冠名为"春秋楼"，并在一楼大门右侧大厅墙上刊刻晚清中兴名臣曾国藩所撰写的《重修胡文定公书院记》，以志其事。

2002 年，岳云中学将原文定书院旧址上兴建的科技楼整修后，冠名为"春秋楼"。是年，约请中共湖南省委原副书记、省人民政府原省长、省政协主席刘正题写"春秋楼"名。（杨菊云摄影）

　　2012 年 2 月，岳云中学校友总会审时度势，为纪念宋代理学先儒湖湘学派开创者胡安国父子，传承湖湘文化和南岳衡山千年文脉，决定由岳云校友总会发起筹建南岳文定实验学校。之后，南岳文定实验学校又新建了文定亭。本土文化学者，衡阳市人大常委会原副主任旷瑜炎先生为之撰写了《南岳文定亭记》。

南岳文定学校

南岳文定亭

附录四 福建崇安文定书院

嘉靖建宁府志·崇安文定书院

　　书院在崇安县兴贤坊营岭之麓。宋簿厅故。元至正十年，县令彭庭坚建。左为礼殿，而配以颜、曾、思、孟。前为根星门，右为祠，祀胡安国，而以其从子宪、子寅、宁、宏侑食。祠后有堂，曰"览翠"。乃朱熹书。祠之前为两廊，中为门，又前为外门。揭"文定书院"四字。年久颓圮。成化初，知府刘钺重建。（见明嘉靖《建宁府志·学校志》卷十七，第 484 页）

雍正崇安县志·文定书院

　　文定书院，旧在兴贤坊。元至正辛卯，邑侯彭庭坚建。明嘉靖甲子，郡节推吴公维京摄邑，因建新学，乃兑迁于旧学基，奉文定公居中，籍溪、致堂、五峰、茆堂四先生配，仍旧制也。康熙四十五年，钦赐"霜松雪柏"匾额，悬于堂。邑侯王梓捐俸修葺，焕然一新。五十二年，改建学宫于营岭旧基，而书院在今学宫之左焉。（见清雍正《崇安县志·书院志》卷四，第 203 页）

雍正崇安县志·胡安国宅

　　胡安国宅，在从籍里胡坊，旧名籍溪。安国尝以朝廷所赐金，令从子胡宪原仲重建于旧基，后人称为安国书堂。（见清雍正《崇安县志·宅墓志》卷八，第 497 页）

重修文定祠堂记

〔明〕彭　时

崇安为建宁望县，武夷先生胡文定公之居在焉。宋乾道中，已祠先生于学。而文定书院，则自元至正辛卯县尹彭庭坚始建。书院在今四隅里之兴贤坊，其制右为礼殿，奉宣圣及四子待坐像。左为祠，萧先生像居中，而以先生从子籍溪、致堂、茆堂、五峰四君子配焉。祠之后有堂，前有重门，翼以廊庑，名其外门曰"文定书院"。盖以表崇先贤，且欲以待来学也，其意美矣。然岁久滋弊，近虽有修葺之者，而栋宇倾摧，原焉欲压。天顺八年秋八月，建宁太守刘公行县至崇安，因入谒焉，怃然有感。乃捐己俸，率乡贡士暨文国子生蓝玑辈，各助资庀材新之。而命大使王仲董其事。易朽除腐，饰漫漶以鲜洁。规制虽仍乎旧，而焕然一新，观者为之起敬。以是年十月始事，越三月而告成。成之明年夏，太守考绩至京，语余以其故，且属记焉。窃闻崇安自名县以来，忠臣贤士之生多矣。

然道学之传，惟胡氏为盛。溯其源渊，实自先生始。盖先生资禀绝异，早闻伊洛微言于游、杨、谢三君子，而以讲明践履于家，成其子从俱为大儒。遂启新安朱氏、东莱吕氏、南轩张氏之传，而道学益盛以显。至其平生著述，皆有关名教，而发明《春秋》之功为尤大。盖《春秋》孔子之亲笔，圣人经世之志在焉，非若他经可以训诂通。自左氏公穀以来，传注之行，无虑百家，意舛辞僻，卒无定说。圣人之宏纲大旨，往往郁而不明，致使王安石诋以为断烂，朝报直废弃之，不列于学官，庸非圣经以众说晦，而安石无独见之明故邪？先生自壮年即知服膺是经，心领神悟，独得圣人之精微。当宋南渡时，执经进讲，深见奖重。及承诏作传，乃参考百家，一折衷之。以至理推阐微辞，发明奥义，其于扶三纲、叙九法、抑邪说、正人心，与夫尊王贱霸，内夏外夷之意尤倦倦焉。自是春秋之大义复明矣！于戏！周东迁而春秋作，宋南渡而传义明。先圣后贤千古一心，岂斯文兴故自有其时欤？乡使安石幸而生先生之后，得闻其说，将崇信是经之不暇，而何敢诋弃之邪？惟其不幸，出于先生之前，不能超众说以有见，是以得罪于圣人，取讥于后世也。然则先生之于是经，诚可谓继往圣于既绝，开来学于无穷，其卫道息邪之功，于是为大矣。

我朝推崇先生，列诸从祀，诚万世之公论。而崇安乃先生乡邑，矧可无专祠以起后人之景仰也哉！此太守所为尽心于书院而不敢后也。继今学者仰而瞻其容，俯而读其书，一惟其道德言论是式、是循，庶几进循业卓有成效，然后无负于太守表章风励之意。太守名钺，字仗德，世家安成，为赠学士忠愍公之子，浙江宪使釪之兄。父子、兄弟相继以《春秋》第进士。而太守为政，尤汲汲于重名节，表风俗，亦其学有所本，且知所自云。（见明嘉靖《建宁府志·学校志》卷十七，第484-486）

附录五　胡安国与崇安胡氏

崇安县志·钓鱼翁

钓鱼翁，胡文定之五世祖也。本江南人，五季之乱，避地入闽，隐居于黄柏里之柘洋，以钓鱼自晦，人但称"钓鱼翁"云。（见清雍正《崇安县志·隐逸志》卷六，第359页）

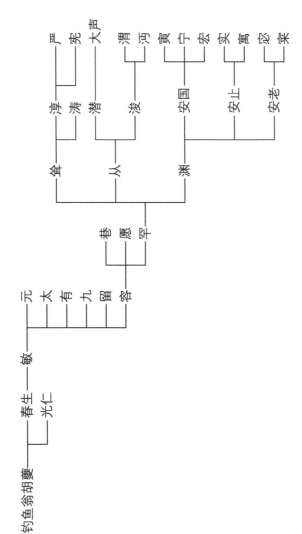

胡安国与闽·崇安胡氏（1-8代）世系图

说明：本世系图依据福建省武夷山市胡安国文化研究会会长胡良忠提供的清同治十二年《崇安胡氏谱》予以编排。

二、胡寅年谱

胡寅（1098—1156），宋代官员，著名学者。字明仲，学者称为致堂先生。建州崇安（今福建省武夷山市）人。宋徽宗宣和三年（1121），胡寅进士及第。历西京（洛阳）国子监教授、驾部郎中、擢起居郎，宋高宗绍兴五年（1135），迁中书舍人，赐三品服；六年（1136）除徽猷阁待制知邵州，寻改知严州；七年（1137）冬改知永州；八年（1138）四月，以徽猷阁待制新知永州试尚书礼部侍郎兼侍讲；十年（1140）六月，父丧服除，胡寅复知永州；十三年（1143），胡寅请辞永州知府

胡寅像(来自《崇安胡氏谱》，胡良忠提供)

任，授左奉议郎，改宫祠致仕；二十年（1150）被谪贬，责授果州团练副使，新州安置。胡寅在谪贬新州六年时间里，撰写了《读史管见》等多部著述；绍兴二十五年（1155）十月，宰相秦桧死，十二月，宋高宗令胡寅复官徽猷阁直学士致仕；明年三月，胡寅回到南岳衡山居家。宋高宗绍兴二十六年（1156）闰十月胡寅卒，享年 59 岁。谥文忠。

胡寅一生著述颇丰，传世之作主要有《斐然集》《读史管见》《崇正辩》。

（一）北宋元符元年至靖康二年（1098—1127）

宋哲宗元符元年戊寅（1098），胡寅出生

是年，胡寅在建州崇安县开耀乡籍溪里村（今福建省武夷山市五夫镇胡坊村）出生。

胡寅本是胡安国同堂三兄胡淳之子，其胞兄即籍溪先生胡宪。方其生，父母"以多男不举"，生活艰辛难以善治，将其置盆水中。胡安国母吴氏夜梦有大鱼跃盆水中，急往救之，挽回了这个弱小的生命。吴氏便嘱令胡安国收养，以此胡寅是为胡安国长子。

胡寅在乳抱中态度辄异，或夜啼，张灯示以书即止。（见清雍正《崇安县志·乡贤志》第 181 页）

是年，胡安国在湖北荆门府学教授任上。时尚在襁褓中的胡寅，只好在祖父胡渊、祖母吴氏的怀抱里，举家迁往胡安国居官之地荆门漳水之滨定居。

若干年后，胡寅得知了自己的身世后，在《议服札子》一文中有过这样的表述："臣闽人也，闽之俗，地狭人稠，计产养子。臣祖母吴氏怜臣之必不生也，委臣父（安国）收养之。臣父其年时二十有五，方事婚娶，岂有无子之虑，而必至收养堂兄已弃之子者，缘臣祖母知书好善，告戒之切，于是抚怜鞠育，以为元嗣。凡幼时疾病粥药之勤，长后教训维持之备，义方恩爱，老而弥笃。最后感疾，付臣主祭。于臣大恩，本末如此"。（见《斐然集·议服札子》卷十一，第 227 页）

胡寅后来称其生父为再从伯父。他说："原臣之所以得生，及先臣不使臣行降服之意，权再从伯父与生父之中，行同堂伯父之服，齐衰不杖期，斯得礼之节矣。"（见《斐然集·议服札子》卷十一，第 228 页）

元符二年已卯（1099），胡寅 2 岁

胡寅年幼在荆门，由胡安国夫人李氏抚养。若干年后，或许李氏尚未生育，胡安国继娶王氏。之后胡寅尊李氏为母亲，王氏为继母。（见《斐然集·申尚书省议服状》卷九，第 195 页）

宋徽宗政和元年辛卯（1111），胡寅 14 岁

胡寅"少桀黠难制，父闭之空阁，其上有杂木，寅尽刻为人形。安国曰：'当有以移其心。'别置书数千卷于其上，年余，寅悉成诵，不遗一卷"。（见《宋史·胡寅传》，第 12916 页）

政和三年癸巳（1113），胡寅 16 岁

胡寅自述十六、十七岁时治学的情况："某年十六七，见先君（胡安国）书案上有河南《语录》，上蔡谢公（良佐）、龟山杨公（时）《论语解》，间窃窥之，乃异乎塾之业。一日，请诸塾师曰：'河南、杨、谢所说，与王氏父子谁贤？'塾师曰：'彼不利于应科举。尔将趋舍，选则当遵王氏。'于时某未能树立，而辄萌好恶矣。（见《斐然集·鲁语详说序》卷十九，第 374 页）

政和五年乙未（1115），胡寅 18 岁

是年，胡寅祖母吴令人在荆门病逝。赐永寿县君。

政和六年丙申（1116），胡寅 19 岁

胡寅于荆门举乡贡。云："论秀乡邦，深惭庸陋，献书天府，猥预甄

收。初闻姓名之传，颇觉心颜之腼。……观绛阙之光，幸齿群英而入献；贡丹墀之策，期收薄效于决科。"（见《斐然集·谢贡启·丙申》卷七，第153页）

是年，胡寅赴京师入太学，"游辟雍"。（见清雍正《崇安县志·乡贤志》第181页）

政和七年丁酉（1117），胡寅 20 岁

是年，胡寅在京师太学求学。"辟雍首善于京师，学校明伦于郡国"。（见《斐然集·谢贡启》卷七，第153页）

政和八年戊戌（1118），胡寅 21 岁

是年，胡寅在太学读书，喜获《论语解》。诚如胡寅在《斐然集·上蔡伦语解后序》中云："某年二十一，当政和戊戌，在太学得其书，时尚未盛行也。"（见《斐然集》卷十九，第365页）

宋徽宗宣和元年己亥（1119），胡寅 22 岁

胡寅在太学。
十一月，祖父胡渊在湖北荆门病逝。赐中大夫。

宣和二年庚子（1120），胡寅 23 岁

胡寅在太学。
是年，睦州方腊起义，这是北宋规模最大的一次农民起义。

宣和三年辛丑（1121），胡寅 24 岁

是年春，天下士大比试于南宫，兵部郎中南剑州（今属福建省南平市）人张觷参主文柄，佐校礼部试，中选者五百余人，胡寅名列第十。张觷对胡寅试卷尤为赏识。

时胡寅尚未议婚，奸相张邦昌方求婿，欲以女妻之，逼迫甚急。胡寅年少气刚，不愿从，逃之三日。（见《斐然集·悼亡别记》卷二十，第 380-381 页）

二月庚申，徽宗御集英殿，赐何涣等及第出身，同出身六百三十一人，胡寅名列第十。（见《宋史全文·宋徽宗》卷十四，第 971 页）

胡寅太学同舍友南剑州（今福建省南平市）人张致远，字子猷，同选甲科。致远奇寅志，告寅以参主试兵部郎中张觷。致远言："兵部公有季女，名季兰，爱之，择配，惟君可归。然少君十岁，君有意者，相为谋之，若何？"胡寅感念张觷的知遇之恩，且与致远关系密切，其家儒素，可以长久，以书禀父安国。胡安国回信曰"吾未识兵部公，然知张觷与杨时、陈瓘为亲友，可依无疑"。（见《斐然集·悼亡别记》卷二十，第 381 页）

两家意和，这年四月订婚。（见《斐然集·悼亡别记》卷二十，第 381 页）

关于科举及婚配一事，胡寅在《斐然集·祭外舅张兵部》一文中有云："宣和辛丑，吾仕初筮，试于南宫，万人来萃。公得其文，手之不置，擢于上科，见谓远器。妻以季女，申笃情义。"（见《斐然集》卷二十七，第 567 页）。

张致远（1090—1147），宋代官员。字子猷，南剑州沙县（今属福建省）人。宋徽宗宣和三年（1121），与胡寅为同科进士。历枢密院计议官，

两浙转运判官、广东转运判官、殿中侍御史、除户部侍郎、进吏部侍郎、知台州、改知福州。绍兴八年（1138），召为给事中，出知广州。寻以显谟阁待制致仕。宋高宗绍兴十七年（1147），卒。年58岁。

张致远逝世后，胡寅受邀撰《祭张给事子猷》之祭文。（见《斐然集》卷二十七，第575页）

宣和四年壬寅（1122），胡寅25岁

四月，胡寅与张季兰在京师宜男桥岳父张䘵家寓舍举行婚礼。（见《斐然集·悼亡别记》卷二十，第381页）

五月，胡寅在京师开封撰《上蔡论语解后序》。为博采众家，是年胡寅又从程门高足杨时游。

上蔡论语解后序

《论语》一书，盖先圣与门弟子问答之微言，学者求道之要也。而世以与诸子比，童而习之，壮而弃焉。训诂所传虽未尝绝，然智不足以知圣人之心，学不足以得道德之正，遂以私智簧鼓其说，以眩天下。夫其侮圣人之言，何足深罪。特以斯文兴丧，于此系焉，此忧世之士所为动心者也。上蔡谢公得道于河南程先生，元祐中掌秦亭之教，遂著《论语解》，发其心之所得，破世儒穿凿附会浅近胶固之论，如五星经乎太虚，与日月为度数不可易也，其有功于吾道也卓矣！而学者初不以为然也。某年二十一，当政和戊戌，在太学得其书，时尚未盛行也。后五年，传之者盖十一焉。呜呼！师友道废久矣！欲求吾资，莫与为方圆，欲得吾助，莫与为切磋，所可决信而不疑者，独圣贤所余纸上语尔。同舍建安谢袭智崇传于山阳马震知止，欲以其传授粥书者，使刻板焉。庶以道好善君子，欲博文求征而不得者，其志足称矣。然某以往昔所见，比智崇今本文义，有或不同

意。先生年邵而智益明，有所是正，故更欲得善本参校，然后传之。虽然，大略当不外是也。以今日好者渐众，安知来者之不愈于今乎？使有诚好而力行焉，固将默识神受，见于参倚之间。不者，几何不按剑而向夜光之投乎？此非某之志也，先生之志也。宣和壬寅仲夏望日后序。（见《斐然集》卷十九，第365页）

十二月三十日，胡寅与妻张季兰归荆门省亲。

宣和五年癸卯（1123），胡寅26岁

正月元日，胡寅偕妻张季兰盛服见舅姑（丈夫的父母，俗称公婆），舅姑设飨礼，并见宗族。舅姑爱之如女。（见《斐然集·悼亡别记》卷二十，第381页）

秋九月，胡寅偕妻张季兰赴西京（今河南省洛阳市）国子监教授任。由于教授官俸微薄，夫妇节俭过日。两年间，胡寅独寻胜览古，驱马远适，季兰必戒谨以居。寅或观书作文至夜分，季兰亦缝纫其侧，时一发问，以是为常。（见《斐然集·悼亡别记》卷二十，第381页）

宣和六年甲辰（1124），胡寅27岁

胡寅在西京国子监教授任上。

四月，胡寅长子大原在西京洛阳出生。"甲辰孟夏，生男子，今名大原。"胡大原后从叔父胡宏学。与张南轩、朱熹等亦师亦友，是为湖湘学派的主要骨干成员之一。（见《斐然集·悼亡别记》卷二十，第381页）

宣和七年乙巳（1125），胡寅28岁

胡寅在西京国子监教授任上。

自宣和六年以来，京东、河北民以岁荒俭苛，纷起反抗，地方大乱。又传金人将入。（见《斐然集·悼亡别记》卷二十，第381页）

冬十月，胡寅告假，携妻儿归荆门。

宋钦宗靖康元年丙午（1126），胡寅29岁

胡寅单身一人赴西京洛阳国子监教授任。

正月，金兵东路渡河攻东京（今河南省开封市）。太上皇赵佶东走。钦宗亦欲出走，李纲谏止之。宋遣使到金营议和，金国要求犒师金银，割太原、中山、河间三镇，并以亲王、宰相为质，宋皆从之。

四月，太上皇宋徽宗回京。胡寅自京师解围后，因御史大夫何㮚荐，被召赐对，迁秘书省校书郎。寻迁司门员外郎。

靖康二年丁未（1127），胡寅30岁

胡寅与张浚、赵鼎避于太学，不尊张邦昌为帝。

是年春夏之交，胡寅在淮、扬二州之间，无所适从。

丁未夏四月，敌骑北去，胡寅请急归省。五月至家，方知京师被围，中外音问不通者半年。（见《斐然集·悼亡别记》卷二十，第381页）

（二）南宋建炎元年至绍兴二十六年
（1127—1156）

宋高宗建炎元年丁未（1127），胡寅30岁

五月初一，宋徽宗第九子赵构在南京（今河南省商丘市）即位，是为宋高宗。改元建炎。

宋高宗即位后，胡安国上章言事。

六月四日，召胡安国为给事中。因宰相黄潜善专权妄作，斥逐忠贤，胡安国辞。

建炎二年戊申（1128），胡寅 31 岁

胡寅随宋高宗南渡。

建炎三年己酉（1129），胡寅 32 岁

春二月旦，金兵入扬州，焚之而去，宋高宗南奔杭州。

春夏之交，金兵渡淮，扬州溃。胡寅脱身至常州、润州间，久不调。（见《斐然集·悼亡别记》卷二十，第 381 页）

夏四月，宋高宗移跸建康（今江苏省南京市），胡寅蒙赐对，为尚书郎。未几，擢司记注。（见《斐然集·跋高宗御笔》卷二十八，第 583 页）

五月，胡寅至江宁，以枢密使张浚荐，复任驾部郎中，擢起居郎。寅有《辞免起居郎奏状（建炎己酉）》。（见《斐然集》卷九，第 185 页）

七月，宋高宗升杭州为临安府，以张浚宣抚川、陕。

九月二十一日，胡寅《上皇帝万言书》。胡寅的上万言书，大意概括为陛下画七策中兴之术："其一曰，罢和议而修战略；其二曰，置行台以区别缓急之务；其三曰，务实效而去虚文；其四曰，大起天下之兵；其五曰，定根本；其六曰，选宗室之贤才者封建任使之；其七曰，存纪纲以立国体。"首署"承奉郎试起居郎臣胡寅"。（见《斐然集》卷十六，第 307-324 页；亦见《续资治通鉴·宋纪第一百六》卷二，第 698-699 页）

书上，宰相吕颐浩恶其切直，罢之。遂奉祠，除直龙图阁学士，监江

州太平观。(见《斐然集·悼亡别记》卷二十，第 381 页)

时，胡寅又有《进万言书札子（己酉）》。呈宋高宗："靖康之失，既往难悔。陛下嗣位，则正商高宗、周宣王所遇之时，而遽循唐明皇、代、德奔走之迹，遂不力图兴复，抗志有为，公卿大臣，反以省方巡幸之美名而文饰之。自南都至维扬，自维扬至钱塘，自钱塘至建康，自建康至平江，三年之间，国益危，势益蹙，敌益横，人益恐……"（见《斐然集》卷十，第 197 页)

胡寅奉祠后，荆门家已为盗区。胡安国率家人度洞庭而南，寓居湘潭碧泉。胡寅行次临川，值敌兵方下江西诸郡，道路阻隔，未能及时抵湘潭家中。(见《斐然集·悼亡别记》卷二十，第 381 页)

是年，胡寅生父胡淳在老家崇安籍溪里逝世。胡寅在《议服札子》有云："臣伯父以建炎三年身故，臣父其时方遣臣仕于行朝，而不使臣行降服之常，何也？其意若曰，臣之过房，异于世俗之过房，事具如前，是不可以常礼处者耳。"（见《斐然集》卷十一，第 228 页)

建炎四年庚戌 （1130），胡寅 33 岁

三月，胡寅因奉祠闲置，回到湘潭碧泉新家中。（见《斐然集·悼亡别记》卷二十，第 381 页)

四月，胡寅呈《跋高宗御笔》。文略云："建炎三年夏四月，上移跸建康，臣蒙赐对，为尚书郎。未几，擢司注记。是时上锐思致理，招徕贤俊，臣父安国以给事琐闱，再被严召。六降敦促之命，申以使人……四年夏四月，宣义郎直龙图阁主管江州太平观臣胡寅谨记。"（见《斐然集》卷二十八，第 583 页)

秋七月，胡寅致张浚之书信，即《寄张相》，文曰：去九月，缘大人趋召至池阳，忽得宫祠之命，势当就养，遂复丐闲。冬初离去行朝，间关江西道中，今夏才达湘潭侍下。（见《斐然集》卷十八，第346页）

十月一日，胡寅继母，也即胡宏生母王氏病逝。"冬十月一日，先令人疾革，执君手（胡寅继母王氏拉着胡寅妻张季兰的手），顷之，捐馆舍（死亡的婉辞）"。（见《斐然集·悼亡别记》卷二十，第382页）

宋高宗绍兴元年辛亥（1131），胡寅34岁

丁母忧，胡寅守制，居湘潭。

是年春，巨盗马友、孔彦舟交战于衡、潭，兵漫原野。

四月，胡寅奉胡安国西入邵阳。席未暖，他盗至，又南入山，与峒獠为邻，居山洞度日。

十二月，盗曹成败帅兵于衡。又奔走于全州，西南至灌江，与昭接境。敝屋三间，两庑割茅遮围之。上下五百余指，度冬及春，瘴雾昏昏，大风不少休。"郁薪御寒，粢食仅给"。（见《斐然集·悼亡别记》卷二十，第382页）

笔者注：2018年1月14日，湖南科技学院学报总编张京华教授与其弟子汤军在湖南等地田野踏勘时，在永州东安县九龙岩发现胡安国父子绍兴元年题石摩崖：武夷胡寅、宁、宏，侍家府自邵之春陵过此，门人江陵吴郭、湘潭黎明从。绍兴元年十二月初六日。这方文字刻在九龙岩右洞入门之崖壁上，楷书六行，极为工整，可断为胡寅手笔。也足以说明胡寅兄弟及随行人员在避乱逃亡时，曾途经此地。同时也记载了随行奔逃者还有胡安国的两位弟子吴郭、黎明也。（见何歌劲《碧泉胡氏迁湘史事考》）

湖南永州东安县九龙岩

——宋·胡安国父子摩崖题名（图照）

胡氏宗亲网胡南山提供

甲辰（2024）年舜裔商公祭舜帝典礼后，湘潭胡杏香率胡氏宗亲一行，专程赴永州东安县九龙岩，随访考察湖湘学派开创者胡安国父子在南宋初年战乱逃亡时至此留下的摩崖题名。
（胡杏香提供）

绍兴二年壬子（1132），胡寅 35 岁

壬子春，朝廷召胡安国入朝供职，然胡安国迟迟不至。于是宋高宗皇帝手谕给胡寅，令其促召其父入朝。附宋高宗御札："已降诏命召卿父赴行在，于今未到，卿可以朕意催促，俾疾速前来，以副延伫之意。押付胡寅。"

时胡寅撰有《谢御札促召家君札子》。文曰：臣昨日蒙陛下颁降宸翰，以臣父安国未到行在，令臣宣谕催促早来，臣已即时差人附书归家，具宣德意。想惟臣父荷陛下眷记如此，疾病虽久，亦必勉力就道，入觐清光，自陈忠款。臣退伏思念，臣父处身孤外，实无左右之容，而简在天心，从臣莫比。岂非埋晦之迹，蕴蓄之怀，遂将感会风云，以赴功名之盛际乎！则其平生出处辞受之大致，为众所毁，而忌疾随之，未尽达于聪听者，臣固不当隐藏默而不自陈于君父也。

臣父于哲宗皇帝朝第三人赐第，出官历荆南府学教授、太学博士。三舍之初，例察提举学事官。到任未久，论荐遗逸二人，为属吏所诉，以为所荐之人乃元祐宰相范纯仁门客，党人邹浩素所厚善。其时蔡京当国，怒臣父沮毁学法，俾湖南北两路刑狱官置狱推置，除名勒停。臣父于是时已知是非倒置，直道难用，遂退伏闾里，绝意仕宦。……盖自大观以后，凡历宰相八九人，如蔡京、何执中、郑居正、刘正夫、余深、王黼、白时中、李邦彦秉政之时，以臣父才学名望，稍加附会，则富贵显荣可以立致。而守道不屈，甘心丘园，未尝叨受恩宠。……臣父进德修业，经纶当世，年未六十，鬓发斑然，忧国之深，屡忘食寝。（见《斐然集》卷十，第197－199页）

是年，吴卫道拜别恩师胡安国返回湖北江陵。胡寅撰有《送吴郛赋》，其文略云：“宣和四年，江陵吴卫道求师于漳水之滨，因遂稔熟，亦复切偲。逮庚戌秋，脱寇难，来湘潆，叙旧道故，又八年于兹矣。闻湖北稍稍有城郭，村聚流散，幸存者皆思还其故处……”。（见《斐然集》卷一，第15页）

是年，胡寅有诗《初至青湘，闻安仁帅司为曹成所袭四首》（壬子）。诗云：……江头聊问信，春到一枝南……前令发湖北，今日滞湘南……（见《斐然集》卷三，第52－53页）

五月，宋高宗令内外官员，建言省费、裕国、强兵、息民之策。胡寅以十事应诏，曰：修政事、备边陲、治军旅、用人才、除盗贼、信赏罚、理财用、核名实、屏谀佞、去奸慝。（见《宋史·胡寅传》，第12920页）

六月，胡安国自清湘（今广西壮族自治区全州市），赴京就职，胡寅、胡宁随父侍行；胡宏留家守舍。（见《斐然集·悼亡别记》卷二十，第382页）

是月，盗贼曹成又率残兵败将进入灌江，胡寅妻子张季兰与两位弟媳仓皇奔逃。一天夜里，胡氏一家正在梦中之时，"忽闻鼓声已近，徒从哄然四逸……"。侥幸逃脱。（见《斐然集·悼亡别记》卷二十，第 382 页）

八月二十一日，胡安国落职，提举建昌军仙都观。

冬十一月，胡安国还至丰城，遣胡寅省家。（见《斐然集·悼亡别记》卷二十，第 382 页）

胡寅还家。"岁尽，逢之清湘山寺中。君（季兰）身独暑服，余单布袭，嫁日衣襦无存者，独挈寅敕文、诰身皆无失"。

胡寅四处寻找，至岁末方于荒郊野寺中觅得妻儿，隆冬时节，妻子张季兰仅着夏日单衣，冷得发抖。"寅劳苦既定，问：'君惊惧莫此为甚矣！'对曰：'至无奈何，惟一死耳。'盖以儿发刀自随，急则用事，无所惧也"。（见《斐然集·悼亡别记》卷二十，第 382 页）

亦见胡寅《寄刘致中》书云："流离漂转，略无宁岁。壬子冬，又遇劫，散亡遂尽。"（见《斐然集》卷十七，第 337 页）

是年，胡安国有诗《题范氏壁》。胡寅时有和《文定题范氏壁次韵》，述当时奔逃的苦况：

文定题范氏壁次韵

四海兵戈里，一家风雨中。逢人问消息，策杖去西东。
历数前朝乱，何曾扫地空！山居自有乐，时对主人翁。

（见《斐然集》卷三，第 52 页）

冬十二月，黎才翁被荐举前往湖北赴任，胡寅作诗送行：

送黎才翁往荆门

圣道原来不易穷，君今何处觅同风。
唐虞世远精神在，邹鲁人归事业崇。
德性未尊须强学，道心才胜即收功。
他时杯酒论睽阔，应有微言激懦衷。

(见《斐然集》卷三，第52页)

绍兴三年癸丑（1133），胡寅36岁

夏四月，胡寅为江西丰城县《新修智度院作记》。文曰：事无记，无以传久远……丰城龙泽寺主僧广照，以修佛事缘化，有徐氏父子施最厚，照一不私己，尽用以葺其庐……绍兴壬子末，予侍亲自杭西行，至是少憩焉。家居，爱其清旷，留度冬春，甚适。明年，夏四月，将去而之衡山。广照请曰："山僧遂老多病，劬瘁于此屋，未尝有士大夫车辙马迹也。今幸辱临，得一言刻诸石，没齿无恨。"（见《斐然集》卷二十，第377-378页）

秋七月，胡寅与父安国举家尊卑会于南岳。（见《斐然集·悼亡别记》卷二十，第382页）

初寄居胜业寺，胡寅有诗：

自胜业寺过铨德观

出岫无心倦即还，悠然信马望南山。
忽惊莲社青萍合，却到蓬壶白日闲。
方士内丹论九转，导师平地设三关。

不知洙泗真消息，谁可相期一解颜。

（见《斐然集》卷三，第59页）

是年，胡寅又撰有《题胜业悦亭》一诗："欲结衡山茅，未买修竹径。杖藜借危亭，面势五峰正……"（见《斐然集》卷三，第49页）

是年，胡寅有诗致表弟范伯达《初归，范伯达弟相会，夜归有成》："乱后风尘稍破昏，归来骨肉喜全存……"（见《斐然集》卷三，第56页）

是年，湘潭隐山长老法赞和尚重修慈云寺，请胡氏父子撰文记载此事。胡寅撰有《湘潭县龙王山慈云寺新建佛殿记》。殿成于绍兴三年，云："记首一百四十字，先文定（安国）作。"（见《斐然集》卷二十，第377-378页）

绍兴四年甲寅（1134），胡寅37岁

是年，胡寅与向子忞，字宣卿（后出为衡州知府，南宋一代良吏）及二弟胡宁等游南岳上封寺①，受寺院住持之邀，胡寅为上封寺"穹林阁"题写了匾额。（见

南岳上封寺（胡国民摄影）

---

① 上封寺，位于湖南省衡阳市南岳第一高峰祝融峰额下，是全国汉族重点寺院之一。上封寺，在东汉时系道教宫观，称"光天道观"，隋初为道教第二十二福地。隋大业年间（605—618），隋炀帝南巡至此，下旨改观为寺，赐名"上封寺"。宋代敕建仍为"上封寺"，寺内建有"穹林阁"。北宋末至南宋初期，著名僧人佛心、善果，先后主持上封寺。

《张栻集·南岳唱酬序》卷十五，第984页，云："有穷林阁，侍郎胡公题榜，盖取韩子'云壁潭潭，穷林攸擢'之语。"）

登上封寺后，胡寅撰有《登上峰三绝》。

登上峰三绝（录其一首）

仰止高高几梦思，跻攀乘兴遂忘疲。
直须驻足青冥上，方信前山次第卑。

（见《斐然集》卷三，第62页）

是年，胡寅题有《酬宣卿见和》一诗：

酬宣卿见和

不向杯中觅圣贤，独于山水意翛然。
相门事业方传世，官路升沉只信缘。
万卷图书资博约，九衢车马任颠连。
翠微卜宅须相近，且径蓬壶小有天。

宣卿不饮。（见《斐然集》卷三，第62页）

绍兴四年十二月，复召为起居郎，迁中书舍人，赐三品服。（见《宋史·胡寅传》）

绍兴五年乙卯（1135），胡寅38岁

正月初一，胡寅在南岳。寅有诗：

谨次家君元日之韵（乙卯）

熏然和气爆声残，贺客充庭上庆笺。
令节共欣元会日，本朝新数中兴年。
仰观北斗书王正，合起东山付国权。
天佑斯文知有在，称觞还咏福如川。

（见《斐然集》卷三，第63页）

是年，胡寅代家父撰《资政殿学士许公墓志铭》，代文定作。许公，即许景衡，胡安国好友，字少伊，其先长沙人。七世祖赞，避五代之乱，徙居温之瑞安县（今浙江省瑞安市）。许景衡，宋哲宗绍圣元年（1094）进士第。历官承议郎、殿中侍御史，召试中书舍人，拜尚书右丞，终以资政殿学士提举杭州洞霄宫。宋高宗建炎二年（1128）五月二十日，许景衡卒，年57。许景衡归葬七年后，许景衡之子许世厚于宋高宗绍兴五年（1135），不远数千里，从浙江来南岳衡山。请胡安国为其先父行世状请铭。时胡安国身体有恙，故委托长子胡寅代其撰写墓志铭。（详见《斐然集》卷二十六，第529-531页）

三月，胡寅至京城临安，迁中书舍人，赐三品服。胡寅向宋高宗呈有《乙卯上殿札子》的奏折。此奏折胡安国阅后，附有"此章深得敷奏之体"的评论。（见《斐然集》卷十，第200页）

四月，宋徽宗赵佶死于金之五国城（今黑龙江省依兰县境内），年54岁。宋徽宗赵佶之死，宋高宗并不得知，直至绍兴七年九月甲子才得知此凶信。

五月，朝廷诏："中书舍人胡寅论使事，辞旨剀切详明，深得论思之体，令学士院赐诏奖谕。"（见《续资治通鉴·宋纪一百十五》卷一百十五，第12页）

　　五月辛酉，尚书右仆射张浚提举详定一司敕定，参知政事沈与求同提举。初置提举官也。中书舍人胡寅言："兵兴以来，衣冠转徙，失所者众。于是开奏辟之路，置添差之阙，广宫庙之任，增待次之除，所以惠恤之者亦厚矣。而奔竞日昌，不安义命。方在责籍，则乞叙雪；已得叙雪，则乞祠禄；已得祠禄，则乞差遣：已得差遣，则乞改替；已得改替，则乞近阙；已得近阙，则乞见任；已在见任，则乞超擢；士风之弊，莫甚此时。伏见旧法已有差遣，及方在贬谪者，不得辄入国门，所以杜贪躁，清仕路，存纲纪也。伏望明诏宰执举行成宪。"从之。寅又言："近来书命多出词臣好恶之私，使人主命德讨罪之言，未免玩人表德之失。"（见《宋史全文》卷十九）

　　是年，胡寅在中书舍人任上赐三品服。为应朝廷用人，胡寅向宋高宗皇帝荐举贤能之士，撰有《应诏荐监司郡宋奏状》上呈。胡寅荐举凡六人：荐举右朝请大夫直龙图向子諲可充帅守之选；荐右通直郎主管台州崇道观刘子翼可充监司、郡守之选；荐右承议郎主管台州崇道向子忞可充监司、郡守之选；荐右朝奉郎知潭州湘潭县张承可充郡守之选；荐右朝奉大夫前知通州海门县张久可充郡守之选；荐右宣义郎通判全州军州事范寅秩可充郡守之选。（见《斐然集》卷九，第186-188页）

　　十一月，中书门下省奏中书舍人胡寅所言六事，大略谓：一曰清中书之务，二曰议学校之制，三曰重县令之任，四曰京官必历亲民，五曰监司、郡守并以三年为任，六曰除监司回避户贯之禁。（见《宋史全文·宋高宗八》卷十九中，第1428-1430页）

　　十一月，准尚书省札子，三省同奉圣旨，令徽猷阁待制集英殿修撰胡寅知邵州。（见《斐然集·辞免徽猷阁待制奏状》卷九，第190页）

　　是月，胡寅上奏《第二状》辞请不赴知邵州任。"臣近蒙圣恩，除徽猷阁待制知邵州。臣即具状乞寝罢待制恩命，以安微分。准尚书省札子，三省同奉圣旨，不允。窃以中书舍人与待制，均为侍从之臣，自来由词掖外补，必须在职一年。"（见《斐然集·第二状》卷九，第190页）

十一月戊子，中书舍人胡寅知邵州。初，胡寅既论不当遣使，上赐诏书褒谕。（见《宋史全文·宋高宗八》卷十九中，第1432页）

十二月二十八日，胡寅离开京城临安，远赴湖南邵州知府任。（见《斐然集·乞宫观奏状（丙辰）》卷九，第191页）

绍兴六年丙辰（1136），胡寅39岁

丙辰春，由于雨雪连月，道途濡缓，胡寅出知邵州赴任途中，于二月六日方至南岳衡山父亲左右。时正值父亲和家人自胜业寺乔迁新居书堂，胡寅有《奉家君自胜业寺迁居书堂，久雨乍晴，道中口占》诗一首。

奉家君自胜业迁居书堂，久雨乍晴，道中口占

五峰收卷万层云，一水流通四海春。
南极有星天地久，东风无际柳梅均。

（见《斐然集》卷三，第71页）

是年，胡寅在知邵州任上，有《乞宫观奏状（丙辰）》云："臣昨蒙恩除臣集英殿修撰、知邵州，仰荷圣慈，俾便亲养。自去年十二月二十八日发离行在，雨雪连月，道途濡缓，于二月六日，方至臣父左右。去邵州本任虽止六程，迎侍赴官，可谓近便。而臣父自去冬以来，屡感寒疾，气血衰损，尚多疲曳，板舆登顿，未任就途。既迎侍之不遑，难委亲而独往。辄披肝胆，仰吁至仁，乞除臣在外宫观差遣一次，任便居住，庶几不违菽水之奉，日勤药石之供。臣父他日安康，臣当别图縻殒。臣不胜祈恩俟命激切屏营之至。"（见《斐然集》卷九，第191页）

四月，胡寅在知邵州任上，收到建州崇安县人刘勉之字致中的书信。方知自己本为胡安国再从堂兄胡淳之子。

是年，胡寅有《寄刘致中书（丙辰）》云："致中兄，一别二十年，世路艰虞，好音不嗣。每闻博学谋道，德问日休，虽相望闽湘千里之外，犹足少慰……至曰恩义未加厚于托体同生，则某所未闻也。某自婴儿几滨于死，先祖妣永寿君鞠育抚养之，不啻如己生，以至成人。永寿君临终，它无一言，惟以不肖之身属大人使善视之。大人长养教诲，日厚一日，必使有立，以不坠祖妣付托之意，于今三十有九矣。过庭诗、礼，资以事君，常惧不肖，仰辱恩纪，他日无以见永寿君于地下，此某终身之责也。如左右之见责者，祖妣不以是语某，大人不以是诏某，一日无故以左右违经背礼之言从而信之，毋乃乱伦而悖德也乎？"（见《斐然集》卷十七，第337页）

是年，胡寅有《辞免徽猷阁待制奏状》云："准尚书省札子勘会胡寅，昨除中书舍人，已及一年，奉圣旨除徽猷阁待制，改差知严州者……其知严州，臣更不敢辞避外，所有待制职名，本以宠遇儒学之士，如臣无取，岂得冒居。况臣昨忝词掖，未周期月，岂宜外补，通会年劳。……伏望圣慈矜其踦窭，收还成命，使免倾挤。"（见《斐然集》卷九，第191-192页）

时宋高宗不允胡寅辞免，胡寅有《除徽猷阁待制谢表》。（见《斐然集》卷六，第139页）

七月，胡寅改官知严州（今浙江省杭州市建德市）。胡寅有《严州到任谢表》云："上还资水之章，不蒙赐可，改畀桐江之绂，更荷亲除。已见吏民，具宣德意。拜嘉甚宠，受任奚胜。"（见《斐然集》卷六，第140页）

胡寅遂知严州任，随行者有长子胡大原，还有夫人张季兰的季弟。时张季兰见夫君胡寅远赴千里之遥的严州，依依不舍。"君平时见寅远适，不以为念。至是行，临别，泣意殊悲。"谁知这一别，竟是与夫君永别也。亦见《悼亡别记》云："丙辰二月，至家。七月，改郡严陵。"（见《斐然集·悼忘别记》卷二十，第382-383页）

是年，胡寅在知浙江严州任上，受邀撰《严州报恩长老开堂疏》。

严州报恩长老开堂疏

浙江西部，严濑名川。千嶂回环，宛是宝华之座；两溪交会，无非舍筏之津。乃眷精庐，久虚法席。欲兴废坠，谁与流通。某人性海澄明，道机纯熟。悟一花于微笑，付百念于寒灰。必在定中，人见慧花之起；名浮实表，众求甘露之滋。当契因缘，勿劳执捏。钟鸣鼓震，大宏临济之家声；花发莺啼，同住报恩之佛地。（见《斐然集》卷三十，第613页）

绍兴七年丁巳 (1137)，胡寅40岁

正月，宋廷始知宋徽宗和宁德皇后相继死于金国。

二月，消息传到严州，胡寅以万分悲怆与愤怒难遏之心情，上书要求宋高宗皇帝举国齐哀，服丧三年，以丧服哀兵出战，报仇雪恨。（见《从胡文定到王船山：理学在湖南地区的奠立与开展》，第194页）

是年，胡寅在知严州任上，撰有《严州祝文》，祝文对"岳""龙""风""雷""雨"等自然现象与景观均撰写了祝词。（见《斐然集》卷三十，第608-609页）

是年，胡寅撰有《富阳观山严先生别庙记》。文云：古之君子，治则见，乱则隐。汉室中兴，子陵可以仕矣，乃不肯屈，去而隐居终其身。道之不明，贤者过之，子陵之行，不几于过乎？武夷胡寅曰："否，不然也……"（见《斐然集》卷二十，第379-380页）。

六月，兵部尚书兼都督府参谋军事吕祉往淮西抚慰诸军。胡寅上呈宋高宗，有《乞回避吕颐浩张守札子》，文曰："臣昨蒙恩除待制知严州，到任已来，勉竭驽下，思报恩施……吕颐浩素不与臣相知……"（见《斐然集》卷十一，第223页）

七月，胡安国致书长子胡寅，即《与子寅书》："汝在桐江一年矣，大凡从官作郡，一年未迁，即有怠意。汝宜作三年计，日勤一日，思远大之业。"（见宋景定《严州续志》卷二）

八月，胡寅在严州任上收到夫人张季兰的书信。时胡寅因病，手挛不能亲书回信，令14岁儿子胡大原书之。胡寅当时有官任在身，欲归不得。（见《斐然集·悼亡别记》卷二十，第382页）

张季兰体弱多病，发热犹如中风症状，昏迷不知人事。二十四五岁之前，每年只发一次，其后每年至少三四次。

胡寅在外为官，平时没办法照顾夫人。张季兰居南岳，还要照顾年逾花甲的公公胡安国。

张季兰比胡寅小10岁，16岁与胡寅结婚，17岁生胡大原。后因身体原因不再生育。嘱托丈夫娶妾，多所出。妾生一女衍，大端。大端常病危，张季兰日夜泣视，营求百方，视如己出，既得愈，喜不自胜。

张季兰于绍兴七年（1137）九月三日突发胁内痛刺，救无效。四日辰巳间病逝，享年30岁。

十一月丁巳，胡寅将张季兰葬于湘潭县龙穴山先姚王令人之右。

胡寅时在知严州任上，留夫人张季兰侍父安国居衡岳。张季兰病与死胡寅皆不知。时胡寅十分悲痛，为寄托哀思，撰写了《祭亡室张氏》《悼亡别记》《亡室张氏墓志铭》等追思文章。

祭亡室张氏

维绍兴七年岁在丁巳，九月某日，夫胡寅明仲谨遣香烛酒茗果馔衣服归祭亡室宜人张氏德馨四十三娘之灵。

呜呼哀哉！与君因缘，十有六年。逮事翁姑，最蒙抚怜。鞠养适庶，大小满前。内外姻族，曾无间言。敬爱良人，礼节周旋。才虽不敏，志识多贤。我行四方，仕路回环。留君侍傍，以悦亲颜。君禀弗强，为疾所缠。数经危殆，复幸平痊。时不少须，气血消殚。岂谓一疾，永诀终天。常时介来，书翰盈笺。今以讣闻，一语不传。属纩之际，念予在远。想君此心，欲语谁展。孰不夫妇，义薄情专。义重于情，惟君则然。阿翁恸哭，白发垂肩。儿女蹁蹁，呱泣涟涟。君去不顾，亦何忍焉。伤哉久贫，囊无留钱。养生治疾，药饵不全。以贫准灾，庶几少延。吾言既屡，君志亦坚。我梦不祥，归心如湍。形不能驰，以危为安。粥药不亲，衣食不见。雪涕西风，此怀千万。山川悠悠，霜月苦寒。君何所归，长夜漫漫。时服一袭，酒肴一盘。遥写我悲，何以自宽！（见《斐然集》卷二十七，第568页）

悼亡别记 丁巳冬

宣和三年，天下士大比试于南宫。兵部郎中南剑张公哿参主文柄，中选者五百人，寅名在第十。寅太学同舍友给事今知福州张致远子猷亦在选中。子猷于兵部公为无服族孙。一日，谓寅曰"子之文，兵部公所主，叹赏不去口，恨未识子"。寅旦日，袖书上谒谢。公问劳再三，如子猷所云。时寅未议婚，有中书侍郎张其姓者，方求婚。来谓寅甚迫。寅年少气刚，鄙当时公卿，不愿从，逃之三日。子猷奇寅志，曰："兵部公有季女，爱之，择配，惟子可归。然少君十岁。君有意者，相为谋之。若何？"寅念受公知，且与子猷厚，其家儒素，可长久也。以书白家君，家君曰："吾未识兵部公，然知其与龟山中立杨公、右司莹中陈公为亲朋，汝可依无疑。"兵部公闻之，大喜。遂以是年四月委禽。越明年四月，亲迎于京师宜男桥公之僦舍。其冬十二月晦，以宜人归至荆门漳水之滨二亲之侧。癸卯月正元日，盛服见舅姑。舅姑设飨礼。退见宗族，雍雍如也。君性庄重，无弄言戏色，中外皆叹其妇德夙成。舅姑爱之如女。秋九月，命从寅赴西京国子监教授。甲辰孟夏，生男子，今名大原。西京多名园美榭，登眺嵩洛，君欲一出，尝为游水南北二三胜处。已，即不复出。曰："不过如是尔，游观非妇人事也。"寅独寻胜访古，驱马远适，君必谨戒以居。一夕，有盗骑屋山下瞰，君觉之，增张灯烛，戒奚获无得寝。寅四鼓醉归，不知也。明日，乃闻盗得于东邻。教授官冷俸薄，不以时得。寅破君奁，乃与英俊相追随。费且尽，君不见于辞色。寅或观书作文至夜分，君亦缝纫其侧，时一发问，以是为常。

乙巳岁，河北群盗起，女真将入寇。冬十月，寅谒告携家归荆门，又单车之官。丙午春，京师解围。寅被召，赐对，校中秘书，寻迁省郎。丁未夏四月，敌骑北去，寅请急归省，五月至家。方京师被围，中外音问不通者半年。寅因问："君颇忧不测否？"曰："宁不忧，然度君必无恙也。"戊申岁，春夏之交寅如淮扬，久不调。己酉岁，春二月旦，女真轻兵渡淮，扬州溃。寅脱身至常、润间。久之，召还，复为省郎。迁左史。秋九月，请奉祠，得之。其时荆门已为盗区，家君度洞庭而南，寓居湘潭。而寅行次临川，值敌兵方下江西诸郡，甚梗。明年三月，仅得至庭闱。退问："君今兹忧乎？"其对犹前。冬十月一日，先令人疾革，执君手，顷之，捐馆舍。君于诸妇中最蒙爱，以君多病，每宽其礼仪。

辛亥春，巨盗马友、孔彦舟交战于衡、潭，兵漫原野。四月，奉家君西入邵。席未暖，他盗至，又南入山，与峒獠为邻。十二月，盗曹成败帅兵于衡。又迁于全，西南至灌江，与昭接境。敝屋三间，两庑割茅遮围之。上下五百余指，度冬及春，瘴雾昏昏，大风不少休。郁薪御寒，粢食仅给。

壬子春，家君有掖垣之命。寅与弟宁侍行，季弟宏守舍。行既远。六月,成余众卒入灌江,君与二姒①将子女仓皇奔避。一夕,忽闻鼓声已近,徒从哄然四逸,囊橐悉委之,独余负桥者不去,遂偶脱。冬十一月,家君罢披垣,还至丰城,遣寅省家。岁尽,逢之清湘山寺中。君身独暑服,余单布衾,嫁日衣襦无存者,独挈寅敕文、诰身皆无失。寅劳苦既定,问:"君惊惧莫此为甚矣!"对曰:"至无奈何,惟一死耳。"盖以儿发刀自随,急则用事,无所惧也。大抵君气和而志静,见理明而临事果。

癸丑,春正月,家君来湘潭。秋七月,然后尊卑会于南岳。甲寅,终岁奠枕。乙卯,寅以左史召,趋钱塘。其冬,出守邵。丙辰二月,至家。七月,改郡严陵。君平时见寅远适,不以为念。至是行,临别,泣意殊悲。丁巳八月,书来,乃云手挛不能亲书,命大原书之。寅官守,欲归不得也。九月讣至,实是月四日。自君归寅,其聚散契阔如此。

君素喜病热,二十四五已前,岁一发,其后岁或再发,后乃至于三四。每疾作,必疾首痰甚,藏气结涩,昏不知人,如中风状,必以凉药导下,即良已。一下一虚,而不能服温补药,服即又热。寅在家之日少,凡君疾有危殆时,寅皆不见,见则既平,忽以为常事。又不遇良医,使君盛年而气血耗消以至于死也。寅遭乱加娑,十年三黜,禄入至鲜。君每疾,平时少思旨甘辅养,然无力以致也,说食取饱,以为戏笑。寅每谓之曰:"今之世得存全者已大幸,尚何望美食。以贫准病,宁贫可也。祈君安愈而已。"君闻此言,无虑百十过,久亦安之。虽然,养赢而无食,御病而无药,君之死,天乎!人乎!

自大原既生,君年才十有七。寅尝曰:"多男子,人之所欲也。"君曰:"为君生一子耳。妾媵多所出,与己何异?当一一善视之。"寅曰:"君何以知惟一子也?"君曰:"姑志之,必不妄。"他日,寅出其不意,征前言,十六年无爽,亦果如其说。不知其何所见而自必也。妾生一女衍,一子大端。大端尝病危,君日夜泣视,营救百方,既得愈,喜不自胜。君

---

① 姒(sì),意为古称丈夫的嫂子;古代兄弟之妻年长者。壬子春,即绍兴二年(1132),时胡宁已是32岁,胡宏28岁,兄弟俩的妻子年龄均比嫂子张季兰年龄要大一些。胡寅本文中的"二姒",是指胡寅两个弟弟胡宁和胡宏的妻子。胡寅的夫人张氏季兰虽为长嫂,然她比胡寅小10岁;此时张季兰尚只有25岁。

幼尝受《论语》，终身置几案间，以章句问寅，且问其义。寅浅告之，或能因类推意。教大原甚严，略不假以言色。寅尤之曰："一儿且弱，何忍如此?"君曰："爱之在心，不可纵也。慈母多败子，君岂不知?"寅无以夺。归寅之三月，兵部公族党素通家者置酒，君饮少醉。自是后饮不复及量，以寅嗜酒，每相对细酌，濡唇而已。素不信鬼物轮回之说，凡内外丧，戚妇女多恐怖，君如常日然。

甲寅岁，寅因遍观大乘诸经及《传灯录》，究佛氏所论，遂有所见。著《崇正论》一编，数万言。君每问大略，辄怡然会心，相约以死日不用浮屠氏法。及将死前二日，犹为叔氏宏诵之，卒践其言。自佛法入中国，以死生转化恐动世俗，千余年间，特立不惑者，不过数人而已。虽才智高明，鲜能自拔，又况阴柔之质乎？君可谓贤矣！

君事寅有礼，自结发至死，未尝以微言颊色相失。然情质恬寂，于世味淡如也。兵部公之没，君恨不得见，每语及，泪辄雨堕。一兄一姊先逝，常以疚心。寅至桐江，为取其季弟至，君尚切长兄之思。每言，"气弱负疾，其何能久，与兄姊相见于地下耳"。委之记事，未尝忘；间一二年，乃或忘。君曰："此早死候也。"寅闻其言，辄惊侧，亦岂料止此。疾旧苦热，闻其将没前，体冷自汗，盖阳尽变寒。九月三日，胁内痛刺。明日辰巳间，遂不救。呜呼！悲夫！往者数数语寅，盍先为志，欲一读之。寅必力拒，曰："何至是!"今于悼怆中缉缀平生，十不得一。既择其事，约其词，为埋志，又书此以付大原等，使笃孝思云。（见《斐然集》卷二十，第380-384页）

亡室张氏墓志铭

君名季兰，字德馨，世为南剑州沙县人。父故任尚书兵部郎中，讳哿。母邓氏，赠宜人。兵部公宣和三年佐校礼部试，凡五千余人，得寅程文，置前列。寅修书谒谢，一见蒙异顾。有中书侍郎张其姓者，求寅为婿甚迫，寅方心鄙当世公卿，因拒之。公益相奇。明年，遂以君见归。君时年十有五，盖公季女也。少失母，不闲饔羞组纴之事，而性庄情澹，仪貌夙成，无嬉谑，无恐怖，不信鬼怪，不听下人切切语，临义截然莫可移。酬酢有少差，随即改之。事舅姑未尝被呵谴，事寅无违言怍色，接诸如同天伦，处内外恩纪周洽，有誉叹，无间毁。诲子不以慈，使就外傅甚力。均爱庶姓，犹己出也。寅筮仕西京，交游广，薄禄不时得，费君奁具且尽，君不以为意。于后乱离，家益空乏，饭脱粟、菜羹，或无盐酪，君能安之。自归寅，岁必一病，寻辄愈。后乃病益数，不遇大医，又缺补养，享年三十，实绍兴七年九月四日寅时。守严，留君侍先君，居衡岳.病与死，遂皆不见。自佛教入中国，以死生轮转恐动下俗，望道之士鲜不惑焉。予尝取大乘诸经与达摩而后宗派所传，穷见旨归，因斥其说之荒虚诞幻者，志之为一书。君尝从傍咨问，即知大意。治命不用浮屠氏法。属纩之际，谓其诸姑，勿以疾革告阿翁。啜药置虚，倏然而逝。君畴昔每度不得永年，谓寅盍先为志文，欲一经目以自慰。寅曰："所苦岂不遂复康，德则当与年俱进，必有传也。"悲夫！子男三人：长大原，次大端；幼子曰永，三岁矣，后君十七日而夭。女曰衍君。受绍兴四年明堂，恩封宜人。以十有一月乙巳葬于潭州湘潭县龙穴山先妣王令人之右。

铭曰：桃夭之心兮，情如止水。处生雍雍兮，又不怛死。有此众美兮，奚不修龄？悲将奈何兮，扬以斯铭。（见《斐然集》卷二十六，第535页。）

是年，胡寅在南岳衡山为夫人治丧期间，针对时任衡州知州裴廪、衡阳县令仇颖为修立十余里的外城，大肆搜刮民财，置百姓生死而不顾的行为撰《论衡州修城札子》呈宋高宗皇帝，伏望宋高宗将这些贪官污吏罢放置狱。（见《斐然集》卷十一，第218-219页）

是年，胡寅有诗：

以崇正辩示新仲

不羡飞仙术，仍修谤佛书。

知音鼓琴后，覆瓿草玄余。

龙象空相瓅，鸢鱼祇自如。

更烦君印可，底处认吾庐。

（见《斐然集》卷三，第 69 页）

朱翌（1098-1167）字新仲，龙舒（今安徽省舒城县）人，政和年间进士。他与胡寅甚为相得，绍兴中为秘书监，中书舍人。后秦桧逐赵鼎，以朱翌为赵鼎之党，谪居韶州十九年，著有《潜山集》四十四卷，今佚。这年朱翌以赴召经过严州，胡寅出示以《崇正辩》。

是年冬，胡寅出知永州。有《永州到任谢表》："属父年已迫于摧颓，在子职尤先于定省……屡渎天听，果从人欲。俾解桐江之印，复分潇水之符。因蹙缩于鲤庭，更婆娑于莱戏。"（见《斐然集》卷六，第 141 页）

是年冬，胡寅出知永州时，著名学者、官员，好友吕本中有诗赠云：

送胡明仲知永州

君行西游浮沅湘，洞庭岳麓天一方。

岳前老人望君久，岁晚不嫌归路长。

晴天万里去鸿鹄，韫玉未售犹深藏。

远行固是君素愿，多蓄奇谋羞自献。

后生纷纷了目前，大策定非凡所见。

簿书汩没渠自忙，道里崎岖吾不倦。

百川东下倒狂澜，要君巍然如断山。

我老无用逢多艰，敢复著脚尘境间。

胸次逼塞良未宽，日夜矫首须君还。

运斤成风君不难，不使世人漫鼻端。

（见《吕本中诗集校注》，第 278 页）

绍兴八年戊午（1138），胡寅41岁

正月初七日，胡寅在知永州任上，即奉宋高宗谕旨，召赴临安府行在所。胡寅有《永州辞免召命奏状（戊午）》云："正月七日三省同奉圣旨，召臣赴行在所，限三日起发者。"（见《斐然集》卷九，第192页）

二月，宋高宗回驻临安府。

二月二十六日，三省同奉圣旨，诏胡寅疾速起发进京。胡寅自永州起程至衡山看望父亲安国公，在父亲左右稍侍后即刻起发。自永州至京城临安，路途遥远，胡寅只好先具奏知，即《第三状》。（见《斐然集》卷九，第192-193页）

三月十九日，由于路途遥远，春天寒冷且多雨，此时胡寅尚在途中，朝廷三省又奉圣旨催促胡寅疾速起发前来。胡寅又上呈了《第四状》奏知。（见《斐然集》卷九，第193页）

三月末，胡寅抵达京都临安府。呈有《戊午上殿札子》《乞宫观札子》《辞免直学士院札子》。文云："臣伏蒙圣恩，令臣兼直学士院……今于本职之外，兼侍讲席，一身二任，已惧弗胜，敢不自量，复司内制。"（见《斐然集》卷十一，第226页）

四月癸酉，宋高宗命徽猷阁待制，新知永州胡寅试尚书礼部侍郎。（见《续资治通鉴·宋纪一百二十》卷一百二十，第74页）

四月初，三省同奉圣旨，令胡寅为礼部侍郎兼侍讲。胡寅上呈了《辞免礼部侍郎兼侍讲奏状》，未允。（见《斐然集》卷九，第193页）

胡寅在礼部侍郎兼侍讲的任上，上任只有10天，父胡安国病危的消息传来。胡寅急忙返湘而未及临终一见。

四月十三日，胡安国卒于书堂正寝，享年六十有五。

胡寅回家守制，有《代先公遗表》。（见《斐然集》卷六，第142页）

胡安国病逝后，胡寅撰有《寄赵秦二相（戊午）》之书信。文曰：某幼承义方之训，才忝科第。先父宦情久寂，即便挂冠……自乙卯、丙辰得疾，日就衰耗。某又从仕拘缀，少得定省。比及大故，又不在左右，扣地号天，无所逮及，痛贯五内，何以生为。言念父子久荷眷怜，伏惟闻之，亦动钧抱。追念先父道学高深，德行纯懿，潜心大典，术业修明……某上世世居武夷，寸田不足以糊口。逮先父起家，名冠当代，而废黜之日，十居其九。晚遭离乱，百念灰灭。独以壮年守官湖外，赏爱衡山，有卜居之志。己酉岁，自荆门避地，遂来湘中。兵革相寻，又五年，乃克息肩。人生不可以无寝庙也，即欲结茅数间；族众不可以吸风露也，又欲买田二顷。然侨寓力薄，无由可成。视公子荆之苟合，犹未仿佛。而谗疾之言，靡所不至。姑置是事。但荆、闽远阻，势难归葬。礼有时制，不敢逾越，已于八月内克襄大事于湘潭县之西山，先妣祔焉。（见《斐然集》卷十八，第356-357页）

九月一日，胡寅兄弟将先父胡安国葬于湘潭县龙穴山（今湘潭县排头乡隐山村），令人王氏祔焉。（见《斐然集·先公行状》卷二十五，第526页）

绍兴九年己未（1139），胡寅42岁

胡寅守制居家。

是年，文定书院在南岳衡山紫云峰下落成。季弟胡宏撰有《文定书堂上梁文》。（见《胡宏著作两种》，第179-180页）

是年，胡寅为好友前衡州知府、向子忞撰写《生祠记》。

前知衡州向公生祠记

郡守以抚养百姓为职，贤否于是乎观，不闻以能奉承大吏为贤也。昔光武戒任延曰："善事上官，无失名誉。"延对曰："忠臣不和，和臣不忠。若务雷同，非陛下之福。"帝叹息称善。以其时考之，循吏得行其志，海内之人咸安土乐业，而诬上行私乱人之功罪者，莫或肆焉，其致中兴宜矣。

岁在乙卯，江南大旱，衡阳焦灼于筑城暴政之后，遗黎懔懔尤甚。会相臣督师平寇，植牙于潭，知寇之本由民失其所也。闻直秘阁向侯宣卿有政材，剡章上闻，请使守衡。制曰："子忞往钦哉！善拊吾民，惟既乃心，毋怵于权。"侯顿首受命。至府，属帅臣以民诉外台大胥奸赃蠹害事，下衡治之。无追证捕逮之烦，三日而狱具。厥徒震悚，民情始得自通。于是昭明曲直而伸达冤滞，振业矜寡而击断豪举，兴民所便，博捐其畏，去华务实，谨率宪章。磨牙砥掌之徒，内视斯人，噤莫得动。方是时，米斛为钱万有五千，而衡境欢然，反无饥乏忧。官僚肃于庭，士卒整于伍，商贾集于市，缘南亩者惟恐侯之报政而去。邻于衡之人，则曰："天子何为不以向公而牧我乎？"其颂叹愿望，洋洋乎满耳矣。而方伯与部使者顾且傅致劾之曰："向某以酷刑失民心，民之畏之，重足而一迹。方旱且多盗，又重之以某，不亟斥之，几何而不召变？"呜呼！婴而盲者，无怪乎指青为黄；孩而齆者，无怪乎谓香为臭。人自非生而丧心，则臧否好恶，不至若是悖矣！

侯既坐斥，士民扶耋携孺，犯雨雪，泣涕属道而送。其能远者，众资之使谒诸朝，久而未报。念终无以自慰，乃即城北青草佛祠为堂，绘侯像，岁时阁箫吹鼓舞其下，以祈侯寿考而思其来也。夫万人之誉不可以非道干，谓侯无以致此，则民奚不从彼贪且诬者尸而祝之邪？济惟贯河，人乃知其清。松柏不遇大冬，与萧艾未知其孰贤也。然则谤侯虽深，所以荣侯者不既厚哉！哲后方核名实，考毁誉，赏即墨以图治康，而御史采舆人之诵，为侯明著劾奏之不然者。宸旨宠焕，擢畀使华，士大夫益知奉公守正之可为，谗邪不得而终困之，不独衡之人以为喜也。侯虽屡折，志意益励，力操汲古，令闻弥著。则进为世用以就功业，不独慰此州之去思又必有日矣。《诗》不云乎："乐只君子，民之父母。保艾尔后，德音不已。"衡之人以是歌于斯堂也，不亦可乎！（见《斐然集》卷二十，第387—388页）

又据《衡州府志》载：向子忞，字宣卿，守衡州时，大旱，米斛万五千钱。子忞分遣幕僚籴于邻州平价发粜，全活无算。又发大胥奸赃官吏肃然。衡人为立生祠，胡寅为之记。（见清乾隆《衡州府志·名宦》卷二十二，第283页）

向子忞（1097—1165），宋代良吏，曾参与抗金之战。字宣卿，向子韶弟，河南开封人。宋徽宗政和六年（1116），以荫补出仕。历任县丞、通判、知真州、明州、道州。后被诬罢职。之后，向子忞随胡安国赴南岳衡山，从胡安国学，正式成为胡安国弟子。宋高宗绍兴五年（1135），得右相张浚荐，向子忞出为衡州知府。是年，衡州大地遭遇大旱，米价达到每斛一万五千钱。向子忞派幕僚赴邻近等县，高价收购粮食，以低价卖给灾民，使饥民得以度过灾年。时衡州提刑司董璋横行乡里，贪赃枉法，无人敢惹。向子忞将其逮捕查办，流放岭南，百姓闻讯，欢欣鼓舞，奔走相告。向子忞因此惹怒地方官吏。绍兴六年（1136），又被诬告，再次罢官。时衡州士民不服，为其鸣冤击鼓，吓得提刑司官员半夜逃走。衡州百姓为怀念向子忞，于衡州城东青草寺为向子忞建生祠瞻拜。绍兴八年（1138），向子忞得以平反复职。又任湖北提刑、知广州、江南东路转运副使等职。

绍兴十年庚申（1140），胡寅43岁

是年，胡寅撰有《申尚书省议服状（庚申）》。文云："禫服人胡寅，右寅辄有私义，仰于朝听。伏念寅于先父谥文定，为世适长子，服母李氏、继母王氏丧，合齐衰；服祖父、祖母丧，合期；今来服先父丧，见在禫制。昨绍兴六年正月，先父得末疾，初委寅以承家主祭之事……又闻诸

道途，得乡曲议论，谓寅于此时当为三伯父追服，此寅所不禀于先父者也。若据而行之，则士大夫谓寅伸其私意，干贰正统，非为人后之实。若断而不用，则士大夫谓寅忘其世父，故匿服纪，将加以不孝之名。惟仰奉义方，不敢违背。"这是胡寅对其生父应否追行服丧向尚书省请示取旨，但当时官方并没有裁定。（见《斐然集·申尚书省议服状》卷九，第195页）

四月，胡寅回建州见其生母，以尽人子之礼。自云："今来寅禫制将毕，遂还建州，省觐世母，以遵遗训。"（见《斐然集·申尚书省议服状》卷九，第195页）

五月，胡寅自福建崇安返回南岳家居。

闰六月六日，胡寅守制期满。三省同奉圣旨，令徽猷阁直学士胡寅再度出知永州。胡寅有《辞免徽猷阁直学士知永州奏状（庚申）》。（见《斐然集》卷九，第194页）

关于胡寅从父亲那得知自己出生时的经过，又曾在宋高宗绍兴十年庚申（1140），撰有呈《申尚书省议服状》，言："于四月内得建州乡人刘勉之书，责不归见世母，升堂而拜，以尽融融泄泄之意。世母者，先父同堂三兄之嫂也。先父震怒，所患遂增，作《辩谤》一篇以授寅。二弟宁、宏及三兄之子见时任建州教授宪，宪又授父指令寅答书，以晓勉之。寅请曰：'升堂而拜，融融泄泄，母子事也。勉之安得此言？'"（见《斐然集》卷九，第195页）

绍兴十一年辛酉（1141），胡寅44岁

胡寅在知永州任上，撰有《示云瑞》一文。文曰：先祖父中大公隐约时，聚徒教授，长老元嗣方童卯，在众中读书最颖出，其后为僧得法，名振禅林。有诗二十篇，寄先君……先君感旧叹今，以两绝句答之。嗣没将

十年，门人云瑞开堂于永之报恩，机缘密熟，意象恬远，有师之遗风。……绍兴十一年七月望日武夷胡某书。（见《斐然集》卷二十八，第587页）

又有《旅堂记（辛酉）》："参录零陵军事河内向君图南于公治西编，饰堂为游息之所，谒名于郡守武夷胡某……"（见《斐然集》卷二十，第391-392页）

又有《东安县重建学记（辛酉冬）》。（见《斐然集》卷二十，第391页）

是年，胡寅有诗：

题永州东山西亭（辛酉）（节选）

此亭得名从子厚，琬琰一篇传不朽。
我来相望三百年，误使承流称太守。

（见《斐然集》卷一，第24页）

是年，胡寅在永州九嶷山会友，有诗云：

谢人惠春陵石山（辛酉）

何人麽缩九疑山，叠映公家几砚间。
欲识神鱼闷凝湛，试看云气出屏颜。
新蒲已结根千岁，旧藓犹窥晕一斑。
举饷敢辞归载重，要将奇绝寄幽闲。

（见《斐然集》卷三，第71页）

十二月，著名抗金将领岳飞以"莫须有"的罪名被害，时年 39 岁。

绍兴十二年壬戌（1142），胡寅 45 岁

二月，胡寅请辞知永州任致仕，降诏不允。胡寅呈《有乞宫降诏不允谢表》。（见《斐然集》卷六，第 145 页）

胡寅又呈有《宫祠札子》，文曰："某昨于三月内以心忡指弱，乞从散局。蒙降诏书，不赐俞允……缘自入秋以来，暑毒发作，遍体肿疡，急于疗治，导利过当，遂成疟疾，寒热交攻，气干荣然。日夕忧皇，虑旷职守……伏望钧慈，察其恳迫，特赐敷奏，除一在外宫观差遣，任便居住，少加休养，复誓縻捐。"又云："伏念某缘夏中伏暑，疮疡横生，凉剂所攻，复损正气。寒热交战，疗治未痊。饮食益微，瘦瘁加甚。尚当郡寄，晨夕不遑，虽使窃食祠庭，亦恐非所当得。伏望钧慈，亟赐奏陈，收还职名，解罢所任。俾获访寻医药，早就安愈。他日复被任使，谨誓縻捐。"（见《斐然集》卷十一，第 229 页）

是年，在永州知府任上的胡寅，收到宰相秦桧的书信。秦桧要胡寅动员两个弟弟胡宁、胡宏入朝为官。胡寅有《寄秦丞相书（壬戌）》回复："近蒙宠锡，钧翰并及二弟。所以存问之意，虽复绝千里，如载色笑……相公之所以爱怜是也。而过房入继，与收养遗孤之殊，则恐士大夫未有以达于钧听者……"这封书信的主旨是说明"收养弃遗与过房入继不同"，"过房入继，礼之正也，则当为本生行心丧解宫。收养弃遗，则本生之恩已绝，而所养之恩特厚，虽不为本生服可也"。胡寅解释了他以前不为本生父母服丧去官的理由是受命于先父胡安国的。（见《斐然集》卷十七，第 338 页）

五月，胡寅收到知桂阳监左朝奉大夫张侯修书信，敬邀为桂阳监学作记。由是胡寅为之撰有《桂阳监学记》。（见《斐然集》卷二十，第 398–

399 页，又见明万历《衡州府志·学校志》卷七，第 747 页）

是年，胡寅受岳阳太守赵尚之之邀，撰《岳州学记》。（见《斐然集》卷二，第 397-398 页）

是年，胡寅受复州州守焦惟正之邀，撰《复州重修伏羲庙记》。文曰：谨按包牺，风姓，生于成纪，母曰华胥，以木德继天而王，号曰太昊，都于宛丘。……复守焦侯惟正秉心，纯抚民惠，在郡三岁，人和年丰。绍兴十二年，合宫赦令，诏长史修缮境祠庙……（见斐然集》卷二十一，第 403-404 页）

六月，胡寅辞知永州得允准，食江州太平观禄。有《除提举江州太平观谢表》云："不任郡事，欠稽旷职之诛；请上印章，再被闵劳之宠……阴阳交寇，忧虑积伤，臂运指以不能，疥遂痁而增剧。绿鬟遽装于白雪，清复翳于昏花。……臣敢不爱惜分阴，访求大药。"（见《斐然集》卷六，第145-146 页）

是年，胡寅有《致仕谢表》。（见《斐然集》卷六，第 146 页）

秋九月，胡寅撰有《朝议大夫田公墓志铭》。田公，讳有嘉，字会之，世居开封。历官县尉、通判信州、知南康军，累官至朝议大夫，宋高宗绍兴十二年（1142）二月三日卒，享年六十六。绍兴六年（1136）至绍兴七年（1137），胡寅在浙江严陵郡守任上，田有嘉长子田昕时为胡寅属邑丞官，因崇敬其上司胡寅的才华与人品，其先父逝世后，田昕以左迪功郎鼎州（今湖南省常德市）观察推官谢袭所状公行治来，专程来南岳衡山拜见昔日上司胡寅，求墓志铭。胡寅不得辞，为田昕先父撰写了墓志铭。（见《斐然集》卷二十八，第 537-538 页）

是年，胡寅次子大端夭，年 14 岁。（见《从胡文定到王船山：理学在

湖南地区的奠立与开展》，第 195 页)

绍兴十三年癸亥（1143），胡寅 46 岁

胡寅请辞永州知府得允，除提举江州太平观，归居家南岳。

是年，胡寅与季弟胡宏同往湖北荆门拜祭祖父母坟茔。途经益阳、资江、鼎澧、五溪、公安等地，又上岳阳楼。一行数月，多逢故友，兄弟俩一路触景生情，感慨万千，留有大量的诗作唱和。

胡寅有诗云：

宁乡有感，与仁仲、彦达同行

太和熏宇宙，王旅不亲征。

雁北同兄弟，莺迁得友生。

正便春人望，莫厌雨稽程。

何限山花发，遥看为拟名。

过益阳

侨寄家连楚，归游鹤背衡。

川原渐旧国，鲑菜惬平生。

淮海风难定，江湖浪岂平。

春融一杯酒，下马且同顷。

和仁仲过资江

沩山未暇往，石磴上云端。

初识清修路，遥怜菡萏寒。

野宽耕仅有，民殄政犹残。

总使林泉稳，那能寝饭安。

出益阳，和仁仲

兀梦三山马，投鞭四壁家。
暮天云泼墨，春树雪添花。
游宦初无补，归休渐有涯。
渺然江海兴，篷笠钓烟沙。

过鼎澧

沅澧春风拂马鞭，客愁何事四无边。
于今榛棘三州地，自昔坻京百姓天。
安得鸣鸡连比屋，空余归雁落平川。
一觞莫酹怀沙魄，且对桃红李白传。

和仁仲过五溪

沅水千年非旧波，英风元自振关河。
本怀国土知心早，岂念柤函挟恨多。
龟固有神宁豫冈，鸿虽高举畏虞罗。
椒兰从古能如此，何有沅湘作九歌。

和仁仲至荆门

虞帝当年辟四门，三苗那更蠢迷昏。
茫茫旧楚只芳草，处处朱楼空断垣。
不愿耦耕招素隐，要看良邦接深村。
韩公守戒谁能用，虎豹难凭折柳樊。

岳阳楼杂咏十二绝（择其一首）

沅澧资湘此并行，涨流洄薄又东倾。
西南或与天为际，禹贡如何不记名。

和仁仲舟中三绝

（一）

异代纷争战伐多，楼船赢负倚苍波。
如今天险如平地，仇虏深谋只用和。

（二）

支川千百欲归东，不得江湖不会同。
可但中流能击楫，也知高浪要乘风。

（三）

湘君虽识是皇英，占得君山冷淡青。
月满湖平相照处，姮娥应得见娉婷。

胡寅兄弟拜祭祖父胡渊公之坟茔后，有诗云：

拜大父中大茔，和彦达

仙翁真气与神游，宰树参天也不樛。
怅念青春家塾日，共闻规训有源流。

和彦达过先公旧居有感

论文教学两鬈年，访旧同来雪上颠。
我步鲤庭心欲折，公登龙坂足何缘。
后凋尚喜无双士，不辇真惭大少连。

桂楫又浮湘水去，家山回首共凄然。

（以上诗篇见《斐然集》卷四，第89-93页）

胡寅又有诗云：

和仁仲归乡有感（癸亥）

大堤蜿蜒挟江长，卉木同泛春风香。
青春嘉疏不用买，采撷烹瀹皆堪尝。
羜肥豕腯白黑正，酒美鱼贱吞江乡。
岂惟物产具丰好，地势固可争雄强。
归来作赋兴不浅，一饭美芹心讵央。

（见《斐然集》卷一，第27页）

是年，胡寅为胡安国门人、自己的好友江琦撰《左宣教郎江君墓志铭》。江琦，字全叔，福建建州建阳人。江琦虽出身官宦世家，但仕途不顺，曾任邵武军教授、永州教授，历时二十五六年未曾荐达。遂改宣教郎而归，主管台州崇道观。宋高宗绍兴十二年正月，江琦卒。胡寅在墓志铭一文中有云，（江琦）平居无它嗜好，独研究《春秋》之旨，著《春秋经解》三十卷，《辨疑》一篇，曾呈程门高足杨时指正。因杨时年迈有病，乃抚书叹曰："吾老矣！后进有望焉。"（见《斐然集》卷二十六，第542页）

是年，胡寅次子大端夭折已有一年，然思念之情常萦怀于心。由是胡寅赋诗《忆端子三首》，诗云：

忆端子三首（现录其一首）

不见佳儿正一年，钟情难遣故依然。

139

久知朝菌同年寿，终惜童乌早弃捐。

篋里诗书迷白日，堂中珠玉堕黄泉。

汝翁去此知多少，安得忘怀未死前。

（见《斐然集》卷四，第83-84页）

绍兴十四年甲子（1144），胡寅47岁

居南岳，胡寅有诗：

春雪（甲子）

北客南来十五春，今年春雪妙洪钧。

梅花着子无堪比，柳絮藏条未有因。

何限萌芽烦蹙缩，几多峰岭倦鼙伸。

红桃赪面还添粉，翠竹垂头讵辱身。

争似松枝擎苒绚，恰如桂魄净埃尘。

无人敢琢非牢玉，有客曾歌是烂银。

一夜东风吹地匝，四檐甘雨落阶匀。

天公变化谁能测，坐看郊原景物新。

（见《斐然集》卷四，第95页）

三月，壬寅，太师秦桧言："陛下文德诞敷，干戈载戢，乃者只谒先圣，遂幸太学，躬行之化，乃在斯举。臣不胜庆幸，乞宣付史馆，仍许拜表称贺。"上曰："非卿力主和戎之议，兵革休息，则学校何由兴。所请宜依故事。"国子司业高闶权尚书礼部侍郎。徽猷阁直学士胡寅闻之，移书责闶曰："太学者，明人伦之所在也。阁下召自闲废，有成均之命。窃自计曰：今天下方无三纲，斯人之所以来乎？及见请幸太学之表，寅心惕然，不意阁下有斯请而有斯言也……"（见《宋史全文·宋高宗六》卷二十一中，第1685页）

是年盛夏，胡寅独步三十里，汗流浃背登峰南岳名刹方广寺。因住持主僧云游在外，胡寅以"倦躯且借禅榻卧"在寺院借宿一晚。为感谢僧人接待，胡寅撰《过方广，不遇主僧，留示》（甲子）留言诗作一首，以赠寺院方丈。（见《斐然集》卷一，第30页）

是年金秋重阳节，请辞永州知府任致仕两年的胡寅，再次登峰南岳上封寺，寺院高僧住持很是高兴宴寝接待。当胡寅注目自己十年前，曾为该寺院题写的"穹林阁"匾额时，不禁感慨万千，于是赋诗一首。

上封登高

今朝的的是重阳，独步崔巍觅醉乡。
饱日山枫千树赤，绚秋岩菊一枝黄。
幽禅出应耶城供，倦客来迎宴寝香。
闲读旧题嗟岁月，功名回首鬓毛苍。

（见《斐然集》卷四，第102页）

南岳上封寺（杨菊云摄影）

是年，受永州知府罗适至之邀，胡寅撰有《永州重修学记》。文曰：绍兴十二年六月，予奉祠垂去官，有诏旨令郡邑修复黉宇，交代罗侯适至，即因旧而增新之。数数致书，述二三子之请，欲余一言以记本末……（见《斐然集》卷二十一，第 404 页）

绍兴十五年乙丑（1145），胡寅 48 岁

居南岳。胡寅有诗：

和奇父竹斋小池及游春五绝（择其一首）

绿竹从边筑小塘，泉来何处已洸洸。
未涵北户星辰影，斗觉南风藻荇香。

（见《斐然集》卷四，第 99 页）

是年，胡寅为杨训之母荚氏撰写墓志铭。

荚氏墓志铭

五月十八日，胡安国门人，胡寅好友太学进士湘潭县人杨训之母荚氏微疾终，享年七十有八。是年秋季杨训委派侄儿杨友仁，以致政大夫谭公申所比次其母荚氏行治状来南岳衡山，请胡寅铭其墓。胡寅为其撰《荚氏墓志铭》。铭文略云："予先君子岁在己酉，航洞庭而南，小憩碧泉之上，老于衡岳之阳。登门求益，久而愈恭者，太学士杨训其一也……夫人世居潭州之湘潭县。在家言不出口，敏于女工，年二十有一，归同县杨君振伯起，即训父也。"（见《斐然集》卷二十六，第 546-548 页）

是年，杨时高足，著名学者、官员，胡寅好友陈渊病逝。陈渊，字知默，初名渐，又字几叟，世称默堂先生。陈渊既为杨门高足，又是杨时女

婿。陈渊逝世后，胡寅撰有《挽陈几叟》之诗联句：

挽陈几叟

妙质曾挥匠石斤，久于其道更超群。
皂貂破敝头蒙雪，黔突凄凉气吐云。
忽上谏坡规帝德，又陪经殿劝皇坟。
事功难必清名在，未辱先贤付托勤。

（见《斐然集》卷二十七，第 580 页）

绍兴十六年丙寅 （1146），胡寅 49 岁

居南岳。胡寅有诗：

碧泉芍药四首（丙寅）
（录其一首）

晕紫层红各自花，翠痕稠叶整还斜。
有情岂必含春泪，自是殷勤管岁华。

（见《斐然集》卷四，第 106 页）

是年，沙阳张时子发治《春秋》学，以麟名其所居斋，谒胡寅为此记之。不负重托，胡寅撰有《麟斋记》（丙寅）。（见《斐然集》卷二十一，第 412-414 页）

九月，胡寅回建州崇安县省亲，居住半年多。其间，胡寅与妻张季兰之兄张抚干相见。张抚干卒后，胡寅撰有《祭妻兄张抚干良臣》之祭文。其文略云："丙寅之秋，余还武夷。未及寻君，君喜而来。留止弥旬，情好逾厚。观君气骨，坚耐如旧。岂谓此别，遽隔死生。一朝讣至，惊呼失

声。"（见《斐然集·祭妻兄张抚干良臣》卷二十七，第 575 页）

是年，时年 17 岁的朱熹专程来老师胡宪家拜会仰慕崇拜已久的胡寅。（见《朱熹大辞典·朱熹年谱》，第 761 页）

朱熹后来回忆说："胡致堂议论英发，人物伟然。向尝侍之坐，见其数杯后，歌孔明《出师表》、诵张才叔自靖人自献于先王义、陈了翁奏状等，可谓豪杰之士也。"又云："胡致堂说道理，无人及得他。"（《朱子语类》卷一○一）

是年，胡寅在建州崇安省亲居住期间，右迪功郎、湖州德清主簿翁绍之以是见谓曰："先祖应得神道碑。"翁绍之系翁彦深公的长孙，胡寅继室翁氏之兄长。出于孝心，胡寅为妻兄先祖父撰写了《右朝奉大夫集英殿修撰翁公神道碑》。《神道碑》全文 5000 余言，详细记述了翁彦深公，字养源的生平事迹。其史实来源，一是胡寅在闽期间，得同乡征士、著名学者刘勉之所述翁公行事状；二是参阅已故官员中书舍人、著名学者吕本中为翁公所撰写的墓志铭；三是拜读和研习翁公长孙翁绍之所珍藏先祖父的遗文。（见《斐然集》卷二十六，第 550-556 页）

翁彦深（1069—1141），字养源，世居建州崇安县之白水。宋哲宗绍圣元年（1094）进士。历官摄闽清令、秘书少监、国子祭酒，知济南府，入为太常少卿，迁至右中奉大夫，集英殿修篆。宋高宗绍兴十一年（1141）五月卒，享年 73 岁。（见《斐然集》卷二十六，第 550-556 页）

是年，胡寅在崇安撰写了《送张尧卿序》。张尧卿系胡寅胞兄胡宪的门人。胡寅序文有云：浦城张生哲从予伯氏学，甘淡泊，迷寒暑，孜孜兀兀，惟读书质疑为事，其于觅举干禄，若无意焉者。……张生推不惑诡妄之心，以御此世态，进善极于勇，信命极于确，则于贤人君子远者大者固将条达而上遂。其益勉之！古之人惟善推其所为，是以大过乎人。予又将观生之进否于它日，于其归也，书此以遗之。绍兴十六年，月建辛丑，日

当癸卯，武夷胡寅序。(见《斐然集》卷十九，第 366-367 页)

是年，胡寅受建州太守张铢之邀，撰《建州重修学记》，州学重修"起乙丑（绍兴十五年）之春，尽冬十月"。(见《斐然集》卷二十一，第 410 页，亦见明嘉靖《建宁府志·学校·书院志》卷十七，第 434-436 页)

胡寅还乡建州，有诗云：

十二月二十一日见雪于籍溪

何事团炉一笑哗，穷东才许见琼花。
细论剪刻谁能解，欲斗轻明岂易加。
且共落梅纷沼鉴，未须融王挂檐牙。
知君素有阳春句，可但梁园着赋夸。

(见《斐然集》卷四，第 109 页)

二十七日立春，夜雪
高下尽白，闽中所谓大雪也

晓来儿女共喧哗，喜见东风扬水花。
鹤羽赐衣方一袭，小巅冠玉已三加。
高眠有客关蓬户，低唱无人拍翠牙。
白帝出游应最乐，月旌蜺旆正豪夸。

二十八日快晴

阴机谁使弄哗哗，摆彼无梅漫有花。
银海夜潮犹未落，火轮朝驭早相加。
应惭余润归麰麦，未怯隆寒战齿牙。

莫笑鬓毛轻点缀，龙钟奸黠两矜夸。

（见《斐然集》卷四，第 110 页）

绍兴十七年丁卯（1147），胡寅 50 岁

初春，胡寅自建州崇安回到南岳。胡寅有诗：

春日幽居示仲固彦冲十绝（丁卯）
（择其一首）

映空微雨不成丝，约勒桃花欲动时。
争奈东风有情思，晓红轻笑竹边枝。

（见《斐然集》卷四，第 110 页）

和仲固春日村居即事（择其一首）

正眼如君了了明，未尝沉醉本来醒。
自将周易规儿辈，白马空传一藏经。

（见《斐然集》卷五，第 113 页）

是年，闽之建安人、邵武军判官谢沇来南岳衡山，拜请胡寅为其先父治状谒铭。谢沇先父曰谢孚，字允中。宋哲宗朝元符三年（1100）进士，累官至利州路转运判官，历阶至朝请郎。宣和二年（1120）卒，年五十有四。谢孚逝世二十八年后，其次子谢沇时为学事司属官，不远千里持左朝奉大夫肇庆知府吴遽所述公行治状来谒铭。胡寅为之撰《朝请郎谢君墓志铭》。（见《斐然集》卷二十六，第 545-546 页）

七月癸酉，徽猷阁直学士、左奉议郎胡寅引疾告老。诏迁一官，仍旧

职致仕。(见《宋史全文·宋高宗十五》卷二十一下，第 1720 页)

是年，秦桧知胡寅致仕之贫，因其往建州省觐世母，遗以白金。胡寅报书曰："愿公修政任贤，勿替初志。尊王攘狄，以开后功。"秦桧以为讥己，始怒之。(见《宋史全文·宋高宗十五》卷二十一下，第 1738-1739 页)

是年，季弟胡宏的夫人唐氏病逝。

十二月二十六日，胡寅撰写了《祭季弟妇唐氏》的祭文。(见《斐然集》卷二十七，第 574 页)

绍兴十八年戊辰（1148），胡寅 51 岁

居南岳。胡寅有诗：

陪叔夏游法轮（戊辰）（节选）

不雨度十旬，山行尚清美。兹晨屻嵝南，昔者紫盖尾。
三益伏蒲公，眷我共游徙。晋时云龙寺，辉辉千柱启。

(见《斐然集》卷二，第 40 页)

和彦达落梅（戊辰）

为问东风有底忙，吹成疏雪洒林塘。
应知剩馥归香骨，谁拾残英试粉妆。
安得反魂三折臂，漫披能赋九回肠。
枝间赖有青青子，不遣行人折过墙。

(见《斐然集》卷五，第 114 页)

147

和季弟胡宏诗:

仁仲小圃

白云不为轻风起,闲影融融映秋水。
静中现物万象呈,借问此心何所始。
蚊飞蠓过那足问,要识人生行乐耳。
君开小圃富幽致,自外而观如画里。
陶公高兴只柴桑,晏子之居徒近市。
春归森森青竹上,秋尽离离从草靡。
岁华流转只常在,月魄盈亏未尝死。
经纶胸次自开泰,语笑尊前即倾否。
君知消息何处来,于穆我师纯不已。

(见《斐然集》卷二,第42-43页)。

是年,胡寅收到在朝任太常丞的二弟胡宁的书信,宋高宗询问其先父胡文定安国除《春秋胡传》外,是否还有其他论著?由是,胡寅着手编辑整理先父其他遗作。(见《斐然集·进先公文集序》卷十九,第367页)

绍兴十九年己巳 (1149),胡寅 52 岁

孟秋,居南岳。胡寅有诗:

题樟源岭下老妪井栏,妪百五岁 (己巳)

嘻嘻呀呀三伏中,投鞭试汗一亩宫。
铜瓶击深响鞈鞳,翠绠引重声玲东。
雪花下咽肌骨醒,风腋泛驾仙灵通。
百年老妪羽化久,名与甘井垂无穷。

(见《斐然集》卷五,第116页)

是年，湘潭隐山龙王寺法赞长老圆寂。胡寅撰《祭龙王长老法赞》赞曰：

祭龙王长老法赞

呜呼！岁在己酉，强敌内侵，予先君子航湖而南。小驻碧泉，莽野荒墅，冬郁湿薪，急雪堆户。忽有僧至，草衣赞公，佛堂巍巍，步象音钟。与之坐谈，饭以乳阙，惜其遁身，公材利用。厥后慈云，虚席生尘，鱼鼓弗振，府州选人。遂以界师，移锡来处，谁为证明，予有请语。自兹还往，二十暑寒，每辨异同，拊掌大欢。维师行事，详缔稳实，公方无累，私语无失。梵宫之内，金碧煌煌，水云明润，山木葱苍。心虽不朽，生则有尽，示病寂如，埋骨弗烬。念我先子，筑丘宫前，樵牧不犯，师勤则然。谁其嗣之，感旧兴怆，茗饵荐诚，目断青嶂。（见《斐然集》卷二十七，第 579 页）

是年，胡寅编纂先父胡安国的其他遗著告竣，即《胡文定遗著》十五卷。亦称《武夷集》。胡寅为之撰《进先公文集表》《进先公文集序》上呈宋高宗皇帝。

进先公文集表

臣某言：臣弟太常丞（胡）宁轮对奏事，伏蒙圣慈宣问："乃父既解释《春秋》，尚当有他论著，其具以进者。"宸衷尚旧，故老形思。训释典文，凤简渊深之记；遗余篇翰，更蒙清燕之求。中谢伏念先臣早捐尘事，志希任道，谋不为身。心远地偏，寄陶庐于三径；人忧己乐，甘颜巷于一瓢。吟咏性情，而无雕虫篆刻之为；交际往来，而乏竿牍苞苴之智。中经俶扰，多所散亡，晚获奠居，仅成编秩。精忠皎皎，每提拨乱之纲；庄语谆谆，多阐济时之用。进则倾怀于君父，退犹关说于公卿。壮怀投老而益坚，弱齿抱疴而弥励。自期有补，终冀一伸。丘木成阴，虽郁《春秋》之志；囊书奏御，何殊旦暮之逢。此盖伏遇皇帝陛下典学裕身，崇儒化俗，华衮岂惟于一字，缁衣不间于十年。乃因仲息之对扬，锡以温颜之清问。斯文不坠，多士流传。臣谨已校定舛讹，分成门次，爰从传置，进备览观。函剑有光，既彻斗牛之象；浦珠无颣，合供旒冕之须。（见《斐然集》卷六，第 147 页）

进先公文集序

绍兴十八年闰八月，太常丞臣（胡）宁次当轮对，奏事殿中。皇帝若曰："惟乃父既纂释《春秋》，尚当有它论著，其具以进。"臣宁走使告其兄臣（胡）寅曰："先大夫没，十有一载，遗文虽就编缀，然未之出也。学士大夫欲见者已鲜矣，何况天子崇高富贵，日有万几。今主上眷言旧学之臣，久而未憖，其思所以仰称明诏者。"臣寅即取先集离为门次，缮写以献。惟邹、鲁之学，由秦汉、隋唐莫有传授，其间名世大儒，仅如佛家者流所谓戒律讲论之宗而已。至于言外传心，直超佛地，则未见其人。是以圣道不绝如线，口笔衮衮，异乎身践。其书徒存，犹无书也。逮及我宋熙宁以来，先觉杰立，上继回、轲天下英才，心悦而诚服，然后孔氏术业，浸以光显。《五经》《语》《孟》所载，譬犹逢春之木，有本之澜，生意流形，初非死质，成己成物，始终有序。先臣夙禀大志，闻而知之。以仁为居，以义为用，以身修、家齐、国治而天下平为效。若夫记诵训故、辨说词华之习，一不与焉。其宏纲大用，奥义微辞，既于笔削之书发挥底蕴，自余因事有作。进则陈之君父，退则语于公卿，或酬酢朋游，或训教子弟，一言一话，犹足以证明往昔，昭迪来今。敢图家藏，遂上御府。斯文不坠，后裔有荣。然父书精深，而臣以浅粗之言冠于篇首；君学高远，而臣以卑近之论渎于听闻。兹荣也，只所以为愧欤！谨序。（见《斐然集》卷十九，第 367-368 页）

是年，胡安国谢世已有十二年了，胡寅再次来到浙江舟山祖印寺，此情此景，百感交集。于是撰文赋诗。诗题曰：绍兴壬子六月，先公再被掖垣之命、某时侍行，自请江登月，经祖印江口，趋行在所。未几罢归，还憩丰城之龙泽寺。明年初夏，归隐南山。己巳岁，予偶游祖印，留宿，寺僧惠嵩能道昔寓龙泽之梗概。两寺相望，盖五十里。时先公没十有二年矣，予以衰病投绂。俯仰悲慨，因成两诗以遗嵩。

　　　　云归龙泽寺，风引墨池船。谁识行藏妙，空惊岁序迁。
　　　　从行矜壮齿，抚事叹华颠。约略人间世，耆僧亦怃然。

　　　　车骑纷来去，帆樯竞溯沿。云闲天淡淡，江静竹娟娟。
　　　　耻学飞腾术，慵参寂灭禅。春风常满意，无处不怡然。

　　　　　　　　　　　　　　　　　（见《斐然集》卷五，第 117 页）

绍兴二十年庚午（1150），胡寅 53 岁

宰相秦桧制造"李光私史"冤案，受牵连者甚众。

正月，李光、李孟坚私狱起。曹泳言李孟坚诵其父光所撰私史，语涉谤讪，诏送大理寺系狱。李光在贬所曾作私史，李孟坚为陆升之言及，升之讦其事。

三月，狱成。诏李光昌化军安置，遇赦永不检举。右承务郎李孟坚除名峡州编管。（见《宋史·李光传》卷三百六十三）

于是文字狱起，胡寅、程瑀、潘良贵、宗颖、张焘、许忻、贺允中、吴元美皆因与李光相知密熟，书札往来，受到株连。

三月丙申，诏责授建宁军节度副使，昌化军安置李光，永不检举。右承务郎李孟坚特除名，峡州编管。先是，孟坚以小史事系狱，至是狱成。故有是命。于是，前后从官及朝士连坐者八人。徽猷阁直学士致仕胡寅与李光通书，朋附交结，特落职。（见《宋史全文·宋高宗十五》卷二十一下，第 1740 页）

壬寅，右正言章复奏："左承议郎致仕胡寅天资凶勃，敢为不义。寅非胡安国之子，不肯为亲母持服，此其不孝之大罪也。寅初傅会李纲，后

又从赵鼎，建明不通邻国之问，其视两宫播迁，如越人视秦人之肥瘠，后来梓宫既还，皇太后获就孝养，寅乃阴结异意之人作为文记，以为今日仕进之人，将赤族而不悟，此其不忠之大罪也。"诏寅责授果州团练副使，新州安置。（见《宋史全文·宋高宗十五》卷二十一下，第 1741 页）

诬胡寅坐与李光通书，知情不举。被贬果州（今四川省南充市）团练副使，岭南新州（今广东省云浮市新兴县）安置。

《宋史》本传云："（秦）桧既忌寅，虽告老，犹愤之，坐与李光书讥讪朝政落职。"（见《宋史·胡寅传》卷四百三十五）

李光（1078—1159），南宋大臣。字泰发，越州上虞（今浙江省上虞县）人。宋徽宗崇宁五年（1106）进士第。调开化令，知常熟县。宋高宗即位，除知宣州、洪州、婺州，甫至郡，擢吏部侍郎，兼户部侍郎，迁吏部尚书。秦桧既罢，言指李光为桧党，落职奉祠。寻复宝文阁待制、知湖州，移守平江，除礼部尚书，累迁参知政事（副宰相）。因不睦于宰相秦桧，知绍兴府，改提举临安府洞霄宫。绍兴十一年（1141）冬，责授建宁军节度副使，藤州安置。越四年，移琼州。居琼州八年，仲子孟坚坐陆升诬以私撰国史，狱成。李光移昌化军安置。秦桧死，李光始以郊恩，复左朝奉大夫，任使居住。绍兴二十九年（1159）至江州，卒。享年八十二。孝宗即位，复资政殿学士，赐谥庄简。

是年，胡寅呈有《落职谢表》云："伏奉诰命，臣僚论列，臣坐昨与李光通书落职。职列禁廷，身居里巷，安荣难冒，镌夺是宜。伏读训词，恍惊方寸……江湖虽远，震耀惟均。臣敢不言加思，公忠是力，庶逃大悔，以答隆恩。"（见《斐然集》卷六，第 147-148 页）

是年，季弟胡宏赋诗送行：

和伯氏闻雁

随阳群雁逐云低，望断孤鸿万里飞。

不为江湖稻粱乐，几时大许送春归。

（见《胡宏集》，第 76-77 页）

此诗是胡宏为送别胡寅谪居广东新州临行时所作。时胡宏心事沉重，依依不舍，如"望断孤鸿万里飞，几时大许送春归"。

六月，胡寅抵达新州，开始长达六年的谪居生活。胡寅有诗：

谪居新昌，过黄罴岭（庚午）

昔年曾作守，旌骑拥山头。省己无遗爱，投荒历旧游。

妻儿相翼卫，风雨漫淹留。力学如何验，仁人乃不忧。

次刘坦见和

君以苛留我罪迁，乡情相值且忘年。

归心莫共孤云远，定性当如皓月园。

沂水舞雩方有咏，曹溪寻派即无缘。

向柬策杖经行地，不碍浑如石壁烟。

（见《斐然集》卷五，第 119 页）

是年，胡寅呈有《散官安置谢表》，云："准尚书省札子，备坐臣寮章疏言臣罪恶，奉圣旨责授果州团练副使、新州安置。臣即日奔驰上道，水陆兼程，已到新州。"（见《斐然集》卷六，第 148 页）

孟冬十月，胡寅在新州受邀撰《新州州学御书阁记》《新州竹城记》。

绍兴二十一年辛未（1151），胡寅 54 岁

居新州。胡寅有诗：

和王维三首（择其一）

素不能诗复戒吟，辱君笙鹤堕清音。
何须凤月三千首，已洗尘埃一寸心。

（见《斐然集》卷五，第 120-121 页）

是年，季弟胡宏门人高足彪居正来广东新州，拜请胡寅为其母求墓志铭。

彪居正师从南宋一代大儒、湖湘学派开创者胡宏学。继张栻出仕之后，为岳麓书院山长。受彪居正之拜请，胡寅为其母撰写了《王氏墓志铭》。文云，绍兴二十年六月晦日，湘南逸民彪虎臣之妻王氏卒，年六十有三。以明年二月五日，葬于县之易俗乡白木芭蕉之原。王氏生二子：曰居厚、居正。居正从吾弟胡宏学，胡宏知其家事尤详。居正求铭于予。予述而铭之，曰："为亲不慈，为子尚孝。慈而教之，仁义可效。缅播淑令，不在斯文。力善以昌，繋其后昆。"（见《斐然集》卷二十六，第 563-564 页）

居新州。《病中有感》诗云：

病中有感

武侯辅世侔伊尹，明道传心继孟轲。
五十四年而已矣，小儒如此岂非多。

（见《斐然集》卷五，第 127 页）

这是胡寅被贬，谪居新州时的感慨，以自己既不能如诸葛亮在政治上有所作为，又不能如程颢教育后进，家居讲学，感叹岁月蹉跎。

绍兴二十二年壬申（1152），胡寅55岁

六月，胡寅撰有《传灯玉英节录序》，自述云："绍兴庚午，予自休官中谪置新昌。夏六月，息肩。既无书可观，又不敢从事翰墨。城南二十五里龙山寺，乃六祖大鉴故居，而亦无藏经，独有四大部与《玉英集》，遂借而阅之，乃景祐大臣王随所撮杨亿《传灯录》也。随之意正，以粗言冗事，有混真诠。则予今之去取，仰晞前哲，可无愧矣。壬申夏六月己巳序。"（见《斐然集》卷十九，第370页）

是月，张倩忽来新洲看望胡寅。张倩，胡寅的女婿（一说是胡寅夫人张季兰的侄儿）。胡寅有诗：

二弟在远经年无书，张倩忽来相看。
蔡生以诗见庆，次其韵

鸿雁分飞接翼难，稻粱谋隔水云寒。
千山路远劳魂梦，一纸书来强笑欢。
东榻人材惭润玉，西昆诗韵胜芳兰。
从今更励男儿操，金铁为心石作肝。

（见《斐然集》卷五，第127页）

是年，胡寅《斐然集·先公行状》告竣。《先公行状》，凡三万余言，主要记载胡文定安国公生平纪事。按胡安国卒于绍兴八年，行状云："惟公道学溥博浑深，不可涯涘。追究平生言行，反复订正，凡十有五年，粗能成章，以备太史氏采择。且求志于有道立言君子，传诸永世。"（见《斐然集》卷二十五，第485-526页）

十一月甲午，右正言郑仲熊言："工部员外郎杨迥、监察御史胡襄心向胡寅之门，有识之士为之切齿。盖自赵鼎妄立专门，互相标榜，大开交结、诡计固密，有司附会，不论才与不才，有是说必置之高等。士子扼腕，二十年于兹。今襄又为之唱，欲使人人尽归于赵鼎、胡寅之门而后止。"于是迥、襄并罢。（见《宋史全文·宋高宗十六》卷二十二上，第1765页）

绍兴二十三年癸酉（1153），胡寅56岁

胡寅谪居新州已四年。是年初夏，女婿张倩自新州回衡山。寅有《送张倩归衡岳（癸酉）》，诗云："相将丹荔熟，怅望剥绛皎。"这是说的夏天的情景。又云："一年常惜日，四序乃过鸟。安能久相留，话别情太悄。"（见《斐然集》卷二，第46页）

绍兴二十四年甲戌（1154），胡寅57岁

胡寅贬居新州已是第五个年头了。

三月，胡寅撰有《鲁语详说序》："愚不肖幸闻伊、洛至教，承过庭之训，而冥顽怠废，不早用力。盖尝妄意《论语》一书，为仁道枢管，欲记所见闻指趣，附于章句之下，内揆浅疏，久而未果。发秃齿豁，恐负初志矣。适有天幸，投畀炎壤，结庐地偏，尘事辽绝。门挹山秀，窗涵水姿，檐竹庭梧，时动凉吹。朝夕饭一盂，蔬一盘，澹然太虚，不知浮云之莽渺也。观过宅心，自是始笃，乃得就稿，遗诸童草。博学而详说之，将以反说约焉……绍兴甲戌三月甲寅朔序。"（见《斐然集》卷十九，第375-376页）

是年，先父胡安国的门人弟子，也即胡寅兄弟的好友杨训字子川在湘潭病逝，季弟胡宏撰写了《祭杨子川文》。谪居广东新州的胡寅甚感悲伤，为缅怀好友，撰写了《挽杨子川》诗一首：

挽杨子川

倾盖小冠市，论文乔岳阳。一生能几屐，两鬓忽成霜。

我尚栖南岭，君俄赴北邙。无因浇絮酒，回首重呻伤。

（见《斐然集》卷二十七，第 582 页）

绍兴二十五年乙亥（1155），胡寅 58 岁

胡寅谪居新州已是第六年了。

胡寅《读史管见》在新州书成，该书是胡寅流寓岭南时期的力作，共三十卷，六十万余言。该书的编纂表明了致堂公对历史和现实政治的态度。这是胡寅在没有任何文字参照的情况下，全凭记忆所作，足见他平日积累之深和史学涵养功夫的厚重。

朱熹对此十分敬佩。诚如朱子所云："《读史管见》乃岭表所作，当时并无一册文字随行，只是记忆……"（见《朱子语类》卷一〇一）

十月二十二日晚上，宰相秦桧中风死，年六十六。（见《续资治通鉴·宋纪一百三十》，第 236 页）

十一月，宋高宗令所勒停编管诸人任便居住。胡寅有《自便谢表》云："恩由独断，泽被诸累。强臣之壅阏虽坚，圣主之聪明无蔽，乃公朝之盛事，非小己之私荣"。寅又云："一堕黄茅，六看春草。病无医药，穷逮饥寒。"可见胡寅被贬新州六年，是何等艰难。（见《斐然集》卷六，第 149 页）

十一月十八日，魏良臣以敷文阁直学士参知政事。胡寅有《谢魏参政》云："某昨以无庸退丘壑，竟亦不能自免。一堕瘴地，蹝踽六年，蒸渍烟岚，气血耗瘁。若非大贤登进，协赞风雷，使赦令必行，公道阐开，

则如某辈，从蛮鬼之录必矣。近者已被堂帖放令逐便，恩德之厚，未知报所。若夫拯拔湮沉，与继千帆之后；吹嘘朽蠹，俾同万木之春。愿以晚年，归依钧造。"（见《斐然集》卷十八，第359页）

十二月癸巳，宋高宗令果州团练副使胡寅，为徽猷阁直学士致仕。（见《续资治通鉴·宋纪》卷一百三十，第239页）

十二月癸巳，责授果州团练副使致仕胡寅，复徽猷阁直学士致仕。（见《宋史全文·宋高宗十六》卷二十二上，第1790页）

是年，胡寅有《复官职谢表》云："尽涤垢污，恩波浩荡，俾还官职，纶诰坦明。而放投南裔，蒙蓁菲者六年。葵心密向于重光，蓬首莫知其万死。白发飘萧而老去，黑裘破敝以归来。"（见《斐然集》卷六，第150页）

绍兴二十六年丙子（1156），胡寅59岁

三月，胡寅离新州前，受摄新州知州刘藻之邀，撰《新州重修厅记（丙子春）》。文曰："君谓予曰：'向者兴废已漫然无传，今若不加纪述，此厅虽大壮，会有复修之日，岂可使后人亦昧昧无稽考耶？'……是役也，始于绍兴二十五年之仲冬，逮明年某月某日落成。"（见《斐然集》卷二十一，第425-426页）

是年春，胡寅从水路归南岳，经清远，赋有《题清远峡山寺（丙子）》诗一首。诗云：

题清远峡山寺

清远峡山寺，几年闻汝名。维舟得眺望，满目慰经行。
壁立巉天秀，溪闲写镜清。岭云方北上，涛雪漫南倾。

罪垢三薰净，归风两腋轻。皇慈天共大，睿知日同明。

重起阙廷恋，敢怀山水情。生绡无画手，聊此寄真形。

从诗中表述可以看出胡寅虽白发老矣，却仍抱有不忘国家的热情。（见《斐然集》卷五，第 135 页）

胡寅将归南岳，好友黎才翁遣女婿萧复前来相迎。胡寅有诗：

将归南岳，黎才翁命萧复来相迎，
且以二诗见贶，因作一绝谢之

涑水分携首重回，南山指日可徘徊。

殷勤向讯烦甥友，更遣新诗两咏来。

（见《斐然集》卷五，第 137 页）

宋高宗绍兴二十六年闰十月，胡寅病逝于衡州，享年 59 岁。"徽猷阁直学士致仕胡寅卒于衡州。"（见《续资治通鉴·宋纪》卷一百三十一，第 248 页）

（闰十月）壬子，徽猷阁直学士致仕胡寅卒于衡州。寅既退居，乃著《读史管见》三十卷，论周秦至五代得失，其论甚正，盖以蔡京、秦桧之事数其意焉。其书今行于世。（见《宋史全文·宋高宗十七》卷二十二下，第 1820 页）

胡寅卒，谥文忠。史实一说：详见本《年谱》第二编胡寅传记与文献资料中的《宋元学案·文忠胡致堂先生寅》《嘉靖建宁府志·胡寅》《雍正崇安县志·胡寅》《光绪南岳志·胡寅》。

关于胡寅的子男记述，胡寅自述，张季兰生大原；妾生一女衍，一子大端（见《斐然集·悼亡别记》）。又《斐然集·亡室张氏墓志铭》载：

"子男三人：长大原，次大端；幼子曰永，三岁矣，后君十七日夭。

又《衡湘谱》载，胡寅有子男二：常憤、常恂；《拗柴谱》载，胡寅有子男二：在郊、在祁；《崇安谱》载，胡寅有子男：大原、大端、大全。

胡寅一生著述颇丰。传世之作有《斐然集》《读史管见》《崇正辩》。

宋·胡寅著（屈路明摄影）

三、胡宁年谱

胡宁（1101—1159），南宋官员，学者。字和仲，学者称茆堂先生。建州崇安（今福建省武夷山市）人。胡安国次子。胡宁传承家学，早年协助父亲胡安国编著《春秋传》，修纂检讨，文稿整理尽出胡宁之手。胡安国逝世后，为了让先父《春秋胡传》更加清晰完备，胡宁编纂了《春秋通旨》二百余章，羽翼其书。以父荫补右承务郎。宋高宗绍兴十三年（1143），胡宁被召试入朝任馆职，除敕令所删定官，右迪功郎。十八年（1148），守尚书祠部员外郎，寻迁

胡宁像(来自《崇安胡氏谱》，胡良忠提供)

太常丞。二十年（1150），胡宁因与宰相秦桧政见不合，被罢外任夔州安抚司参议官。久之，除知澧州。寻改请奉祠台州崇道观。宋高宗绍兴二十九年（1159）胡宁卒，享年59岁。

胡宁著述主要有《春秋通旨》。

（一）北宋建中靖国元年至靖康元年
（1101—1126）

宋徽宗建中靖国元年辛巳（1101），胡宁出生

胡宁在湖北荆门出生。

宋徽宗崇宁三年甲申（1104），胡宁4岁

胡宁生母李氏病逝（待考）。一说胡宁与弟胡宏同为王氏所生。

崇宁五年丙戌（1106），胡宁6岁

胡宁在荆门发蒙读书。

宋徽宗政和五年乙未（1115），胡宁15岁

是年，祖母吴老令人在荆门病逝。赐永寿县君。

宋徽宗宣和元年己亥（1119），胡宁19岁

是年，父胡安国提举江南东路学事。
十一月，祖父胡渊在荆门病逝。赠中大夫。

宣和三年辛丑（1121），胡宁21岁

是年春季，兄胡寅科举进士及第，名列第十。

宣和七年乙巳（1125），胡宁 25 岁

是年，朝廷诏令胡安国任屯田员外郎。胡安国辞，未赴任。

宋钦宗靖康元年丙午（1126），胡宁 26 岁

二月，宋钦宗先后以太常少卿、起居郎召胡安国。安国三辞而不允，只好赴京师就职，胡宁与弟胡宏陪同父亲胡安国至京师。在胡安国的引荐下，胡宁与弟胡宏同入太学，拜著名学者、祭酒杨时为师，成为程门再传弟子。

是年，程门弟子侯仲良为躲避战乱从三山来到荆门。胡安国以其有学识、有气节，与之相交甚好。乃命胡宁、胡宏兄弟二人从侯仲良学，成为侯氏弟子。（见《胡宏著作两种·题吕与叔中庸解》，第 171 页）

（二）南宋建炎元年至绍兴二十九年
（1127—1159）

宋高宗建炎元年丁未（1127），胡宁 27 岁

在荆门从侯仲良学。

建炎三年己酉（1129），胡宁 29 岁

六月，胡安国为朝廷所召赴京供职。时胡寅在朝中供职，于是胡宁随父侍行，胡宏留守在家。

当胡安国行至池阳（今安徽池州）时，闻听宋高宗因金兵追赶逃亡至浙江，且继续向东南逃避。胡安国只好向留守官员说明，原路返回湖北

荆门。

胡宁与父亲归来时，荆门已经烽火连天，家已被兵匪火焚。胡宏带领家人已先行逃亡到了今天的湖南、湖北和四川的交界处。（见《胡宏集·题祖妣志铭》，第194-195页）

胡宁与父亲胡安国一路追寻，全家会合后，渡过洞庭湖往南进入湖南，出宁乡入湘潭，不久定居碧泉。

建炎四年庚戌（1130），胡宁30岁

胡安国一家在湖南湘潭碧泉安顿下来了。

三月，胡寅回到湘潭家中。

其间，胡安国在湘潭碧泉讲学授徒，著述《春秋》，胡宁帮助父亲整理文稿和抄录。

宋高宗绍兴元年（1131），胡宁31岁

是年春，巨盗马友、孔彦舟交战于衡阳、湘潭，兵漫原野。时湖南湘潭家园遭匪盗洗劫，家人在仓皇逃奔中失散。

绍兴二年壬子（1132），胡宁32岁

胡安国被朝廷所召，胡宁与兄胡寅随父侍行。

入朝之后，胡安国因反对朱胜非再度被贬官。于是胡宁又随同父亲返回，途经江西丰城，留住僧寺中半年之久。

绍兴三年癸丑（1133），胡宁33岁

七月，全家重新聚拢会合于南岳衡山。其后，胡安国在这里讲学授

徒，接续著述《春秋传》。胡宁帮助父亲整理文稿、检校文字等。

绍兴四年甲寅（1134），胡宁 34 岁

是年，胡寅同向子忞字宣卿、胡宁等游南岳上封寺。胡寅有诗云：

同宣卿、和仲、仲达游上封，值雨而归。
时上封辩病，南台珏同行

不到峰头正一年，兹游新客更超然。
净名不语元无病，惠远同行定有缘。
风雨不期相邂逅，云山未许独留连。
归途绝景何人见，万顷银涛涨楚天。

（见《斐然集》卷三，第 62 页）

绍兴五年乙卯（1135），胡宁 35 岁

四月，北宋著名学者、程门高足杨时病卒。

是年冬，父胡安国得疾，不能阅书，命子胡宏取《春秋说》诵于前。胡宁问候父疾时，安国泣而抚之。（见《斐然集·先公行状》卷二十五，第 526 页）

绍兴六年丙辰（1136），胡宁 36 岁

四月，崇安刘勉之有书信揭开胡寅身世。时胡寅在邵州知府任上，对自己的身世一概不知。于是胡安国作《辩谤》一篇以授胡寅，其文有责备刘勉之离间胡安国胡寅父子关系之意。

是年，杨时女婿陈渊与杨时次子杨迥，不远千里来南岳衡山胡安国居住处拜请胡安国为先岳父杨时求《墓志铭》。杨时历官祭酒，累官至工部

侍郎；又是胡宁、胡宏的老师。由于杨时是一个地位很高但又不容易评价的人物，他与权臣宰相蔡京父子关系也不一般。所以胡安国为其撰写《墓志铭》难以着墨，于是只好与杨时女婿陈渊商讨。

陈渊与胡宁是好友。今《默堂集》中有其信件，即《陈渊·答胡宁和仲郎中书》。

七月，胡寅改知严州（今浙江省建德市）。

十月，胡安国令胡宁、胡宏兄弟前往建州去见时任建州教授胡宪。胡宪乃胡寅胞兄也。

冬十二月，胡安国历时三十年著述的《春秋传》，亦称《春秋胡传》，在南岳书成。由是，胡安国缮写奏御，上呈宋高宗。

绍兴七年丁巳（1137），胡宁 37 岁

是年，胡寅在知严州任上。

九月初四，胡寅夫人张季兰在南岳病逝，享年 30 岁。

十一月，胡寅将张氏葬在潭州湘潭县龙穴山先妣王令人之右。（见《斐然集·亡室张氏墓志铭》，第 535-536 页）

是年冬，胡寅出知永州（今湖南永州市）。

绍兴八年戊午（1138），胡宁 38 岁

四月癸酉，宋高宗皇帝令徽猷阁待制，新知永州胡寅试尚书礼部侍郎。

四月十三日，胡宁父亲胡安国病逝，享年 65 岁。

九月一日，胡宁与兄胡寅、弟胡宏在湖南监司的协助下，将先父文定公葬在湘潭隐山。令人王氏祔焉。

是年，胡宁、胡宏兄弟以父荫补官右承务郎。

绍兴九年己未（1139），胡宁 39 岁

胡宁居家读书，讲学活动较少。为了让先父《春秋胡传》更加清晰完备，胡宁着手编撰《春秋通旨》。

是年，文定书院在南岳衡山落成。弟胡宏撰有《文定书堂上梁文》。（见《胡宏著作两种》，第 179-180 页）

绍兴十年庚申（1140），胡宁 40 岁

胡宁在南岳家中编著《春秋通旨》。

是年，胡宏将湘潭碧泉书堂改建为碧泉书院，胡宏撰有《碧泉书院上梁文》。（见《胡宏著作两种》，第 180-181 页）

绍兴十一年辛酉（1141），胡宁 41 岁

《宋史·胡宁传》云："安国之传《春秋》也，修纂检讨尽出（胡）宁手。宁又著《春秋通旨》，以羽翼其书云。"

胡宁《春秋通旨》告竣，凡二百余章。此书大部分已佚，现只有部分章节传世。见于《衡湘胡氏谱》。

《春秋通旨》部分章节
〔宋〕胡　宁

（鲁）隐公元年（公元前 772 年）
冬十有二月，祭伯来

畿内诸侯与畿外诸侯自有等差，圣人既于祭伯来朝，置书曰来，不与

其朝，以明王臣无外交之义矣。外诸侯本有朝聘之礼，圣人尽书其朝，随事观之，其义不一。萧叔独书朝公者，以谷非其所也。祭伯来朝，其子戒妇人不可与国事也。

隐公四年（公元前719年）
夏，公及宋公遇于清

古者诸侯，或因朝觐，或从王命无期约，而适值于途，必有两君相见之仪。近者为主，远者为宾，所以崇礼让绝慢易也，故谓之遇周襄？诸侯放恣，出大无期度私为邂逅之约，有如适值于途，亦谓之遇非矣。

隐公七年（公元前716年）
夏，城中丘

穀梁子谓凡城之志，皆讥为春秋时言之也。城不可无，而未为国之急易所谓设险；非止于筑城礼，所谓城池亦固国之一事尔。春秋，凡城必书，或志其非时，或志其非制，或志其非所得，其时制必当其所，而亦书重民力也。文王以民力为台为沼，或与民同其乐则不可已矣。

桓公十四年（公元前698年）
宋人以齐人、蔡人、卫人、陈人伐郑

齐桓、晋文战胜天下，威服诸侯。固能左右诸国之师，非以弱假强，故不言也。

庄公元年（公元前693年）
三月，夫人孙于齐

绝于外则去姓，绝于内则去氏，内外俱绝则氏姓皆去。曰：夫人孙于

齐，则知其为文姜矣，若曰姜氏安知其非侄娣乎！

庄公四年（公元前 690 年）
夏，齐侯、陈侯、郑伯遇于垂

苏子由以郑伯为子仪，谓春秋有一国二君，其说辩其理通，善发春秋之意。然而郑伯实厉公。终始能君，故不没，其实非与之也。惟不没，其实故出奔入栎会垂，皆书其爵，惟非与之也。故归郑奔蔡入栎，皆书其名春秋于世，子忽犹不书爵，况子仪之微者乎！

纪侯大去其国

伊川先生以大者纪侯之名，罪其不能死社稷也，吾恐纪侯以争国为小，而不为以去国为大而为之也。纪侯为齐所逼，虽其夫人在殡而不顾，必不以仪章器物自随，欲假诸侯之礼以为重也，其名而曰大，去其国。

庄公十年（公元前 684 年）
三月，宋人迁宿

有不利焉意欲自迁，则何恶矣。或介于大国为人之所迁者，春秋悯之。

冬十月，齐师灭谭，谭子奔莒

管仲相桓公羁诸侯，只是诡遇如谭有恨便灭之。郠可取，便降之若学圣人，则行一不义，杀一不辜，而得天下不为也。

庄公二十四年
戊寅，大夫宗妇觌，用币

大夫宗妇觌（dí）讥同见也，故不称及用币，讥同赘也，故特书用，若大夫不觌，只书宗妇足矣。以丹楹刻桷等事考之，其使大夫觌宜有之矣。

闵公元年（公元前 661 年）
冬，齐仲孙来

不称齐侯仲孙，又书曰来讥之也，问鲁可取者，齐侯之心侯其自毙者，仲孙之策故两讥之。以其犹曰务宁鲁难，而亲之是以书之，春秋举法有轻重，若又不书字，则当时假有劝齐侯因乱，以取其国者，则无以贬之矣。

僖公二年（公元前 658 年）
虞师，晋师灭下阳

春秋诛恶，皆罪其与之为恶者，故以齐首石曼姑，以宋首州呼吁，以虞首晋以子家首子公。先儒以灭汉者张禹非王氏，亡唐者李勣非武后，得春秋之意矣。

僖公十八年（公元前 642 年）
五月戊寅，宋师及齐师战于甗，齐师败绩

称师见其用大众也，而贬在其中矣，是以师为重，以襄公为轻矣。间，宋公伐齐，为纳公子昭也，何以不书纳公。

子昭于齐乎？曰不与纳也。纳昭非正也，公伐齐纳纠亦不正，则何以书。书纳纠所以著庄公之罪也，止书伐齐，而不书纳纠，则庄公得复售之

义矣，或书或不书，其义自异不可不察也。

僖公二十一年（公元前639年）
宋人、齐人、楚人盟于鹿上

鹿上之盟是宋公也，何以称人，齐桓攘楚以安列国，宋公盟楚以求诸侯。

僖公三十三年（公元前637年）
三十有三年春，王二月，秦人入滑

秦人灭滑，而书入者不能有其地，非未灭之也。而肆其悖心，无故灭人之罪著矣。

文公十三年（公元前614年）
自正月不雨，至于秋七月。世（大）室屋坏

居处犹欲完葺，况宗庙乎！此与庄公三筑台不雨筑鹏，大无麦禾不同，太室既坏，必须便修，而春秋不书，意可知矣。世室始封之祖庙，新宫成公之祢宫、御廪、粢盛之所藏，皆当务也。时不亟则讥缓，制不备则讥略，故更造而不书者，虽用民力不可已也。

宣公元年（公元前608年）
秋，邾子来朝

凡经于朝聘不皆徒书，未有书而无义者也，宣公为弑君，所立邾子来朝，而无贬文者，既于朝桓贬矣！公羊曰：其余从同。

宣公十二年（公元前597年）

夏六月乙卯，晋荀林父帅师及楚子战于邲，晋师败绩

邲之战先谷赵旃，而独书林父者责元帅也。武侯祁山之战，逮命于街亭者马谡也，失于箕谷者邓芝也。而武侯深自刻责以为咎皆在已，此春秋一统之义也。任归于一者，责有所归权分于下者，众无适从。吴楚既反汉，用条侯以梁王之贵太后之尊，交请救援条侯，谨守便宜，竟破七国。唐六道重兵攻围淮蔡，久而无功及裴度视师，虽韩宏亦舆疾督战，遂擒元济，代宗以九节度之师，围庆绪不立元帅一夕，而溃其成败之绩，岂不著明也哉。

宣公十四年（公元前595年）

十有四年春，卫杀其大夫孔达

孔达之死，谋之不臧者也。先君虽有约言，若其有罪，而大国见讨亦可践言，不自省乎。而况同盟且血未乾印抗大国之讨，以危其社稷，乃以身死之求说于晋。与自经于沟渎而莫之知者奚远哉，是时陈贰于楚，为孔达计者，若顾约言告之，以不当贰可也。

成公三年（公元前588年）

晋郤克、卫孙良夫伐廧咎如

经不书，廧咎如溃者，晋尝灭赤狄、潞氏、甲氏及雷吁矣，其余党散入廧咎如，又欲尽殄灭之，非仁人之心也。段纪明请灭羌种，羌种虽灭汉亦亡，后世岂尝绝羌患哉。廧咎如溃削而不书圣人之情见矣！

成公八年（公元前583年）
卫人来媵

《左传》诸侯嫁女，同姓媵之异姓则否啖，子非之云，直讥三国来媵非礼，岂为异姓乎，盖诸侯一娶九女，三国来媵，则是十二女也，媵同时故，经备书之以著其失礼，不为异姓与同姓。

襄公七年（公元前566年）
郑伯髡顽如会，未见诸侯。丙戌，卒于鄵

郑伯髡顽，楚麇齐阳生书卒，皆存天理抑人欲之意也。

昭公元年（公元前541年）
三月，取郓

郓莒邑伐国而夺其地者，王法所当诛鲁，乘莒乱夺其邑，故隐其辞特书取郓尔，与书外事词固异也，以郓为国者误矣。

昭公八年（公元前534年）
秋，蒐于红

昭公之蒐皆不书，公权在三家也。

昭公十三年（公元前529年）
八月甲戌，同盟于平丘，公不与盟

叔向之言北宫也，鲁人之言曾子守约者也，鲁人能言而不能信，故恐而不敢与盟圣人，信其言以训后世。故直书其事而不以为讳也。

昭公十八年（公元前524年）

冬，许迁于白羽

本，所以存许，非强之也。

昭公二十八年（公元前514年）

公如晋，次于乾侯

次者止而有待之，意于阳门者，不得入于齐也。于乾侯者，不得见于晋也。人君失国出奔而详书，其所在见臣子，不可顷刻忘君父。必欲知其所居之安与否也？而进退去就之，是非亦自见矣。

定公八年（公元前502年）

盗窃宝玉、大弓

先王分器，不能谨守而盗得。窃诸公宫此无政之验也，故失地，则讳失宝玉大弓。则书失之、书得之、书重其事也。

定公十年（公元前500年）

齐人来归郓，讙、龟阴田

言来归者，彼自来也；不言来者，请而得之耳。

定公十五年（公元前495年）

秋七月壬申，姒氏卒

姒氏不称夫人为正名，孟子不称夫人为隐恶，姒氏定公妾也。公羊据鲁史失礼言之尔，论春秋之法哀，虽已君岂得称夫人乎！来赗仲子会葬，成风深贬天王，而名冢宰则知哀，虽已君亦不得称夫人矣!

绍兴十二年壬戌（1142），胡宁 42 岁

宰相秦桧致书在永州知府任上的胡寅，希望胡寅的两个弟弟胡宁、胡宏能出来做官。

是年，胡寅有《寄秦丞相书（壬戌）》云："近蒙宠锡，钧翰并及二弟。所以存问之意，虽复绝千里，如载色笑。下情感幸，无以名言……"（见胡寅《斐然集》卷十七，第 338 页）

对秦桧所谓的关爱，兄弟三人想法不一。时胡寅尚在湖南永州知府任上，由于秦桧对金国委屈议和以及排挤打压抗金大臣与将领，胡寅对秦桧已彻底失望，不愿与之为伍，故决定以体病为由谢辞永州知府一职。

胡宏则性格类似孟子，坚定而不易回转，特别是知道秦桧再次出任宰相后，仍奉行割地、称臣、纳贡的议和政策，便不打算与秦桧共事往来。

胡宁因父亲胡安国在朝为官时经常侍行，与秦桧接触较多，于是同意入朝供职与之周旋。或许这也是兄弟仁的共同主张? 让胡宁进京为官，望能对秦桧进行劝谏，留存一丝对秦桧改过的希望?

是年，胡宁勉为条陈数事上奏朝廷，及奏乞以二程、邵、张从祀。既而召试馆职。（见明嘉靖《建宁府志·人物》，第 497 页）

绍兴十三年癸亥（1143），胡宁 43 岁

胡宁奉诏赴京都临安，召试馆职，除敕令所删定官。（见《宋史·胡宁传》）

是年，兄胡寅请辞永州知府任，食江州太平观禄。归居家南岳。
是年，胡寅与季弟胡宏同往湖北荆门拜祭祖父祖母坟茔。

绍兴十四年甲子（1144），胡宁 44 岁

在朝任馆职，敕令所删定官。

任上，胡宁即以"善类久废，民力久病"批评秦桧。看来胡宁根本不是为了做官而来。秦桧当时听了这样回答，必定十分尴尬。不过秦桧再次出宰相之后，已经下定决心笼络人心，因此当时并没有发作，秦桧似乎希望改变胡宁，以使自己不至于成为社会舆论中的孤家寡人。

绍兴十五年乙丑（1145），胡宁 45 岁

在京城任馆职，敕令删定官任上。

绍兴十六年丙寅（1146），胡宁 46 岁

因秦桧当国，其间，胡宁与秦桧矛盾日渐凸显。胡宁竟然劝说秦桧自解相印，归隐田园。"相公当国日久，中外小康，宜请老以顺消息盈虚之理。"

绍兴十七年丁卯（1147），胡宁 47 岁

仍供馆职，在删定官任上。

是年，弟胡宏的夫人唐氏病逝。

是年，胡宏有致宰相《与秦桧之书》。书信中向宰相秦桧提出恢复岳麓书院一事。并自荐出任岳麓书院山长，以表朝廷崇儒广教之美。

绍兴十八年戊辰（1148），胡宁 48 岁

三月二十五日，秦桧之子秦熺以观文殿学士，提举万寿观兼侍读知枢密院事。秦桧问胡宁，对于秦熺近来的任命，外面有何议论？胡宁说："外议以为相公必不为蔡京之所为也。"（见《闽中理学渊源考》卷三）话语剔筋刨骨，使秦桧无法应对只好忍受下去。

三月壬午，提举万寿观兼侍读秦熺知枢密院事。一日，太师秦桧问敕定所删定官胡宁曰："儿子近除外议如何？"宁曰："外议以为相公必不袭蔡京之迹。"胡宁，胡寅弟也。（见《宋史全文·宋高宗十五》卷二十一下，第 1726 页）

四月二日，胡宁以右迪功郎敕令所删定官身份引对。数日后，秦熺请求回避父子共同执政，改以观文殿大学士，提举万寿观兼侍读。

四月二十一日，胡宁守尚书祠部员外郎。

五月二日，胡宁改任太常丞。

闰八月，胡宁以太常丞身份轮对奏事。宋高宗曰："乃父既解释《春秋》，尚当有他论著，其具以进者。"于是，胡宁急以家书告兄长胡寅。

绍兴十九年己巳（1149），胡宁 49 岁

是年，胡寅在居家南岳，将先父存世的其他作品，编辑整理成《胡文定遗文集》十五卷。亦称《武夷集》。胡寅并为之撰写奏御。文云："臣某言：臣弟太常丞宁（胡宁）轮对奏事，伏蒙圣慈宣问：'乃父既解释《春秋》，尚当有他论著，其具以进者。'宸衷尚旧，故老形思。训释典文，夙简渊深之记；遗余篇翰，更蒙清燕之求……丘木成阴，虽郁《春秋》之志；囊书奏御，何殊旦暮之逢。此盖伏遇皇帝陛下典学裕身，崇儒化俗，华衮岂惟于一字，缁衣不间于十年……臣谨已校定舛讹，分成门次，爰从传置，进备览观。"（见《斐然集·进先公文集表》卷六，第 147 页）

《胡文定遗文集》既上。秦桧略得观，对胡寅的说法表示不认同。同时也坚定了他要赶走胡宁的念头。

十二月丁丑，太常丞胡宁、秘书省著作郎刘章并罢。章有士望，秦桧疑其不附己，而胡宁本因其父兄与秦桧厚，故召用之。（见《宋史全文·宋高宗十五》，卷二十一下，第 1738 页）

十二月二十九日，胡宁被罢改外任，出为夔州（今重庆市奉节县）安抚司参议官。（见《宋史·胡宁传》）

临罢胡宁之前，秦桧邀胡宁至家中赴宴。宴饮之后，罢黜胡宁的诏书即于当日下达。胡宁这时才醍醐灌顶，又被秦桧耍了一次。

绍兴二十年庚午（1150），胡宁 50 岁

胡宁在夔州安抚司参议官任上。

是年，兄胡寅因被诬坐与"李光私史"冤案，被贬果州（今四川省南充市）团练副使，岭南新州（今广东省云浮市新兴县）安置。

绍兴二十一年辛未（1151），胡宁 51 岁

在夔州安抚司参议官任上。

绍兴二十二年壬申（1152），胡宁 52 岁

在夔州安抚司参议官任上。

是年，兄胡寅《先公行状》历时十五年，在新州撰写完成，凡三万余言。

绍兴二十三年癸酉（1153），胡宁 53 岁

在夔州安抚司参议官任上。

绍兴二十四年甲戌（1154），胡宁 54 岁

仍在夔州安抚司参议官任上。

绍兴二十五年乙亥（1155），胡宁 55 岁

朝廷令胡宁改知澧洲（今湖南省常德市澧县），胡宁赴任不久。改请奉祠台州（今浙江省临海市）崇道观。

十月，宰相秦桧中风死。

十二月，宋高宗令胡寅为徽猷阁直学士致仕。

绍兴二十六年丙子（1156），胡宁 56 岁

胡宁奉祠，监台州崇道观。

是年，兄胡寅离开新州，回到南岳家中。

闰十月十四日，兄胡寅卒于衡州。享年 59 岁。

绍兴二十七年丁丑（1157），胡宁 57 岁

胡宁致仕，食台州崇道观禄。

绍兴二十九年己卯（1159），胡宁 59 岁①

十二月四日，胡宁卒，享年 59 岁。

胡宁与兄胡寅逝世时均未年满六十。由是，胡宏于绍兴三十年
（1160）《与张敬夫》一文中云："某病渴已十余年，又见中外兄弟皆不寿，
心常不自保。"（见《胡宏集》，第 129 页）

关于胡宁的子男记述。典籍文献记载，胡宁子男二：大本、大常；福
建《崇安胡氏谱》记载，胡宁子男一：大常；湖南《衡湘九修胡氏通谱》
记载，胡宁子男三：常惇、常憬、常恒。另关于胡寅《先公行状》文中的
"大经"又是谁的儿子？文献记载不一：一说是胡宏的长子，一说是胡宁
的长子。

胡宁一生也曾从事教育活动，尤其对于子侄的教育，起到了相当大的
作用。

胡宁著述主要有《春秋通旨》二百余章，然未完整传世，现只有部分
章节在谱牒文献中有记载。

---

① 胡宁的生卒年月，系参照清光绪《湘潭涌田胡氏七修谱》编纂整理的。

四、胡宏年谱

胡宏（1105—1162），南宋大儒，著名学者、思想家、哲学家、教育家，湖湘学派开创者。胡安国季子，字仁仲，学者称五峰先生，建州崇安（今福建省武夷山市）人。幼师从杨时、侯仲良，而卒传其父学。以父荫补右承务郎。因秦桧当政，政见不合，不愿同朝为官。此后，独立志思，"悠游于衡山之下二十余年（实为三十余年），玩心神明，不舍昼夜"，往复于衡山和湘潭之间。穷居杜门，躬理种植，勤研经史，讲学授徒。且先后将南岳居家改建

胡宏像(来自《崇安胡氏谱》,胡良忠提供)

为文定书院，将湘潭碧泉居家改建为碧泉书院。胡安国传子胡宏，胡宏传张栻等，是为湖湘学派。胡宏被尊为湖湘学派的创始人。后由其弟子张栻、彪居正、吴翌、赵师孟等发扬光大，使湖湘学派成为南宋颇具影响的重要学派之一。秦桧死，胡宏被召，以疾辞。宋高宗绍兴三十二年（1162）三四月间，胡宏卒于家，享年58岁。

胡宏一生著述颇丰，传世著述主要有《知言》《五峰集》《皇王大纪》。

（一）北宋崇宁四年至靖康元年
（1105—1126）

宋徽宗崇宁四年乙酉（1105），胡宏出生

胡宏在湖北荆门出生。一说出生地为潭州（今属湖南长沙），时胡安国在湖南路学事任上。（见王立新《湖湘学派年谱》书稿）

宋徽宗大观四年庚寅（1110），胡宏6岁

与表兄范伯达在荆门发蒙读书。"孩幼聪慧，兰苗其芽……同队嬉戏，言语呕哑。发蒙就傅，唱和弦歌。诵诗读书，共李分瓜。"（见《胡宏著作两种》，第178页）

宋徽宗政和五年乙未（1115），胡宏11岁

胡宏在校读书。

是年，祖母吴老令人在荆门病逝。赐永寿县君。

宋徽宗宣和元年己亥（1119），胡宏15岁

居荆门，读书勤奋，聪颖过人。年十五，自撰《论语说》。从其父学习伊洛之说，撰有《程子雅言前序》。序文略云，大宋之兴，经学倡明，卓然致力于士林者……然则属之谁乎？曰："程氏兄弟。明道先生（程颢）、伊州先生（程颐）也。""予小子恨生之晚，不得供洒扫于先生之门，姑集其遗言，行思而坐诵，息养而瞬存，因其所言，而得其所以言，因其所以言，而得其言之所不可及者，则与侍先生之坐，而受先生之教

也，又何异焉？故此书之集，非敢传之其人也，姑自治而已。"（见《胡宏著作两种》卷二，第146-147页）

时，胡安国担忧他果于己用，又授以所修《通鉴举要》，这为胡宏日后编著《皇王大纪》奠定了基础。（见《胡宏集·胡宏生平、著作及思想代序》，第2页）

是年，父胡安国提举江南东路学事。

十一月，祖父胡渊在荆门病逝。赠中大夫。

宣和三年辛丑（1121），胡宏 17 岁

是年春，长兄胡寅科举进士及第。

宣和七年乙巳（1125），胡宏 21 岁

胡宏游学四方，访求历世名公遗迹。

是年，胡宏为北宋名臣、史学大家司马光撰有《题司马傅公帖》，其文云：愚晚生于西南僻陋之邦，幼闻过庭之训，至于弱冠，有游学四方，访求历世名公遗迹之志。不幸戎马生于中原，此怀不得伸，久矣。今获观文正司马公、献简傅公书、诗十有二纸，反复诵玩，亦足以见君子之交，虽相称誉，必以情实，无朋党比周之意也。哲庙之初，拔茅连茹，以其汇征，故元祐之政，斯民鼓舞。乃有立党论以排君子者，遂使神州陆沉，衣冠蹙于江左。孰能反斯道，任如文正、献简者之人，以佐天子，内修政事，外攘夷狄，复祖宗之境土乎？堂堂大宋，必有人焉！《易》曰："否终则倾。"言否之不可长也。予觊不以穷固疾病即死，尚庶几及见焉。（见《胡宏著作两种》卷三，第172页）

宋钦宗靖康元年丙午（1126），胡宏22岁

二月，宋钦宗先后以太常少卿、起居郎召胡安国。安国三辞而不允，只好赴京师就职，胡宏与二兄胡宁随父至京师。在父亲胡安国的荐引下，胡宏与胡宁同入太学，拜祭酒杨时为师，成为程门再传弟子。

其间，胡宏与樊光远、张九成、高抑崇等名流学者，相处友善。（见《胡宏集·胡宏生平、著作及思想（代序）》，第2页）

仁仲见龟山求教，龟山云："且读《论语》。"问："以何为要？"云："熟读。"（见《朱子语类》）

是年，程门高足河东侯仲良字师圣，自三山避乱来荆门。侯师圣是程门最年轻弟子之一。胡宏受父命从之游，成为侯师圣弟子，且交情日笃。

侯师圣"议论圣学，必以《中庸》为至"。胡宏因此对《中庸》，甚至《中庸》的各种版本都十分留心，受益匪浅。诚如胡宏在教授门徒时，曾经引用侯师圣的话语说："闻诸侯师圣先生曰：'以学者施诸己而不愿，然后不施诸人，故谓之违道不远，非以忠恕为违道不远也。'"（见《胡宏集》，第305页）

关于胡宏与二兄胡宁于宋钦宗靖康元年（1126）师从侯仲良师圣一事，若干年后，胡宏撰《题吕与叔中庸解》有云："靖康元年，河南门人河东侯仲良师圣自三山避乱来荆州，某兄弟得从之游。议论圣学，必以《中庸》为至……按河南夫子，侯氏之甥，而师圣又夫子犹子也。师圣少孤，养于夫子家，至于成立。两夫子之属纩，皆在其左右，其从夫子最久，而悉知夫子文章为最详。其为人守道义，重然诺，言不妄，可信。后十年，某兄弟奉亲，南止衡山，大梁向沈又出所传明道先生《解》，有莹中陈公所记，亦云此书得之涛。"（见《胡宏著作两种》卷三，第171-172页）

（二）南宋建炎元年至绍兴三十二年
（1127—1162）

宋高宗建炎元年丁未（1127），胡宏 23 岁

胡宏在荆门从侯仲良学。

是年，胡宏致书监察御史沈太廉，告以为朝廷立储建言。文中有"宋室衰亡，金人强盛；天子卑微，邦昌尊显"之字样。此书应在金朝立宋廷张邦昌傀儡之前。（见李心传《建炎以来系年要录》）

建炎三年己酉（1129），胡宏 25 岁

胡安国被朝廷所召。时胡寅在京城供职，胡宁随父行，胡宏留守当家责。

九月，荆门群盗蜂集漳水之滨。"不几月，大盗蜂集，故庐文书数千卷悉为灰烬，而祖考祖妣志铭亦在焚中。"甚为叹息。胡宏奉母命携诸房家眷"弃生生之资，渡岷江而南"。（见《胡宏集·题祖妣志铭》，第 194-195 页）

时胡安国在赴京途中，行至池阳（今安徽池州），闻听宋高宗为金兵所逼，已"巡幸"至于江浙，且继续向东奔避。于是胡安国与胡宁原路返回，一路追寻胡宏与家人。

胡安国父子携家眷在逃难途中，得门人黎才翁、杨训相助，一路南行，过洞庭，出宁乡，于冬十月，辗转至湘潭碧泉，遂买山筑室为家居。

建炎四年庚戌（1130），胡宏 26 岁

是年，吴郡卫道来湘潭拜会恩师胡安国，并特意带来了胡安国母亲吴夫人的墓志铭。胡宏甚为欣喜。约于绍兴十八年，胡宏撰写了《题祖妣志

铭》。其文略云："建炎己酉之秋，江、淮、河、汉之间，群盗纵横，先文正被召趋行在，仲任行事，某当家责。以强暴逼人沮、漳之间，非遗种处也。则奉母令人及诸亲属，弃生生之资，渡岷江而南。不几月，大盗蜂集，故庐文书数千卷悉为灰尘，而祖考祖妣志铭亦在焚中。庚戌岁，得祖妣志铭于吴郓卫道。卫道，先君门人也。"（见《胡宏集》，第 194-195 页）

十月一日，胡宏母亲王氏在湘潭碧泉居家病卒。葬于湘潭隐山。

宋高宗绍兴元年辛亥（1131），胡宏 27 岁

胡氏一家虽定居碧泉，然好景不长。绍兴元年以后，孔彦舟、马友交战于衡阳与湘潭之间，"兵漫原野"。胡氏一家只得暂时放弃碧泉，向南奔至邵阳，未及少息，而李成乱兵又至，于是继续奔避，至于今邵阳武冈市、洞口县等地。如此仍然不能安枕食息，继续南奔，至于全州灌江畔之清湘县（今属广西全州）。"敝屋三间，两芜割茅遮围之"。（见《斐然集·悼亡别记》卷二十，第 380 页）

绍兴二年壬子（1132），胡宏 28 岁

吴郓卫道来湘拜会恩师，并住了一段较长时间，用以研学、会友；还在兵匪战乱中逃亡过。当离别时，胡宏撰诗送行，其诗云：

别吴卫道

学业应须见本根，言语无用苦评论。
醇醨自昔怀公瑾，药石谁今识孟孙。
凭仗嬉游试功力，堤防色厉却淫昏。
临岐大愧无相赠，聊写芜词示法门。

（见《胡宏著作两种》卷一，第 75 页）

是年，胡安国被召赴行在，长兄胡寅、仲兄胡宁随父侍行，胡宏留守家园。

六月，贼臣曹成以乱兵入灌江，胡宏与嫂夫人及子女再度仓皇奔避，以致失散。

是年秋，胡宏致书潭州（今湖南省长沙市）知府吴敏，告以封疆之重，当为圣主分忧，为生民解难。书云："久伏盛名之下，朝野异道，无缘祗谒，徒怀仰慕之心。中春，丈人造朝，家兄侍行，某独将诸房，远寓穷山。至中夏，王师讨曹成于临贺，成军崩溃。""居今之世，譬如乘敝舟，泛沧海，风涛汹涌，未知攸济。而相公操楫者也，苟有所见，岂敢隐情。"（见《胡宏集·与吴元忠四首》，第105-109页）

绍兴三年癸丑（1133），胡宏29岁

是年七月，全家老小团聚衡山之下，筑室定居。

自绍兴三年之后，胡宏徜徉南岳衡山之下，讲学授徒。南岳以祝融、石廪、天柱、芙蓉、紫云五峰最为著名。胡宏遂被学者尊为"五峰先生"。

绍兴五年乙卯（1135），胡宏31岁

是年，胡宏呈《上光尧皇帝书》。洋洋万余言，文曰："惟太上道君皇帝身享天下之奉，几三十年。渊圣孝慈皇帝生于深宫，享乘舆之次，以至为帝。一旦劫于金人，远适穷荒……其愿陛下加兵北伐，震之以武，心目睽睽，犹饥渴之于饮食。庶几金人知惧，一得生还，父子兄弟，相持以泣，欢若平生，引领东望，九年于此矣……"胡宏期盼宋高宗欲变通统治"方术"，以拯救时弊，必从正君心开始。正心诚意，息邪说，正人心，选良辅而择善官，果敢无畏，立复仇之心，行讨乱之政，恢复中原，整肃朝纲，安抚黎庶，以仁心施行政。（见《胡宏著作两种》，第86-103页）

是年，胡安国曾短暂出知永州。

是年冬，胡安国在南岳衡山临时寄住处——胜业寺，患眼疾不能看书，令胡宏取《春秋说》诵于床前。时新居家庙尚未建好，胡安国督促胡宏速营家庙。安国得疾，不能阅书，命子宏取《春秋说》诵于前，间一解颐而笑。时结庐犹未成，独戒宏曰：'当速营家庙，若祭于寝，非礼也'"。（见《斐然集·先公行状》卷二十五，第525页）

绍兴六年丙辰（1136），胡宏32岁

四月，建州人刘勉之致书信给时在邵州知府任上的胡寅，责其不归见生母，是为不孝。然胡寅对这层身世一概不知。

十月，胡安国令胡宁、胡宏兄弟二人前往建州去见时任建州教授胡宪。胡宪本胡寅同胞二兄也。

是年冬，胡安国历时三十年著述的《春秋传》，亦曰《春秋胡传》，在南岳书成。由是，胡安国缮写奏御，连同《春秋胡传》上呈宋高宗。

绍兴七年丁巳（1137），胡宏33岁

九月初四，长兄胡寅的夫人张季兰在南岳病逝，享年30岁。十一月，葬潭州湘潭县龙穴山先姚王令人之右。（见《斐然集·亡室张氏墓志铭》，第535-536页）

绍兴八年戊午（1138），胡宏34岁

四月十三日，胡安国病逝于书堂，享年65岁。朝廷特赐银绢三百匹两，令湖南转运司应副丧事。仍赐田十顷，以恤其孤。

九月一日，胡宏兄弟将先父胡安国葬于湘潭县龙穴山（今湘潭县排头乡隐山村）。令人王氏祔焉。

胡寅以长子身份辞官为先父守制。

胡宁、胡宏兄弟皆以荫补官右承务郎。胡宏不调。仍以讲学授徒

为业。

绍兴九年己未（1139），胡宏35岁

是年秋，文定书院在南岳衡山紫云峰下落成。文定书院，亦即春秋楼，是胡宏兄弟为纪念先父胡安国和传授胡氏学而建。胡安国，谥号文定；书院即以胡安国谥号命名为文定书院；胡安国在南岳奉诏纂修《春秋传》，所以又曰春秋楼。

文定书院落成时，胡宏撰有《文定书堂上梁文》。

文定书堂上梁文

我祖武夷传世，漳水成家。自戎马之东侵，奉板舆而南迈。乃眷祝融之绝顶，实繄诸夏之具瞻。岩谷萦回，奄有荆、衡之胜；江湖衿带，旁连汉、沔之雄。既居天地之中，宜占山川之秀。回首十年之奔走，空怀千里之乡邦。燕申未适于庭闱，温清不安于枕席。纵亲心之无着，顾子职以何居？气象巍峨，欣瞻日宫之近；川原膏壤，爱列舜洞之旁。背枕五峰，面开三径，就培松竹，将置琴书。良为今日之规，永作将来之式。工徒大会，筑削告成。所用修梁，聊申善颂：

抛梁东，爱有仁人住岳峰，万里春光来席上，四时和气在胸中；

抛梁西，诸峰秀色与天齐，人间日望兴云雨，雪月吾皆自品题；

抛梁南，靖深端北俯澄潭，池面跃鳞看似锦，竹间流水胜于蓝；

抛梁北，大家尚尔淹南国，春秋拨乱仲尼书，年来献扫妖氛则；

抛梁上，道与天通自奋扬，当仁不愧孟轲身，禅心事业遥相望；

抛梁下，明窗净几宜凭借，道义相传本一经，儿孙会见扶宗社。

伏愿上梁以后，庭帏乐豫，寿考康宁，中外雍和，子孙蕃衍，流光后世，受福无疆。（见《胡宏著作两种》，第179-180页）

绍兴十年庚申（1140），胡宏 36 岁

是年，胡宏将湘潭碧泉书堂改建为碧泉书院。胡宏撰有《碧泉书院上梁文》。

碧泉书院上梁文

上圣生知，犹资学以成其道；至诚不二，宜求仁以觉诸愚。振古于斯，于今是式。弘开大业，属在吾人。永惟三代之尊，学制遍乎家巷；爰从两汉而下，友道散若烟云。尼父之志不明，孟氏之传几绝。颜回克己，世鲜求方；孔伋论中，人希探本。弃漆雕之自信，昧端木之真闻。干禄仕以盈庭，鬻词章而塞路。斯文扫地，邪说滔天，愚弄士夫如偶人，驱役世俗如家隶。政时儒之甚辱，实先圣之忧今。将寻绎五典之精微，决绝三乘之流遁。穷理既资于讲习，辅仁式借于友朋。载卜会文之方，乃堂碧玉之上。南连衡岳，北望洞庭，居当湘楚之中，独占溪山之胜。震风凌雨，人知扬子之峥嵘；寒士欢颜，心壮杜陵之突兀。帷下不窥于集董圃，车喧宁接于陶庐。期圣奥以翻经，立壮图而观史。由源逢委，自叶穷根，明治乱之所由，岂荣华之或慕。贫者肯甘于藜藿，来共箪瓢；至而未断其贤愚，惟应诚笃。无行小慧，以乱大猷。各敬尔仪，相观而善。庶几伊、洛之业可振于无穷，洙、泗之风一回于万古。清朝大匠，告举修梁。欲见鄙心，聊申善颂：

　　抛梁东，波光碧玉日射红，春到柳条金色嫩，莺迁乔木万方同；
　　抛梁西，秋空新月淡娥眉，侍讲不从歌舞乱，秦关伯起定天知；
　　抛梁南，衡峰云碧净潭潭，一篑进功谁是伴，坐看青色胜于蓝；
　　抛梁北，妖气未除关塞黑，羲经求辅敢遑宁，作颂永垂千禩则；
　　抛梁上，青天白日云无障，清明奴隶亦知之，妙处直须朋友尚；
　　抛梁下，道遍乾坤无缝罅，胸中变化事无常，可与吾皇辅宗社。
　　伏愿上梁以后，远邦朋至，近地风从，袭稷下以纷芳，继杏坛而跄

济。云台断栋，来求概日之楩楠；天路渐逵，看引风生之骐骥。驱除异习，纲纪圣传，斯不忝于儒流，因永垂于士式。(见《胡宏著作两种》，第180–181页)

自胡安国逝世以后，湖湘学派进入第二个时期，也就是湖湘学派最重要的发展时期。胡宏开始独立的治学和教学生涯，作为思想家的天赋得到了淋漓尽致的展现与发挥。(见《从胡文定到王船山：理学在湖南地区的奠立与开展》，第66页)

胡宏"优游于衡山脚下二十余年（笔者注：实则三十余年），玩心神明，不舍昼夜"，创立了"性本论"的理学新进路，这一形上程度高玄的理学理论，是宋代理学的最高成就之一。拥有这样的形而上学理论的指导，湖湘学派遂成为南渡之后的理学第一大宗。湖湘学者乃至全国各地学者不远千里而至者大有人在。

绍兴十一年辛酉（1141），胡宏 37 岁

继南岳衡山"文定书院"、湘潭"碧泉书院"落成后，胡宏又在碧泉潭之上建了一座亭子，名曰"有本亭"。有本亭，意在怀念追思先父胡文定公，由是胡宏撰写了《有本亭记》。

有本亭记

绍兴庚戌①岁，先君子自荆、郢趋吴、越，遇腹心之疾，不至而返。

---

① 绍兴、建炎，系南宋宋高宗赵构的帝王年号。其中建炎共四年（1127—1130），绍兴共三十二年（1131—1162）。绍兴三十二年中没有"庚戌"岁次之干支。出现这种讹误，应不可能是五峰公撰文时笔误，或许是后世在整理文稿时抄录有误。胡安国文定公从湖北荆门举家移居湘潭碧泉，实为宋高宗建炎三年（1129）己酉之冬。"建炎己酉之冬"一说，胡宏在他的《祭杨子川文》《向侍郎行状》等著述中均是这样表述的。所以本文中的"绍兴庚戌岁"有误，实为建炎三年己酉岁。

徜徉游行，遂至湖南，横涉清流，顾而叹曰：此非沧浪之水乎？何其清之甚也！源可寻而濯我缨乎？则命门弟子问津于居人。于是傍西山之阴，逶迤而入。不及百步，苍然群木之下，翠绿澄净，藻荇交映，俗以其色故号为"碧泉"。

登山四顾，乃洞庭之南，潇湘之西，望于衡山百里而近，盖太古夷荒未辟之墟，而泉出于盘屈石山之下，凝然清光，微澜无波，沄沄而生，平岸成溪，放乎远郊。却步延目，溪虽清浅，而有长江万里之势焉。先君子徘徊不能去，拂石倚筇而坐，喟然而兴曰："水哉！水哉！惟其有本也，故不舍昼夜，仲尼所以有取耳。吾老矣，二三子其相吾志！"乃求得其地。夷榛莽，植松竹，山有为樵牧所残者，养之；流有为蒿壤所壅者，疏之；岩石之为草木所湮没者，辟之。未及有成，而先君子长弃诸孤！

今也免丧而不死，慨念先君子，道学德行，渊源溥博，不可涯涘。其移见于天下，皆应时而出者也。惟其身有之，是以感是水而崇之，藐然不肖，深自思念。仰望先君子，智之不及至远也。然守遗体，奉遗训，期确然自守，不敢与流俗同波，故作亭源上，名曰"有本"，表着其所愿学，以无忘先君子平生之言，此于盘盂之铭、几杖之戒，庶几我先君子之志，不陨于地，亦若是泉之流衍，亘万世而不穷也。

后之人毋念尔祖，尚其嗣之。（见《胡宏著作两种》卷三，第143-144页）

是年秋，胡宏有诗：

碧泉徒步

渐渐秋风动，前桥晚步还。小鱼冲岸侧，白鸟立溪湾。
明月照秋水，淡烟笼远山。此时知造物，怜成一身闲。

（见《胡宏著作两种》，第75页）

是年，胡宏《皇王大纪》书成。《皇王大纪》是一部编年体史书，体例略如袁枢纪事本末之法。此书成于绍兴十一年，一说绍兴三十一年。
（见《张栻集·答陈平甫》卷三十）所述上起盘古，下迄周赧王，共八十
卷。前二卷记载简略，皆粗存名号事迹而已；帝尧以后，始用邵雍《皇极
经世》编年。《皇王大纪》宋时已有刻本，宋理宗绍定（1228—1233）间，
漕使曾为镂版。明神宗万历（1573—1619）间有重刻本，清《四库全书》
本。（见《胡宏集·代序》，第 9-10 页）

《皇王大纪》书成，胡宏还为之序。即《皇王大纪序》。其文略云：
"圣人作书契以记事之情，明心之用，自皇帝坟典至于孔子《春秋》，法度
文章盈天下。"胡宏又云："我先人（指胡安国）上稽天运，下察人事，述
孔子，承先圣之志，作《春秋传》，为大君开为仁之方，深切著明，配天
无极也！愚承先人之业，辄不自量。研精理典，泛观史传。致大荒于两
离，齐万物于一息。"胡宏又云："诸家载记，所谓史也。史之有经，犹身
之肢体有脉络也。《易》《诗》《书》《春秋》，所谓经也。"（见《胡宏著
作两种》卷三，第 151-152 页）

绍兴十二年壬戌（1142），胡宏 38 岁

秦桧致书胡宏之兄胡寅，希望胡寅敦促两个弟弟胡宁和胡宏入朝为
官。胡安国早年与秦桧有过较密切的交往，胡安国逝世后，秦桧一再招徕
胡氏兄弟出仕。就私人关系言，胡宏与秦桧也可谓世交。然面对金人入
侵，秦桧再度为相后，仍奉行割地、称臣、纳贡的议和政策，在政治上打
压抗金名臣名将，其中包括对抗金名将岳飞的陷害。胡宏以民族大义为
重，在政治上与秦桧毫不妥协，对于秦桧的举荐，一概严词拒绝。

同年，胡寅撰有《寄秦丞相书》，婉言谢绝了秦桧对其兄弟的留意。
文曰："近蒙宠锡，钧翰并及二弟。所以存问之意，虽复绝千里，如载色
笑，无以名言。"时胡寅虽尚在湖南永州知府任上，却以生病为由提出致
仕。"某病朽之质，叨窃祠饩，无功而食，有愧《伐檀》"。（见《斐然

集》卷十七，第338页）

秦桧在宋高宗朝两度为相十九年，可谓权倾朝野。他所谓的留意故家弟子，实际是拉帮结派，为己所用。胡宏兄弟不领情，不与为伍，确是同时代中的正义者。诚如朱熹所云："此老（秦桧）当国，却留意故家子弟，往往被他牢笼出去，多坠家声。独明仲（胡寅）兄弟，却有树立，终不归附。"（见《朱子语类》卷一百三十一）

绍兴十三年癸亥（1143），胡宏39岁

长兄胡寅请辞永州知府任得允，改提举江州大平观，自永州回到居家南岳。

是年，胡寅与弟胡宏同往湖北荆门拜祭祖父胡渊坟茔。途经益阳、资江、鼎澧、五溪、公安等地，又上岳阳楼，一路多逢故友。兄弟二人不畏长途跋涉之累，再回旧居，找寻昔日记忆，心情五味杂陈，写下了许多诗篇。

和伯氏

风高吹散日边云，绿水初回沙际春。
逝者如斯长不住，汨罗愁绝笑灵均。

渔子二首

潇湘烟雾隐千重，风月矶纶在在同。
笑傲飞帆名利客，扣舷都入暝歌中。

小舟游漾占江天，家在芦花一缕烟。
最是好风明月夜，棹讴相应亦忘筌。

（见《胡宏著作两种》卷一，第78页）

桃源行

北归已过沅湘渡，骑马东风武陵路。
山花无限不关心，惟爱桃花古来树。
闻说桃花更有源，居人共得仙家趣。
之子渔舟安在哉？我欲乘之望源去。
江头相逢老渔父，烟水苍苍云日暮。
投竿拱手向我言，桃源之说非真然。
当时渔子渔得钱，买酒醉卧桃花边。
桃花风吹入梦里，自有人世相周旋。
酒醒惊怪告俦侣，远近接响俱相传。
靖节先生绝世人，奈何记伪不考真。
先生高步窘末代，雅志不肯为秦民。
故作诗文写幽意，要似寰海杂风尘。
不然川原远近蒸霞开，宜有一片随水从东来。
呜呼神明通八极，岂特秘尔桃源哉。
我闻是言发深省，勒马却辞渔父回。
及晨遍览三春色，莫便风雨空莓苔。

（见《胡宏著作两种》卷一，第70-71页）

谒虞帝祠

有姚心妙赞乾坤，尧禹兴亡赖两存。
蒲坂旧都西望远，苍梧陈迹事谁论。
九官效职群英聚，二女宜家圣德尊。
万代君王模范表，吁嗟一庙破荒村。

同伯氏还乡

江村沙暖蒌蒿长，味比枸杞新甘香。
茁茁荻芽生近渚，紫花台菜初未尝。
白羊乌牸俱在牧，茅舍竹篱是故乡。
人生未必须富贵，万里且愿身康强。
径买官场旧醅酒，共醉春风殊未央。

（见《胡宏著作两种》卷一，第 70 页）

兄弟二人拜祭祖父坟茔后，又来到父亲当年的荆门旧居前，十四年前的情景历历在目，感慨不已！又有诗云：

桂辑又浮湘水去，家山回首共凄然。

绍兴十四年甲子（1144），胡宏 40 岁

国学大成殿建成，宋高宗巡视太学。秦熺（秦桧从子，收养以为继）执经，龟山门人国子司业高闶讲《易·泰卦》，赐三品服；高闶请高宗幸太学所作表中附秦桧等议和，以母后（宋徽宗皇后）被放归为福，称誉当时，为太平盛世。胡宏闻而作书责之曰："自中原失守，銮舆南渡，行孝之所无定计。"这难道就是所谓太平盛世吗？太母，天下之母，其纵释放归皆取决金人之命，此乃中华之大辱也。（见《胡宏著作两种·与高抑崇书》卷二，第 110-112 页）

绍兴十五年乙丑（1145），胡宏 41 岁

胡宏的学术成果已达到了高峰，然而他还是广交学友。约为绍兴十五年，胡宏就尽心就性论中的学术问题，求教贤能之士。致书曾几，见《与曾吉甫书三首》。

胡宏在书信中自云："某虽粗承过庭之训，而未尝广交天下之英，寡陋为甚。矧今孤露，苟不肆言，激精微之论，以祛蒙除蔽，则将终身如是而已矣。故此言非敢直抵二先生，所以求教也。

二先生，万夫之望，百世师表！所言但当信从，不可妄疑其失。然审问明辨，《中庸》之训也。有所未明，不敢但已。承举先君子之言为诲，怆然内伤，如见颜色。

惟先君子所谓"不起不灭"者，正以静亦存，动亦存而言也，与《易》"无思无为""寂然不动，感而遂通天下之故"，大意相符。非若二先生指"喜怒哀乐未发"为"寂然不动"也。（见《胡宏著作两种》卷二，第 112-113 页）

曾几（1084—1166），字吉甫，河南人。南宋学者、官员，学者称茶山先生。乃胡安国弟子而陆游之师也。

绍兴十六年丙寅（1146），胡宏 42 岁

是年，胡宏的长子夭折，未知名。"去年复哭子，而今年又丧妇"。（见《胡宏著作两种·与秦桧之书》卷二，第 104 页）

九月，长兄胡寅赴福建崇安老家省亲，居住约半年。

绍兴十七年丁卯（1147），胡宏 43 岁

是年，胡宏致书宰相秦桧，即《与秦桧之书》。

与秦桧之书

癸亥春，尝拜起居之间，自是遵禀传业之诲，不敢失堕。上搜羲、炎、姚、姒之遗文，中考商、姬、孔、孟之大训，下观两汉，遍阅历代，

以及五季，数千年间治乱之迹，正如风云感会，来无定形，去无定体。得其道者昌，失其道者亡，故大要治乱，必本于人。

稽诸数千年间，士大夫颠冥于富贵，醉生而梦死者，无世无之，何啻百亿！虽当时足以快胸臆，耀妻子，曾不旋踵而身名俱灭，某志学以来，所不愿也。至于杰然自立志气，充塞乎天地，临大节而不可夺，有道德足以赞时，有事业足以拨乱，进退自得，风不能靡，波不能流，身虽死矣，而凛凛然长有生气如在人间者，是真可谓大丈夫矣。某读其书，按其事，遐想其人，意其胸中所存，淡然直与神明通，不可以口传耳受也。方推其所存于数千年文字之中，茫乎昧乎，未能望其藩篱，窥其门户，又况其堂奥乎！业当从事于斯，不敢半途而废，此某之所以逡巡历年，若自弃于门下，未能进而求仕者也。窃伏思念四十三年矣。

先人即世，忽已十载。惟是，布衣藜杖，寻壑经丘，劝课农桑，以供衣食。不如是，则啼饥号寒，且无以供粢盛、奉祭祀，将飘零惨淡，无以成其志矣。积忧思与勤苦，而齿落发白，夙兴冠栉，引镜自窥，颜色枯槁，形容憔悴，身之穷困，如此足矣。

去年复哭子，而今年又丧妇，自嗟薄命，益不敢有意荣进。然立身行道，扬名后世，以显父母，圣人之训也。苟泊然无意于是，甘与草木同腐，则何以为人子，岂先人平日教诏之所望耶！

矧今圣明在上，而相公丈端秉化权，念及寒微，下询所欲，倪于是时不显寸长，思自振耀，则真自弃矣。

昔孔子成人之美，今相公丈曲敦故旧，欲先人身后不即衰落，将使某兄弟各遂其志，愿人以所长表见于世，此诚莫大之德。若用不以其才，则丑拙陈陋，非所以成其美矣。

长沙湘西岳麓山书院，元是赐额，祖宗时尝命山长主之。今基址皆在，湘山负其背，文水萦其前，静深清旷，真士子修习精庐之地也。至道二年，潭守李允则修而广之，乞降书史以厚民风。天圣八年，漕臣黄总奏乞特授山长进士孙胄一官，当时皆从之。今若令潭守与漕臣兴复旧区，重赐院宇，以某有继述其先人之志，特命为山长，依州县监当官给以廪禄，于以表朝廷崇儒广教之美。

凡学舍诸生不乐近城市，愿居山间者，并听之。俾舒卷数百千年之文，行思坐诵，精一于斯，人一已百，人十已千，庶几愚而能明，柔而能强，可以继古人之后尘，而为方来之先觉矣。（见《胡宏著作两种》卷一，第104-105页）

此时，胡宏的父亲胡安国谢世已是十年。这十年来胡宏一家生活过得不尽如人意，且命运弄人。正如他在信中所述："先人即世，忽已十载。惟是，布衣藜杖，寻壑经丘，劝课农桑，以供衣食……积忧思与勤苦，而齿落发白，夙兴冠栉，引镜自窥，颜色枯槁，形容憔悴，身之穷困，如此足矣。去年复哭子，而今年又丧妇，自嗟薄命，益不敢有意荣进。"这是从侧面表现了这一心态，面对秦桧"留意故家子弟"的诱惑，胡宏在信中断然拒绝"益不敢有意荣进"。（见《胡宏著作两种》卷二，第104页）

是年，胡宏已是43岁，不愿出仕。"业当从事于斯，不敢半途而废，此某之所以逡巡历年，若自弃于门下，未能进而求仕者也。窃伏思念四十三年矣。"（见《胡宏著作两种·与秦桧之书》卷二，第104页）

在《与秦桧之书》中，胡宏向宰相秦桧提出恢复长沙岳麓书院，且有意自荐任书院山长。文曰："今若令潭守与漕臣兴复旧区，重赐院宇，以某有继述其先人之志，特命为山长，依州县监当官给以廪禄，于以表朝廷崇儒广教之美。"（见《胡宏著作两种·与秦桧之书》卷二，第105页）

然胡、秦二人政见不同，秦桧未能成人之美，没有让胡宏出任岳麓书院山长。这表明秦桧"留意故家子弟"的前提是政见必须与他相同。

关于自荐岳麓书院山长一事，《岳麓书院志·前言》所述："湖湘学派创始于胡宏（学者称五峰先生）。他承其父胡安国《春秋》家学，又师事杨时，其学博大精深，人称'绍兴诸儒所造，莫出五峰之上'。绍兴年间，他曾自请为岳麓书院山长，但阻于奸相秦桧而未果。"（见《岳麓书院志·前言》，第11页）

关于胡宏自请为岳麓书院山长一事，历史文献多有记载。清乾隆四十三年（1778），四库全书总纂官纪昀等上书《四库全书·集部·别集类·五峰集提要》，文曰："臣等谨按：《五峰集》五卷，宋胡宏撰。又有（胡宏）《与秦桧之书》，自乞为岳麓书院山长……"

深圳大学王立新教授在《从胡文定到王船山：理学在湖南地区的奠立与开展》一书中如是说："文定公胡安国逝世以后，胡宏全身心凝聚圣人之心，极其用心之至。湘潭碧泉书院和衡山文定书院，地处偏僻、狭隘，本不利于扩大教育的影响，加之家居多有不便。而长沙岳麓书院则地理位置较好，交通相对便利，益于更多士子往来居住。胡宏虽不愿出仕，但寄（冀）望宰相秦桧能够念其旧情，成人之美，乃自荐岳麓书院山长。秦桧未予答复。堂堂大儒的区区愿望，竟然遭受如此冷落，实在令人寒心之至。"

是年，胡宏的夫人唐氏病逝，胡宏甚为悲伤。

十二月二十六日，胡寅撰写了《祭季弟妇唐氏》的祭文。

祭季弟妇唐氏

维绍兴十七年十二月二十六日，伯寅、姆姆翁氏同祭于三十四婶唐氏。

惟灵生自名族，来嫔胡门。逮事尊章，祗肃晨昏。燕及娣姒，情同友昆。相其夫君，克有诸孙。室家令仪，外无间言。历时多难，翼翼辛勤。谓享晚福，以永其年。何期奄忽，命也难论。今当永归，南山之原。酌此家醴，具此常餐。终天永诀，有泪盈巾。魂乎未泯，尚克有闻。

（见《斐然集》卷二十七，第 574 页）

绍兴十八年戊辰（1148），胡宏 44 岁

二月，胡宏幸获得了祖父《宣义胡公墓志铭》。二十年前，即宋高宗建炎三年（1129），湖北荆门大盗蜂集，家居文书数千卷悉为灰烬，而祖考、祖妣志铭亦在焚中。今能从游酢幼子德华处得到，胡宏甚为欣喜。是

年，胡宏撰有《题祖妣志铭》。诚如胡宏在《题祖妣志铭》中所云："绍兴戊辰仲春，得祖考志铭于游揆德华。德华，游酢广平先生幼子也。"胡宏时感慨万分，曰："此吾祖考祖妣之德义行业……今也幸而得之，谨手录而藏之，又将与知敬其祖者传而广之……"（见《胡宏集》，第194—195页）

是年，胡宏有诗：

别全当可

一别贤关二十年，人间万事尽悠然。
堪嗟烽火干戈地，元是衣冠礼乐天。
骑马相逢南纪道，离尊同举大江边。
此时景色如秋色，自古丹青妙莫传。

（见《胡宏著作两种》卷一，第75页）

绍兴十九年己巳（1149），胡宏45岁

胡宏在南岳紫云峰前作小圃，日亲圃事，情见乎辞，时有呈长兄胡寅诗云：

呈伯氏兼简彦达先生

紫盖峰（笔者注：应为紫云峰）前作小圃，日亲圃事，情见乎辞，呈伯氏兼彦达先生。

有志从来不浪忧，只忧心不似前修。
敷菑未竟已头白，待获忘情在晚秋。
自觉才疏胜北海，又无经学震西州。
甘为稼圃南山下，长谢周公愧孔丘。

（见《胡宏集》，第63页）

胡寅赋诗和云：

和仁仲

岩壑风烟可写忧，千竿筼筜净修修。

弟兄无故兼三乐，杯斝相欢第一秋。

仓似墨卿夸楚泽，最宜从事到青州。

胸中固自春风在，小试安能学太丘。

（见《斐然集》卷五，第117页）

胡宏有诗和胡寅：

和伯氏

为园非是学樊须，锄罢归来又读书。

董子不窥缘底事，陶公成趣爱吾庐。

华枝瘦日应抬举，草色回春莫划除。

长遣个中消息在，此生何处不安居。

（见《胡宏著作两种》卷一，第73页）

是年，胡宏有诗云：

春事二首（选其一）

横翠桥南柳色稀，过桥春事那人知。

君如就我问消息，新种海棠开两枝。

（见《胡宏著作两种》卷一，第77页）

是年，二兄胡宁守尚书祠部员外郎。寻改任太常丞。

十二月，胡宁被罢改外任，出为夔州（今重庆市奉节县）安抚司参议官。

绍兴二十年庚午（1150），胡宏46岁

胡寅致仕后，曾在南岳教授生徒，创建书堂曰"不息斋"。

是年，胡宏致书胡寅门人毛舜举，即《与毛舜举》。其文曰："伯氏为题斋名曰'不息'，其意盖曰：'天之所以为天者，至诚无息而已。君子不息，所以法天也。'"（见《胡宏著作两种》卷二，第139页）

是年，长兄胡寅因被诬坐与"李光私史"冤案，被贬果州（今四川省南充市）团练副使，岭南新州（今广东省云浮市新兴县）安置。

胡寅将行时，胡宏心事沉重，依依不舍送行。有诗云：

和伯氏闻雁

随阳群雁逐云低，望断孤鸿万里飞。

不为江湖稻粱乐，几时大许送春归。

（见《胡宏集》，第76-77页）

绍兴二十一年辛未（1151），胡宏47岁

是年，胡宏有诗《简彪汉明》。彪汉明，即彪虎臣，胡宏门人高足彪居正之父。其诗云：

简彪汉明

斯文久寥落，我欲问苍天。苍天默无言，复欲问古先。

古先群圣人，去我三千年。纷纷儒林士，章句以为贤。
问之性命理，醉梦俱茫然。皓月隐重云，明珠媚深渊。
近得程夫子，一线通天泉。荡涤净尘垢，逸驾真无前。
自从丧乱来，鼙鼓声阗阗。日事干戈末，那寻孔孟传。
湘中彪夫子，有志穷益坚。读书文字表，至善时一迁。
老去不自止，直欲求纯全。问我曾点意，乘我舞雩颠。
行年付造化，笑问青铜钱。默契天地心，谁能泥青编。

（见《胡宏著作两种》卷一，第 66 页）

绍兴二十二年壬申（1152），胡宏 48 岁

是年，胡宏撰有《向侍郎行状》。向侍郎，即向子諲，北宋宰相向敏中的五世孙。子諲与胡安国相友善，绍兴元年（1131），胡安国方避地湖南，以书抵秦桧，言："子諲忠节，可以扶持三纲，愿怜其无救而陷于贼，复加收用。"寻知广州，累官至户部侍郎。后因反对秦桧与金人议和，落职居临江。退闲十五年。绍兴二十二年（1152）三月十六日卒，享年 68 岁。胡宏撰写的《向侍郎行状》，洋洋八千余言，可见胡宏与向子諲侍郎交谊绝不一般。（见《胡宏著作两种》卷三，第 152-165 页，亦见《宋史·向子諲传》，第 2045 页）

向子諲（1085—1152），字伯恭，号芗林居士，临江清江县（今江西省樟树市）人，以荫补官，历官江淮发运使，累官至户部侍郎。素与李纲善，李纲罢相，向子諲落职。后复官，知潭州（今湖南省长沙市），金兵围潭州，向子諲率军民坚守抵抗。

是年，长兄胡寅《先公行状》在新州撰写完成，凡三万余言。

绍兴二十三年癸酉（1153），胡宏 49 岁

是年，胡宏在讲学之余，重点研习了《周子通书》，并为之撰写了

《周子通书序》，其文略云，《通书》四十一章，周子所述也。周子名敦颐，字茂叔，舂陵人……今周子启程氏兄弟以不传之学，一回万古之光明，如日丽天，将为百世之利泽；如水行地，其功盖在孔、孟之间矣。人见其书之约也，而不知其道之大也；人见其文之质也，而不知其义之精也；人见其言之谈也，而不知其味之长也。顾愚何足以知之？然服膺有年矣，试举一二语为同志者启予之益乎！患人以发策决科，荣身肥家，希世取宠为事也，则曰志尹之所志，患人以知识、闻见为得而自尽，不待贾而自沽也，则曰学颜回之所学。人有真能立伊尹之志，修颜回之学，然后知《通书》之言包括至大，而圣门事业无穷矣。（见《胡宏著作两种》卷三，第149-150页）

关于周敦颐的学术地位，深圳大学王立新教授在他《从胡文定到王船山：理学在湖南地区的奠立与开展》一书中有过精辟的解读。其文略云：周敦颐被尊为北宋理学的开山鼻祖，但在其生时及其死后相当长的时间里，并没有很高的思想地位，他的地位完全是理学学者们为了道学本身发展的需要而努力营造出来的。这其中用意最精，用力最足，用心最纯的是胡宏。胡宏是道学人中对周敦颐的道学成就和道德地位最早和最有力的推崇者。（见《从胡文定到王船山：理学在湖南地区的奠立与开展》，第33页）

周敦颐（1017—1073），北宋著名的思想家、哲学家、理学家。字茂叔，世称濂溪先生，道州营道（今湖南省道县）人。宋仁宗天圣二年（1024），8岁的周敦颐随母亲来到衡州凤凰山（今湖南省衡阳市第二中学所在地），投奔舅舅郑向。郑向膝下无子，将周敦颐视为己出。在舅舅郑向的教育下，周敦颐在衡州府住了7年，并通读诸子百家著作。庆历元年（1041），周敦颐25岁，被任命为洪州分宁县主簿。庆历七年（1047），出为郴县（今属湖南省郴州市）县令。周敦颐任郴县县令后，在衡州以自己的名字命名设"濂溪书院"，并利用公务空闲期，来这里讲学授徒，开始了他传道授业的生涯，这为他后来著述《太极图说》和《通书》奠定了基础。周敦颐对理学的最大贡献，就是首次为儒学创建了一个宇宙论体系，使儒家伦理的"人道"纳入宇宙论体系的"天道"之中。周敦颐也因此被尊为宋代理学鼻祖。宋神宗熙宁六年（1073），周敦颐卒于江西庐山莲花峰下，享年57岁。

绍兴二十四年甲戌（1154），胡宏50岁

是年，胡宏撰有《祭杨子川文》。杨子川，名训，生年不详，湖南湘潭人。与胡宏兄弟相友善。

祭杨子川文

呜呼子川！元年己酉之冬，我兄弟奉板舆渡岷江而南迈，始识君于熊湘，屈指二十六年。终始保而无亏，常离忧于聚散，今云亡而莫追。

呜呼子川！信先民之有道，友仁以自辅，事贤以自将。我兄弟情与相款狎，美景良辰，往来上下，览衡山之雄秀，观碧泉之清洌。鲙神鲤以食我，酌清泉以饮我。酒酣意得，谈今玩古，目视霄汉，气吐虹霓。或好词以我誉，或正色而相规。生迟莫而不休，心希慕而不退。

呜呼！人谁不生，而子川之生为有知也；人谁不死，而子川之死尚有词也。有知不昧，有词可垂，君蹈常理，又奚以悲？

敬陈薄奠，惟君歆之。（见《胡宏集》，第197页）

绍兴二十五年乙亥（1155），胡宏51岁

是年，抗金名将刘锜，字信叔，加太尉知潭州（今湖南省长沙市）。刘锜或受宰相秦桧之托，"眷顾"五峰先生胡宏，而欲听其言。胡宏曾先后致书刘锜《与刘信叔书五首》。其文大略为，由丁未岁以来，（潭州）屡遭屠破，赤地千里。逮乙卯岁，群盗尽帖之后，州县建置，二十有五年矣。今犹极目蒿莱，开垦不及十之二三者……太尉，国家谋士信臣也，宜

以其实为上言之，若得徭役遂希，赋敛遂薄，劳来安集，数年之后，便可富庶……伏闻载岁天宠，增俸放田，上思旧勋，致此恩数，深原其旨，可为太尉贺，又可为天下忠臣义士贺也……治道以恤民为本，而恤民有道，必先锄奸恶，然后善良得安其业；而锄奸恶之道，则以得人为本也……岳庙百五十年间，天降之灾者再矣……五岳与皇天上帝并为帝，则天道乱矣。又况岳神者，总集一方之诚，通天通地，变化莫测……遂建此议以复古制，则大善矣……荆湘之间，有主户不知爱养客户，客户力微，无所赴诉者……或丁口蕃多，衣食有余，稍能买田宅三五亩，出立户名，便欲脱离主户而去……若主户者不知保爱客户，呼之以奴狗，用之以牛羊……则主户之罪也……如愚言或可采，当官者能合议，画为条目，行下一路，以称明天子倚仗仁贤、教养斯民之意，不胜幸甚。（见《胡宏著作两种》卷二，第114-117页）

十月二十日晚上，宰相秦桧中风死。

十一月，宋高宗令胡寅等所勒停编管诸人任便居住。

十二月，宋高宗令果州团练副使胡寅为徽猷阁直学士，致仕。

绍兴二十六年丙子（1156），胡宏52岁

三月，胡寅离开谪居六年的新州，回到居地南岳。

闰十月乙卯，宋哲宗朝元祐年间丞相刘忠肃之曾孙刘芮，葬其皇考开州太守、皇妣孺人蔡氏于潭州湘西谷山之原。胡宏为其撰写《刘开州墓表》："推芮三世，专以修其天爵，负荷世业。芮毅然之气激切动人，念念以不能从先志返葬岭北为深忧。自癸酉岁至于丙子，居厄穷中，卒克成其志者……"（见《胡宏著作两种》卷三，第166页）

秦桧死后，名臣好友张浚、陈武同、汪应辰、凌九夏等人纷纷向朝廷推荐胡宏入朝为官。召命至时，胡宏未赴任。以疾辞。（见《胡宏集·代

序》，第2页）

闰十月，长兄胡寅病逝于衡州，享年59岁。

胡寅的逝世，胡宏甚为悲痛。为缅怀追忆，有诗为云：

忆伯氏三首

（一）

又见雁南飞，远行人未归。

西风吹白发，肌瘦不胜衣。

（二）

又见雁南飞，行人几岁归。

朔风吹病体，独对雪霏霏。

（三）

又见雁南飞，远人音信稀。

东风吹梦去，一见貌颀颀。

（见《胡宏著作两种》卷一，第84页）

绍兴二十七年丁丑（1157），胡宏53岁

是年，胡宏就胡宪好佛一事，致书远在福建崇安家乡的堂兄胡宪，即《与原仲兄书二首》。其文有云："兄在家有孝悌之行，居乡有信善之实，行之于身而安，施之于父母、妻子而顺，于性命之理得矣，奈何又弗察而推信之耶？"（见《胡宏著作两种》卷二，第117-119页）

绍兴二十八年戊寅（1158），胡宏54岁

是年，胡宏有致好友、学者樊茂实的书信，即《与樊茂实书》。书信主要是议论抨击国事，而在这些有关时政的文章中，胡宏的一个基本态度

便是坚决主张抗金，反对和议卖国。时胡宏已年过半百，生活贫困，长期的教学研习，致使身体状况每况愈下。正如他在文中所云："丙午岁暌异至戊子（笔者注：戊子，应为戊寅），才一通问，以迄于今。仰惟进德，不可量也……某年余半百，多病已衰，不足为世用矣，所以区区进言者，蝼蚁天性，疾痛切身，不得已也。"（见《胡宏著作两种》卷二，第120-121页）

是年，胡宏在《与汪圣锡书》中有云："某年龄虽未，齿发已衰，迩来疾病益侵，待尽而已。"（见《胡宏著作两种》卷二，第121页）

汪圣锡（1118—1176），名应辰，字圣锡，信州（今江西省上饶市）人。宋高宗绍兴五年（1135），年甫十八岁的汪应辰举进士第一名。累官权吏部尚书。因刚正言直，为秦桧所忌，流落岭峤十七年。宋孝宗淳熙三年（1176）二月病逝，享年59岁。

绍兴二十九年己卯（1159），胡宏55岁

是年孟春，胡寅门生之子毛以谟拜请胡宏为不息斋书堂作记。

不息斋，是胡宏长兄胡寅创立的衡麓学派曾经使用的书斋，故时人又尊胡寅为衡麓先生。胡宏为此撰有《不息斋记》，文曰："绍兴二十有九年春，友生毛子（毛子，即毛以谟，胡寅门生毛舜举之子）请曰：'以谟斋房，衡麓先生名曰'不息'。惟义之奥，至今十年，若存若亡，请先生辞而达之……予闻其言，喟然叹曰：'先兄既为子名，我其可不敷畅厥义，以励子志？'……大哉言乎！舜禹知之乎！吾徒其可以日月至焉而已乎？孔子曰：'学而时习之'，此不息之端也。言有尽旨无穷，有志于道者可忽诸？"（见《胡宏著作两种》卷三，第144-145页）

绍兴二十九年己卯，张栻辑录孔子弟子颜渊的言行为《希颜录》，立志以儒家圣贤为榜样，以道为己任。张栻闻说五峰先生胡宏在衡山传播二

程之学，呈《希颜录》上下篇，以书信形式向胡宏请教。（见《张栻集·前言》第3页）

绍兴二十九年己卯，张栻（宣公）二十七岁。侍居永州。时闻衡山胡五峰先生传程氏之学，遂寓书质疑求益，哀集颜子言行，为《希颜录》上、下篇。（见《张栻年谱》，第10页）

是年，胡宏受邀撰《赵监庙墓表》："君讳睦之，我宋太祖皇帝弟魏王之五世孙裔孙也。以祖在检校少保镇潼军节度使荫补入右选，积阶至秉义郎。绍兴二十九年八月乙卯宴坐而终，享年五十有九。娶张氏，子五人：公远、公通、公达、公适、公巡。二女早卒，一女未笄。孙男二人：彦回、彦弓。以十月壬申，葬于天柱峰南官塘之原……靖康二年春，京师沦陷，君奉母夫人，携幼弟、孤侄、南奔寓于衡山……尝监岳祠……"（见《胡宏著作两种》卷一，第166-167页）

是年，胡宏撰有《谭知礼哀词》。谭知礼，潭州人（一说湘潭人），北宋官员谭世绩之族侄，胡安国的门人，胡宏好友。谭知礼本富有，原拟碌碌读书从众为举子事。绍兴三年，闻胡安国来寓衡山，决定放弃科举，受业安国门下。抱《春秋》经三传，阅《资治通鉴》，一直在先生左右，至文定殁才离去。之后，谭知礼遣两个幼子来南岳居萧寺读书，不舍昼夜，以坏器盛粗饭菜羹而食。谭知礼终身未科举出仕，且早丧。

后二十年，二稚子长者夭，少者颇能忆其父事，固穷，事母孝，以读书立身。特前来拜见五峰先生，且泣曰："自先人重遭不幸，其孤不肖，至今未有铭文。知先人者，惟先生在，敢以请。"胡宏为之铭。铭曰：周公而上，大道行；孔圣、孟氏而下，大道不明，仁义充塞。千百五年有二程，天下诸方见者，教育各有成。惟我先君子（安国公），挺然后生，知之以闻。晚岁卜居衡山之下，慕而后者有如君（谭知礼），不幸知命死。苗而不秀，知者悲辛！（见《胡宏著作两种》卷三，第170-171页）

是年十二月，胡宏二兄胡宁病逝，享年 59 岁。

绍兴三十年庚辰（1160），胡宏 56 岁

是年，胡宏撰有《彪君墓志铭》。彪君，即彪虎臣，字汉明。其先"出于楚斗谷于菟，实楚令尹子文侯世，著姓于卫君，七世祖避李唐中叶之患，自山东徙于潭州湘潭县"。彪虎臣是为湘中著名学者，"君之学，本诸六经，泛观百氏，无所不通"。胡安国父子徙居湘潭碧泉，彪虎臣曾从胡安国、胡宏游，彪虎臣之子彪居正为胡宏门生高足，故胡宏与彪氏家人相交友善，情感笃厚。彪居正与张栻同为胡宏门人，胡宏逝世后，张栻与彪居正将湖湘学派发扬光大，使之进入全盛时期。张栻出仕以后，彪居正出任岳麓书院山长，继续掌院事。

彪居正之父彪虎臣逝世后，彪居正曾向恩师胡宏请状。九年之后，即绍兴三十年又拜请胡宏为先父撰墓志铭。

胡宏与彪氏父子亦师亦友，故所撰写的《彪居墓志铭》情真意切，凡一千五百余言。其文略曰：君讳虎臣，字汉明，生七十五年，绍兴二十有二年卒。卒之日，湘中贤士大夫失声叹息曰："善人亡矣！"子有一人，将葬于湘潭沿湖之源，其子泣而请叙其行治，求铭……终身与人交，惟恐其有不善。父子兄弟朋友之间，有争忿欲离绝者，以为之洗磨瑕垢，复相和好。邻有幼孤，以门内阋夺，潜寄橐中巨万，君哀而受之，长而归之，无毫发取。奉上不过恭，接下不轻狎。爱重故旧，犯而不校。胸中了然，不妄臧否。遇人饥寒，解衣推食。君之学，本诸六经，泛观百氏，无所不通。甚不喜浮屠学。我仲氏（胡宁）被召造朝，访以治道……我伯氏（胡寅）及向公子复交，以书喻之，君虽不得辞，而终自愧。自春陵周先生死，湘中学者无所师承。吾先君（胡安国）南渡熊湘，君一见则有得于心，及其子长，遂命受业于门矣。将启手足，命（彪）居正曰："尔其卒业于文定之门……"后九年，（彪）居正再拜而前曰："楚衡（胡寅）先生既终矣，铭先人之墓者，舍先生谁可为之？"（见《胡宏著作两种》卷

三，第 168-170 页）

是年，胡宏表兄范伯达逝世。胡宏撰有《祭表兄范伯达文》。（详见本年谱第 393-394 页）

时张栻之父，宋高宗朝知枢密院事张浚落职奉祠，侍居永州（今湖南省永州市），当闻听胡宏身体有恙，且久治不愈，于是以书信问候，并访得名医为胡宏诊治。（见《胡宏著作两种·与张敬夫》，第 126 页）

是年，八月十五中秋节，为怀念已辞世的长兄胡寅、次兄胡宁。胡宏有诗云：

中秋对月忆伯仲

人在西南分楚越，天转金风更凄切。
此时何事最关情，团圆独对中秋月。

（见《胡宏著作两种》卷一，第 79 页）

是年，堂弟胡实字广仲、侄儿胡大原，皆以诗呈胡五峰公。胡宏时虽病魔缠身，然还是作诗五绝奉寄。

绝句五首

实弟以诗来督作会文，又因大原侄寄声，欲作不速。此文人狂客所为，非素所望也。今以五绝奉寄，虽小阻高兴，若能从而绎之，则有味也。

我病死无日，经书更穷年。
少年宜若厉，诗酒勿留连。

苦参道难学，放肆事容易。

入脚不可深，骎骎成自弃。

天道方愈怒，在人宜敬身。
望于经史内，严自作工程。

岁月叹逾迈，入门事业难。
战兢曾子意，岂可遂阑珊。

我祖生文定，杰然继真儒。
门风早衰飒，吾弟意何如？

（见《胡宏著作两种》卷一，第85页）

自绍兴二十九年以来，张栻与胡宏虽尚未谋面，但就学术方面的疑难之处，张栻不断以书信往来形式求教五峰公胡宏。

是年冬，胡宏就诸多学术问题答疑，给张栻回复了一封书信，即《与张敬夫》。

与张敬夫

愚无知，而贤者过听，以为似有所闻，可与论学，下问以为仁之方。世衰道微，及此者鲜，过望幸甚！第某孤陋，不足以发贤者之深思也，然蒙谦下之诚，不敢虚辱，请试道愚见私意，害仁贤者之言是也。

如令尹子文之忠，似不可谓之私意，而孔子不以仁许之；如陈文子之清，亦似不可谓之私意，而孔子亦不以仁许之。仁之道大，须见大体，然后可以察己之偏，而习于正。乍见孺子入井之时，孟子举一隅耳，若内交，若要誉，若恶其声，此浅陋之私，甚易见也。若子文之忠，文子之清，而不得为仁，则难识也。敬夫试思之，此言或有理。幸深思之，则天地之纯全，古人之大体，庶几可见乎！

又寻常士子讲学，举疑义欲相滋益，其不复嗣音者多矣。向以子文、

213

文子不得为仁之义闻于左右，左右久而不忘，复以见教，此所以加于人一等也。来教曰："仁岂易言哉！须会于言意之表，而的然有见焉，可也。"此言诚是也。某反复来教，以左右未能进于此者。然则欲进于此，奈何左右试以身处子文、文子之地，按其事而绳以仲尼之道，则二子之未知者，庶几可见，而仁之义可默识矣。孤陋据所到而言，未必是也，惟留意裁察，幸甚！

又示谕子文、文子之说，善矣。然犹是缘文生义，非有见于言意之表者也。子思曰："思事亲，不可以不知人；思知人，不可以不知天。"仁也者，人之所以为天也。须明得天理尽，然后克己以终之。以圣门实不与异端空言比也。空言易晓，实际难到。所以颜回、仲弓亚圣资质，必请事斯语，不敢以言下悟便为了也。敬夫高明谦下，愚见及此，不敢不告。然亦未必便是极致也。有以见教，却望毋惜。

又，学圣人之道，得其体必得其用。有体而无用，与异端何辨？井田、封建、学校、军制，皆圣人竭心思致用之大者也。秦汉而下，兴者虽是英雄，亦岂能胜于圣人哉！改制立法，出其私意，一世不如一世，至于近世，坏乱极矣。欲复古者，最是田制，难得便合法，且井之可也。封建，择可封者封之，错杂于郡县之间，民自不骇也。古学校之法，今扫地矣。复古法与今法相增减亦可也。军制，今保伍之法犹在，就其由增修，循使之合古，行之二十年，长征兵自减，而农兵日盛。但患人不识圣人因天理、合人情、均平精确、广大悠久之政，不肯行耳。图尽是死法，无用也。心之精微，笔舌岂能既哉？其法具在方册，只是散乱不成条理，精考精思，便自可见。

又，时蒙不弃，访以大道，殊激颓衷。夫理不穷，则物情不尽；物情不尽，则释义不精；义不精，则用不妙；用不妙，则不能所居而安；居不安，则不能乐天；不能乐天，则不能成其身矣。故学必以穷极物理为先也，然非亲之，则不能知味。惟不知味也，故终有疑，必待人印证也。左右既进乎实弟，必敬以持之，高明博厚，日进无疆，圣门有人，幸甚！幸甚！

又，不意尊夫人倾背，伏惟孺慕号绝，何以堪居！然先王制礼，归于一者也。所以消息以道，毋过摧伤，勉襄大事。古之人进德修业，正在难处之间，要不失至理而已。

又迭蒙相公亲翰之赐，又蒙特遣名医为之切脉察病，而叔父处又传致钧念之厚，下情感戴，不可言陈。窃伏自念，所以得此者，岂不以其粗能安贫守道，或不玷其先人故乎！大君子顾盼浚进，成人之美，幸甚！幸甚！

愚望相公推此心，广收天下真才实能忠信之士，使无遗弃，以俟明天子赫然震怒，欲匡天下，图仕旧勋，则拔茅连茹，使各尽其器用，临时无乏，使之嗟而中原可复矣。此固相公之素有，区区之意，自不能已耳，不敢专札尘渎告代次，致此愚诚。

又，比得款论，窃识左右胸中正矣，大矣。大体既是，正好用功，近察诸身，远察诸物，穷竟万理，一以贯之，直造寂然不动之地，然后吉凶与民同患，为天之所为矣。此圣门事业也，敬夫勉之哉！则又有进于左右者，尧授舜，舜授禹曰："人心惟危，道心惟微。""微"，言微妙也；"危"，言无常也。故孔圣自十五志于学，积十五年工夫，然后敢以自许。自是而后，每积十年工夫而一进，未至从心所欲不逾，方才纯是道，心与天无二。故《中庸》称孔子之德，终以天地之所以为大结之，更不称仲尼也。

今之学者少有所得，则欣然以天地之美为尽在己，自以为至足矣。就世俗而言，亦可谓之君子，论于圣人之门，乃是自暴自弃耳。左右方妙年，所见大体已是，知至矣，当至之；知终矣，当终之。则曾颜地位，何患不到？敬夫戒之哉！乾乾不舍，工夫深后，自然已不得也。今且当以速成为戒耳。

某病渴已十余年，又见中外兄弟皆不寿，心常不自保。道学不明，卒至禽兽，逼人甚矣，未有能振起者。敬夫资禀颖异，故乐以告，不自知其愚也。有不中理，却幸指摘，当益思其所未至。

又，辱示《希颜录》，足见稽考之勤，辄忘固陋，肆笔写其所闻，未必皆当也。敬夫所得，却以见告，至望！

先贤之言，去取大是难事，如《程子语录》去取："颜子，合下完具，只是小，要渐渐充扩之。"此乃常人，非颜子也。既是小，则如何谓之完具？若论秉彝，则人人完具也，何独颜子？颜子所以资禀过人者，正以其大，便有一个合德于天地气象也。此段正先生所谓"一两字错，便转了，只知得他意"。此类是矣。又如《正蒙》云："颜氏之进，则欲一朝而至焉，可谓好学也已。"似如此迫切，亦说颜子未着也。《文中子》之言，诞漫不亲切，扬子云浅陋不精通，《庄子》"坐忘"费力，"心斋"支离；《家语》如"不容，然后见君子"，恐亦未于陋也。敬夫猛勇精进，诸人有未到处，他日当自见，以下喻谦勤，故不敢不摘其一二也。

又，《庄子》之书，世人狭隘执泥者，取其大略，亦不为无益。若笃信君子，句句而求，字字而论，则其中无真实妙义，不可依而行也。其说夫子奔轶绝尘事，类如此矣。如关西夫子说颜子之叹，于颜子分上虽未精当，然正学者之所当有事也，与"欲一朝而至"迫切之语，盖不同矣。龟山"如"字之解，左右之论是也，某之意，《希颜录》如《易》《论语》《中庸》之说，不可瑕疵，亦须真实见得，不可瑕疵，然后可也。其它诸说，亦须玩味，于未精当中求精当。此事是终身事，天地日月长久，断之以勇猛精进，持之以渐积熏陶，升高自下，陟遐自迩，故能有常而日新，日新而有常，从容规矩，可以赞化育，参天地而不过也。（见《胡宏著作两种》卷三，第124-128页）

是年，胡宏又有《题张敬夫〈希颜录〉》。（见《胡宏集》，第192页）

是年，胡宏与时年30岁的朱熹也有诗文交往。（详见本书第252页）

绍兴三十一年辛巳（1161），胡宏57岁

春，张栻29岁，始欲当面拜师求教五峰先生。胡宏以体病为由予以拒绝。张栻不明其意，特请五峰先生弟子孙蒙正前往探底。五峰答以"渠家学佛"。按《宋元学案》云：初，南轩见先生，五峰辞以疾。它日，见孙正儒而告之。孙道五峰之言曰："渠家好佛，宏见他说甚！"南轩方悟不见

之因。于是再谒之，语甚相契，遂授业焉。（见《宋元学案》，第1382页）

据清王开琸《张栻年谱》言：春，宣公侍忠献公旋潭州，因谒拜胡五峰于碧泉书堂。五峰见之，知为大器，即告以所闻圣门论仁亲切之旨。公退而思之，若有得也。旋以书质五峰，报之曰："圣门有人，吾道幸矣。"（见《张栻年谱》，第11页）

又据张栻《答陈平甫》云："始时闻五峰胡先生之名，见其话言而心服之，时时以书质疑求益。辛巳之岁，方获拜之于文定公书堂。先生顾其愚而诲之，所以长善救失，益有在语言之外者。然仅得一再见耳，而先生没。"（见《张栻集》卷二十六，第1156页）

张栻拜师求学胡宏五峰公一事，朱熹在《右文殿修撰张公神道碑》中说："公讳某，字敬夫，故丞相魏国忠献公嗣子也。生有异质，颖悟夙成，忠献公爱之。自其幼学，而所以教者，莫非忠孝仁义之实。既长，又命往从南岳胡公仁仲先生问河南程氏学。先生一见，知其大器，即以所闻孔门论仁亲切之指告之。公退而思，若有得也，以书质焉，而先生报之曰：'圣门有人，吾道幸矣。'"（见《张栻集》，第1637页）

绍兴三十一年（1161），张栻前往衡山拜见胡宏，问河南程氏之学，五峰一见，知其大器，即以所闻孔门论仁亲切之指告之。张栻遂得为胡宏弟子。（见《张栻集·前言》，第3-4页）

是年，张栻遂来到湘潭碧泉书院，正式行拜师之礼，成为胡宏得意门生。南轩受学五峰，这是湖湘学派发展史上一件大事。胡宏高度赞赏了南轩的才华，认为其人可继圣道，得之甚喜："圣门有人，吾道幸甚。"（见《从胡文定到王船山：理学在湖南地区奠立与开展》，第71页）

《张栻年谱》引民国胡宗楙《张宣公年谱》云："绍兴三十一年辛巳，

二十九岁。禀魏公命，从胡仁仲先生问河南程氏学，一见知其大器，即以所闻孔门论仁亲切之旨告之。"（见《张栻年谱》，第36页）

又据日本高畑常信《张南轩年谱》云："绍兴三十一年辛巳，南轩二十九岁。十月二十五日，张浚以观文殿学士判潭州。十一月四日，张浚判建康府兼行宫留守。受命之翌日，即从长沙出发去建康，张南轩与之同行。"（见《张栻年谱》，第120-121页）

门人高足张栻拜师离去之后，胡宏很是依依不舍。之后，胡宏在《与孙正孺》书信中特别提及："敬夫特访陋居，一见真如故交。言气契合，天下之英也。见其胸中甚正且大，日进不息，不可以浅局量也。河南之门，有人继起，幸甚！幸甚！"（见《胡宏著作两种》卷二，第138页）

张栻（1133—1180），南宋官员、著名学者。字敬夫，又字钦夫，号南轩，学者称南轩先生。南宋中兴右相张浚长子。汉州绵竹（今属四川）人。宋孝宗隆兴元年（1163），张栻以荫补右承务郎，踏入仕途，成为一名没有进士功名的南宋官员。历官除直秘阁。宋孝宗乾道初年（1165），张栻在长沙创建城南书院，乾道二年（1166），得时任潭州知府、湖南安抚使刘珙之聘任，张栻主持主讲岳麓书院。培养了一大批门人子弟，使湖湘学派的规模达到空前盛况，一时门生多达千余人。乾道五年（1169），出为严州知府，召为吏部侍郎兼权起居郎侍立官；知袁州，静江，广南西路经略安抚使；湖北路转运使，改知江陵府兼湖北路安抚使。诏为右文殿修撰。卒于任上，享年48岁。谥曰宣。

张栻与朱熹、吕祖谦齐名，时称"东南三贤"。

刘珙（1122—1178），南宋大臣。字共甫，抗金将领、名臣刘子羽的长子，建宁崇安（今福建省武夷山市）人。登进士之科，监绍兴府都税务。历官秘书少监、中书舍人、知泉州、衢州、潭州，拜中大夫、同知枢密院事、知荆南府、湖北安抚使，累官至参知政事。刘珙曾两度出知潭州

（今湖南省长沙市）兼湖南安抚使。任上恤民、安民，兴办教育，聘请张栻主讲岳麓书院，卒开湖湘之学。

是年，胡宏有诗：

示二子

此心妙无方，比道大无配。妙处果在我，不用袭前辈。
得之眉睫间，直与天地对。混然员且成，万古不破碎。

体道识泰否，涉世随悲欢。迹滞红尘中，情寄青云端。
早年勤学道，晚节懒为官。心活乾坤似，机员身自安。

（见《胡宏集》，第 68 页）

《示二子》一诗，或为胡宏病重之际给儿子胡大壮、胡大时兄弟俩的嘱托。从诗的大意来看，胡宏告诫他们兄弟俩，不必承袭前辈的想法，也不应该被前辈的杰出成就所震慑，要努力发挥自己的主观能动性。诗中还谈到了将来如何处理读书与做官的关系。

大壮、大时兄弟早年均有慧名，晚年不为官累，皆自得其乐。大时求师访贤，讲学论道；大壮守家看茔，著述以教子孙。

绍兴三十二年壬午（1162），胡宏 58 岁

是年春夏之交，一代儒宗、哲学大家、湖湘学派开创者五峰公胡宏在书院与世长辞，享年 58 岁。葬湘潭县龙穴山（今湘潭县排头乡隐山村），祔父胡安国与母亲王氏令人墓右。

关于胡宏的卒年目前有多个版本：

1. 卒于宋高宗绍兴二十五年（1155）。此说是依据《宋史·胡宏传》所云，（秦）桧死，（胡）宏被召，竟以疾辞，卒于家。

2. 卒于宋高宗绍兴三十年（1160）。此说是依据清光绪《中湘涌田胡氏七修谱》所载，五峰公生于大观二年（1108），卒于绍兴三十年（1160）庚辰九月初六日。享年53岁（亦见清嘉庆《清泉胡氏谱》）。

3. 又民国丙寅《衡相胡氏九修通谱》载：五峰公生于宋徽宗大观二年（1108）六月初九日，卒于宋光宗绍熙三年（1192）九月初六日。依此说，五峰公当享寿85岁。

4. 卒于宋高宗绍兴三十一年（1161），此说是依据中华书局《胡宏集·代序》所述，胡宏生于宋徽宗崇宁四年（1105），卒于宋高宗绍兴三十一年（1161），享年57岁。

5. 卒于宋高宗三十二年（1162），享年58岁。此说是依据中华书局《张栻集》卷三十《答陈平甫》书信所云："文定公《春秋传》。今送一秩去。五峰先生所著《皇王大纪》。五峰未易箦半年前，某见之，求观此书，云：'此书千疮百孔，未有伦序，未可抬出，若病少间，当相与考订之。'后来某得本于其家，殊未成次第，然其论数十篇可得后便录寄。"（见《张栻集》卷三十，第1229-1230页）

张栻《答陈平甫》一文，可以理解为：一是五峰先生著述的《皇王大纪》，张栻在绍兴三十一年（1161）十月拜师胡宏时，《皇王大纪》一书尚未完全定稿；二是胡宏逝世的时间是在张栻拜见恩师五峰公半年之后。以此类推，张栻拜师胡宏是绍兴三十一年十月间，那么半年之后，应在绍兴三十二年（1162）春夏之交前后。

又清代学者全祖望曰：愚考五峰之卒在绍兴之末（笔者注：宋高宗皇帝的绍兴年号，只有三十二年）。王梓材在校补《宋元学案·五峰学案》时，亦从此说；并推测胡宏卒于宋高宗绍兴三十二年（1162）四月前后。

2008年湖湘文库、岳麓书社出版了《胡宏著作两种》。深圳大学王立新教授为该书校点，并撰写《前言》，关于胡宏的个人简介表述为：胡宏（1105-1162），字仁仲，福建崇安人，学者称五峰先生。（见《胡宏著作两种·前言》，第 1 页）

2018 年中华书局出版的《张栻师友门人往还书札汇编》第 28 页，表述胡宏的生卒年为：胡宏（1105-1162）。

综上所述，五峰公胡宏卒年为宋高宗绍兴三十二年（1162）四月前后，享年 58 岁，应可信。

关于胡宏子男的记述。典籍文献记载，胡宏子男三：长子其名不详，于绍兴十六年（1146）夭折，次子大壮，季子大时；清嘉庆《清泉胡氏谱》载，胡宏子男三：常恺、常悁、常惺。清同治《崇安胡氏谱》记载：胡宏子男四：大经、大本、大壮、大时；清光绪《湘潭涌田胡氏七修谱》记载，胡宏子男二：常悁、常惺；民国丙寅《衡湘九修胡氏通谱》记载，胡宏子男三：常恺、常悁、常惺。

又据元至正年间（1341—1368）鄜县儒学训导、常宁大平山胡氏始迁祖胡衍，字介夫，于明洪武二年（1369）撰写的《鄜县桃花源序》所云："吾始祖胡文定公季子曰宏，字仁仲，号五峰，饱饫经史，抑志弗仕，由衡岳游郴州之桂东，营草堂以居，生四子曰文嵩、文光、文聪、文政，徙于庐阳石泉……"派开桂东、炎陵、常宁、汝城等地胡氏。

胡宏去世以后，湖湘学派进入了第三个全盛时期。第三个时期，张栻实际成为湖湘学派学术领袖的时期，但张栻不愿称山长，以示对恩师胡宏的尊崇。

胡宏一生著述颇丰，有《五峰集》《知言》《皇王大纪》等。1987 年，中华书局"理学丛书"辑有《胡宏集》；2008 年，岳麓书社出版的《胡宏著作两种》，列入《湖湘文库》；2013 年 12 月，商务印书馆将清《四库全书》版胡宏《皇王大纪》，用宣纸刊印出版发行，全书 524 页，共十八册，56.7 万余字。

宋·胡宏著（屈路明摄影）

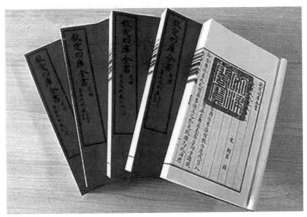

宋·胡宏著《皇王大纪》（图照来自孔网）

附录 胡宏《知言》语录节选

引 言

《知言》是一部记录胡宏论学之语的哲学著作，并反映了胡宏的政治思想、伦理道德观、教育思想等。其体例与《论语》同，随笔札记。此书屡经改订而成。现传本分六卷，并有标题，这是明人修订的结果。此书"传于世实甚久，凡后学之自伊洛者皆知，敬信服行，如洙泗之有孔氏"。其对湖湘学者的影响尤其深远。

张栻称此书言约义精，"是程氏正脉"。吕祖谦认为此书胜过张载《正蒙》。朱熹在称赞此书"思索精到之处殊不可及"的同时，对其中的"性无善恶""天体人欲同体异用"等观点提出质疑，与张栻、吕祖谦反复讨论，作《知言疑义》。实际上，被朱熹作《知言疑义》而删去的许多见解，有些正是胡宏思想中比较有特色的、进步的东西。（见《胡宏集·代序》，第8-9页）

知言卷一

胡子曰：诚者，命之道乎！中者，性之道乎！仁者，心之道乎！惟仁者为能尽性至命。

观日月之盈虚，知阴阳之消息。观阴阳之消息；知圣人之进退。

义者，权之行也。仁，其审权者乎！

静观万物之理，得吾心之悦也易；动处万物之分，得吾心之乐也难。是故仁智合一，然后君子之学成。

财出于九赋，兵起于乡遂，士选于庠塾，政令行乎世臣，然后政行乎百姓，而仁覆天下矣。

有毁人，败物之心者，小人也。操誉人成物之心者，义士也。油然乎物各当其分而无为者，君子也。

修身以寡欲为要，行己以恭俭为先。自天子至于庶人，一也。

万物生于天，万事宰于心。性，天命也。命，人心也。而气经纬乎其间，万变著见而不可掩，莫或使之，非鬼神而何？

法制者，道德之显尔；道德者，法制之隐尔。天地之心，生生不穷者也。

学进，则所能日益；德进，则所能日损不已。而天则所能亡矣。

道不能无物而自道，物不能无道而自物。道之有物，犹风之有动，水之有流也。

一阴一阳之谓道。有一则有三，自三而无穷矣。老氏谓"一生二，二生三"，非知太极之蕴者也。

物之生死，理也。理者，万物之贞也；生聚而可见，则为有，死散而不见，则为无。

天地之生万物，圣人之生万民，固其理也。老聃用其道，计其成，而以不争行之。

知言卷二

胡子曰：寡欲之君，然后可与言王道，无欲之臣，然后可以言王佐。

志仁则可大，依仁则可久。

有其德，无其位，君子安之；有其位，无其功（德），君子耻之。

水有源，故其流不穷；木有根，故其生不穷；气有性，故其运不息；德有本，故其行不穷。孝悌也者，德之本欤！

有聚而可见谓之有者，知其有于目，故散而不可见者谓之无。有实而可蹈谓之有者，知其有于心，故妄而不可蹈者谓之无。

知几，则物不能累，而祸不能侵。不累于物，其知几乎！

处己有道，则行艰难险厄之中，无所不利。失其道，则有不能堪而忿欲兴矣。是以君子贵有德也。

或往或来，天之所以为道也；或语或默，士之所以为仁也；或进或退，臣之所以事君也；或擒或纵，兵之所以为律也；或弛或张，王之所以化成于天下也。

中者，道之体；和者，道之用。中和变化，万物各正性命而纯备者，人也，性子极也。

君子畏天命，顺天时，故行惊众骇俗之事常中。小人不知天命，以利而动，肆情妄作，故行惊众骇俗之事，必其无忌惮而然也。

首万物，存天地，谓之正性；备万物，参天地，谓之正道；顺秉彝，穷物则，谓之正教。

仲尼之教，犹天地造化万物，生生日新，无一气之不应，无一息之或已也。

气主乎性，性主乎心。心纯则性定而气正；气正，则动而不差。动而有差者，心未纯也。

以理义服天下易，以威力服天下难。理义本诸身，威力假诸人者也。本诸身者有性，假诸人者有命，性可必而命不可必。性存则命立，而权度纵释在我矣。是故善为国者，尊吾性而已。

有德而富贵者，乘富贵之势以利物；无德而富贵者，乘富贵之势以残身。富贵，人之所大欲；贫贱，人之所大恶。然因贫贱而修益者多，因富贵而不失于昏淫寡。则富贵也，有时而不若贫贱矣。

学欲博，不欲杂；守欲约，不欲陋。杂似博，陋似约，学者不可不察也。

修为者，必有弃，然后能有所取；必有变，然后能有所成。

鱼生于水，死于水；草木生于土，死于土；人生于道，死于道。

知言卷三

胡子曰：江河之流，非舟不济，人取其济则已矣，不复留情于舟也；涧壑之险，非梁不渡，人取其渡则已矣，不复留情于梁也。人于奉身，济生之物皆如是也，不亦善乎！

有源之水，寒洌不冻。有德之人，厄穷不塞。

事物之情，以成则难，以毁则易。足之行也亦然，升高难，就卑易；舟之行也亦然，溯流难，顺流易。

非性无物，非气无形。性，其气之本乎！气之流行，性为之主；性之流行，心为之主。

人欲盛，则天理昏；理素明，则无欲矣。处富贵乎，与天地同其通；处贫贱乎，与天地同其否。

一身之利，无谋也；而利天下者，则谋之。一时之利，无谋也；而利万世者，则谋之。

物不独立，必有对，对不分治，必交焉，而文生矣。物盈于天地之间，仁者无不爱也。故以斯文为己任，理万物而与天地参矣。

事物属于性，君子不谓之性也，必有心焉，而后能治。裁制属诸心，君子不谓之心也，必有性焉，然后能存。

不仁，则见天下之事大，而执天下之物固，故物激而怒，怒而不能消矣。感物而欲，欲而不能止矣。穷理尽性，以成吾仁，则知天下无大事，而见天下无固物。虽有怒，怒而不迁；虽有欲，欲而不淫矣。

智不相近，虽听言而不入；信不相及，虽纳忠而不受。

人尽其心，则可与言仁矣；心穷其理，则可与言性矣；性存其诚，则可与言命矣。敬则人亲之，仁则民爱之，诚则鬼神享之。

人者，天地之精也，故行乎其中而莫御；五行，万物之秀气，故物为之用而莫违。

古之学者求天知，今之学者求人知。古之仕者行己，今之仕者求利焉尔。

知言卷四

胡子曰：天理人欲，莫明辨于《春秋》，圣人教人，消人欲，复天理，莫深切于《春秋》。

大哉，性乎！万理具焉，天地由此而立矣。世儒之言性者，类指一理而言尔，未有见天命之全体者也。

凡天命所有而众人有之者，圣人皆有之。

万物皆性所有也。圣人尽性，故无弃物。

情一流，则难遏；气一动，则难平。流而后遏，动而后平，是以难也。

诚，天道也。人心合乎天道，则庶几于诚乎！不知天道，是冥行也。冥行者，不能处己，乌能处物？处物失道而曰诚，吾未之闻也。

义理，群生之性也；义行而理明，则群生归仰矣。敬爱，兆民之心也。敬立而爱施，则人心诚服矣。感应，鬼神之情性也。诚则能动，而鬼神来格矣。

处之以义而理得，则人不乱；临之以敬而爱行，则物不争；守之以正，行之以中，则事不悖，而天下理矣。

合以义，正合也，理不得不合也。不得不合而合，天与人一矣。合不以义，苟合也。君子不为也。

为天下者，必本于理义，理也者，天下之大理也；义也者，天下之大用也。理不可以不明，义不可以不精。理明，然后纲纪可正；义精，然后权衡可平。

性定，则心宰。心宰，则物随。

阴阳升降有道，刚柔屈伸有理，仁义进退有法。知道者可与论政，知理者，可与谋事；知法者，可与取人。知道者理得，知理者法得。是以君子贵知道也。

礼义多者，情实必不足，君子交际宜察焉；言词巧者，临断必不善。君子选用，宜察焉。

孝也者，为仁之本也。仁也者，大学之本也。学者志于仁，必求所以为仁，故子游，子夏问孝，皆初学之时也。

孔子十五而志于学，何学也？曰：大学也，所以学修身、齐家、治国、平天下之道也。

自高则必危，自满则必溢。未有高而不危，满而不溢者也。是故圣人作易，必以天在地下为泰，必以损上益下为益。

阳中有阴，阴中有阳，阳一阴，阴一阳，此太和所以为道也。始万物而生之者，乾坤之元也。物正其性，万古不变。故孔子曰："成之者性。"

人心应万物，如水照万象。应物有诚妄，当其可之谓诚，失其宜之谓妄。

知言卷五

胡子曰：复义为信，不复义为罔。践理为信，不践理为罔。

事有大变，时有大宜，通其变，然后可为也；务其宜，然后有功也。

诚，天命；中，天性。仁，天心。理性以立命，惟仁者能之。委于命者，失天心；失天心者，兴用废。理其性者，天心存；天心存者，废用兴。达乎是，然后知大君之不可以不仁也。

养天下而享天下之谓君，先天下而后天下之谓君。反是者，有国危国，有天下危天下。

欲修身，平天下者，必先知天；欲知天者，必先识心；欲知心者，必先识乾。乾者，天之性情也。

君子居敬，所以精义也。理与义，所以和顺于道德也。盛德大业，至矣哉！

奉天而理物者，儒者之大业也。圣人谓天为帝者，明其心也。

天者，道之总名。子者，男子之美称也。

知言卷六

胡子曰：《易》《诗》《书》《春秋》者，圣人之道也。圣人之道若何？曰：圣人者，以一人理亿兆性之德性，息其争夺，遂其生养者也。

天地，圣人之父母也；圣人，天地之子也。诚者，天之道也。

天地根于和，日月星辰根于天，山川草木根于地，而人根于天理之间者也。有其根，则常而静，安而久。常、静、安、久则理得其终，物遂其性。

命有穷通，性无加损。尽其性，则至于命。贵贱命也；仁义性也。

（引自岳麓书社《胡宏著作两种》、中华书局《胡宏集》）

五、胡宪年谱

胡宪(1086—1162)，南宋官员，著名学者。字原仲，号籍溪，建州崇安(今福建省武夷山市)人。胡安国的侄子。稍长从文定公学。宣和二年(1120)，取得乡试(省级)第一名，有幸觐见宋徽宗。次年，胡宪试于礼部，名落孙山。之后回到家乡籍溪，讲学行医。绍兴六年(1136)，宋高宗赐胡宪进士出身，授左迪功郎，添差建州州学教授。是年，胡宪赴建州州学供职。由于胡宪有学行，名扬乡里，生徒

胡宪像(来自《崇安胡氏谱》，胡良忠提供)

纷至沓来。南宋东南三贤，就有朱熹、吕祖谦二贤从其门下。绍兴二十二年(1152)，受龙图阁直学士福建安抚使张宗元之召入幕府，为安抚司属官。后因政见不合，辞。绍兴三十年(1160)，75 岁高龄的胡宪赴京都临安任馆职，寻以左迪功郎守秘书省正字。明年，特改左宣教郎奉祠台州崇道观致仕。绍兴三十二年(1162)，胡宪卒，享年 77 岁。谥靖肃。著有《论语会义》等。

（一）北宋元祐元年至靖康元年
（1086—1126）

宋哲宗元祐元年丙寅（1086），胡宪出生

胡宪在建州崇安县开耀乡籍溪里村（今福建省武夷山市五夫镇胡坊村）出生。

胡宪的祖父胡旦，是胡安国父亲胡渊的同胞长兄。父亲胡淳居家，保留耕读精神。胡宪生而沉静端悫，不妄言谈，稍长，从文定公学。（见《宋史·胡宪传》）

宋徽宗崇宁元年壬午（1102），胡宪 17 岁

胡宪前往湖北荆门，从学于堂叔胡安国。"弱冠而学，有志四方。发轫蓬蒿，至于临漳。"临漳代指荆门军，以其在漳水之滨而称之。少从其叔父文定公传《论语》学。"日从季父文定公游，文定公又益以尧舜孔孟道学授受之，详为之讲贯演绎，曲尽精微，究极博大。"（见朱熹《祭籍溪胡先生文》）

是年，胡安国改任提举湖南学事，胡宪又侍左右。

胡安国强学力行，以圣人为准，典学从教。"教人大抵以立志为先，以忠信为本，以致知为穷理之源，以主敬为持养之道。"胡宪从学于叔父胡安国，亲见叔父尽心躬事父母双亲，深受感染；跟随其学习儒家的基本经典和基础课程，比较系统地接触到传统的儒家经典，尤其是二程之学，从而奠定了一生思想、学术的基础。

宋徽宗大观元年丁亥（1107），胡宪 22 岁

胡宪在潭州（今湖南长沙）侍文定公左右。"宪大观初年在长沙侍文定公左右，每听说上蔡先生之学问，以谓其言善启发人。"（见胡宪《谢显道语录跋》）

是年，胡安国被罢湖南学事，求田问舍于荆门漳水之滨。由是，胡宪随同叔父胡安国回到荆门居家，并系统地向叔父问学。

宋徽宗政和元年辛卯（1111），胡宪 26 岁

是年，胡宪由乡贡入京师太学学习。

胡宪在太学期间，本该应科举，却偏又遇到当年十一月十五日"元祐学禁"。故科考未能如期举行。

政和二年壬辰（1112），胡宪 27 岁

是年，崇安县五夫里乡白水人刘勉之"逾冠，以乡举诣太学"。胡宪与刘勉之既为同乡，又有联姻关系，胡宪两娶刘氏，皆为白水先生刘勉之之妹。时蔡京用事，强制推行王安石等人编写的教材《三经新义》《字说》等为科举取士必读之书，不许士大夫读史作诗，禁挟元祐书，还禁止传播伊洛之学。于是胡宪、刘勉之，中夜偷读河南程氏的著述，私下传抄背诵。然胡宪等突破专制文化，为之后的科举考试付出了沉重代价。

政和三年癸巳（1113），胡宪 28 岁

胡宪在太学期间，恰好谯定在京师讲学授徒，胡宪与刘勉之便向前辈叩问《易》学。谯定，字天授，涪州（今重庆市涪陵）人。少喜《周

易》，后从程颐学《易》，据说得其真传，造诣甚深。后归隐不仕，人不知其所终，蜀人尊称"谯夫子"。

胡宪从学谯定，久而未得，问先生何故？谯定告以："盖心为物渍，故不能有见，唯学乃可明耳！"胡宪感叹说："所谓学者，非克己功夫也焉？"从此专心向学，不求为人所知。（见《从胡文定到王船山：理学在湖南地区的奠立与开展》，第180页）

政和四年甲午（1114），胡宪29岁

胡宪千里迢迢到太学读书，就是为了获取功名。然胡宪所学内容与科举考试脱节，偏离了当时的科举考试大纲，因此也难取得功名，不得不离开太学。

胡宪离开太学，回到荆门叔父胡安国身边侍学，对此前的科举考试失利做了反思，且静下心来读书备考。

政和五年乙未（1115），胡宪30岁

是年，胡安国的母亲吴令人在荆门病逝。丁母忧，胡安国在荆门守孝。

胡宪陪伴叔父侍学，读书备考。

政和六年丙申（1116），胡宪31岁

胡安国在荆门居家守制，研习《春秋》。
胡宪在荆门读书备考。

政和七年丁酉（1117），胡宪32岁

胡安国研习《春秋》已十余年。

胡宪在叔父家仍读书备考。

宋徽宗宣和元年己亥（1119），胡宪 34 岁

胡安国父胡渊在湖北荆门病逝，享年 71 岁。
胡宪求学攻坚克难，期盼明年乡试取得优异成绩。

宣和二年庚子（1120），胡宪 35 岁

是年秋，胡宪取得乡试（省级）第一名。时因中举人太多，遂改为各
地乡试第一名觐见皇上，胡宪很荣幸地见到了宋徽宗皇帝。此时的宋徽宗
才 38 岁，精神奋发，给胡宪留下了很深的印象。

宣和三年辛丑（1121），胡宪 36 岁

是年三月，胡宪参加礼部组织的科举取士应试，应试地点在辟雍内的
礼部贡院，由于胡宪临场发挥不好，科举应试名落孙山。
于是，胡宪从汴京返回，专程赴洛阳拜见谯定先生，继续问《易》。
是年，建德军青溪人方腊举行农民起义，东南各地战火连天，多少也
波及建州，好在胡宪在动乱之前已经回到家乡。

时胡宪真切地感受到坎坷遭遇和苦涩人生，于是归隐故里籍溪，力田
卖经以奉其亲。由于居室多年失修，胡宪便动手修筑山居，以应接从游
者。而交游者日众，其中就有刘勉之、刘子翚等。
胡宪、刘勉之、刘子翚皆为武夷文士，且分别以家乡山水取号。胡宪
以自家门前的籍溪取号，刘勉之以家乡白水取号，刘子翚以家居屏山下取
号；故学者分别称他们为籍溪先生、白水先生和屏山先生，合称武夷三先
生。且三位先生都是闽中北部地区布衣中的清流君子。
然而，武夷三先生聚会，日以讲论切磋之事，已不是"成名"，而是

"成己"。胡宪有云:"朋友之道,亲如兄弟,相结以诚,相责以善,切磋扶持,必期至于有成而后已。"(见胡宪《屏山集序》)

宣和四年壬寅(1122)至宣和六年甲辰(1124)

为照顾父母,加之时北宋社会的动荡不安,胡宪逐渐打消科举念头。虽说是乡试第一名"解元"出身,如今却常常要自己去打点耕种与卖药,以满足日常生活之需。在外人看来,"解元"离"进士"只有一步之遥,只要努力读书,终有一天能蟾宫折桂。

在朋友督促下,胡宪仍孜孜不倦地读书。好友刘子翚曾赋诗赞云:

> 满空寒雨杂飞烟,湖上先生拥褐眠。
> 借问茅斋容客否?夜灯相伴读书编。

(见《屏山集》卷十八)

宣和七年乙巳(1125),胡宪40岁

十二月,金国大军两路侵宋。宋徽宗赵佶禅位太子赵桓,自称太上皇。赵桓继位,是为钦宗。改明年为靖康元年。

宋钦宗靖康元年丙午(1126),胡宪41岁

六月,胡安国至京师,宋钦宗在后殿接见胡安国,君臣商谈甚欢。宋钦宗令胡安国任词掖,安国以有病为由辞。

十月,金兵攻入北宋京都汴京(今河南省开封市),宋钦宗赵桓前往金营和谈,被金兵扣押。

十二月,宋钦宗奉上降书向金国投降,自此北宋败亡。史称"靖康之难"。

（二）南宋建炎元年至绍兴三十二年
（1127—1162）

宋高宗建炎元年丁未（1127），胡宪42岁

胡宪在家乡读书、耕种与卖药。

建炎三年己酉（1129），胡宪44岁

是年，胡宪的父亲胡淳在崇安籍溪里去世。

是年冬季，叔父胡安国一家因避战乱，从湖北荆门迁居至湖南湘潭碧泉。

"籍溪尝云：建炎间，勤王之师所过州县，如入无人之境，恣行擒掠，公私苦之。有陈无玷者，以才略称。尝作某县，宿戒邑人，各备器械，侯闻钟声，则人执以出，随其所居，相比排列。未几，勤王之师入县，将肆纵横之状，即命击钟。邑人闻之，如其宿戒以出，师徒见戈矛森列，不虞其有备若此也，相顾失色，遂整师以过，秋毫无犯，邑人德之。"（见《朱子语类·宋朝史事人物》，第196页）

建炎四年庚戌（1130），胡宪45岁

胡宪居家守孝，孝友忠信，乐天安命，过着耕作、卖药、讲学的简单生活。叔父胡安国称侄儿胡宪有"隐君子操"。

是年，叔父胡安国的夫人王氏在湘潭碧泉病逝。

宋高宗绍兴元年辛亥（1131），胡宪46岁

时，胡宪与赋闲在家的南宋大臣、抗金将领刘子羽相识，交往甚笃。

于是刘子羽极力向朝廷推荐胡宪。

绍兴二年壬子（1132），胡宪 47 岁

是年，宋高宗令胡安国入朝供职，胡安国上《时政论》二十篇。

绍兴三年癸丑（1133），胡宪 48 岁

是年，叔父胡安国辞官回湖南，由于兵荒马乱，全家人在奔逃中于秋七月会聚于南岳衡山。

绍兴五年乙卯（1135），胡宪 50 岁

胡宪仍在崇安籍溪讲学、耕作、卖药，过着一介布衣的简单生活。

绍兴六年丙辰（1136），胡宪 51 岁

四月，刘勉之致书给在邵州知府任上的胡寅，责其不归见生母，是为不孝。然胡寅对此事一概不知。因此胡安国致书信刘勉之，责备刘勉之离间他们父子关系。

是年，胡宪好友，亦即当时名臣吕祉、折彦质、范冲、朱震、刘子羽、吕本中等十人以胡宪有学行，先后向朝廷举荐胡宪。宋高宗垂意遗逸，首召布衣谯定、尹焞以处士入讲筵，其后束帛之聘若王忠民之忠节，张志行之高尚，胡宪、刘勉之之力学，则赐进士出身。

吕祉（1092—1137），南宋大臣。字安老，建州建阳（今福建省南平市）人。北宋宣和三年（1121），太学上舍释出身。南宋建炎元年（1127）高宗即位后，吕祉任右正言。宋高宗绍兴元年（1131）为荆湖提刑。三年（1133）升直龙图阁知建康府。五年（1135）召为中书门下省检正诸房文字，寻除兵部侍郎兼户部侍郎，给事中。六年（1136），迁刑部侍郎、都

督府参议军事，俄迁吏部侍郎。七年（1137）迁兵部尚书、督府参谋军事，往淮西抚谕诸军。时宋军副统制郦琼因惧抗金，遂率全军四万人渡淮降金国扶植的傀儡皇帝刘豫。是年八月，吕祉率军欲追回郦琼，至三塔，距淮仅三十里，吕祉下马苦言相劝无果，且大骂郦琼。郦琼反叛已定，遂将兵部尚书吕祉杀害，年 46。

九月二十四日，朝廷诏令"建州布衣胡宪特赐进士出身，并授左迪功郎，添差建州州学教授"。

胡宪虽在十六年前，即宋徽宗宣和二年（1120）取得乡试第一名，成为举人，还有幸见到了宋徽宗，可接下来的礼部进士考试，却名落孙山。十六年后的今天，胡宪已年过五十，仍是一介布衣。

胡宪能得到赋闲在家的南宋大臣、同乡刘子羽的举荐。并且刘子羽还联络多位故交、朝臣官员共同推荐，可见胡宪的人品与学养绝非一般。

是年，宋高宗诏令"建州布衣胡宪特赐进士出身"。这让远在千里之外南岳衡山著书讲学的叔父胡安国非常感激，特致书信表示祝贺："宪侄比蒙恩命，皆昆仲平日奖提之所及也。感佩之意，言不能喻。安国再启。"

九月己丑，建州布衣胡宪特赐进士出身，添差建州州学教授。胡宪，安国从兄子也，有学行，累召不至。（见《宋史全文·宋高宗》卷十九下，第 1467 页）

胡宪时已年过半百，以母老辞，累召不至。时建州太守魏矼遣有行义诸生到籍溪胡宪家送达诏书，并附亲笔信，力陈大义。于是胡宪只好答应就职，偕同老母和眷属前往建州。

魏矼（1097—1151），宋代官员，字邦达，和州历阳（今安徽省马鞍山市和县）人。唐代丞相魏知古后也。宋徽宗宣和三年（1121）进士第。历官宣教郎、枢密院计议官、考功郎、监察御史、殿中侍御史、迁秘书少监。寻除直龙图阁、知泉州，以亲老辞。宋高宗绍兴六年（1136）知建州。寻召还，除权吏部侍郎。未几，丁父忧。免丧，除集英殿修撰、知宣州，不就。改提举太平兴国宫，自是奉祠，凡四任。宋高宗绍兴二十一年（1151），卒，享年55岁。

胡宪登坛向诸生讲授《论语》等。"日与诸生接，训以为己之学。闻者始而笑，中而疑，久而观其所以修身、事亲、接人者，无一不如所言，遂翕然悦服"。（见《宋史·胡宪传》）

诚如朱熹撰《籍溪先生行状》所云："一时贤大夫闻其名者，亦皆注心高仰之。"

是年十月，叔父胡安国令胡宁、胡宏兄弟赴建州就刘勉之书信一事，去见时任建州教授的胡宪。两位弟弟的到来，令胡宪非常高兴。

绍兴七年丁巳（1137），胡宪52岁

是年，叔父胡安国《春秋胡传》上呈朝廷，深得宋高宗赞赏，并赐其银绢三百匹两，以奖励其著述《春秋传》之辛苦。胡安国力辞，宋高宗不允，遂受赐。胡安国离开崇安已是四十年，此时虽定居在湘潭碧泉和南岳衡山紫云峰下，却不忘故园与族人。于是将朝廷赐金交付时任建州教授的侄儿胡宪，令其修缮书堂，资助崇安贫困亲属与乡邻。（见《斐然集·先公行状》卷二十五，第521页）

是年，胡宪奉叔父胡安国之命，按旧制重修胡氏书堂，以教授学子。

今《湘潭涌田胡氏族谱》收有胡安国写给侄儿胡宪的两封书信，其中一封记录了胡安国将朝廷赏赐的银绢交由胡宪承建书堂，教书育人之事。（见《从胡文定到王船山：理学在湖南地区的奠立与开展》，第65页）

绍兴八年戊午（1138），胡宪53岁

四月十三日，叔父胡安国病逝于书堂正寝，享年65岁。

胡安国卒，谥文定。胡宪将崇安籍溪的胡氏书堂改名"文定书堂"，扩大招收学子规模，在家乡作普及教育。

在建州州学教授任上，胡宪聘请了名闻乡里的优秀学人程元、龚何参与教学与学政管理。

绍兴九年己未（1139），胡宪 54 岁

在建州州学教授任上。

绍兴十年庚申（1140），胡宪 55 岁

在建州州学教授任上。

四月，胞弟胡寅自湖南回建州见其生母。

是年秋，朱熹的父亲朱松来建州城南环溪精舍，与胡宪相识相聚约有一年半时间。

朱松为北宋末知名的理学家，与刘子羽、胡宪、刘勉之、刘子翚等学者名士相友善，是泉州开讲理学第一人，享有"闽学开宗"之誉。

朱松（1097—1143），宋代学者，官员。字乔年，号韦斋，生于徽州婺源（今江西婺源），进士出身后，举家入闽为官，历任政和县尉、尤溪县尉。后得名相张浚推荐，绍兴七年八月改宣教郎，除秘书省正字，寻改著作郎、吏部员外郎。参修《神宗正史》，哲、徽两朝《实录》。因反对秦桧向金议和，被贬任江西饶州知州，未赴任。寻奉祠归闽。病逝，年47。著有《韦斋集》。

绍兴十一年辛酉（1141），胡宪 56 岁

胡宪仍在建州教授任上。

由于朱松与胡宪相友善，年幼的朱熹始聆听籍溪教诲。

绍兴十二年壬戌（1142），胡宪 57 岁

胡宪在建州州学教授任上已是七年。胡宪历经荆门官学、潭州官学和太学教育，又饱受"靖康"亡国之恨，知道培养人才的重要性。首任建州州学教授时，他尽心尽职，教导诸生，不遗余力。自绍兴六年至十二年，经过胡宪的教育，在建州州学就读的士子面貌发生很大变化，取得了良好的教学效果。

是年冬，胡宪以母亲年事已高，不宜居官舍为由，辞去州学教授。并请得监衡山南岳庙这份闲职以归。诚如朱熹撰写的《籍溪先生胡公行状》所云："先生讳宪，字原仲，姓胡氏，建州崇安人，故侍读南阳文定公从兄之子也。祖耸、父淳皆不仕……先生生而沉静端悫，不妄言笑。稍长从文定公学……文定公称其有隐君子之操……乃授左迪功郎，添差建州州学教授……秩满，复留者再，盖七年不徙官。而太夫人年益高，不乐居官舍，求得监南岳庙以归"。（见《全宋文》，第 319 页）

绍兴十三年癸亥（1143），胡宪 58 岁

三月二十四日，朱熹的父亲朱松终因心情久郁不舒病逝，享年 47 岁。临终前，朱松反复思考托孤问题，最终作出决定，把家事托付奉祠家居五夫的好友刘子羽，又致书道学密友胡宪、刘勉之和刘子翚，希望他们能培育朱熹。朱熹生于宋高宗建炎四年（1130），朱松去世时，朱熹只有 13 岁。在病榻上朱松对幼儿朱熹说："籍溪胡宪、白水刘勉之、屏山刘子翚，此三人者，吾友也。其学皆有渊源，吾所敬畏。"令朱熹以师事之。

朱松临终前，令儿子朱熹禀学于胡宪、刘勉之、刘子翚三先生之门，确有深层的含义。武夷三先生都曾入太学深造，功力深厚，且不负好友临终重托，不遗余力地指导朱熹读书和应试，共同培养朱氏独苗，力图青出于蓝而胜于蓝。

胡宪精通中医，回到家乡后还开了一家药铺，取名"胡居士熟药正铺"，遇到病人则坐诊于熟药正铺，为人把脉开方。在宋代，儒者通医的情况并不稀见。

胡宪还做了很多药牌，分格悬挂。既为乡民解难，又以微薄之收入维持生计。开药铺挂牌对胡宪教学有很大启发，于是他把需要记诵的古今名人贤士的名言，以纸誊抄，粘贴在书堂墙上，要求学生背诵精熟。这一点对朱熹来说可谓印象深刻。朱熹晚年回忆说："籍溪教诸生于功课余暇，以片纸书古人懿行，或诗文铭赞之有补于人者，粘置壁间，俾往来诵之，咸令精熟。"（见《朱子语类》卷一〇一）

绍兴十四年甲子（1144），胡宪 59 岁

是年，朝中又有人利用胡寅身世问题做文章，企图以不孝之名再次打击胡寅。胡寅本是胡宪胞弟，但胡寅此前对自己的身世并不知情，于是胡宪致书宰相秦桧替胡寅说明情况。

绍兴十五年乙丑（1145），胡宪 60 岁

是年，著名学者、官员，胡宪好友吕本中时卧病在床，赋诗寄胡宪、刘勉之。

病中寄胡原仲刘致中

累月不寄书，我病亦在床。仰见出林鹤，如睹二子翔。
冰壶贮秋月，所至有辉光。僻郡足风雨，深春犹雪霜。
闽水远而清，闽山深且长。何时一尊酒，更复议行藏。

（见《从胡文定到王船山：理学在湖南地区的奠立与开展》，第 93 页）

吕本中（1084—1145），宋代官员，学者。字居仁，号紫微，世称东莱先生，寿州（今安徽凤台）人。北宋哲宗朝宰相吕公著之曾孙。以荫补

官，宋高宗绍兴六年（1136），召赴行在，特赐进士出身。历官起居舍人中书舍人兼侍讲、知台州，召为太常少卿，兼权直学士院，会《哲宗实录》成。后以忤秦桧被罢，提举太平观。绍兴十五年（1145），卒，享年62 岁。谥文清。有《春秋解》等行于世。

绍兴十六年丙寅（1146），胡宪 61 岁

九月，致仕后的胡寅，回到崇安籍溪里省亲，居住达半年多时间。

是年，时年 17 岁的朱熹专程赴恩师胡宪家，拜会了崇拜和仰慕已久的胡寅。

据朱熹后来回忆说："胡致堂议论英发，人物伟然。向尝侍之坐，见其数杯后，歌孔明《出师表》，诵张才叔自靖人自献于先王义、陈了翁奏状等，可谓豪杰之士也。"又云："胡致堂说道理，无人及得他。"（见《朱子语类》卷一〇一）

是年，十月二日，刘子羽卒，朱熹献哀诗二首。（见《朱熹大辞典·朱熹年谱》，第 761 页）

刘子羽（1086—1146），南宋官员、抗金将领。字彦修，资政殿学士刘韐长子也。建州崇安（今福建省武夷山市）人。宣和末，韐帅浙东，子羽以主管机宜佐其父。会金人入，父子相誓死守，金人不能拔而去，由是知名。除直秘阁，知池州。张浚宣抚州、陕，辟子羽参议军事。宋高宗绍兴二年（1132），以功拜利州路经略使兼知兴元府。四年（1134），因富平兵败事与张浚俱罢，责单州团练副使白州安置。六年（1136），张浚还朝，议合兵大举，乃请刘子羽，令谕旨西帅，以集英殿修撰知鄂州。未几，权都智府参议军事，抚谕州陕。寻以徽猷阁待制知泉州。七年（1137），淮西郦琼叛，张浚罢相。八年（1138），子羽白州安置。十一年（1141），枢密使张浚荐刘子羽复元官，知镇江府兼沿江安抚使。以不附秦桧，十二年

（1142）罢，提举太平观。绍兴十六年（1146），卒，享年60岁。

绍兴十七年丁卯（1147），胡宪62岁

胡宪教人，重视道德教育。

是年，胡宪母亲病逝，胡宪尤为悲伤。

时朱熹在家温习功课迎考。当朱熹学习遇到困难时，便去问学于籍溪先生，朱熹不仅深受教育，也深受启发。

朱熹本身天资不凡，又得父亲朱松与胡宪等老师多年精心栽培。是年八月，朱熹顺利通过建州秋试。

冬十二月，六经堂掌门人刘子翚去世。好友的生离死别，对年已62岁的胡宪打击极大。

刘子翚（1101—1147），宋代学者、理学家、教育家，字彦冲，学者称其屏山先生。建州崇安（今福建省武夷山市）人。父刘韐，北宋大臣，死于"靖康之难"。兄刘子羽，南宋官员，抗金将领。刘子翚以父荫授右承务郎。历真定府幕属、通判兴化军。后疾辞至家，专事讲学授徒。事继母吕氏，教育侄子刘珙，以孝友名闻乡里。与胡宪、刘勉之交相得，每见讲学外无杂言。受好友朱松临终前之托，与胡宪、刘勉之共同教育培养年少的朱熹。宋高宗绍兴十七年（1147）卒，享年47岁。

绍兴十八年戊辰（1148），胡宪63岁

是年，19岁的朱熹举进士。可以说胡宪等三先生施教的心血没有白费。

之后，朱熹之学既博求于经传，复遍交当世有识之士，得延平李侗真传。

绍兴十九年己巳（1149），胡宪64岁

是年，好友刘勉之辞世。武夷三先生仅存胡宪。

刘勉之（1091—1149），宋代学者、理学家、教育家，字致中，学者称其白水先生。建州崇安五夫白水（今福建省武夷山市上梅乡）人。以乡贡入太学。时宰相蔡京严禁元祐书，伊洛之学不得传。刘勉之与同窗学友胡宪秘藏和传抄程氏之书，并潜心研读。又师从杨时、谯定。后辞离太学至家，即邑近郊结草为堂，读书其中，力耕自给，淡然无求于世。与胡宪、刘子翚相往来，日以讲论切磋为事。绍兴间，中书舍人吕本中疏其行义志业以闻，特召诣阙。秦桧方主和，虑刘勉之见皇上持正论，乃不引见。勉之与秦桧不合，谢病归。杜门十余年，朱熹父朱松卒，受其嘱托，与胡宪、刘子翚三君子共同培养教育尚不足14岁的朱熹。宋高宗绍兴十九年（1149），刘勉之卒，年59。

绍兴二十年庚午（1150），胡宪65岁

六月，胞弟胡寅因坐宰相秦桧制造的"李光私史"冤案，被贬谪新州（今广东省云浮市新兴县）安置。

绍兴二十二年壬申（1152），胡宪67岁

是年，胡宪受龙图阁直学士福建安抚使张宗元之召入幕府，为属官。后因与张宗元在盐法改革上政见不合，是年十二月二十八日，胡宪便以奉岳祠请而归。

十二月，福州旧法民岁输钱而受盐于官，其后不得盐而输钱如故，故民多私鬻，而官亦不问。至是，张宗元知州事，始再榷盐，犯法者滋多，人不以为便。安抚司属官胡宪上书于宗元，告以为政大体。宗元不悦久

之，宪请岳祠而去。(见《宋史全文·宋高宗》卷二十二上，第1761页)

绍兴二十三年癸酉（1153），胡宪68岁

胡宪奉祠请，离开福建安抚使司属官之职任，回到家乡籍溪继续讲学授徒。

绍兴二十五年乙亥（1155），胡宪70岁

胞弟胡寅在新州谪居已是第六个年头了。胡寅《读史管见》在新州书成。

十月，宰相秦桧死。

十二月，宋高宗令胡寅为徽猷阁直学士致仕。

绍兴二十六年丙子（1156），胡宪71岁

四月十三日，《崇安胡氏谱》告竣。《崇安胡氏谱》是胡宪倡导和主修的，时年71岁的胡宪为之《序》。

崇安胡氏谱序

吾家自上世以来，性气刚烈，是非曲直断然不欺。虽在布衣，处闾阎，无势位可以动人，而邻里之有争讼者，往往取决于一言而两解焉，已是声称豪于一乡。至于事亲从兄，又多以孝悌闻。尝记曾祖十四公有二兄，虽已异居，每事必先咨长兄，次咨仲兄；二兄不取，而后取二兄许，行而后行。如张墩葬地是也。

曾祖妣余太君感末疾，十年不离床席。饮食起居、梳沐盥漱、便暗，皆须人抱负扶掖，人疼痛一来，则呻吟号呼，挛束战掉，速加捏捺，摩拊不停手；良久而后，少定子孙妇女，左右奉侍，惟惧不如其意。祖妣章太君、妣

余氏、叔祖妣吴氏令人，更互直侍，衣不解带，目不交睫，朝夕匪懈。

余太君常慰劳之曰："吾无以报汝等，天当祐汝等。"吴令人果膺福庆，是生文定公，登巍科，历显任，其立朝正色直言，无所假借，所以纳忠君父之意，虽死不忘。宪昔侍文定公居漳滨十五年，见其躬事，二亲可谓尽之矣；奋由白屋，二亲安乐享禄养者二十年；皆生受官邑之封，此人间所稀有。令人慈母也，通诗书达义理，愉颜柔色以事之不足为艰。

中大公严毅豪勇不可少犯，文定所以事之者未始循其意，每每以正道开说中大，久而益亲信之。有晚生儿女三人，初以为虑。文定视之如一，嫁幼妹与己女，装遣奁具无少异。中大临终以二荆授文定曰："二弟若不才，为汝之羞，可严教之。"文定泣对曰："誓不忍挞之。"其后循循善诱，以学术迪以道义立之，婚宦皆克有成立，至使一家烝烝。虽妇女儿童咸知恭顺之道，实由文定躬行之化所及也。

孔子曰："人之行，莫大于孝。"又子曰："孝悌也者，其为仁之本。"与后代子孙当务勉行孝悌，以无忝所生庶几，门风益振，家声不坠，岂不善哉！吾既作宗系记，因叙其事于卷末，以告尔在后之人，尚克念之。

宋绍兴二十六年四月十三日　宪书

（见清同治十二年《崇安胡氏谱》）

绍兴二十七年丁丑（1157），胡宪72岁

胡宪师事文定，但晚年好佛老。居家也与周边寺院僧人交往甚密，如密庵道谦等。其论说遭到堂弟、一代大儒胡宏的批评："顷观来书，颇推信释氏，此误之大者。"

是年，胡宏致书信胡宪，即《与原仲兄书二首》。

与原仲兄书二首

其一

顷观来书，颇推信释氏，此误之大者，某辄有献焉。

河南先生，举世皆以为得圣人之道者，其言曰："道外无物，物外无道。"是天地之间，无适而非道也。兄不事科举，杜门读书，有晨昏之奉，室家之好，嗣续之托，交朋友，使奴隶，夏葛冬裘，渴饮饥食。必如是行之，而后慊于心。此释氏所谓幻妄粗迹，不足为者，曾不知此心本于天性，不可磨灭，妙道精义，具在于是。圣人则寂然不动感而遂通，而百姓则日用而不知耳。盖不可以有适莫也。

今释氏不知穷理尽性，乃以天地人生为幻化。此心本于天性，不可磨灭者，则以为妄想粗迹绝而不为，别谈精妙者谓之道，则未知其所指之心，将何以为心？所见之性，将何以为性？言虽穷高极微，而行不即乎人心，兄以为最亲切，得无未之思乎？

昔孔子下学而上达，及传心要，呼曾子曰："吾道一以贯之。"曷尝如释氏离物而谈道哉？曾子传子思，亦曰"可离非道也"。见此，则心迹不判，天人不二，万物皆备于我，反身而诚，天地之间，何物非我？何我非物？仁之为体要，义之为权衡，万物各得其所，而功与天地参焉。此道之所以为至也。释氏狭隘偏小，无所措其身，必以出家出身为事，绝灭天伦，屏弃人理，然后以为道，亦大有适莫矣，非邪说暴行之大者乎？

方今圣学衰微，自非真积力久之儒辞而辟之，则天下之祸未易息矣。昨寄《答曾漕书》去，兄以书来曰："叔以主张名教为心，其论甚正。"名教，释教，岂有心于分别？惟其是而已矣。释教是也，名教非也，而欲主张名教，则私心矣。言岂能正乎？名教是也，释教非也，则言必名教矣。岂有心于主张耶？其有心于主张者，贰以私心也。言贰岂能正乎？大人所言，盖任理而言，以辟邪说，非苟以主张名教为心而已也。

兄力学有年，行义信于乡党，后进之所矜式，愿益弘圣人之正道，勿过听释氏之邪说，时赐警诲，某之愿也。

其二

昨蒙报教，反覆十读，谨思自得之至言，博求之大论，以为学道之规程，知言之蹊辙，不敢忘也。至于致疑圣人，以为未尽；推信释氏，以为要妙。则愚意之所未安。

释氏与圣人，大本不同，故末亦异。何以言之？五典，天所命地；五常，天所性也。天下万物皆有则，吾儒步步着实，所以允蹈性命，不敢违越也。是以仲尼从心而以不逾矩为至，故退可以立命安身，进可以开物成务。圣人退藏于密，而吉凶与民同患，寂然不动感而遂通天下之故，体用合一，未尝偏也。不如是，则万物不备。万物不备，谓反身而诚，某不信也。释氏毁性命，灭典则，故以事为障，以理为障，而又谈心地法门，何哉？纵使身心休歇，一念不生，以至成佛，乃区区自私其身，不能物我兼忘，与天下大同也。以其不识本宗，故言虽精微，行则颠沛，其去仁远矣！正是小智自私之流，谓之大觉，可乎？若大本既明，知言如孟子，权度在我，则虽引用其言，变腐坏为神奇，可矣。若犹未也，而推信其说，则险、诐、淫、荡、奇、邪、流、遁之词，善迷人之意，使之醉生梦死，不自知觉。故伊川谓学者于释氏，"直须如淫声、美色以远之"，非苟言也。

兄在家有孝弟之行，居乡有信善之实，行之于身而安，施之于父母、妻子而顺，于性命之理得矣，奈何又弗察而推信之耶？不知释教有圣人所未尝言者何道？言而未尽者何事？乞一一见教。

至如《文中子》谓："佛为西方圣人，施之中国则泥。"夫圣人与天地合德，其生则有方所，其道岂有方所，而施之中国则泥哉？且其教，天竺国人自不可皆从之，其泥而不可行，施于四夷、八蛮皆然，何独中国？使天伦可已，秉彝可灭，则有行而不泥之方矣。然乌有是哉？

肆笔纵言，尚幸垂诲。（见《胡宏著作两种》卷二，第 117—119 页）

是年，朱熹出任同安主簿已是三年，卸任后带着门人回到籍溪五夫里，仍就儒家经典中的一些疑难问题向恩师胡宪讨教，胡宪尽可能答疑解难。

绍兴二十八年戊寅（1158），胡宪 73 岁

随着朱熹的学问长进，在刘子翚、刘勉之去世之后，胡宪的学问已不能满足朱熹求学所需。此时的胡宪只能为朱熹收集资料提供参考用书等，且已年老力不从心。

正月十一日，朱熹抱着"困学"求解之心，徒步数百里，往南剑州拜师李侗先生，当面请问"忠恕一贯"之旨等。

朱熹曾盛赞恩师李侗的学问，谓："自从侗学，辞去复来，则所闻益超绝。"

李侗（1093—1163）南宋学者、理学家，"南剑三先生"之一。字愿中，世称延平先生。杨时再传弟子，朱熹恩师。南剑州剑浦（今属福建南平）人。李侗 24 岁时，闻郡人杨时门人高足罗从彦得河洛之学，遂以书信谒之，并从之累年。授《春秋》《中庸》《论语》《孟子》之说。学成后，李侗退居山田，谢绝世故四十余年，讲学传道，启迪后学，答问不倦。朱熹曾三次登门求教，卒得其传。宋孝宗隆兴元年（1163），卒，享年 71 岁。李侗一生未有著述，语录有朱熹所编《延平答问》。

绍兴二十九年己卯（1159），胡宪 74 岁

四月十八日，胡宪应朱熹之邀，为其所删定的《上蔡语录》撰跋。上蔡先生，即谢良佐，字显道，程门高足，宋代著名学者。

谢显道语录跋

宪大观初年在长沙侍文定公左右，每听说上蔡先生之学问，以谓其言善启发人。其后在荆门学舍从朱子发游，甚款。子发所得话言及书疏必以相示。云先生监西京竹木场日，自太学往见之，坐定，子发进曰："震愿

见先生久矣！今日之来无以发问，不知先生何以见教？”先生曰：“好，与贤说一部《论语》。”子发愕然，意日刻如此，何由歆其讲说。已而具饭，酒五行，只说他话。及茶罢，掀髯曰：“听说《论语》，首举子见齐衰者冕衣裳者与瞽者，见之，虽少必作；过之必趋。“又举”师冕见，及阶，子曰：‘阶也。’及席，子曰：‘席也。’皆坐。子告之曰某在斯，某在斯。子张问曰：“与师言之道与？子曰：然，固相师之道也。”

夫圣人之道，无显无微，无内无外，由洒扫应对进退以至于天道，本末一贯。一部《论语》只恁地看。其后有书答子发云：“窃承求志有味，道腴是嗜，信后当益佳，胜。”康侯谓公博洽，少辈未知。公既宅心道学，之后处之当何如？昔见明道先生读《前汉书》，未尝蹉过一字，至见他人有记问者，则曰“玩物丧志。此可以窥其意旨也。

宪因读朱元晦所定著《上蔡先生语录》三卷，得以详观其是正精审，去取不苟，可传信于久远。窃叹其志尚如此，而自惟畴昔所闻，将恐零落，辄书以附于卷之末焉。

绍兴二十九年四月十八日籍溪胡宪跋

（见《上蔡先生语录译注》附编，第 307—308 页）

六月二十五日，吏部尚书贺允中荐举胡宪除大理寺直。制曰：“尔父子兄弟，皆以道名，而尔志行安恬，学术醇峻，尤见称于士大夫之间，置之中都，姑以示用，毋云棘寺之属而不屑就也。”（见李心传《建炎以来系年要录》卷一百八十二）胡宪辞，未行，旋在八月改除秘书省正字，又辞。

绍兴三十年庚辰（1160），胡宪 75 岁

是年，六月上旬，朝廷再召。胡宪虽是 75 岁高龄，却还是同意赴京都临安任馆职。寻改任秘书省正字。赴任时，亲朋好友及门人弟子隆重地为籍溪先生送行。朱熹作诗二首送之。

送籍溪胡丈赴馆供职二首

其一

祖饯衣冠满道周，此行谁与话端由？
心知不作功名计，只为苍生未敢休。

其二

执我仇雠诅我知，漫将行止验天机。
猿悲鹤怨因何事？只恐先生袖手归。

75 岁高龄的胡宪此时突然同意入朝供职，无人知其缘由。但朱熹还是知道籍溪先生的忧时之心，只是担心老先生抱负难以施展。

其间，朱熹只好与老师书信来往，关心老师的生活起居及工作情况。胡宪收到朱熹的信件，对"天下人望之所属者，举而用之"这句话琢磨很久。于是胡宪以书信招朱熹入京，希望一同发力，朱熹不赴。以诗报之。

"初，绍兴庚辰，（朱）熹卧病山间，亲友仕于朝者以书见招。熹戏以两诗代书报之。"

诗曰：　　　　　　　　其一

先生去上芸香阁，阁老新裁豸角冠。
留取幽人卧空谷，一川风月要人看。

其二

瓮牖前头列画屏，晚来相对静仪刑。
浮云一任闲舒卷，万古青山只么青。

（见《胡宏集》附录二，第 344 页）

朱熹寄诗刘珙，有风籍溪先生之意，词甚妙而意未员。胡宪与刘珙既是同乡，又同朝为官，刘珙时为秘书丞除察官。于是胡宪和刘珙将朱熹的诗文寄给在湖南的胡宏。胡宏虽未曾与朱熹谋面，却希望朱熹能出山施展抱负，于是替从兄胡宪答诗，因作三绝。胡宏诗前序谓："朱元晦寄诗刘贡父，有风籁溪先生之意，词甚妙而意未员，因作三绝。"

绝句三首（择其一首）

幽人偏爱青山好，为是青山青不老。
山中云出雨乾坤，洗过一番山更好。

（见《胡宏著作两种》卷一，第 83 页）

是年，朱熹撰有《跋胡五峰诗》。"或传以语胡子，子谓其学者张敬夫曰：'吾未识此人，然观此诗，知其庶几能有进矣。特其言有体而无用，故吾为是诗以箴警之，庶其闻之而有发也。'

明年，胡子卒。又四年，熹始见敬夫而后获闻之。恨不及见胡子而卒请其目也，因叙其本末而书之于策，以无忘胡子之意云。"（见《胡宏集》附录二，第 343-344 页）

九月壬寅，时因宋廷内外将帅剥下赂上，结怨于三军，道路之间，捕人为卒，结怨于百姓，皆非治世事。至是令王十朋与校书郎冯方、正字胡宪等相继论事。（见《宋史全文·宋高宗十八》卷二十三上，第 1873 页）

胡宪虽为秘书省正字，然在馆阁并没有用功于典册，也没有与年轻的馆员多说话，更没有向君相上书之类，"到馆上累月，又默无一言，人益以为怪"。在别人眼里，可能会以为这个老头是来混日子的。

殊不知胡宪却每天在收集北边金国的资料信息，从谍报中了解金人的动向，越来越清楚金人南侵的用意。于是胡宪用心整理文稿，冒着政治风险，上《章疏》论事，奏请皇上退金师。

时，胡宪因病不能入朝面呈皇上，即草疏言："金人大治汴京宫室势必败盟。今元臣宿将惟张浚、刘锜在，识皆谓金果南牧，非此两人莫能当。愿亟起用之，臣死不恨。"疏上，胡宪即求去，诸以留之不得。

胡宪奏章虽触怒了皇上与议和大臣，但宋高宗念其忠直，不以其言事触犯忌讳，虽不采纳，但也没有明示责罚，反而予以优待。

绍兴三十一年辛巳（1161），胡宪76岁

胡宪上呈抗金奏章后，觉得自己的事情已做完，只好请求离去。

正月初十，朝廷令胡宪以左迪功郎守秘书省正字，特改左宣教郎奉祠台州崇道观，使归而食其禄致仕。于是胡宪返乡回到福建崇安家中。门人朱熹听说籍溪先生离京归来，急忙往见，拜于师席下，得闻都下事状。

胡宪欲归崇安，好友汪应辰以诗赠之：

分韵送胡丈归建康

先生高卧武夷颠，一旦趋朝岂偶然。

保国自期如皦日，归田曾不待来年。

怀铅共笑扬雄老，鞭马今输祖逖先。

册府风流久寥落，送行始复有诗篇。

（见《从胡文定到王船山：理学在湖南地区的奠立与开展》，第185页）

胡宪一生与人相善，深受同事和晚辈尊重。胡宪与王十朋、冯方、查籥、李浩讨论国事，关心国事。太学士为《五贤诗》以歌之，述其事，胡宪被尊为贤，载入史册。（见《宋史·胡宪传》）

胡宪也是湖湘学派的重要学者之一。虽然其身在福建，但其所学所传，皆得之于堂叔胡安国。

籍溪先生门人众多，其学生青出于蓝胜于蓝。南宋"东南三贤"中朱

熹、吕祖谦就出自胡宪门下。

朱熹（1130—1200），南宋官员，著名诗人、哲学家、思想家、教育家。字元晦，一字仲晦，晚号晦庵，别称紫阳。卒谥文。世称朱文公，亦称朱子。徽州婺源（今属江西）人，出生于南剑尤溪县（今属福建）。宋高宗绍兴十八年（1148）举进士。历任泉州同安县主簿、监潭州南岳庙、知南康军、提点江西刑狱公事。宋光宗绍熙四年（1193），朱熹出知潭州（今湖南省长沙市）兼荆湖南路安抚使。时瑶民暴乱，朱熹招抚怀柔政策得以安民。特别是兴学校、明教化之举，使岳麓书院得以扩建，四方学者皆至。之后召为侍讲，提举南京鸿庆宫。因得罪权贵致仕，从事教育五十年，以"仁"为修养的最高境界。朱熹是宋代理学集大成者，继承了北宋周敦颐、程颢、程颐的理学，完成了客观唯心主义的体系。注释《大学》《中庸》《论语》《孟子》，始立"四书"之名。被后世奉为继承孔孟之后的儒学正统。卒于宋宁宗庆元六年（1200），享年71岁。

吕祖谦（1137—1181），南宋著名理学家、文学家和教育家。浙东学派的创始人，浙东学术文化的奠基者。字伯恭，学者称东莱先生，婺州金华（今属浙江）人。初荫补入官。后登宋孝宗隆兴元年（1163）进士第。历官太学博士、添差教授严州、国史院编修、左宣教郎等。卒于任上，享年45岁。吕祖谦学问渊博，著述宏富，有《东莱集》《吕氏家塾读诗记》等。

绍兴三十二年壬午（1162），胡宪77岁

四月十二日，胡宪于家中病逝，享年77岁。

胡宪与朱熹相处达二十余年，师生关系密切，感情深厚。他在临终前，念念不忘朱熹，想和弟子见上一面。由于胡宪之子胡愉先卒，而孙胡亲仁年纪尚轻，无力主持丧事。朱熹作为门人，义不容辞承担重任，协助胡家营安葬籍溪先生之事。

胡宪先后三娶，前两室均为刘勉之之妹，后为严氏。

胡宪子男一人：愉，早去世；女一人，适进士詹炳。

孙男亲仁，治进士业。

宋孝宗隆兴元年癸未（1163）

胡宪下葬建阳县（今福建省建阳市）东田里龙潭坑山中。

据《福建通志》记载："秘书省正字胡宪墓在建阳县东北龙潭坑上。"

朱熹作《挽籍溪胡先生三首》。

其一

夫子生名世，穷居几岁年？圣门虽力造，美质自天全。

乐道初辞币，忧时晚奏篇。行藏今已矣，心迹故超然。

其二

澹泊忘怀久，浑沦玩意深。箪瓢无改乐，山水自知音。

册府遗编在，丘原宰树阴。门人封马鬣，寒日共沾襟。

其三

先友多沦谢，惟公尚典刑。向来深缱绻，犹足慰飘零。

乔木摧霜干，长空没晓星。伤心遽如许，孤露转伶俜。

（见朱熹《晦庵集》文集卷二）

255

第二编

传记与文献资料

一、胡安国传记与文献资料

（一）先公行状

〔宋〕胡　寅

宝文阁直学士、左朝请郎，致仕、南阳县开国男、食邑三百户、赐紫金鱼袋、赠左太中大夫，谥文定。胡公行状：本贯建州崇安县开耀乡籍溪里。曾祖容，故，不仕。祖罕，故，不仕。父渊，故，任宣义郎，致仕，赠中大夫。母吴氏，故，永寿县君，赠令人。

公讳安国，字康侯。五世祖号主簿公，五代中至建州之鹅子峰下，钓鱼自晦，人莫知其所从来。后世相传云，本江南人也。父中大，始读书为进士业。时同县有仙洲翁吴先生以六经教授，中大往从之翁。阅其所写《论语》《尚书》，终帙如一，无差舛，即妻以女。是为公母令人。公初能言，令人试教以训童蒙韵语数十字，两过能记。大母余氏抚之曰："儿必大吾门。"七岁，为小诗，有自任以文章道德之句。令人俾就外家学，岁时得一归，留不过信宿。日记数千言，不复忘。年十有五，游学信州。一日，有为马戏于学前者，诸生百许人皆不告而出。教授歙人胡公行两庑间，闻诵书声，问为谁，得公姓名，延之堂上，询所习业与所以不出，咨嗟叹赏。出纸笔佳砚为赠。益勉之曰："当为大器。"越两年，与计偕，既而报闻，遂入太学。修懋德业，不舍昼夜。

是时元祐盛际，师儒多贤彦，公所从游者伊川程先生之友朱长文及颍川靳裁之。裁之才识高迈，最奇重公。与论经史大义。一日，博士令诸职长呈其文，将考优劣而去留之，皆争先自送。公缴还差帖，愿列诸生自祭酒以下相与称叹曰："是真可为诸生表率者矣。"凡三试于礼部。年二十有四，中绍圣四年进士第。初殿试考官定公为第一，将唱名，宰执以无诋元祐语，遂以何昌言为首选，方天若次之。又欲以宰相章惇子次天若。时策问大要崇复熙、丰，公推明大学格物、致知、正心、诚意、修身、齐家、治国平天下，以渐复三代为对。哲宗皇帝命左右再读之，谛听逾时，称善者数四，亲擢公为第三。胪传，至陛前。俄有圣语宣问师何人？公对曰："久处太学。"在廷者皆以为名对。授常州军事判官。改授江陵府观察推官。未赴，如荆门纳室，道出江陵。帅臣监司一见，合章奏乞除府学教授，报可。会学校颓废，职事者十余人以廪米为家，欺公年尚少，扞格顽冒。公再三镌谕，不悛，乃按其蠹弊事，尽屏之。于是远近父兄喜遣子弟来。公正身律物，非休沐不出，凡所训说，务明忠孝大端，不贵文艺。缮修宇舍，绳度整立。任满，除太学录。谢绝请求，无所假借。蜀人刘观，越人石公揆轻俊有名，试选屡居上游。观代笔事觉，公揆薄游成讼，人多为之游说。公曰："录以行规矩为职，规矩不行，奚以录为。且二人如此，非佳士也。"竟致之罚。

未几，迁博士。足不蹑权门。期年，用法改京秩。至政事堂，请外任。蔡京色变，密使张康国欲荐以馆职，不愿就。会新学法，博士例除诸道提举官，拟公河北路。公辞，以南人，不便于奉亲。执政曰："禄厚莫如朔部者。"公终辞。遂除湖北路。陛对，奏曰："学校所以养育人才，非治之也。今法令具矣，当使学者于规矩之外有所耻而不为。谨按圣门设科，成周贡上，皆以德行为先，文艺为下。臣当以此仰奉明诏。"徽宗皇帝首肯之，实崇宁四年也。到官，改使湖南。是时蔡京所行事既不善，而官吏奉承过，愈为民害，学校其一也。公撙节行之，禁其太甚。士子恃法自肆者，必惩之。常曰："韩魏公最善行新法者也，所至访人材，询利病，礼贤士，慎刺举。"

五年，三月，例罢学事司，除通判成德军。八月，所罢司官仍旧。时令人多病，厌道途之劳，留居荆门。公以便养，有请再，章上，未报。会诏诸道学事官举遗逸，公得永州布衣邓璋、王绘应诏。绘已老，不愿行。

公请命以一官风劝学者。零陵县主簿李良辅方以赃被劾，乃逃窜，诉于朝，称"二人者党人范纯仁客，而邹浩所请托也。"蔡京特改良辅官，与在京差遣。命湖南宪司置狱推治。人皆为公胆落。帅臣曾孝广来，啗公，退语人曰："胡康侯当患难，凝然不动，贤于人远矣。"用例册致馈，公不受。曾复书曰："前此无不受者，当明载于籍，以彰清德云。"蔡京以狱不成，罢宪使陈义夫。命移北路，迄无请托状，直除公名，勒停。而曾及永守乐昭厚别教官皆坐黜。五人者非特无怨，而问劳不绝。

公问舍求田于漳水之滨，治农桑，甘淡薄，服勤左右，婉然愉色，得间，则专意经史及百家之文。家人忘其贫，而亲心适焉。大观四年，良辅以他罪抵法。台臣毛注乃辨明前事。有旨，复公官，改正元断。政和元年，张商英相，除公提举成都府路学事。公以亲年寖高，旁无伙助，叱驭溯峡，皆所甚难，即乞侍养，曰："臣而留令，无所逃诛，子若委亲，亦将安用？"得请。满二年，未朝参。丁令人忧。公侍令人疾，食不尽器，衣不解带，居丧哀毁，营奉窀穸，冒犯霜露，一事一物，必躬必亲。荆楚风俗素陋，州里见公自致者如此，然后知以慎终送死为重。公粝食逾年，不能胜衣。中大勉之力，乃少进滋味。以慰中大之意。服除，政和八年矣。

余深相，荐名士十人，九人者已迁拜。公赴召至京师，卧疾，知旧交来劝勉，或称庙堂威怒以胁之，公逊言而已。所访问惟医药，居百余日，逡巡谒告而归。宣和元年，除提举江南东路学事。复召对，未受命，中大捐馆。初中大常欲公及时报国荣家，而令人又欲公保身崇德。公承志以道，既不拂中大之严训，且不失令人之素心。及公赴阙辞，未获命也。中大手书促之归，无复曩时督责矣。中大感疾且一年，公奉事节适如一日。凡服饵禁戒，中大必听。既免丧，谓子弟曰："吾奋迹寒乡，为亲而仕。今虽有禄万钟，将何所施？"遂致其事，筑室茔山旁，分置图籍，瞻省丘坟，翻阅古今。慕陶靖节为人，诵心远之章，望云倚杖，临水观鱼，淡然无外营，将终身焉。

宣和末，侍臣李弥大、吴敏、谭世绩合章荐公经学可用，齿发未衰，特落致仕，除尚书屯田员外郎。公辞不起。靖康元年二月，除太常少卿。

公辞。再除起居郎，又辞。时女真乘虚直捣京师，为城下之盟。公移书大谏杨公时曰："按《春秋》书'齐人来归郓、讙、龟阴之田'，是田，本鲁田也。始失不书者，不能保其土地人民，为不君讳也。太原兵劲天下，艺祖、太宗自将再驾，而后入于版图。河间、中山，北方重镇，犹郑有虎牢，虞、虢有夏阳，秦之潼关，蜀之剑阁，吴之西陵也。今闻割以遗敌，不亦辱乎！按《春秋》，齐侯侵蔡，伐楚，楚使请盟，美而书来者，荆楚暴横，凭陵中国，郑在畿内，数见侵暴，齐侯伐而服之，则自此帖然矣。此门庭之寇，所当惩创不可已焉者也。远方犯阙、释而不击，反与之和，戾于圣人之训不已大乎！按《春秋》鞍之战，齐师败绩，遣国佐致赂请盟。晋郤克欲以萧同叔子为质，而使齐之封内尽东其亩。国佐震怒，请收合余烬，背城借一。郤克惧，反与之盟而不敢复也。故圣人特书曰，'及国佐盟。'以明国佐一怒，折伏郤克，示天下后世忠臣义士以克敌制胜在于曲直，不以强弱分胜负也。金人陵辱朝廷，人心同疾，非止郤克之于齐。四镇、三关倘皆割弃，岂特尽东其亩而已乎！而城下结盟，亲王出质，不竞甚矣！按《春秋》徐子章羽断其发，携其夫人以逆吴子。圣人特削其爵而书其名者，罪其不自强，无兴复之志也。敌欲地则割要害而与之地，欲人则饰子女而与之人，欲金帛则倾府库而与之金帛，欲亲王贵戚则抑慈割爱而与之亲王贵戚。假如敌请六飞会于辽水之上，不往则恐违其约，欲行则惧或见欺，又将何处乎！按《春秋》于宝玉大弓失之书'得之'，书者，重传器，戒不恭也。强敌猝至，上下无备，取金帛于盗臣之家，以纾急缓攻，则亦可矣。似闻宗庙供器输于敌庭，果有之乎！于宝玉大弓孰轻孰重？于圣人失则书得，则书之意又如何也？按《春秋》灭梁者，秦也。圣人不书秦灭，而书梁亡者，不能守在四邻而沟公宫，亡其自致也。今勤王大众不以击敌，而以治城池。金帛用物不以募战士，而以赂敌国。堂堂大宋，万里幅员，奚至陵藉如此其甚哉！主上初政，老儒在朝，四方徯观，安危所系，而外侮侵陵，国势衰削，岂其既往言之不及乎？必有应之于后者矣！"人以是知公通于《春秋》虽畎亩坚卧，固非素隐忘世者也。

朝廷促旨沓降，公幡然有复仕意。六月，至京师，以疾在告。一日亭午，孝慈皇帝急召坐后殿，玉色虚伫，劳问甚渥。公奏曰："明君以务学为急，圣学以正心为要。心者，事物之宗。正心者揆事宰物之权也。自王迹既熄，微旨载于《易》《诗》《书》《春秋》，时君虽或诵说，而得其传者寡矣。窃意陛下在昔潜德东宫，其于经籍所载，帝王制世御俗之大略，必有所避而不欲问，官属之司劝讲者，必有所隐而未及陈。今正位宸极，代天理物，则于古训不可不考，若夫分章析句，牵制文义，无益心术者，非帝王之学也。愿慎择名儒，明于治国平天下之本者，虚怀访问，以深发独智，则天下之幸。臣又闻为天下国家者必有一定不可易之计。谋议既定，君臣固守。虽浮言异说，沮毁动摇，而初计不移。故有志必成，治功可立。陛下南面朝天下越半年矣，而绩效未见，纪纲尚紊，风俗益衰，施置乖方，举动烦扰，大臣争竞，而朋党之患萌，百执窥观，而浸润之奸作，用人失当，而名器愈轻；出令数更，而士民不信。若不扫除旧迹，乘势更张，窃恐奸雄不忌，敌人肆行，大势一倾，不可复正。上世帝王询事考言，以图成绩，愿咨访大臣，何以修政事、御外侮，令各展尽底蕴、画一进呈，宣示台谏。如有不合者，使随事疏驳。若大臣议诎，则参用台谏之言。若疏驳不当，则专守大臣之策。仍集百执议于朝堂，众谋佥同，然后断自宸衷，颁之中外，以次施行。敢有动摇，必罚无赦。庶几新政有经，民听不惑，可冀中兴之效。"渊圣颔之。良久，问曰："卿学何所师承？"对曰："孤陋寡闻，莫逃明鉴。"渊圣曰："比留词掖一员相待，已令召卿试矣。"公对曰："臣壮年守官湖湘，得足疾，颓心荣进，亦已乞身。今日扶疢趋阙者，贪慕圣德，愿瞻天表，一伸其志而已。于侍立之职且不敢当。况敢闻异恩。"语未毕，日昃暑甚，龙衮汗洽。公遂退而具奏。盖自七月七日亲奉玉音，被受堂札，四上辞免。渊圣数予宽告。时门下侍郎耿南仲倚攀附之旧，凡于已不同者，即指为朋党。见公论奏，愠曰："中兴如此，而以为绩效未见，是谤圣德也。"乃言："胡某意窥经筵，不宜召试。"渊圣不答。及公屡辞，南仲又曰："胡某不臣。"渊圣问其迹。南仲曰："往者不事上皇，今又不事陛下。"渊圣曰："渠为疾而辞耳，非有向背也。"遇臣僚登对者，往往问其识胡某否？中丞许翰对曰："臣虽未识，然闻其名久矣。自蔡京得政，士大夫无不入其笼络。超然远迹，不为所污，如胡某者有几？"渊圣嗟异。遣中书舍人晁说之至公所居，具宣德意，令勉受命。且曰："他日必欲去，即不强留。"时已九月初矣。公既趋试，复上章乞外。有旨，除中书舍人，赐三品服。南仲讽司谏李擢、侍御史胡舜陟论公："稽迟君命，傲慢不恭，宜从黜削，以儆在位。"疏奏，不下。公乃就职。

南仲既倾宰相吴敏、枢密使李纲，欲并逐善类。遂谓中书舍人许景衡、晁说之视大臣升黜为去就，怀奸徇私，失事君义而黜之。公缴奏曰："二人为去就，必有陈论；怀奸徇私，必有实迹。乞降付本省，庶可按据，载诸词命。"不报。王安中责授散官，随州安置。公言："安中自大臣建节，知燕山府、委任重矣。而畏避童贯，专务蔽蒙，民力殚残，敌情变动，军食缺乏，师徒失律，略不上闻。数奏祥瑞。以固宠禄。一旦敌骑深入，社稷几危。推原本因，其罪与蔡攸等。乃居汉东近地，公论不以为允。今并围未解，朔部戒严。若非特赏罚之公，厌服人心，何以攘却外侮乎？"安中移置象州。

言者论内侍王仍、张见道、邓文诰图欲离间两宫，将以遂其奸计。有旨，令三省觉察。公言："图欲离间两宫，则罪不可赦。将以遂其奸计，则恶不可留。望深察众情，及时裁处，以全慈孝之情。"三人遂黜。应天尹叶梦得坐为蔡京所知，落职宫祠。公言："京罪已正，子孙编置无遗，土地悉入县官，家财没于府库，无蔡氏矣。则二十年间，尝为京所引用者，今皆朝廷之人也。若更指为京党，则人才之弃于此时者众矣。且党论何时而弥乎？以臣所见弃瑕舍过，消散朋党，正在今日。"乃除梦得小郡。

中书侍郎何桌建议："治平则宜重内，遭变则宜重外，乞分天下为四道，置四都总管，各付一面，为卫王室御边境之计。"公上奏曰："内外之势，适平则安，偏重则危。东汉季年，王室多故，刘焉言四方兵寇，由刺史威轻，宜改置州牧。及焉求益郡。刘表镇襄阳，袁绍得冀，曹操取兖，争相割据，自此不复有王室矣。今州郡太轻，理宜通变。然以数百州分为四道，事得专决，财得专用，官得辟置，兵得诛赏，则权复太重，又非特州牧比也。使四人者果皆尽忠君父，则固善矣。万一号召不至，如焉、表、绍、操所为，又何以待之？五大在边，古人所戒，以身使臂，于理乃宜。臣愚欲乞据二十三路帅府，选择重臣，付以都总管之权，专治军旅。每岁一按察其部内。或有警急，京城戒严，即各帅府所属将应援。如此，既可拥卫王室，又无尾大不掉之虞，一举两得矣。"橐方得渊圣心，密陈京师不可守则幸山南，因可入蜀，其意盖自欲当南道。又以于公有推挽之力，必无驳异。及此奏上，渊圣深然之。橐力争于上前，谓公专以异义为高，不可信用。渊圣不能决，止令于四道各削其远外州郡。

命大名守赵野总北道。公奏曰："魏都望冠河朔，今为天下重地。谨按赵野在政和间初为侍从，首乞禁士庶用天王、君圣等字。厥后置身丞辖，童贯、谭稹分掌兵柄于外，王黼、蔡攸、梁师成紊乱三省政事于内，造成兵革之祸。野居其间不闻救正。以为无所干预，则身在二府。以为言而不从，则怀禄不去，何也？窃恐缓急必误委寄，乞更用素有才术历练老成之人，庶可倚仗。"诏命一出，难复轻改。疏入，不从。是冬，敌大入，野遁逃，为群盗所杀。西道王襄拥众汉上，不复北顾，大略如公所策云。

中书后省论资政殿学士詹度罪恶，自金紫光禄大夫降两官。公奏曰："言者谓度首开燕山，罪不下于童贯；养成边患，使朝廷不为备，罪不下于王安中；广行贿赂，故庇之者众，今乃仍崇资，领优局，舍边境，就乡间，才削两阶，何名惩戒？昨日宸翰咨访御敌之计，圣心焦劳，群臣悚惧，莫知所出。追究乱原，无不切齿于度，望依王安中例施行，以厌公论，少释河北愤怨。"乃落度职。

吏部侍郎冯澥上言"中书舍人刘珏行李纲责词，实为纲游说"。珏坐贬。公上言："李纲昨自枢密宣抚使除观文殿学士、知扬州，词臣列其罪状，不肯具草。而圣旨令以次舍人行下。是圣心不以缴奏为是，未欲罪纲也。故珏先言厚于记功，薄于责过，以将顺圣德之美。复言纲败军覆将，岂可不责，以申明赏罚之公。朝廷遂用珏言，罢纲郡寄。又用谏官袁当可等言，置纲远郡矣。澥乃节略珏章，中以险语，谓纲薄加朝典，未快舆议，不亦甚乎！从臣虽当献纳，至于弹击官邪，必归风宪，各有分守。今台谏臣僚未闻缄默，而澥遽越职。此路若开，臣恐在位者各立是非，滋长怨仇，上渎宸听，非所以靖朝宁也。汉室之东，大兴党论，始以微憾结衅，借人主威福相排挤，卒皆误国，驯致乱亡，而士大夫自谋其身者亦不能免，故君子谓始为党论者亦不仁矣。陛下无私好恶，广开正路，而瀚称党与未珍，议论未一，宜察奸罔，早加惩戒。夫欲殄党与，一议论，此蔡京行于崇宁，胁制异己，遂其跋扈之谋也。何忍更遵用之，坐使群臣益分门户。强者主盟，弱者附丽，徇私情为向背，置国势于倾危，岂朝廷之福乎？陛下数降德音，追复祖宗善政良法，而瀚独建言祖宗未必全是，熙、丰未必全非，推隆王氏之学，再扶绍述之议，国论纷纷，瀚之故也。若指为敢肆奸言，以惑众听，岂不可乎？然朝廷不以此罪瀚者，正恐人务雷同而言路壅也。今瀚乃欲以章疏加人之辟，苟合目前，不为国家远虑，望加详察，别降指挥。臣孤立无朋，误尘词掖，苟有所见，不敢隐情。"于是耿南仲大怒，宰相唐恪与詹度姻家，故亦怨公论度太迫。何㮚从而挤之，有旨除郡。㮚请除怀州，渊圣曰："怀当敌冲，可与东南。"恪拟德安。

㮚知公素苦足疾，闻海门地最湿，遂除右文殿修撰，知通州，盖是年十月晦也。公在省一月，告日居半。每出必有论列。或曰："事之小者，盍姑置之。"公曰："大事皆起细微，今以小事为不必论，至于大事又不敢论，是无时可言也。"公去国逾旬，敌复至城下。

长子寅校书中秘，宾客每为公念之。公愀然曰："主上在重围中，号令不出，卿大夫之辱也。余恨效忠无路，敢念子乎？"闻者感动。敌围益急。有旨，促召公及许景衡，竟不达。

越明年五月一日，今上皇帝登极。公上言："崇宁以来，事不稽古，奸臣擅朝，浊乱天下，论其大者，凡有九失。上皇即位，日食正阳之月。下诏求言曰：'言而不当，朕亦不加罪。'于是臣庶争言天下事。及蔡京得政，公然置局，推考直言，尽行窜斥。使上皇失大信于天下，一失也。上皇嗣位，文母垂帘，增置谏员，擢用名士，丰稷、王觌、邹浩、陈瓘诸人，各以危言自效。公论既行，下情不壅，几有至和、嘉祐之风。及蔡京用事，放诸岭表。于是天下以言为讳，二十余年。二失也。立朝廷者争为歌颂，取说求容，祥瑞之奏，未尝虚月。至于灾异大变，则匿不上闻。使人主不复知省修。三失也。废格法，弃公论，市井儇薄而居宰府，世卿愚子而秉兵柄，台省寺监清望之班，杂用商贾、胥吏、技术之贱，于是仁贤退伏，奸佞盈廷。四失也。士大夫进为于元祐之初与元符之末者，尽忠许国，不顾其私。乃诬以谤讪窜逐，下逮其子孙，追削上及其祖父，于是善类陷于党籍，不能自明。而群飞刺天，谗谄益胜，五失也。奄寺得志，用王承宗故事，而建节旄；用李辅国故事，而封王爵。用田令孜故事，而主兵权；用龚澄枢故事，而为师傅。生杀予夺，悉归掌握，宰执侍从，皆出其门。于是贿赂公行，廉耻道丧。六失也。变铨法而官制紊，变军法而兵政弛，变泉货法而轻重失平，变学校法而风俗衰薄，变榷茶法而刑狱滋炽，变盐钞法而征赋倍增，变漕运法而仓廪空竭。法既屡变，吏得为奸，民受其弊。七失也。用兵暴乱，军旅数起，南复渠阳，西收鄯鄯，建石泉于成都，置珍播于巴峡，开古平于五岭，筑振武于河外，馈运艰险，劳民费财，积怨连祸，实基于此。八失也。牛羊用人，穷极奢侈，道宫王府，御幸之馆，园林池沼，花竹之胜，运土塞路，伐木空山，民困而不恤，财竭而不虑。九失也。靖康之初，轻许割地，寻复坚守，已正滥赏，事即中变。号令无常，纷错更下，而四海不知所从矣。余应求、李光以宪台得罪，陈公辅、程瑀以谏省去官，赵令衿以献书论事，黜送铨曹，潘良贵以奏对语侵，责司征市。于是臣庶结舌，而迷国误朝之语入矣。渊圣东宫潜德，中外所知，不待赞也。至如未习为国，则当进尽忠益，以相弼亮。乃有称颂春坊节俭，乞宣付史馆者，亦从其请，而责诮不加。李邦彦擢居上宰，张邦昌进位次辅，赵野等主审驳基命之司，李税等当肃政本兵之地。未数月间，登延宰执十有五人。迁转如流，不孚人望。指为蔡氏党而罢许翰，指为吴敏党而逐许景衡，指为李纲党而去刘珏等。大臣争竞，至用丑语诋讦于朝，百执窥观，互以邪说批根于下。苟可快其私忿，虽危国亡师，安行而不顾。都人殴击内侍，出于积愤，非有私也。而府尹巡门，朝廷降诏，奄侍厉气，喧争御侧，此乃无礼于君，不可恕也。而词臣论奏，仅得赎金。命帅宣抚，而遣之监视。守御京阙，而付之总领。宰臣均逸，体貌不加，而台属召还，遣赐优渥。破吏部格而杨景得监殿门，破宫庙格而叶焕得除祠馆。其余紊乱规程者，不可悉数。敌骑南牧，封境日蹙。赏罚无章，士不用命。调发严峻，民多失业。昔秦有十失，汉去其九，遂致兴隆。崇宁以来，国有九失，渊圣即位，而不知变。独九重节俭，工役不兴一事为愈尔。八失不去，一事虽愈，欲正己倾之势难矣。陛下亲睹覆车，如不改辙，岂有兴复之望乎？夫有生不可无信，圣人以信急于食，君子以信重于生。按《春秋》幽之盟，鲁庄公在会而不书者。齐侯始伯，仗义以盟，庄公叛之，首失大信，仲尼以为大恶。故讳不书公，以为后戒。愿自今慎出诏令，无令反复，以去弃信之一失。兴国必开言路而赏谏臣，亡者反是。按《春秋》书陈杀其大夫泄冶于前，而载楚子入陈于后。明杀谏臣者必有灭亡之祸，不待贬绝而自见也。愿自今开纳直言，无令壅闭，以去拒谏之二失。导谀者召乱之原。按《春秋》不书祥瑞而灾异则书者，绝谄端，垂警戒，正天下后世人主之心术也。愿自今黜远佞媚、无令得行，以去导谀之三失。名器者，国家之宝。按《春秋》非三命正卿者，姓氏不登于史册。非有天子之命者不书其官。至于有罪，虽以诸侯之尊，或黜其爵，卿士之贵，或书其名，重名器也。愿自今重惜恩赏，无令冒滥，以去轻用名器之四失。人臣义无私交，君子正而不党。按《春秋》祭伯来朝，不书朝。祭叔来聘，不称使。讥外交，戒朋党也。愿自今信任君子，抑绝小人，以去互分朋党之五失。奄侍通传内外，以一身兼仆妾之职，可谓贱矣。按《春秋》书阍弑吴子、不称其君者，言阍寺之贱，不使得君吴子也。愿自今门户扫除，复其常守，以去信任奄寺之六失。为国必师上古，必法祖宗，必戒末世危亡之渐，按《春秋》书税亩、丘甲，田赋曰初，曰作，曰用者，讥变古也。愿自今远稽上古，近法祖宗，以去轻易改作之七失。古者不以蛮夷弊中国。《春秋》内诸夏而外四夷，齐侯伐山戎，为燕辟地，贬而书人，戒勤远略也。人君职在养民，有国必先固本。按《春秋》凡台囿门厩土木之工，必书于册者，重民力也。愿自今修明军政，保固邦本，以去外事边功之八失。震惊陵寝，则有衣冠弓剑之悲，播迁沙漠，则有羹墙急难之念。积覆载不同之愤，怀沧溟不涤之耻，据九重之位而不以解忧，享四海之奉而不以为乐。必期于殄灭仇敌，伸中国大义。则凡百臣子，亦将震慑，奔走捐躯殒命而不辞矣。"六月四日，召公为给事中。会宰相黄潜善专权妄作，斥逐忠贤，公再辞免，因奏曰："臣赋性疏拙，全昧事幾，前掌赞善，积日虽浅，适缘六押，兼管兵刑，所降词头，苟有未便，不敢观望，迷误本朝，须至尽忠，逐件论执。遂因缴奏，遍触贵权，贻怒既多，几陷不测，陛下方图中兴，而政事人才弛张升黜，凡关出纳，动系安危。闻之道途，揆以愚见，尚多未合，臣窃寒心。而况琐闻，典司封驳。倘或患失不言，即负陛下委任，其罪至大。若一一行其职守，动皆违异，必以妄发，干犯典刑。徒玷清时，无补国事，臣所以不敢当恩命者也。况臣自婴危疹，多历岁年，前后陈情，并关朝听，辞荣处约，众所共知。不缘多事之秋，乃有计私之请。"有旨不允。公三辞。

因致书右丞许景衡曰："强邻肆扰，蚕食并吞，以若所为，更欲兼制南北五胡，英杰所不能办也。况今河朔遗民，未甘自弃，朝廷主议，不弃中原。恭闻銮驾巡幸淮南，尽护四方。东州群盗，谅已消除。辽海鲸波，想难直捣。愿回天步，归格宗祧，副七室凭依之灵，系万方归向之望，此正不可失之会也。善为国者谨礼于至微。比闻民部郎官出督材用，忽慢条约，罪状明白。直行罢黜，谁曰不宜。而下诸路根寻州郡管押，恐非所以习外方耳目也。按《春秋》王人不书姓氏者，盖下士耳，而序于方伯连帅之上。唐制御史才八品，衣碧，亦下士也，而将命出行，则节度使必具军礼送迎于道，此得圣人尊王室抑诸侯之意者也。故方镇虽跋扈而国祚延长。自今宜精堂选而重其礼，凡在京职事官，出使诸路，略如唐制。苟有罪犯，内付宪台，不使外方得行陵藉。则朝廷之体不至于弱，而礼行于外吏矣。凡士民之必听于县，令佐之必听于州，守将之必听于按察，监司之必听于朝廷，犹指之顺臂，叶之从根，不可逆施之也。崇、观以来，每下赦令，必开越诉。以荆门言之，则造私酤户，酗酒学生、鬻茶猾吏，诉郡太守于监司而罢之者三。以荆南言之，贾客、豪民诉都钤辖于朝省而罢之者二。使民习见犯上之可为，而贵贱无等，此乱之所由作也。建炎赦令，不知改更，岂拨乱反正之道哉？谓宜精选监司守令，重禁越诉。苟有故犯，以违制论。虽已经由，而所诉虚妄，不移前断者，加越诉之罪三等。则人知严上而礼行于庶民矣。自唐末用兵暴乱，礼法不行，五十载间，变置十有余君。艺祖受命，首修军法，自押官以上，各以阶级相承，小有违犯，罪至于死。然后行伍整肃，贼乱不兴，崇、观以来，决遣卫士而斥责三衙，降配军员而斥逐提点，于是无知之兵，习于陵犯。靖康之变，卫士祝靖之徒，委弃君亲，破州略县，至于此极。今既投换法，谓宜依周世宗显德元年故事，悉行选拣，去羸软，取精锐。藉如祝靖等类，别加裁处。

选将明法，日教旬比，月一试而施赏罚，则人将不敢骄纵陵犯，而礼行于士卒矣。凡此三者，若缓而急，若迂而直，乃趋时救弊之要务也。靖康皇帝诚心愿治，已及期月，而泽不下流者，以诸方按察、师帅皆宣和之旧，非糟粕书生，权豪亲戚，则奄寺之奴隶也。以若等人位于民上，幸寇贼扰攘，恣为奸欺以自润耳。故内寇有三，系籍骄悍，习于陵犯之兵也。就招溃散，利于劫掠之兵也。人户点差，惮于征役之兵也。三寇纵横，而官吏又有甚焉。谓宜据今诸方宪漕，功效已著者旌赏之，功罪未明者程督之，罪恶可知者澄汰之。命侍从官以上各举堪任职司者二人，审其才具所宜，以补其阙，则耳目明达而不蔽矣。至于诸藩与要郡亦如是，则教条宣布而不壅矣。申明久任，断以三年，使得展其才志，则小州下邑官吏之为寇者无所措其手足，而三寇可消弭矣。国事以安民为本，军事以足兵为要。轻徭薄赋，所以厚其生也。称物量力，所以平其施也。扶善良，助贫弱，所以著其仁也。剔奸伪，锄强恶，所以行其政也。若不正户籍，则四事必格，求欲安民，乃以病民耳。既罢常平官，今岁适当造，宜令民皆以土田为断，而一一自言。凡私所蓄藏与马牛庐舍，颇如旧法，悉皆阔略。田有隐匿，必没县官。诸诡为官户，因滥赏得比荫补者，咸许首陈，命监司专以此为守令殿最，庶几四事可施，而民可安。古者大国至于家邑，诸侯至于士庶，军师有数，城堞有制，联属有分，器械有物，若不本先王法度而急于招置，则足兵乃所以起兵耳。夫律禁民蓄兵器者，所以息争而收其柄也。今置巡社，使得自备，敢必其皆以御贼而不自为贼乎？夫尉司弓手，巡检土军，大约不过百人，于以觉察奸细，良民犹有被扰者。今巡社人人执持凶器，络绎道路，则必陵暴居人，困苦羁客，刑法有不能禁矣。又巡社首领，将使与令佐抗行乎，抑犹以部民遇之也？抗行则名分不正，以部民遇之则有悖心。如唐初鲁宁者矣。又今东南名藩帅府，兵不满千，而巡社总辖万人。团结推排，权在百姓，借之名目，而称号同王命，给之朱记，而行遣比公移。守令徒有统制虚名，莫之能制矣。又巡社悉行于诸路，以为守令殿最，不出岁月，必当坐得数百万之众。挽强者解发推恩，广加激劝。又选将壅而不行，复加裁损，则必指为衅端而祸变起矣。谓宜详议审裁巡社之法，使无后悔，施于河朔，以御金兵，而东南诸路有便于保甲者，宜增修其法，别行排造。其便于弓手、土军者，宜增置其数，精加教阅，则兵可足而乱可息矣。夫易积而难通者事也。自大观赦令，广开恩幸，真伪浑淆。军兴之后，恩需相仍，赏典踰越。百司缘此，窃弄权柄，招赇纳赂，百事滞留。四方急奏，待报稽迟。百姓诉陈，漫无可否。盖六部诸司事皆禀于都省，中书取旨，门下审驳，行遣迂回。此政事所以日壅而不决也。夫宰相者启沃人主，进退贤才，阜安百姓。天下之事无所不统者也。而日览词诉，又各兼一省，互相关制，则失其职矣。谓宜合二省，正宰相之权。使得专行其职。而六曹之事皆决于长官，应奏上者直奏上，应下行者直行下，自非关大体。有改更，更不经由仆射丞辖，则事不稽壅矣。往蔡氏时，首兴党论，塞天下之口，汲引群小，轻用名器，交结阉尹，汩丧廉耻。今宜一切反其行事，乃可以拨乱反正，殄仇雪耻，使天下士大夫伸眉吐气，食息世间，无所愧矣。"黄潜善讽给事中康执权弹击，谓不合辞免，乞重遣黜。中书舍人刘观实有力焉。上恩止罢除命。

建炎三年，反正之始，枢密使张浚荐公可大用，申命前除。公辞，因致书宰相吕颐浩曰："伏读四月八日赦书，首称遵用嘉祐条法，远方倾耳拭目，固以仁宗皇帝盛德大业，跂望主上；而以魏国忠献辅佐勋绩，期于相公也。夫嘉祐政事其大要本于爱民，始于审谋，成于果断。置宽恤司，诏均田税，募耕唐、邓废田，收诸坊监及牧马余田，赋贫民籍户绝田，租置广惠仓，出百万缗赐诸路常平为籴本，弛江淮茶禁，通商收税，罢提点刑狱，武臣守令治有善最者，使久于其任。凡此数端，事方经始，必博采众谋，详究利害，立为条约，委曲周尽，故议成而举朝不异，令下而所至奉承，行久而弊端不见。至于军政修明，戎行辑睦，六军耸听而骄惰革，边方震慑而暴横消，则其政事本于爱民，审谋能断之明验也。今朝廷欲理兵政以强国，而官吏不知恤民以养兵。是欲稼之长而涸其水，欲木之茂而去其根，则与嘉祐本于爱民之意异矣。至于众谋纷纭，而国论未定，命令交错，而民听未孚，法制数更，而下不知所守，其与嘉祐审谋能断亦异矣。夫审谋而不断，罔克有成，断果而不藏，必贻后悔。惟相公深究嘉祐政事本末，专务爱民。凡新旧法度，与增添创置，一切扰民之事，置司讨论，参稽众谋，穷极利病，而后罢行，则政事可立，民心可安，军旅可强，仇耻可雪，宗社可宁矣。"

朝廷遣使诣公所居，诏州郡以礼敦遣。寅时修起居注，上赐之手札曰："卿父未到，可谕朕旨，催促前来，以副延伫。"公以建康东南都会，上既在是，而眷待如此。行次池阳，会闻车驾移驻姑苏，将踰浙而东。公重感疾，遂具奏而返。是日亦敕下，除公提举临安府洞霄宫。

绍兴元年十二月，除中书舍人兼侍讲。公辞。因致书参政秦桧曰："《春秋》大略贵前定，是故拨乱兴衰者，其君臣合谋，必有前定不可易之策。管仲相齐，狐偃辅晋，乐毅复燕，子房兴汉，孔明立蜀，王朴佐周，莫非策画前定，令出必行，故事功皆就。建炎改元，圣主忧勤愿治于上，大臣因循习乱于下，国制抢攘，漫无定论。玩岁愒日，寖失事幾，于今五年，已极纷扰。天下之事，未有极而不变者也。至于极而不变，则危者遂倾，乱者遂亡。考今民情，尚未溃散，犹可更张。虽事幾已失，无半古必倍之功，而危可复存，乱可复治，无倾亡之患必矣。宜及时建白前定之计，振颓纲，修弊法，变薄俗，苏穷民，庶几观听有孚，以启中兴之兆。《春秋》序正官名，而纲纪重事，责归宰相。盖位隆则所任者大，上则启沃人主，经理朝纲；中则选用百官，赏功罚罪；下则兴利除害，阜安兆民。仰而深思，夜以继日，犹恐有不得者，而暇省文书，接词诉乎？顷者遵用元祐大臣奏议，合中书、门下二省为一，而事不分决于六部，是循名而不得实，并与不并无以异也。宜及时建白，令列曹尚书各得专达，各辟其属，久于其任，责以事功，而宰执不复亲细务，庶几奸蠹消除，渐可为矣。《春秋》以好生恶杀为心，独于叛逆之党必诛而不赦；以用兵侵伐为戒，独于救患解纷，惟恐次止迁延而欲其速也。以此见圣人之情矣。盖乱常毁则，赦而不诛，则天理必灭；贼虐无辜，视而不救，则人道必沦。故罪在五刑，上天所讨。大眚俱肆，《春秋》讥之，苻秦之世，凡叛逆者必加原宥，终复失邦，措身无所。比岁盗贼毒徧诸方，皆奸恶之徒，乘隙肆暴，非迫饥寒，官吏不恤，弄兵潢池之赤子也。而谋国者尽用招安，不吝浓赏。遂使军民倾心健羡，远近纵横，莫之能止。宜及时建白，乘破李成、马进之锋，尽扫三楚绿林之聚。诛魁首，散胁从，庶几遗种余民，复得解衣而寝矣。《春秋》贵守土疆，耻于丧地，戒于失险。昔尚父、周公以盛德大勋，受封齐、鲁，而俭于百里。虽列壤南面，而大夫必命于王朝。方伯虽得专伐，而遣将出师必请王命。昨建分镇，举河南、汝、孟帝都之地合为一镇，轻以授人。若此类可疑，一也。废置僚属，事无待报，二也。足食足兵，专征阃外，三也。舍建康，栖东越，而以湖北为分镇，四也。诏令已行，诚难反汗。然有应机无害于信者宜申述前诏，得专征者，谓攘外寇，讨乱臣。如李成、马进之比，则当不拘常制。或无故举兵，自相吞噬，必以擅兴坐之。又别降指挥，以湖北一路与诸镇事体不同，当仍旧制，亦无失信之嫌。宜及时建白，保固形势，倚为基本，庶几有恢复之期矣。《春秋》大一统，遵王命，恶臣下分权，讳贱人犯上，历纪王正而不私朔，使举上客而不称介副，微者名姓不登于史册，所以严分正名也。比者虽命江表三省复归行阙，百司庶务决自天台，而宣抚重臣久居外服，诸方守将并假便宜。夫以便宜从事，本为出师临机，奏报不及，明有建炎敕文矣。诸路后来并不遵禀。或以察访为名，而擅按他路，截留公赋，编营师臣，执杀郡守。或以节制为名，而擅兵外境，专斩命官，直转资秩，移易守将。或未被受指挥，先次便宜行事。或擅罢堂除监郡，自辟别路正官。凌蔑朝廷，于斯为甚。宜及时建白，收敛权柄，以弭分裂之形，严分正名，以遏侵凌之势，而后大经可正，民志可定矣。《春秋》恶以邪人塞言路，慎于遣使而重于用民力。台谏者，朝廷纲纪所凭也。监司者，外台耳目所寄也。守令者，宣教条，均赋役，百姓所恃以安其生也。辨小事而不及大政，弹小吏而不及大官，三纲沦而不扶，九法敚而不救，则朝廷纪纲无所凭矣。漕臣理财赋而公私匮竭，宪臣理刑狱而盗贼公行，上下相蒙，莫知纠察，则外台耳目无所寄矣。惠泽壅而不宣，教条废而不守，暴虐百姓，与奸为市，贫穷孤弱，冤苦失职，则田里无以安其生矣。宜及时建白，精选监司，刺举郡守，精选郡守，刺举县令。明诏台谏官使论奏大事，无入小言，则纲纪可肃，视听可用，赋敛可平，民力可裕矣。《春秋》戒失兵权而严于军律，以三纲为本，以民事为要，以赏功罚罪为先。昨者屡降诏书，专理军旅。于行事窃有所疑，伪楚篡逆之臣也，许录其亲属。金人不释怨之仇也，而遣使请和，其于三纲有未正也。河南、江北群盗啸聚，楚烧仓库，靡有孑遗。波汉之阳，外薄五岭，急征横敛，不务劝农。其于民事有未急也。误朝迷国之人，与尽忠死节之士，恤终赠典，略无差等，是赏未足以劝忠也。或擅兴专杀，或罔上奏功，罪状明白，典宪不申，是罚未足以惩恶也。然则何谓理戎旅乎？本则不正，治于末流，虽力扼虎，气盖世，必无成功。而谓安定天下在于长枪大剑，此杨邪、史洪肇所以丧身及其国也。可不戒乎！宜及时建白，行《春秋》理戎之法，使天下心悦而诚服。则盗贼可弭边土可拓矣。《春秋》尊严庙制而谨于祀礼，故古者师行必载庙主，寓戎田猎，以乾豆为先。战而必胜，其有以乎！顷者南狩，神主豫选洪虔，馆御荐享未肃，奉常有请，顾谓迁移穷僻，为已试之效，至乞更择五岭之西迎奉前去者。时方涣散，格庙为本，奉先既隆，人心自属。而献议若此，如礼乐何？宜及时建白，尊崇礼祀，严致孝享，则人知所从来而天下服矣。《春秋》不与公族大夫专政用事，而以亲贤为急。圣主屡诏诸方，津遣宗室，俾赴行在，优加宠奖。诚以昨者皇族北徙，枝叶已疏，必施茂恩，以滋根干。宜及时建白，上稽帝尧明峻德、睦九族之义，中循周、汉急亲贤之隆，下扫六朝孤立之弊，则王室益强，国势盘固矣。自崇宁以来，邪说盛行，公论废格，献言者以乱制为能，不期于定制，从政者以扰民为事，不务于安民，用人者以办事为才，不求于晓事，望治者以速成为策，不冀于美成。取快目前，积成后患。至于纲纪大坏，宗庙丘墟，皆此曹所致也。积习成风，至今未殄。夫欲拨乱世反之正者，必变衰乱之俗。欲变其俗者，必去衰乱之臣。今衰乱之臣死亡无几矣。然犹内历华途，外典方面，间有废黜，寻复宠升。毁誉不核其真，赏罚不当功罪。使圣上忧勤愿治未有见效者，亦皆此曹所致也。天下有公是非，出于人心不可易者。今国步艰危，民情摇动，宜乘势更改，转败为功。不然，大势益倾，不可复振矣。"

朝廷不许公辞，又遣使至所居。公遂行。以《时政论》先献之。……（详见本年谱第31—41页）

论既入，上即命再遣使促召。未至，复除给事中。

二年，七月，入对于临安行在所。上曰："闻卿大名，渴于相见，何为累召不至？"公再拜辞谢，进曰："臣闻保国必先定计，定计必先定都，建都择地必先设险，设险分土必先遵制，制国以守，必先恤民。夫国之有斯民，犹人之有元气，不可不恤也。除乱贼、选县令、轻赋敛、更弊法、省官吏、皆恤民之事也。而行此有道，必先立政。立政有经、必先核实。核实者，是非毁誉各不乱真，此致理之大要也。是非核而后赏罚当，赏罚当而后号令行。人心顺从，惟上所命。以守则固，以战则胜，以攻则服，天下定矣。然致此者，顾人主志尚何如耳。尚志，所以立本也。正心，所以决事也，养气，所以制敌也。宏度，所以用人也。宽隐，所以明德也。具此五者，帝王之能事备矣。乞以核实，而上十有六篇，付宰臣参酌施行。"上劳问甚渥公退而就职。

居旬日，再见，以疾恳求去位。上曰："闻卿深于《春秋》，方欲讲论。"遂以《左氏传》付公点句正音。公奏曰："《春秋》乃仲尼亲笔，门人高弟不措一词。实经世大典，见诸行事，非空言比也。义精理奥，尤难窥测。今方思济艰难，岂宜虚费光阴，耽玩文采。尤氏所载《师春》等书，及诸国交兵曲折，尚涉繁碎，况于其它。陛下必欲削平僭暴，克复宝图，使乱臣贼子惧而不作，莫若储心仲尼之经，则南面之术尽在是矣。"上称善。

八月一日，转对，奏曰："臣扶疾造朝，备位琐闼，亦既经月。凡所书读，多是臣庶整会，升降资给，事涉细微，少有论驳。虚度时刻，愧溢颜面。"复详论定计、建都、设险三事。上寻命除公兼侍读，专讲《春秋》。时讲官四人。援例乞各专一经。上曰："他人通经，岂胡某比。不许。"公乞在外编集成书，仰备乙览，不敢当讲席。章再上，不允。未及卒辞。会除故相朱胜非同都督江、淮、荆、浙诸军事。公上奏曰："谨按胜非与黄潜善、汪伯彦同在政府，缄默附会，循致渡江。至今人心追恨未泯。南狩仓皇，国势岌岌，凡下诏令，当本至公，以收溃散之情，冀安天步。乃称尊用张邦昌，结好金国，许其子孙皆得录叙。沦灭三纲，天下愤郁。若谓事由潜善，已不预知，此大事也，亦可从乎？及正位蒙司，苗、刘肆逆，贪生苟容，辱逮君父。故七月八日圣旨，以其荷国重任，不卫社稷，式遏凶邪，不如欧阳修所称断臂妇人之节。其责词曰："凶意已行，乃援唐襄王之故事，逆谋先定，共推晋太后之前闻。在君可移，于国何有？以此观胜非，其忠邪贤否断可见矣。方今强敌凭陵，叛臣不忌。沿江都督，极天下之选，用人得失，系国安危，深恐胜非上误大计。"

胜非改除侍读，召赴行在。左相吕颐浩以公既有论列，不复经由，遂命检正官黄龟年书行。公上奏曰："由臣愚陋，致朝廷过举，侵紊官制，隳坏纪纲。《孟子》曰：'有官守者不得其职则去'。臣待罪五旬，毫发无补。既失其职，当去甚明。况胜非系臣论列之人，今朝廷乃称胜非处苗、刘时能调护圣躬，即与向来诏旨责词是非乖异。昔公羊氏以祭仲废君为行权，先儒力排其说。盖权宜废置，非所施于君父，《春秋》大法尤谨于此。自建炎改元，凡失节者非特释而不问，又加进擢。习俗既成，大非君父之利。臣蒙睿奖，方俾以《春秋》入侍，而与胜非为列，有违经训。倘贪禄位，不顾旷官，纵臣无耻，公论谓何？"初吕颐浩都督江上还朝，欲去异己者，未得其方。过姑苏。太守席益谓之曰："目为朋党可矣。然党魁在琐闼，当先去之。"颐浩大喜，力引胜非为助，而降旨曰："胡某屡召，偃蹇不至，今始造朝，又数有请。初言胜非不可任，以同都督改命经筵，又以为非。岂不以时方艰难，不肯致身尽瘁，乃欲求微罪而去。其自为谋则善矣，百官象之，又如国计何？可落职提举建昌军仙都观。"实八月二十一日也。是夕，彗出东南，右相秦桧三上章乞留公，不报。即解相印去位。侍御史江跻上疏极言胜非不可用，胡某不当责。右司谏吴表臣上疏言："胡某扶疾见君，亦欲行其所学，今无故罪去，非所以示天下也。"奏皆寝，颐浩即排根，黜给事中程瑀、起居舍人张焘及跻等二十余人，云"应天变除旧布新之意"。台省一空，胜非遂相。

公登舟，稍稍溯流三日而后行。次衢梁，访医，留再旬。至丰城，寓居又半岁。乃渡南江而西，休于衡岳，买山结庐，名曰书堂，为终焉计。寅被召造朝，公戒之曰："凡出身事主，本吾至诚恳恻、忧国爱君、济民利物之心。立乎人之本朝，不可有分毫私意。议论施为、辞受取舍、进退去就，据吾所见义理，上行勿欺也。故可犯，至诚而不动者矣，不诚未有能动者也。善人君子，吾信重之，不轻慢；恶人小夫，吾悯怜之，不憎恶之。天下事犹一家，如仲举干甫、节，元规于苏峻，皆怀愤疾之心，所以误也。诸葛武侯心如明镜，不以私情有好恶也，故黄皓安于卑贱而不辞，李平、廖立甘于废黜而不怨，马谡入幕上宾，流涕诛之，不释也。孔明此心，可为万世法。"观公室中所以戒其子者如此，则其自为者可知矣。

河南尹焞闻公进退大致，语人曰："斯人可谓闻而知者矣。"翰林徐俯侍读《春秋》，荐公曰："道术有在，公论所归。臣敢蔽贤不报。"初王荆公以《字说》训释经义，自谓千圣一致之妙，而于《春秋》不可以偏傍点画通也。则诋为断烂朝报，废之不列于学官。下逮崇宁，防禁益甚。公自少留心此经，每曰："先圣亲手笔削之书，乃使人主不得闻讲说，学士不得相传习，乱伦灭理，用夷变夏，殆由此乎！"于是潜心刻意备征先儒，虽一义之当，片言之善，靡不采入。岁在丙申，初得伊川先生所作，传其间大义十余条，若合符节。公益自信，研穷玩索者二十余年，以为天下事物无不备于《春秋》，喟然叹曰："此传心要典也。推明克己修德之方，所以尊君父、讨乱贼，存天理、正人心者，必再书屡书，恳恳致详。于是圣人宏规大用，较然明著。读而味之，犁然当于人心。"

翰林朱震久从公游，方侍讲此经，欲见公所著。公曰："某之初学也。用功十年，遍览诸家，欲多求博取，以会要妙，然但得其糟粕耳。又十年，时有省发，遂集众传，附以己说，犹未敢以为得也。又五年，去者或取，取者或去，已说之不可于心者尚多有之。又五年，书向成。旧说之得存者寡矣。及此二年，所习似益察，所造似益深，乃知圣人之旨益无穷，信非言论所能尽也。今幸圣上笃好，要当正学以言，不当曲学以阿世，子发其勉之。先儒有'制作以俟圣汉'之语，其不见排消几希。"

绍兴五年二月，除徽猷阁待制、知永州。公辞以"摈斥三载，未能寡过，不敢当次对之除。不习吏事，年衰病剧，不能胜共理之寄。"诏曰："胡某经筵旧臣，引疾辞郡，重悯劳之，可特从其请。"差提举江州太平观，令纂修所著《春秋传》，候书成进入，以副朕崇儒重道之意。仍给吏史笔札，委疾速投进。"公尝谓宫观之设，本以养老优贤，非因辞职不欲请，非获谴不欲受也。及此除，乃谢曰："谨修有用之文，少报无功之禄。"即自为工程，再加订正。然后缮写奏御，凡十余万言。上屡对近臣称道，谓："深得圣人之旨，非诸儒所及也。"除提举万寿观兼侍读，委潭州守臣以礼津遣，金书疾置，召旨甚驶。宰相以事不自己，出形于言。

谏官陈公辅方上疏力诋程氏。公上奏曰："臣忝预从臣，职当次对，虽婴疾疹，尚窃祠宫。苟有见闻，自当论奏。伏见元祐初宰臣司马光，吕公着急于得人，首荐河南处士程颐，言必忠信，动遵礼义，实儒者之高蹈，圣世之逸民，乞加召命，擢以不次，矜式士类，裨益风化。遂自韦布，超居讲筵。而谏臣朱光廷等又奏颐道德纯备，学问渊博，有经天纬地之才，有制礼作乐之具，实天民之先觉，圣代之真儒也。则颐之见知于当世至矣。自颐之司劝讲，不为辨词，释解文义，所以积其诚意，感通圣心者。固不可得而闻也。及当官而行，举动必由乎礼，奉身而去，进退必合乎义！其修身行法，规矩准绳，独出诸儒之表。门人高弟莫或继焉。虽崇宁间曲加防禁，学者宗之，不可遏也。近年颐之门人稍稍进用，而士大夫有志利禄者口诵其说，高自标榜。或乃托于词命，妄加褒借，纷然淆乱，莫分真伪，识者忧之。学士大夫植党相非，自此起矣。盖安于王氏者不肯遽变，而道伊、洛者多失其传，无以厌服人心，故言者深加诋诮。夫不辨真伪，皆欲屏绝，既已过矣。又及于颐、不亦宜乎！其言曰'圣人垂训，无非《中庸》'是也。然《中庸》之义不传久矣。自颐兄弟始发明之，然后知其可思而得也。不然，则或谓高明所以处己，中庸所以接物本末上下，析为二途，而其义愈不明矣。"又曰："士大夫当以孔、孟为师亦是也，然孔、孟之道不传久矣，自颐弟兄始发明之，然后知其可学而至也。不然，则或以诸经《语》《孟》之书资口耳，以干利禄，愈不得其门而入矣。今欲使学者蹈《中庸》，师孔、孟而禁使不得从颐之学，是犹欲纳之室而使不得由户也。夫颐之文，于《易》则由理以明象，而知体用之一原；于《春秋》则见诸行事，而知圣人之大用，于诸经《语》《孟》则发其微旨，以示求仁之方，入德之序。然则狂言怪语，淫说鄙喻，岂其文也哉！颐之行，其行已接物，则忠诚动于州里，其事亲从兄，则孝弟显于家庭，其辞受取舍，非其道义则一介不以取与，至人虽禄之千钟，必有不顾也。其余，则亦与人同耳。然则幅巾大袖，高视阔步，岂其行也哉？本朝自嘉祐以来，西都有邵雍、程颢及其弟颐，关中有张载，皆以道学德行名于当世，公卿大夫之所钦慕而师尊之者也。会王安石当路，重以蔡京得政，曲加排抑，其道不行，深可惜也。愿下礼官讨论故事，以此四人加之封号，载在祀典，比诸荀、扬、韩氏。仍诏馆阁搜集其遗书，委官校正，取旨施行，便于学者传习，羽翼圣经，使邪说者不得乘间而作，而天下之道术定，岂曰小补之哉！"奏既入，溺于王氏学者喧然。于是公辅及中丞周秘、侍御史石公揆承望宰相风旨，谓公学术颇僻，行义不修，章疏交上。除知永州。公辞。复除提举江州太平观。

久之，诸言者皆罪斥，除公宝文阁直学士，赐银绢三百匹两，公辞。诏曰："朕悯邪说之诬民，惧斯文之坠地，肆求鸿硕，爰命纂修。卿发心要之未传，洞见天人之阃奥，明圣师之独断，大陈治乱之权衡。俾给札于上方，旋观书于乙夜，往承朕意，勿复固辞。"公常念故乡宗族贫不能自给，逮受此赐，即付犹子宪买田于先庐傍，岁时修祀曾高丘垄，施及亲属，以疏戚为差。方公之奉诏纂修也，虽寒暑不少懈，毕精竭虑，殆忘寝食，疾遂日增。至是上章谢事。以绍兴八年四月十三日殁于书堂正寝，享年六十有五。

遗表上闻。诏赠四官，赙银绢二百匹两。公积阶至朝奉郎。靖康登极，覃恩，转朝散郎。致仕，转朝请郎。至是，赠左朝议大夫。继又降诏云："胡某《春秋》义，著一王之大法，方欲召用，遽闻沦亡，特赐银绢三百匹两。令本路转运司应副葬事，仍赐田十顷，以恤其孤，他人不得援例。"公卿士大夫莫不为时嗟悼，形于文词，以祭公而挽其葬，惜公迄不大用，佐天子，成拨乱反正之功也。

公见善必为，为必要其成。知恶必去，去必除其根。强学力行，以圣人为标的。初登科，同年燕集，微有酒，自是终身饮不过量。尝好奕，令人曰："得一第，事业竟耶？"遂终身不奕。为太学官，同僚为谋买妾，既卜姓矣。叹曰："吾亲待养千里之外，何以是为？"亦终身不复买也。奉使湘中、日出按属部，过衡山下，爱其雄秀，欲登览，已戒行矣，俄而止曰："非职事所在也。"它日，二亲欲游，亦以是告。中大及令人喜曰："尔周慎如此，吾复何忧！"晚岁，居山下五年，竟亦不出。平生不乐近城市，寓居必深静之所，逢佳树清流，辄扶筇拂石，徘徊而后去。风度凝远，萧然尘表，视天下万物无一足以婴其心者。言必有教，动必有法，燕居独处，未尝有怠容慢色，尤谨于细行。麟经之外，《语》《孟》《易》

《诗》《书》《中庸》《资治通鉴》，周而复始，至老孜孜，常不自足。每子弟定省，必问其习业，合意，则曰："士当志于圣人，勿临深以为高。"不，则颦蹙曰："流光可惜，无为小人之归。"戚属后生艰难穷厄，但勉以进修，使动心忍性，不为濡沫之惠。士子问学，公教之，大抵以立志为先，以忠信为本，以致知为穷理之门，以主敬为持养之道。开端引示，必当其才，训厉救药，必中其病。每诵曾子之言曰："君子爱人以德，细人爱人以姑息。"故未尝以辞色假人。近世士风奔竞，惟事干谒，公在琐闱，虽抱羸疾，接纳无倦。随其品历，访以四方利病，于容貌颜色辞气间，消人贪鄙。有欲启口请托者，必忘言而去。

壮年尝观释氏书，亦接禅客谈话，后遂屏绝。答《赣川曾几书》曰："穷理尽性，乃圣门事业，物物而察，知之始也。一以贯之，知之至也。无所不在者理也，无所不有者心也。物物致察、宛转归己，则心与理不昧。故知循理者，士也。物物皆备，反身而诚，则心与理不违。故乐循理者，君子也。天理合德，四时合序，则心与理一，无事乎循矣。故一以贯之，圣人也。子以'四端五典每事扩充，亦未免物物致察，犹非一以贯之之要。'是欲不举足而登泰山，犹释氏所谓不假证修而语觉地也。四端固有非外铄，五典天叙不可违。在人则一心也，在物则一理也。充四端可以成性，惇五典可以尽伦，性成而伦尽，斯不二矣。学佛者，其语则欲一闻便悟，其行则欲一超直入。纵有是理，必无是人。如舜，可谓上上根矣，然犹好问，犹察言，犹取诸人以为善。独闻斯行之，若决江河，与人异耳。今以中才欲了此事，不从博学、审问、慎思、明辨、笃行以求之，则亦何以异于谈饮食而欲疗饥渴乎？释氏虽有了心之说，然知其未了者，为其不先穷理，反以理为障，只求见解于作用处，全不究竟也。以理为障而求见解，故穷高极大而失其居。失其居，则惑人也，故无地以崇其德。至于流遁莫可致诘，于作用处全不究意，故接物应事颠倒差谬，不堪点检。圣门之学，则以致知为始，穷理为要，知至理得，不昧本心，如日方中，万象毕见，则不疑其所行而内外合也。故自修身至于天下国家无所处而不当矣。子又曰：'四端五典，起灭心也。有所谓自本自根，自古以固存者。'夫自本自根，自古以固存者，即起灭心是也。不起不灭心之体，方起方灭心之用。体用一源，显微无间，能操而常存者，动亦存，静亦存，虽百起百灭，心固自若也。放而不知求者，静亦亡，动亦亡，燕居独处，似系马而止也。事至物来，视而不见，听而不闻矣。是以善学者，动亦察，静亦察，无时而不察也。持之以敬，养之以和，事至物来，随感而应，燕居独处，亦不坐驰，不必言致其精明以待事物之至也。子又谓'充良知良能而至于尽，与宗门要妙两不相妨，何必舍彼取此。'则非某之所敢知也。夫良知不虑而知，良能不学而能，此爱亲敬长之本心也。儒者扩而充之达于天下，立万世之大经，经正而庶民兴，邪慝息矣。释氏则指此为前尘，为妄想，批根拔本，殄灭人伦，正相反也。而谓不相妨何也？孔子曰：'道不同不相为谋'，'恶似是而非者'。差之毫厘，谬以千里，故善学之君子慎所取焉。"

公精识强记，无所不知，而与人谈论，气和词简，若中无所有者，故未尝失色于人，亦未尝失言于人。仕止久速，由道据义，行心之所安。其欲出也非由劝勉，其欲去也不可挽留。朱震被召，问出处之宜。公曰："子发学《易》二十年，至有成说，则此事当素定矣。世间惟讲学论政则当切切询究。若夫行已大致，去就语默之幾，如人饮食，其饥饱寒温必自斟酌，不可决诸人，亦非人所能决也。某之出处，自崇宁以来皆内断于心，虽定夫、显道诸丈人行亦不以此谋之。而后亦少悔。浮世利名，真如蚁蝼过前，何足道哉！"

定夫，游公酢，显道，谢公良佐也，与杨公中立皆程门高弟。公之使湖北也，杨尚为府教授，谢为应城宰，公质疑访道，礼之甚恭，来见而去，必端笏正立目送之。僚属惊异，吏民耸观，邹公浩闻之，叹曰："将军北面帅师降敌，此事人间久寂寂。"谢公尝语朱震曰："胡康侯正如大冬严雪，百草萎死，而松柏挺然独秀者也。"从游三君子之外，则河清刘奕君曼，开封向子韶和卿、赣上曾开天游、荆南唐恕处厚及朱震子发，情义最笃者也。又尝曰："四海神交，惟君曼一人"，且称其有相业云。平居尚论古人，自两汉而下，则以诸葛武侯为首。于本朝卿相，则以李文靖、韩忠献为冠，言必称之。

每语学者曰："学以能变化气质为功。"公性本刚急，及其老也，气宇冲澹，容貌雍穆，若无喜怒者，即知和乐而有毅然不可犯之象，望之严威而熏然可亲。年寖高矣，加以疾病，而谨礼无异平时。每岁酿酒一斛，备家庙荐享。造曲蘖，治秫米，洁器用，节齐量，无不躬视。于其祭也，沐浴盛服，率子孙诸妇各执其事。方享则敬，已祭必哀，济济促促，如祖考之临之也。礼成，置酒五行，分胙内外，虽乱离迁次，衣食或不给，而奉先未尝阙。由少至老，食不过兼味。疾病中值岁大旱，所居岑寂，膳羞不可致，子弟或请稍近城郭，便药饵，公曰："死生有命，岂以口体移不赀之躯哉！"躬耕漳滨，二十余年，所仰以卒岁者，一旦废于盗寇，闻之容色无变，若未尝勤力其中也，惟问丘坟，则泫然流涕。虽转徙屡空，取舍一介，必度于义，饥不可得而食，寒不可得而衣。自登第逮休致，凡四十年，在官实历不登六载。虽数以罪去，其爱君之心远而逾笃。每被召，即置家事不问，或通夕不寐，志在康济艰难。见中原陷没，百姓涂炭，若疾痛之切于身也。然宦情如寄，道有不合，色斯举矣。侯无可诸孙冲良有祖风，言必称二程先生，他无所许可。后至漳滨，睹公言行，日月淹久，不觉叹服，语同志曰："某以为志在天下，视不义富贵真如浮云者，二先生而已，不意复有斯人也。"

常服浣濯纫补，或至二三十年，岁不必随有所增制，远适亦以自从。谓子弟曰："不使汝等有仓卒不办之忧。"年既六十，即命造束身椑，自授尺寸，岁一漆之。得疾，不能阅书，命子宏取《春秋说》诵于前，间一解颐而笑。时结庐犹未成，独戒宏曰："当速营家庙，若祭于寝，非礼也。"二弟问疾，泣而抚之。至于诸子，则正容曰："事兄友弟。"遂不复语。泊然委顺，敛以深衣，不用浮屠氏，皆治命也。初娶李氏，继室王氏，皆赠令人。子三人，长寅，左奉议郎，试尚书礼部侍郎兼侍讲；次宁，右承务郎，行尚书祠部员外郎；季宏，右承务郎。女申，适迪功郎监潭州南岳庙向沈，其父即和卿也。孙大原，右承务郎。公没五年之后，始生大经、大常、大本、大壮、大时。

公少时，有作为文章立名后世之意，其后笃志于天人性命之学，乃不复作，故召试辞免之奏曰："少习艺文，不称语妙。晚捐华藻，才取理明。既觉昨非，更无余习。"《文集》十五卷，皆不得已而应者。靡丽无益，一语不及。每患史传浩博，学者不知统要，而司马公编年《通鉴》正书，叙述太详，《目录》首尾不备，晚年著《举要历》八十卷，将以趋详略之中矣。然尚有重复及遗缺者，意司马公方事笔削，入秉钧轴，寻薨于位，不得为成书也。遂略用《春秋》条例，就三书修成一百卷，名曰《资治通鉴举要补遗》，自为之序，以广司马公愿忠君父稽古图治之意。

诸孤以其年九月一日，葬于潭州湘潭县龙穴山，令人王氏祔焉。从臣建言："公当蔡氏专权，弃官不仕，归养膝下，左右无违；靖康、绍兴出入禁闼，正义直指，风节凛然。方《春秋》大禁之时，慨然忧世，心无二虑，穷源阐奥，学遂显行，其功不在先儒之下。昔人有一节可称，犹褒之以谥，列诸史传，况如某孝于亲，忠于君，好学不倦，身死而言立，可不饰其终乎？"诏下礼官议。礼部太常官合议曰："谨按谥法，道德博文曰文，纯行不差曰定，请谥为文定。"制曰："朕悯士大夫高爵禄而下礼义，尚权势而薄廉耻，祸败之衅，职此之由。惟予近臣，守死善道，服仁体义，老而不衰，生多显名，没有遗美。顾此褒恤，岂限彝章。具官某以名世杰出之才，探千载不传之学，穷《春秋》旨，奥续前圣微言旁贯诸经，网罗百氏，优游餍饫，久自得之，不可以势利回，不可以威武屈，近代以来，数人而已。是用致尊名之义，广崇德之风，以训后人，以明吾志。凡尔有学，尚克继之，可赐谥曰文定。"盖非常格也。绍兴十有九年，郊恩，赠左太中大夫。

惟公道学溥博浑深，不可涯涘。追究平生言行，反复订正，凡十有五，年粗能成章，以备太史氏采择。且求志于有道立言之君子，传诸永世。谨状。（《斐然集·先公行状》卷二十五，第485-526页）

（二）国史与方志说

宋史·胡安国传

胡安国字康侯，建宁崇安人。入太学，以程颐之友朱长文及颍川靳裁之为师。裁之与论经史大义，深奇重之。三试于礼部，中绍圣四年进士第。初，廷试考官定其策第一，宰职以无诋元祐语，遂以何昌言冠，方天若次之，又欲以宰相章惇子次天若。时发策大要崇复熙宁、元丰之制，安国推明《大学》，以渐复三代为对。哲宗命再读之，注听称善者数四，亲擢为第三。为太学博士，足不蹑权门。

提举湖南学事，有诏举遗逸，安国以永州布衣王绘、邓璋应诏。二人老不行，安国请命之官，以劝为学者。零陵簿称二人党人范纯仁客，而流人邹浩所请托也。蔡京素恶安国与己异，得簿言大喜，命湖南提刑置狱推治，又移湖北再鞫，卒无验，安国竟除名。未几，簿以他罪抵法，台臣直前事，复安国元官。

政和元年，张商英相，除提举成都学事。二年，丁内艰，移江东。父没终丧，谓子弟曰："吾昔为亲而仕，今虽有禄万钟将何所施？"遂称疾不仕，筑室墓傍，耕种取给，盖将终身焉。宣和末，李弥大、吴敏、谭世绩合荐，除屯田郎，辞。

靖康元年，除太常少卿，辞；除起居郎，又辞。朝旨屡趣行，至京师，以疾在告。一日方午，钦宗亟召见，安国奏曰："明君以务学为急，圣学以正心为要。心者万事之宗，正心者揆事宰物之权。愿擢名儒明于治国平天下之本者，虚怀访问，深发独智。"又言："为天下国家必有一定不可易之计，谋议既定，君臣固守，故有志必成，治功可立。今南向视朝半年矣，而纪纲尚紊，风俗益衰，施置乖方，举动烦扰；大臣争竞，而朋党之患萌；百执窥觎，而浸润之奸作。用人失当，而名器愈轻；出令数更，而士民不信。若不扫除旧迹，乘势更张，窃恐大势一倾，不可复正。乞访大臣，各令展尽底蕴，画一具进。先宣示台谏，使随事疏驳。若大臣议绌，则参用台谏之言；若疏驳不当，则专守大臣之策。仍集议于朝，断自宸衷，按为国论，以次施行。敢有动摇，必罚无赦。庶几新政有经，可冀中兴。"钦宗曰："比留词掖相待，已命召卿试矣。"语未竟，日昃暑甚，汗洽上衣，遂退。

时门下侍郎耿南仲倚攀附思，凡与己不合者，即指为朋党。见安国论奏，愠曰："中兴如此，而曰绩效未见，是谤圣德也。"乃言安国意窥经筵，不宜召试。钦宗不答。安国屡辞，南仲又言安国不臣。钦宗问其状，南仲曰："往不事上皇，今又不事陛下。"钦宗曰："渠自以病辞，初非有向背也。"每臣僚登对，钦宗即问识胡安国否？中丞许翰曰："自蔡京得政，士大夫无不受其笼络，超然远迹不为所污如安国者实鲜。"钦宗叹息，遣中书舍人晁说之宣旨，令勉受命，且曰："他日欲去，即不强留。"既试，除中书舍人，赐三品服。南仲讽台谏论其稽命不恭，宜从黜削。疏奏不下，安国乃就职。

南仲既倾宰相吴敏、枢密使李纲，又谓许景衡、晁说之视大臣升黜为去就，怀奸徇私，并黜之。安国言："二人为去就，必有陈论。怀奸徇私，必有实迹。乞降付本省，载诸词命。"不报。

叶梦得知应天府，坐为蔡京所知，落职奉祠。安国言："京罪已正，子孙编置，家财没入，已无蔡氏矣。则向为京所引者，今皆朝廷之人，若更指为京党，则人才见弃者众，党论何时而弭！"乃除梦得小郡。

中书侍郎何㮚建议分天下为四道，置四都总管，各付一面，以卫王室、捍强敌。安国言："内外之势，适平则安，偏重则危。今州郡太轻，理宜通变。一旦以二十三路之广，分为四道，事得专决，财得专用，官得辟置，兵得诛赏，权恐太重；万一抗衡跋扈，何以待之？乞据见今二十三路帅府，选择重臣，付以都总管之权，专治军旅。或有警急，即各率所属守将应援，则一举两得矣。"寻以赵野总北道，安国言魏都地重，野必误委寄。是冬，金人大入，野遁，为群盗所杀，西道王襄拥众不复北顾，如安国言。

李纲罢，中书舍人刘珏行词，谓纲勇于报国，数至败衄。吏部侍郎冯澥言珏为纲游说，珏坐贬，安国封还词头，以为"侍从虽当献纳，至于弹击官邪必归风宪。今台谏未有缄默不言之咎，而澥越职，此路若开，臣恐立于朝者各以好恶胁持倾陷，非所以靖朝著"。南仲大恐，何㮚从而挤之，诏与郡。㮚以安国素苦足疾，而海门地卑湿，乃除安国右文殿修撰、知通州。

安国在省一月，多在告之日，及出必有所论列。或曰："事之小者，盍姑置之？"安国曰："事之大者无不起于细微，今以小事为不必言，至于大事又不敢言，是无时而可言也！"

安国既去逾旬，金人薄都城。子寅为郎在城中，客或忧之，安国愀然曰："主上在重围中，号令不出，卿大夫恨效忠无路，敢念子乎！"敌围益急，钦宗亟召安国及许景衡，诏竟不达。

高宗即位，以给事中召。安国言："昨因缴奏，遍触权贵，今陛下将建中兴，而政事弛张，人才升黜，尚未合宜，臣若一一行其职守，必以妄发，干犯典刑。"黄潜善讽给事中康执权论其托疾，罢之。三年，枢密张浚荐安国可大用，再除给事中。赐其子起居郎寅手札，令以上意催促。既次池州，闻驾幸吴、越，引疾还。

绍兴元年，除中书舍人兼侍讲，遣使趣召，安国以《时政论》二十一篇先献之。论入，复除给事中。二年七月入对，高宗曰："闻卿大名，渴于相见，何为累诏不至？"安国辞谢，乞以所进二十一篇者施行。其论之目，曰《定计》《建都》《设险》《制国》《恤民》《立政》《核实》《尚志》《正心》《养气》《宏度》《宽隐》。论《定计》略曰："陛下履极六年，以建都，则未有必守不移之居；以讨贼，则未有必操不变之术；以立政，则未有必行不反之令；以任官，则未有必信不疑之臣。舍今不图，后悔何及！"论《建都》谓："宜定都建康以比关中、河内，为兴复之基。"论《设险》谓："欲固上流，必保汉、沔；欲固下流，必守淮、泗；欲固中流，必以重兵镇安陆。"论《尚志》谓："当必志于恢复中原，祗奉陵寝；必志于扫平仇敌，迎复两宫。"论《正心》谓："戡定祸乱，虽急于戎务，而裁决戎务，必本于方寸。愿选正臣多闻识、有志虑、敢直言者，置诸左右，日夕讨论，以宅厥心。"论《养气》谓："用兵之胜负，军旅之强弱，将帅之勇怯，系人君所养之气曲直何如。愿强于为善，益新厥德，使信于诸夏、闻于夷狄者，无曲可议，则至刚可以塞两间，一怒可以安天下矣。"安国尝谓："虽诸葛复生，为今日计，不能易此论也。"

居旬日，再见，以疾恳求去。高宗曰："闻卿深于《春秋》，方欲讲论。"遂以《左氏传》付安国点句正音。安国奏："《春秋》经世大典，见诸行事，非空言比。今方思济艰难，《左氏》繁碎，不宜虚费光阴，耽玩文采，莫若潜心圣经。"高宗称善。寻除安国兼侍读，专讲《春秋》。时讲官四人，援例乞各专一经。高宗曰："他人通经，岂胡安国比。"不许。

会除故相朱胜非同都督江、淮、荆、浙诸军事，安国奏："胜非与黄潜善、汪伯彦同在政府，缄默附会，循致渡江。尊用张邦昌结好金国，沦灭三纲，天下愤郁。及正位冢司，苗、刘肆逆，贪生苟容，辱逮君父。今强敌凭陵，叛臣不忌，用人得失，系国安危，深恐胜非上误大计。"胜非改除侍读，安国持录黄不下，左相吕颐浩特命检正黄龟年书行。安国言："有官守者，不得其职则去。臣今待罪无补，既失其职，当去甚明。况胜非系臣论列之人，今朝廷乃称胜非处苗、刘之变，能调护圣躬。昔公羊氏言祭仲废君为行权，先儒力排其说。盖权宜废置非所施君父，《春秋》大法，尤谨于此。建炎之失节者，今虽特释而不问，又加选擢，习俗既成，大非君父之利。臣以《春秋》入侍，而与胜非为列，有违经训。"遂卧家不出。

初，颐浩都督江上还朝，欲去异己者，未得其策。或教之指为朋党，且曰："党魁在琐闱，当先去之。"颐浩大喜，即引胜非为助，而降旨曰："胡安国屡召偃蹇不至，今始造朝，又数有请。初言胜非不可同都督，及改命经筵，又以为非，岂不以时艰不肯尽瘁，乃欲求微罪而去，其自为谋则善，如国计何？"落职，提举仙都观。是夕，彗出东南。右相秦桧三上章乞留之，不报，即解相印去。侍御史江跻上疏，极言胜非不可用，安国不当责。右司谏吴表臣亦言安国扶病见君，欲行所学，今无故罪去，恐非所以示天下。不报。颐浩即黜给事中程瑀、起居舍人张焘及跻等二十余人，云应天变除旧布新之象。台省一空，胜非遂相，安国竟归。

五年，除徽猷阁待制、知永州，安国辞。诏以经筵旧臣，重悯劳之，特从其请，提举江州太平观，令纂修所著《春秋传》。

书成，高宗谓深得圣人之旨，除提举万寿观兼侍读。未行，谏官陈公辅上疏诋假托程颐之学者。安国奏曰："孔、孟之道不传久矣，自颐兄弟始发明之，然后知其可学而至。今使学者师孔、孟，而禁不得从颐学，是入室而不由户。本朝自嘉祐以来，西都有邵雍、程颢及其弟颐，关中有张载，皆以道德名世，公卿大夫所钦慕而师尊之。会王安石、蔡京等曲加排抑，故其道不行。望下礼官讨论故事，加之封爵，载在祀典，比于荀、杨、韩氏，仍诏馆阁衷其遗书，校正颁行，使邪说者不得作。"奏入，公辅与中丞周秘、侍御史石公揆承望宰相风旨，文章论胡安国学术颇僻。除知永州，辞，复提举太平观，进宝文阁直学士。卒，年六十五。诏赠四官，又降诏加赗，赐田十顷恤其孤，谥曰文定，盖非常格也。

安国强学力行，以圣人为标的，志于康济时艰，见中原沦没，遗黎涂炭，常若痛切于其身。虽数以罪去，其爱君忧国之心远而弥笃，每有君命，即置家事不问。然风度凝远，萧然尘表，视天下万物无一足以婴其心。自登第迄谢事，四十年在官，实历不及六载。

朱震被召，问出处之宜，安国曰："子发学《易》二十年，此事当素定矣。世间惟讲学论政，不可不切切询究，至于行己大致，去就语默之几，如人饮食，其饥饱寒温，必自斟酌，不可决诸人，亦非人所能决也。吾平生出处皆内断于心，浮世利名如蚁蠓过前，何足道哉！"故渡江以来，儒者进退合义，以安国、尹焞为称首。侯仲良言必称二程先生，他无所许可。后见安国，叹曰："吾以为志在天下，视不义富贵真如浮云者，二程先生而已，不意复有斯人也。"

安国所与游者，游酢、谢良佐、杨时皆程门高弟。良佐尝语人曰："胡康侯如大冬严雪，百草萎死，而松柏挺然独秀者也。"安国之使湖北也，杨时方为府教授，良佐为应城宰，安国质疑访道，礼之甚恭，每来谒而去，必端笏正立目送之。

自王安石废《春秋》不列于学官，安国谓："先圣手所笔削之书，乃使人主不得闻讲说，学士不得相传习，乱伦灭理，用夏变夷，殆由乎此。"故潜心是书二十余年，以为天下事物无不备于此。每叹曰："此传心要典也。"

安国少欲以文章名世，既学道，乃不复措意。有文集十五卷、《资治通鉴举要补遗》一百卷。三子，寅、宁、宏。（见《宋史·胡安国传》列传一百九十四·儒林五，第12908-12912页）

元史·选举一·科目

考试程式：蒙古、色目人，第一场经问五条，《大学》《论语》《孟子》《中庸》内出题，并用朱氏章句集注……《诗》以朱氏为主，《尚书》以蔡氏为主，《周易》以程氏、朱氏为主，已上三经，兼用古注疏，《春秋》许用《三传》及胡氏《传》，《礼记》用古注疏。

元史·祭祀六·宋五贤从祀

元顺帝（惠宗）至正二十二年（1362）八月，奏准送礼部定拟五先生封爵谥号。俱赠太师。胡安国追封楚国公，杨时追封吴国公，李侗追封越国公，蔡沈追封建国公，真德秀追封福国公。

又云：故宋中书舍人，谥文定胡安国，闻道伊洛，志在春秋，纂为《集传》，羽翼正经，明天理而扶世教，有功于圣人之门者也。

明史·选举二

科举题定式：《四书》主朱子《集注》，《易》主程《传》、朱子《本义》，《书》主蔡氏传及古注疏，《诗》主朱子《集注》，《春秋》主左氏、公羊、穀梁三传及胡安国、张洽传，《礼记》主古注疏。

明史·礼四·至圣先师孔子庙祀

明英宗正统二年（1437），以宋儒胡安国、蔡沈、真德秀从祀（孔庙）。

明宪宗成化二年（1466），追封董仲舒广川伯，胡安国建宁伯，蔡沈崇安伯，真德秀浦城伯。

明嘉靖十年（1531），尊称胡安国为先儒胡子。

清史稿·礼三·至圣先师孔子

清太宗皇太极崇德元年（1636），建庙盛京。

清顺治二年（1645），至圣先师孔子，立文庙，南向。四配：复圣颜子、宗圣曾子、述圣子思子、亚圣孟子。又十哲：闵子损等俱东西向，先儒孔安国、司马光、欧阳修、胡安国等二十八人从祀。

清史稿·选举三

清顺治二年（1645），颁《科场条例》。首场《四书》三题，五经各四题，士子各占一经。《四书》主朱子《集注》，《易》主程《传》，朱子《本义》，《书》主蔡《传》，《诗》主朱子《集注》，《春秋》主胡安国《传》，《礼记》主陈澔《集说》。

弘治衡山县志·胡安国

胡安国，字康侯，谥文定，建宁崇安人。官至宝文阁直学士。致仕，居衡山。其子宏，字仁仲，号五峰，创书楼于衡岳，布衣藜杖，寻丘经壑。著书五十三篇，该仁政之大者。（见明弘治《衡山县志·流寓志》，校注本第 79 页）

嘉靖建宁府志·胡安国

胡安国，字康侯，崇安人。入太学，以程颐之友朱长文及颍川靳裁之为师。裁之与论经史大义，深奇重之。三试于礼部，中绍圣四年进士第，初廷考试，官定其策第一。宰执以无诋元祐语，遂以何昌言冠，方天若次，又欲以宰相章惇子次。天若时发策大要，崇复熙宁、元丰之制。安国推明《大学》，以渐复三代为对。哲宗命再读之，注听称善者数四，亲擢为第三。历官宝文阁直学士，卒诏赠四官，又降诏加赙赐田十顷，恤其孤，谥曰文定。盖非常格也。

安国强学力行，以圣人为标的，志于康济时艰。见中原沦没，遗黎涂炭，常若痛切于其身。虽数以罪去，其爱君忧国之心，远而弥笃。每有君命，则置家事不问。然风度凝远，萧然尘表。视天下万物，无足以婴其心。自登第迄谢事四十年，在官实历不及六载。朱震被召问出处之宜，安国曰："子发学《易》二十年，此事当素定矣。世间惟讲学论政不可不切切询究，至于行己，大致去就语默之几，如人饮食，其饥饱寒温，必自斟酌。不可决诸人，亦非人所能决也。吾平生出处皆内断于心，浮世利名，如蠛蠓过前，何足道哉！"故渡江以来，儒者进退合义，以安国、尹焞为称首。侯仲良言必称二程先生，他无所许可。后见安国叹曰："吾以为志在天下，视不义富贵真如浮云者，二程先生而已。不意复有斯人也。"

安国所与游者，游酢、谢良佐、杨时皆程门高弟。良佐尝语人曰："胡康侯如大冬严雪，百草萎死，而松柏挺然独秀者也。"安国之使湖北也，杨时方为府教授，良佐为应城宰。安国质疑访道，礼之甚恭，每来谒而去，必端笏正立目送之。自王安石废《春秋》不列于学官，安国谓先圣手所笔削之书，乃使人主不得闻讲说，学士不得相传习，乱伦灭理，用夏变夷，殆由乎此。故潜心是书二十余年，以为天下事物无不备于此。每叹曰："此传心要典也。"安国少欲以文章名世，既学道乃不复此意。有《文集》十五卷、《资治通鉴举要补遗》一百卷。（见明嘉靖《建宁府志·道学志》卷十八，第493-494页）

万历衡州府志·胡安国

胡安国，字康侯。崇安人，徙居潭州。绍圣四年（1097）进士，初提举湖南学事。诏举逸遗，安国以王绘、邓璋应诏。时李良辅为零陵簿，称二人乃范纯仁客，而流人邹浩所请托也。蔡京得簿言，命湖南提刑推治无验，安国竟除名。读书于衡山紫盖峰下（笔者注：应为紫云峰），著《春秋传》。后被旨趣至京师，钦宗召见安国。奏曰："明君以务学为急，圣学以正心为要。"劝上咨访大廷，参用台谏。日昃暑盛，汗浃上衣乃退。每臣僚登对时，钦宗即问识安国否。中丞许翰曰："自蔡京得政，士大夫无不受其笼络。超然远迹、不为所污如安国者，实鲜。"钦宗叹息。高宗即位，张浚荐安国可大用，帝趣召，安国以时政论献之。及入对，乞以所进二十一篇者施行。再见，以疾去。高宗曰："闻卿深于《春秋》。"方欲讲论，遂以《左氏传》付安国点正，安国奏："《春秋》经世大典，见诸行事，非空言比。今方思济艰难，左氏繁碎，不宜虚废光阴，莫若潜心圣经。"高宗称善。后安国论朱胜非不当复相，落职提举江州太平观，令纂修所著《春秋传》。

书成，高宗谓深得圣人之旨。除提举万寿观，兼侍读。未行，谏官陈公辅上疏诋程颐之学。安国奏曰："孔孟之道不传久矣，自颐兄弟始发明之，然后知其可学。而至今使学者师孔孟，而禁不得从颐学，是入室而不由户也。"公辅等交章论安国学术颇僻，除知永州。辞，遂提举太平观、进宝文阁直学士。卒，谥曰文定。安国强学力行以圣人为标的，每有君命，即置家不问，然风度凝远，萧然尘表。视天下万物无一足以婴其心。自登第迄谢事，四十年在官，实历不及六载。故渡江以来儒者进退合义。以安国、尹焞为称首。谢良佐尝语人曰："胡康侯如大冬严雪，百草萎死，而松柏挺然独秀者也。"自王安石废《春秋》、不列于学宫，安国谓先圣手所笔削之书，乃使人主不得闻讲说、学士不得相传习，乱伦灭理殆由乎此。故在衡山潜心是书二十余年（实则五年：1133—1138），以为天下事物亦无不备于此。每叹曰：此传心要典也。（见明万历《衡州府志·人物志》卷之十二点校本，第600-601页）

岳麓书院志·先儒列传·胡安国

胡安国，字康侯，宋崇安人，徙居长沙城南。后提举湖南学事，公强学力行，倡明绝学，以圣人为标的，行谊为课读。郡人感其化，建书院为故居。会有旨举遗逸，安国以永州王绘、邓彰应，二人因老不行，安国请命之官，以劝为文学者。零陵簿称二人党范纯仁，且为邹浩所请托。蔡京素恶安国与己异，得簿言大喜，命湖南提及湖北推治之，无验，竟除名。（见2012年《岳麓书院志·先儒列传·长沙岳麓志》卷之三，第238页）

雍正崇安县志·先儒胡子

　　先儒胡子名安国，字康侯。崇安人。哲宗绍圣四年进士第。时方崇复熙丰之政，安国廷对，独推明《大学》"格致诚正""修齐治平"之道，宰执以其不诋元祐，降其等。哲宗命再读之，称善，亲擢第三，授太学博士，足不蹑权门。崇宁间，提举湖南学事。有诏举遗逸，安国以永州布衣王绘、邓璋应诏。零陵簿称二人"党人范纯仁客，而流人邹浩所请托也"。蔡京素恶安国与己异，得簿言，大喜，命推鞫，无验，复官。召至京，卧疾告归。宣和初，丁父忧，既免丧，曰："吾奋迹贫寒乡，为亲而仕，今虽有万钟之禄，将焉用哉！"遂筑室墓傍，将终身焉。

　　靖康初，召见，奏曰："明君以务学为急，圣学以正心为要。"又乞"定国论以觊中兴"，上首肯之。后臣僚登对，上每问："识胡安国否？"许翰对曰："虽未识面，然已闻名久矣。自蔡京得政，士大夫无不入其笼络，超然远迹，不为所污，惟安国一人。"上叹异，遣中书舍人晁说之诣馆舍，勉令受命，除中书舍人。在省甫一月，告日居半，每出必有论列。或曰："事小者盍置之？"安国曰："大事皆起于细故，今以小事为不必论，至于大事又不敢言，是无时可言也。"既为唐恪辈所挤，遂去国。至襄阳，金人已薄京城。长子寅方校书中秘，宾客每为安国念之，安国愀然曰："主上在重围中，号令不出，卿大夫之辱也。予恨效忠无路，敢念子乎？"高宗登极，安国言崇宁以来，国有九失，援《春秋》为证，书上，召为给事中，再召，不至。绍兴初，遣使至所居，起之。进《时政论》，曰："定计、建都，设险、制国。恤民、立政、核实、尚志。正心养气，宏度宽隐。"上命促召，未至，复除给事中。就职旬日，以疾求去。上曰："闻卿深于《春秋》，方欲讲论。"遂以《左传》付安国点句正音。安国奏："《春秋》，经世大典，左氏所载繁碎，陛下必欲削平僭暴，克复宝图，莫若潜心圣经。"上称善。除侍读，专讲《春秋》。时讲官四人，乞援例各专一经，上曰："他人通经，岂安国比？"坐论朱胜非积忤吕颐浩，奉祠，宰执、台谏文章留之，不报。

久之，除知永州，再与祠，令纂修所著《春秋传》。先是，王安石废《春秋》，逮崇宁防禁益甚，安国留心此经，初得程颐所作《传》，益自信，研究三十余年，尝曰："此《传》，心要典也。"至是再加订正，凡十余万言，缮写以进。上屡言："此《传》深得圣人之旨，非诸儒所及也。"除侍讲。谏官陈公辅方诋程氏学，安国奏曰："孔、孟之道不传久矣，自颐兄弟始发明之。今使学者师孔、孟，而禁不得从颐学，是入室不由户也。本朝邵雍、张载、程颢、程颐，皆世所尊师，乞加之封爵，载在祀典，仍颁行其书，使邪说者不得作。"奏入，台臣希宰执风旨交章诋之。已而言者皆罢斥，特除宝文阁直学士。卒，降诏褒谕，累赠至大中大夫，谥文定。

安国强学立行，以圣人为标的。其教人，以立志为先，以忠信为本，以致知为穷理之源，以主敬为持养之道。见中原沦没，遗黎涂炭，常若痛切于身。虽数以罪去，其爱君、忧国之心远而弥笃。每有君命，则置家事不问。然风度凝远，萧然尘表，视天下万物无足以撄其心。自登第迄谢事四十年，在官实历不及六载。朱震被召，问出处之宜，安国曰："子发学《易》二十年，此事当素定矣。世间惟讲学论政，不可不切切询究。至于行己大致，去就语默之机，如人饮食，其饥饱温寒，必自斟酌，不可决诸人，亦非人所能决也。吾平生出处，皆内断于心。浮世利名，如蟪蛄过前，何足道哉！"故渡江以来，儒者进退合义，以安国、尹焞为称首。所与游者，游酢、谢良佐、杨时，而刘奕、向子韶、曾开、唐恕、朱震相与尤厚。良佐尝语人曰："胡康侯如大冬严雪，百草萎死，而松柏挺然独秀者也。"河东侯师圣言必称"二程"，他无所许可。后见安国，叹曰："吾以为志在天下，视不义富贵如浮云者，二程而已，不意复有斯人也。"所著有《时政论》《春秋传》《资治通鉴举要补遗》诸书行于世。明英宗正统二年，从祀；宪宗成化二年，封建宁伯。国朝康熙四十四年，钦赐匾曰"霜松雪柏"。（见清雍正《崇安县志》卷之四，第149-151页）

乾隆荆门州志·胡渊、胡安国

胡渊，字泽之，崇安籍溪人。以孝友闻，安国父也。安国入官，渊尽捐其产以赡兄弟之子。安国退居荆门漳水之滨，迎渊就养。宣和中卒，遂葬漳滨。游公酢为之铭，赠至光禄大夫（注：实为中大夫）。嘉靖时祀乡贤。

胡安国，字康侯，胡渊子也。生有异质，年十七入太学，与伊川门人朱长文、靳裁之讲论，学问日邃。登绍圣四年进士。崇宁间，提举湖北学事，抵官改湖南，为蔡京所挤，除名，遂退居荆门漳水滨，定省外惟经籍自娱。宣和末，廷臣交荐，上坐便殿，虚宁劳问甚渥。先生奏曰：明君以务学为急，圣学以正心为要。上首肯之。以足疾乞归，至襄阳，虏已薄京城。

时长子寅校书中秘，宾客为先生念，先生愀然曰：主上在重围，卿大夫之辱也。予恨效忠无路，敢念子乎！闻者感动。及高宗即位，复论政有九失，上召为给事中，凡三辞。绍兴初，促召未至，复除给事中，就职旬日，遂以疾求去。有旨令纂修《春秋》以进。先是，王安石废春秋，防禁益甚，先生浊，留心是经，研究三十余年，曰：此传心要典也。至是缮写奏御，上屡称叹。有《经筵正论》《春秋传》《武夷集》《资治通鉴举要补遗》行世。谥文定，从祀孔庙。子寅、宁、宏，从子宪、贯，荆门为名儒，俱祀乡贤。（见清乾隆《荆门州志·侨寓》卷三十一）

乾隆衡州府志·胡安国

乾隆元年，御书与天地参匾额。庙位：至圣先师孔子神位正中南向。……先儒胡安国从祀孔庙西庑。（见清乾隆《衡州府志·学校志》，第153–156页）

胡安国，建宁崇安人。徙于荆，再徙于衡。从子（胡）寅（注：应为长子胡寅）以忤秦桧，退居衡山著书讲学。子宏居衡山二十年，玩心神明，不舍昼夜，张栻师事之；宏弟（胡）宁（注：应为宏兄胡宁）与弟相亚；又从子（胡）实与朱子、张南轩游。（见清乾隆《衡州府志·游寓志》，第520页）

嘉庆衡山县志·胡安国

胡安国故居在岳山西北十五里。南岳志："安国以宝文阁直学士退隐衡山，居此处。"明一统志："安国尝提举湖南学事，后寓居南岳，结庐建书堂，为终焉之计。"（见清嘉庆《衡山县志·古迹》卷之十三）

道光永州府志·胡安国

胡安国，字康侯，崇安人，绍圣四年进士。谢良佐称其如大冬松柏挺然独秀者也。提举湖南学事，以举永州遗逸去官，徙居潭州。高宗立，任中书，献时政论二十一篇。以忤吕颐浩，两度出知永州之命，史皆称其力辞。故老相传，爱民如子，以文学饰吏治，史当有阙文，必当时由潭赴永，甫即辞也，复提举江州太平观，进宝文阁直学士。自登第迄谢事四十年，在官实历不及六载。卒谥文定。著《春秋传》。学宫从祀孔庙，永州祀名宦。（见清道光《永州府志·良吏传·郡守》卷十三，第853页）

宋太守胡安国。（见清道光《永州府志·名宦乡贤志》，第295页）

宋高宗绍兴七年春，胡安国知永州，安国力辞，未赴。（见清道光《永州府志·南宋事纪略》，第1057页）

同治安福县志·胡安国

乾隆二十八年，知县尹廷宾倡修大成殿。殿成，至圣先师孔子位南向……东庑从祀……先儒胡安国……（见清同治《江西安福县志·学制》卷五，第78页）

湖南通志·胡安国

胡安国，崇安人。绍圣中进士，宦游荆楚，以父渊葬于荆门。绍兴初，因徙家衡岳之下，筑碧泉书堂，著《春秋传》。官至宝文阁直学士，谥文定。（见《湖南通志·人物志·流寓》，第 4374 页）

光绪南岳志·胡安国

胡安国，字康侯，崇安人。徙居潭州。绍圣四年登进士，哲宗亲擢为第三。提举湖南学事，忤蔡京，除名。高宗时，除给事中，会朱胜非相，安国遂归。后再起，进宝文阁直学士。卒年六十五，谥文定，从祀孔庙。文定提学行事时过衡岳，欲一登览。已戒行矣，既而曰：非职事所在也。即止。及除名后，始纵游衡山，买地结庐以居，读书紫云峰下，筑碧泉书堂。著《春秋传》。十五年不出。尝藉坐一石间，宛转属吟，悠然自得。寻上所纂《春秋传》，高宗谓深得圣人之旨。所与游者，游酢、谢良佐、杨时，皆程门高弟也。良佐尝语人曰：胡康侯如大冬严雪，百草萎死，而松柏挺然独秀。子三人：寅、宁、宏。黄宗羲撰《宋元学案》，述先生师友渊源，曰《武夷学案》。（见清光绪《南岳志·前献二》，第362–363页）

民国宁乡县志·胡安国

胡安国，字康侯，宋建宁崇安人。入太学，师朱长文，靳裁之。绍圣四年进士第三。提举湖南学事，又提举成都学事。父没，奔丧称疾不仕。宣和末，以荐至京除中书舍人。何桌挤之出。高宗立，召为给事中，献《时政论》，劾奏故相朱胜非误国不当，再用吕颐浩，指为朋党，挤之，落职归。

五年，除徽猷阁待制，知永州，命纂修所著《春秋传》。陈公辅诋假托程颐之学者，安国争之，进宝文阁直学士。卒年六十五。谥文定。三

子：寅、宁、宏。（见民国《宁乡县志》，第 319—320 页）

湘潭县志·胡安国

　　胡安国（1074—1138），字康侯，号青山，学者称武夷先生，后世称胡文定公。原籍福建崇安。元祐五年（1090），胡安国赴京师，遂入太学。师从程颐之友朱长文、靳裁之，得程学真传。宋哲宗绍圣四年（1097）中进士，廷试第三，受任太学博士，提举湖北路学事，旋改使湖南路学事。徽宗、钦宗朝升迁数职，皆辞不就。宣和五年（1123）始撰《春秋传》。高宗建炎年间为中书舍人兼侍讲。时居家荆门一带兵荒马乱，拟迁居，得湘潭士人黎明、杨训引荐，并备船迎接，于是溯湘江抵湘潭，至碧泉定居。筑碧泉书堂，著书讲学，从游弟子数十人，潜心续撰《春秋传》。

　　胡安国志在经世济民，感于时事，往往借《春秋》寓意，不拘章句训诂，成为宋代理学家以义理治《春秋》的代表作。绍兴六年（1136）冬书成，三十卷，进呈朝廷。宋高宗赞他"深得圣人之旨"，诏加宝文阁直学士。绍兴八年（1138）年四月卒，葬隐山。谥文定。所著《春秋传》成为后世科举士人必读的教科书。又著《资治通鉴举要补遗》100 卷，《文集》15 卷。明正统间从祀孔庙。清康熙四十四年（1706），朝廷赐"霜松雪柏"匾额一方，乾隆二年（1737）拨内府库银建祠于隐山。（见 1995 年《湘潭县志·人物传》卷三十五，第 812 页）

衡阳市志·胡安国

　　宋高宗绍兴元年（实为绍兴三年），胡安国隐居南岳，后以宝文阁直学士致仕。筑碧泉精舍，建春秋楼，修《春秋传》，传"春秋大义"，主张"崇王贱霸为本，安夏攘夷为用"，创湖湘学派。（见 1998 年《衡阳市志·大事记》，第 13 页）

南岳区志·胡安国

胡安国（1074—1138），字康侯，学者称武夷先生，宋代时建宁崇安（今福建崇安）人。早岁入太学，从朱长文、靳裁之学，第绍圣进士，擢太常博士，累官至宝文阁直学士，卒，谥文定，从祀孔庙。胡安国毕生精研《春秋》，志在尊王攘夷。当金强宋屈之时，朝野以附和议为识时，他力主抗金，致遍触权奸，累遭贬黜。时贤谢良佐谓其"如大冬严雪，百草萎死，而松柏挺然独秀"。绍圣末官荆南教授起，举家寓居荆门。"靖康之难"后，由荆门徙湘潭。绍兴三年（1133）迁南岳，于紫云峰麓筑室定居。讲学授徒之余，潜心著述。所著有《资治通鉴举要补遗》百卷，文集十五卷以及被宋高宗誉为"深得圣人之旨"的《春秋传》。胡殁后，子寅、宏等扩建其故居为文定书院。明代，《春秋传》被"列诸学官，用诸场屋，为不刊之典"。明御史钱邦芑对胡安国推崇备至："在胡氏为族姓之祖，在天下生民为伦常之祖，在儒林为经书之祖。"黄宗羲撰《宋元学案》一书，特列"武夷""衡麓""五峰"三学案，分别记述胡安国、胡寅、胡宏师友渊源甚详。这个人才济济的师友体系，上承伊洛，下启湖湘，是"湖湘学派"的开创集体，胡安国是这个学派的肇基人。今南岳胡安国后裔，已传至第三十代。（见《南岳区志·人物》，第 467 页）

（三）历代名人与文献评说（选）

宋高宗赞曰：

寻除安国兼侍读，专讲《春秋》。时讲官四人，援例乞各专一经。高宗曰："他人通经，岂胡安国比。"（见《宋史·胡安国传》，第 12913 页）

绍兴五年（1135）二月，宋高宗令提举建昌军仙都观胡安国复徽猷阁待制，知永州，不许辞免。制曰：胡安国学优则仕，行顾于言，通经为儒者之宗，论事识治道之体。（见《宋史全文·宋高宗八》卷十九中，第1405页）

宋高宗屡对近臣称道，谓：（胡安国）深得圣人之旨，非诸儒所及也。（见《宋史·胡安国传》《斐然集·先公行状》卷二十五，第519页）

绍兴七年（1137）十月丁酉，新知永州胡安国提举江州主平观。从所请也。上对大臣曰："安国所解《春秋》，朕置之座右，虽间用传注，颇能发明经旨，朕喜《春秋》之学，率二十四日读一过。"（见《宋史全文·宋高宗十》卷一十上，第1513页）

〔宋〕谢良佐评说

谢良佐尝语人曰："胡康侯如大冬严雪，百草萎死，而松柏挺然独秀也。"（见《宋史·胡安国传》）

〔宋〕杨时评说

绍兴三年（1133），一代名儒，程门高足杨时有与胡文定公往复书《论春秋义》云："公之用意精深，非浅陋所能窥其阃奥……"（见《杨时集·答胡康侯名安国书》卷二十，第544页）

杨时又云："公之笃志好学，而每蒙谦虚，不见鄙外，故辄肆言之，而自知愚也，惟亮之！"（见《杨时集·答胡康侯名安国书》卷二十，第541–542页）

〔宋〕朱松评说

绍兴二年（1132），朱熹的父亲朱松得晓胡安国任给事中兼侍读，为

帝王与大臣讲授《春秋》，即以书信祝贺！称其为："邦家典型，人物冠冕。"（见《韦斋集·贺中书胡舍人启》，第69页）

〔宋〕朱震评说

胡安国逝世后，朱震借此机会，上言为胡安国请谥，称胡安国"正义直指，风节凝然""孝于亲、忠于君，好学不倦，安贫乐道"，请谥称胡文定。宋高宗遂下诏令礼部讨论谥号。礼部上奏称："道德博文曰文，纯仁不差曰定。"高宗乃下诏，赐谥胡安国为"文定"。自此世称胡安国为胡文定。（见《从胡文定到王船山：理学在湖南地区的奠立与开展》，第85页）

〔宋〕张栻评说

宋孝宗乾道九年癸巳（1173）春，张栻受建宁府（今属福建省南平市）转运副使沈枢、教授王定方之邀，为游酢、胡安国二公祠作记。文曰："建之为州，素称多士。近数十之年间，御史游公，文定胡公相继而出，其模范典型，皆足以师表后学……某生晚矣，虽不及二公而躬拜之，然论其言行，以与同志者共讲之，则亦区区之愿也……至若胡公……而讲于其说，自得之奥，在于《春秋》。"（见《张栻集》，第923-924页）

〔宋〕朱熹评说

胡文定云："知至故能知言，意诚故能养气。"此语好！

胡文公《传家录》，议论极有力，可以律贪起儒。

胡文定刚劲，诸子皆然。和仲（胡宁）不屈于秦（秦桧），仁仲（胡宏）却其招不往。（见《朱子语类》一〇一）

祀二贤学宫记

〔宋〕朱 熹

崇安，建之岩邑。而故宫师赵清献公尝为之宰，故侍读胡文定公，又其邑里人也。两公之德，后学仰之久矣……至于胡公，闻道伊洛，志在《春秋》，著书立言，格君垂后，所以明天理，正人心，扶三纲，叙九法者，深切著明，体用该贯，而其心廓然！据经论事，则大正直之气，亦无所愧于古人，则诸君岂尽知之乎？……（见清雍正《崇安县志·学宫记》卷之七，第421页）

〔宋〕**真德秀评说**

故武夷先生文定胡公之墓，自熙宁以还，新学孔炽，《春秋》一王之法暗而弗章，公闻道伊洛，慨然以尊君讨贼自任，著为训传，大义炳然，使洙泗之道复明，而荆舒之祸以熄，其有功世教可谓盛矣。某自少读公书，考观行事，高山景行，仰慕何穷。九原不作，窃用兴叹。兹叨上命，来镇三湘，惟公生于武夷而老于衡岳，既乡闾之先哲，又道德之宗师，有坟其丘，实在寓里。属拘印绂，谒拜无从，爰遣祠官，敬陈菲荐，仍禁止其樵牧，且访问其后人。兴起士风，庶其在是。英灵未泯，尚鉴此心，尚飨。（见《真西山集·祭胡给事墓祝文》卷四十九）

真德秀（1178—1235），南宋后期著名理学家，大臣，学者称为"西山先生"。本姓慎，因避宋孝宗讳改姓真。字实夫，改景元，又更希元，号西山。建宁府浦城县（今福建省浦城县）人。宋宁宗庆元五年（1199）进士及第。授南剑判官，召为太学正、召试学士院、改秘书省正字兼检讨玉牒，迁起居舍人，兼太常少卿，撰知泉州，湖南安抚使知潭州。寻擢礼部侍郎、直学士院。又知泉州、福州，召为户部尚书，宋理宗端平二年（1235）拜参知政事（副宰相）。旋即病逝，享年 58 岁，谥号文忠。

〔明〕**彭时评说**

先生平生著述，皆有关名教，而发明《春秋》之功为尤大。盖《春秋》，孔子之亲笔，圣人经世之志在焉，非若他经可以训诂通。自《左》《公》《穀》以来，传注之行，无虑百家。……先生自壮年，即服膺是经，心领神悟，独得圣人之精微。当宋南渡时，执经进讲，深见奖重……自是《春秋》之大义复明矣。于戏！周东迁而《春秋》作，宋南渡而《传》义明。先圣后贤，千古一心，岂斯文之兴固自有其时与？（见《经义考存》卷一百八十五春秋十八）

彭时（1416—1475），明朝著名学者，名臣、内阁首辅。字纯道，号可斋，庐陵安福（今江西省吉安市安福县）人。彭时自幼稳重嗜学，聪慧过人，稍长从叔伯研习《春秋》，博览群书。明英宗正统十三年（1448），彭时状元及第。历官翰林院修撰、翰林院侍读、太常寺少卿、吏部右侍郎兼翰林院学士、兵部尚书、太子少保兼文渊阁大学士，累官至内阁首辅。明成化十一年（1475），彭时病逝，享年 60 岁，赠太师，谥文宪。

道南源委·胡安国

〔明〕朱　衡

胡先生，名安国，字康侯，崇安人。父渊，字泽之，有孝行。先生七岁，能为小诗，即以文章道德自任。少长入太学，昼夜刻书，同舍靳裁之得程氏学，与论经史大义，自是益进。绍圣四年登第，策问大要，欲复熙丰之政，先生推言大学格致诚正之道，以渐复三代为对。辞几万言，考官定为第一，宰执以策中无诋元祐语欲降其等。哲宗命再读，谛听逾时，称善者数，亲擢第三。

除荆南教授，正身律物，务明忠孝大端。除太学录，迁博士。除提举湖北路学事，言圣门设科，成周贡士，皆先德行后文艺。改使湖南，所至访求人材，询问利病，刺举必由公论。奉诏举遗逸，先生以永州布衣王绘、邓璋荐，时蔡京已恶先生不为己用，属吏李良辅诉二人者范纯仁之客，而邹浩所请托也。遂命湖南提刑司置狱推治，未成，移北路再鞫讫，不得请托之状。直除先生名，勒停。先生退居荆门漳水上，定省外经籍自娱。既而良辅以他罪发觉，台臣乃辩明前事，有旨复官。

政和元年，除成都路学事，以亲老乞养。二年，丁内艰，服除，以余深荐，召至京，得疾告归。宣和元年，除提举江东路学事。未受命而父卒，比终丧，谓子弟曰："吾奋迹寒乡，为亲而仕，今虽有万钟之禄，将何所施。"遂称疾挂冠，买田荆旁，筑室勤耕，将终身焉。宣和末，侍臣合荐除尚书屯田员外郎，先生入谢且辞。

靖康元年，除大常少卿，再除起居郎。三辞不允，乃至京师。方以疾在告，一日午枕，钦宗急召。坐后殿以俟，先生入见。奏曰："臣闻明君以务学为急，圣学以正心为要，愿择名儒明于治国平天下之本者，虚怀访问以深发圣智。"又云："陛下御极越半年矣，纪纲尚紊，风俗益衰，用人失当而名器愈轻，出令数更，而士民不信，若不扫除旧迹，乘势更张，窃恐大势一倾不可复正。"除中书舍人，屡辞不受。时门下待郎耿南仲倚攀附之旧，凡与己不合者皆指为朋党，见奏，怒形词色，言于钦宗曰："安国往者不事上皇，今又不事陛下，可谓不臣矣。"钦宗不答。一日问中丞许翰识安国否，对曰："自蔡京得政，天下士大夫无不受其笼络，超然远迹者，惟安国一人。"钦宗称异，勉令受职，除中书舍人，赐三品服。

……桌方得钦宗心，密说京师若不可守，则出幸山南，可以入蜀；其意欲当南道之任，又于先生常有推挽之力，必无驳异。至是骇曰："康侯乃以异议为高，古人言山林之士不可用，信然不得已，于四总管之地，各削其远近州县而已。"及后京师被围，西道王襄领所部兵翱翔汉上，不复北顾，果如先生所言矣。吏部侍郎冯懈言，刘珏行李纲责辞，实为纲游说，珏坐贬。先生封遣词头，以为侍从虽当献纳，至于弹击官，邪必归风，宪今台谏未有缄默不吝之咎，而懈越职，此路若开臣恐立于朝者各以好恶胁持倾陷。南仲大怒，何桌从而挤之，遂除先生右文殿修撰知通州，行至襄阳，而北骑已薄都城，钦宗亟召还不及。

高宗即位，召给事中，黄潜善方专政，意欲斥逐忠贤，先生言陛下将建中兴而政事张驰，人材升黜，尚未合宜，臣若隐情缄默，即负陛下委任之恩。潜善恶之，讽给事中康执权弹击遂罢官。建炎二年，以枢密使张公俊荐再起给事中。先生子寅时修起居注，高宗手札曰："卿父未到，可谕朕旨催促前来，以副延伫之意。"先生行至池州，闻驾幸吴越，遂引疾提举洞霄宫。

绍兴元年，除中书舍人兼侍讲，再辞不允，遂行。献时政论二十一篇，复除给事中。高宗曰："闻卿大名渴于相见，何为屡召不至。"先生辞谢，乞以所进二十一篇见之施行，居旬日以疾求去。高宗曰：闻卿深于《春秋》，方欲讲论，遂出左氏传，令点句正音。先生奏："春秋乃仲尼亲笔，实经世大典，义精理奥，陛下储心是经，则南面之术尽在是矣。"除侍讲专以《春秋》进讲。先生以学未卒业，乞在外编集，未允。会故相朱胜非同都督江淮荆浙诸军事。先生奏胜非、黄潜善、汪伯彦同在政府，缄默附会，驯致渡江尊用张邦昌，结好金国，沦灭三纲，不顾君父恐不足倚仗。诏胜非改除侍读，先生羞与同列，卧家不出。

时秦桧虽奸，故深相知，而故颐浩自都督江上还朝，欲倾秦桧，未得其方，过姑苏，太守席益谓曰："目为朋党可矣。介党魁在琐闼，当先去。"颐浩大喜，力引胜非为助，而据先生奏拟责令曰："安国屡召，偃蹇不至，今始造朝，又数有请，时方艰难，不肯致身尽瘁，自谋则善矣。"如国计何，遂落职，提举仙都观。是夕慧出东南，桧三上章乞留不报，解相印去。谏官江跻、吴表臣亦极言安国当留，颐浩即黜跻等二十余人以应星变。

先生归休于衡岳之下，作书堂数间，颓然当世之念矣，初王安石独用己意，著三经新说，称为道德性命之学。于《春秋》圣人行事之实，漫不能晓，诋为断烂朝报，直废弃之。崇宁间，防禁益密，先生自少年即有服膺之志。常曰："六籍惟此书出先圣之手，乃使人主不得闻讲说，学士不得相传习，乱伦灭理殆由是乎。"于是潜心刻意采拾辩正。准则之以语孟，权衡之以五经证据之以历代之史，研玩沉酣者三十年。及得程伊川所作传，其间精义十条，若合符节，益以自信，探索愈勤，至是六十一，而书始就。叹曰："此传心要典也，盖于克己修德之方。"尊君父，讨乱贼，存天理，正人心之术，未尝不屡书而致详焉。

绍兴五年除徽猷阁待制，知永州不拜，差除提举江州太平观，令纂修所著《春秋传》进入。书成，高宗屡对群臣称善，除提举万寿观兼侍读，委所在守臣以礼津遣。先生以疾未行，会谏官陈公辅乞禁程颐学，先生奏孔孟之道不传久矣，自颐兄弟始发明之，乞加封爵，载在祀典。仍诏馆阁衰其遗书，校正颁行，奏入，公辅与御史中丞周秘、侍御史石公揆，论先生学术颇僻，行义不修。复除永州提举太平观。久之，高宗念训经纳谏之忠，特除宝文阁直学士。卒年六十有五。赠左朝议大夫，谥文定。赐田十顷恤其孤。

先生恬静简默寡于言动，强学力行，以圣人为标的。语孟五经诸史，周而复始，至老未常释手。士子有自来者，随其资性而接之，大抵以立志为先，以忠信为本，以致和为穷理之，渐以居敬为持养之，要志在康济，见中原沦没，遗黎涂碳，痛苦切身。在长沙日行路过衡岳，爱其雄秀，欲一登览，已戒行矣。俄而思曰："非职事所在也。"遂止。尝过上饶，有从臣家居者，馔盛饰姬妾，请令奉卮酒为寿，先生蹙然曰："二帝蒙尘，岂吾徒宴乐时哉。"其人赧赧而止。平居食无兼味，而奉先之礼必极其丰，家虽至困不以告人，常戒子弟曰："对人言贫者，其意将何求？"渡江以来，儒者进退合义者，以先生及尹和靖为最。侯仲良言，必称二程，他无可许可。后见先生叹曰："不意复有斯人。"

生平所与游者，惟广平、谢上蔡、杨龟山数人而已。上蔡常谓人曰："胡康侯如大冬严雪，百草萎死，松柏挺然独秀者也！"明正统间从祀孔庙，成化三年追封建宁伯，清康熙四十四年从福建学臣沈涵之请，赐御书"霜松雪柏"四大字匾于祠。安止、安老，父临没、命严敕之。俱以经术行义著。子三人寅、宁、宏，侄宪。（见中华书局《道南源委》卷之一，第16-20页）

注：本文引用时，有删减。

朱衡（1512—1584），字士南，万安县（今属江西省吉安市）人。明朝大臣，学者。明世宗嘉靖十一年（1532）进士。历知尤溪、婺源，有治声。迁刑主事、历郎中、福建提学副使、山东布政使、山东巡抚、吏部侍郎，寻进南京刑部尚书。隆庆元年（1567），加太子少保，任工部尚书，经理河道，有政绩。明神宗万历十二年（1584），卒，年73。著有《道南源委》等。

康熙皇帝钦赐匾额——"霜松雪柏"

国朝（清朝）康熙四十四年（1705），康熙皇帝钦赐先儒胡安国匾额曰："霜松雪柏"。（见清雍正《崇安县志》卷之四，第151页）

宋元学案·文定胡武夷先生安国

黄宗羲原著　全祖望补修

胡安国，字康侯，建州崇安人。绍圣四年进士第三人，除荆南教授，入为太学博士。提举湖南学事，以所举荐遗逸王绘、邓璋为范纯仁之客，蔡京恶之，除名。大观四年复官。宣和初，提举江东路学事，寻致仕。末年，侍臣交荐，起除尚书员外郎，至起居郎。召对，除中书舍人。为耿南仲所忌，出知通州。高宗召为给事中，论故相朱胜非，遂落职奉祠，休于衡岳之下。著《春秋传》进览，除宝文阁直学士。绍兴八年四月十三日卒，年六十五，谥文定。先生自少时已有出尘之趣，登科后同年宴集，饮酒过量，是后终身不复醉。尝好弈棋，母吴氏责之曰："得一第，德业竟止是弈邪？"后不复弈。为学官，京师同僚劝之买妾，事既集，慨然叹曰："吾亲待养千里之外，曾以是为急乎！"遂寝其议。行部过衡岳，欲一登览，已戒行矣，俄而思曰："非职事所在也。"即止。罢官荆南，僚旧饯行于渚宫，呼乐戏以待，而交代杨龟山，具朝膳，鲑菜萧然，引觞徐酌，置《语》《孟》案间，清坐讲论，不觉日晷之暮也。壬子赴阙，过上饶，有从臣家居者设宴，用音乐，先生蹙然曰："二帝蒙尘，岂吾徒为乐之日？敢辞！"转徙流寓，遂至空乏，然"贫"之一字，口所不道，亦手所不书。尝戒子弟曰："对人言贫者，其意将何求？"朱震被召，问出处之宜，先生曰："世间惟讲学论政，则当切切询究。至于行己大致，去就语默之几，如人饮食，其饥饱寒温，必自斟酌，不可决之于人，亦非人所能决也。某出处，自崇宁以来，皆内断于心。虽定夫、显道诸丈人行，皆不以此谋之也。壮年尝观释氏书，后遂屏绝，尝答曾几书曰："穷理尽性，乃圣门事业。物物而察，知之始也；一以贯之，知之至也。来书以五典四端每事扩充，亦未免物物致察，非一以贯之之要，是欲不举足而登泰山也。四端固有，非外铄；五典天叙，不可违。充四端，惇五典，则性成而伦尽矣。释氏虽有了心之说，然其未了者，为其不先穷理，反以为障，而于用处不复究竟也。故其说流遁，莫可致诘，接事应物，颠倒差谬，不堪点检。圣门之学，则以致知为始，穷理为要。知至理得，不迷本心，如日方中，万象皆见，则不疑所行而内外合也。故自修身至于家、国、天下，无所处而不当矣。来书又谓：'充良知良能而至于尽，与宗门要妙，两不相妨，何必舍彼而取此。'夫良知良能，爱亲敬长之本心也。儒者则扩而充之，达于天下，释氏则以为前尘，为妄想，批根拔本而殄灭之，正相反也。而以为不相妨，何哉？"著有《春秋传》、《资治通鉴举要补遗》及《文集》若干卷。三子：寅、宁、宏。从子宪。

宗羲案：先生为荆门教授，龟山代之，因此识龟山。因龟山方识游、谢，不及识伊川。自荆门入为国子博士，出来便为湖北提举，是时上蔡宰本路一邑，先生却从龟山求书见上蔡。上蔡既受书，先生入境，邑人皆讶知县不接监司，先生先修后进礼见之。先生之学，后来得于上蔡者为多，盖先生气魄甚大，不容易收拾。朱子云："上蔡英发，故胡文定喜之。"想见与游、杨说话时闷也。

……

某初学《春秋》，用功十年，遍览诸家，欲求博取以会要妙，然但得其糟粕耳！又十年，时有省发，遂集众传，附以己说，犹未敢以为得也。又五年，去者或取，取者或去；己说之不可于心者，尚多有之。又五年，书成，旧说之得存者寡矣。及此二年，所习似益察，所造似益深，乃知圣

人之旨益无穷，信非言论所能尽也。（见《宋元学案》卷三十四《武夷学案》，第 1171–1173 页）

题胡文定公书院

〔清〕邓　淮

吾道中天永不孤，春秋大义岳山胡。

熙宁不幸遭王氏，南渡真成有此儒。

老柏参天谁剪伐，伏雏随地自抠趋。

祠成又出当时篡，示我斯文未丧符。

注：邓淮，江西吉安人，时任衡州府同知。

（见清光绪《衡山县志·艺文志》）

湖南古今人物辞典·胡安国

胡安国（1074—1138），字康侯，福建崇安人。北宋绍圣四年（1097）进士，授太常博士，提举湖南学事。为蔡京所恶，诬以举人不善，调移湖北，后竟除名。乃悉心向学，读书于衡山紫盖峰下，致力研读《春秋》，并建碧泉书院，授徒讲学，对发展湖南文化事业多有贡献。南渡后，高宗召为给事中兼侍读。会朱胜非当国，胡疾其邪佞，辞归湖南。再起为宝文阁直学士。旋卒，葬于湘潭县之隐山。著作有《春秋传》三十卷，《资治通鉴举要补遗》一百卷。（见 2013 年《湖南古今人物辞典》，第 1255 页）

全面修复南岳大庙记·胡安国

1995 年冬，湖南省人民政府决定，启动全面修复南岳大庙。历时 8 年，耗资 8000 余万元，至 2003 年冬，大庙修复工程告竣。时任修复大庙委员会主任委员、中共湖南省委原副书记、省人民政府原省长、省政协原主席刘正撰写了《全面修复南岳大庙记》。文中有云："南岳衡山乃五岳独秀之天下名山，拥有七十二峰，四雁为首，岳麓其足……宋，胡安国父子创文定书院，开湖湘学派之先河……"。《庙记》全文凡998个字，由著名书法家欧伯达先生书写，镌刻于铜碑上，竖立在南岳大庙正南门前坪东侧，以志纪念。(见南岳大庙内《全面修复南岳大庙记》铜碑)

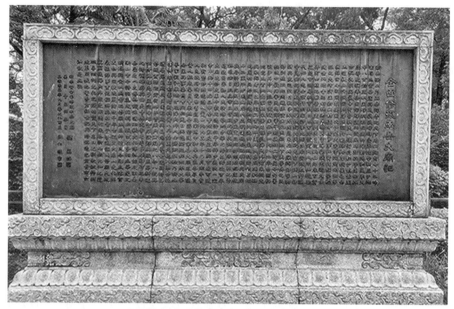

全面修复南岳大庙记铜碑（杨菊云摄影）

二程与湖湘学派·胡安国

著名思想史学者，深圳大学王立新教授，在论《二程与湖湘学派》时，对两宋时期一代大儒、湖湘学派开创者胡安国的学术成就评价如是说："南宋时期绝大多数的理学宗派和理学学者都与二程有直接或间接的传承关系，在一定的意义上，他们都是二程理学的正常传承者之一。胡安国正是出于对程氏兄弟的学问及其人格的敬仰，才不去追求时尚而投入二程理学的怀抱的。他不仅是程氏私淑弟子中最优秀的，程氏的正传弟子，包括四大高足谢良佐、杨时、游酢和吕大临在内，都没有胡安国的成就高"。所以全祖望才说："私淑洛学而大成者，胡文定公其人也。"（见《从胡文定到王船山：理学在湖南地区奠立与开展》第48页）

湖南大学邓洪波教授谈湖湘学派

湖湘学派是一个形成于宋代的地域性学术流派。命名学派，勾勒学统并首次对其作清晰而全面描述的是晚宋大儒真德秀。宋宁宗朝嘉定十六年（1223），真德秀以潭州知府兼湖南安抚使，发布《潭州劝学文》，其称：

窃惟方今学术源流之盛，未有出湖湘之右者。盖前则有濂溪先生周元公……中则有胡文定公，以所闻于程氏者设教衡岳之下，其所为《春秋传》专以息邪说，距诐行、扶皇极、正人心为本。熙宁以后，此学废绝，公书一出，大义复明。其子致堂（胡寅）、五峰（胡宏）二先生，又以得于家庭者，进则施诸用，退则淑其徒，所著《论语详说》《读史》《知言》等书，皆有益于后学。近则有南轩先生张宣公寓于兹土，晦庵先生朱文公又尝临镇焉……。（见《张栻年谱·前言》，第4页）

（四）先儒胡文定公墓

胡文定公墓，即宋宝文阁直学士、大理学家、文学家、湖湘文化创始人胡安国（1074—1138）之墓，位于湘潭县排头乡"天下隐山"山麓，名叫"仙鹅孵蛋"的一座小山坡上。与天下隐山的慈云禅寺、濂溪祠（北宋大文学家、理学家周敦颐祠堂）、三贤祠隔垅相望。

明代宗景泰五年（1454）县丞受知府张公銮之命，以礼重新修护，题名为"宋胡文定公之墓"（胡安国卒谥文定）。

清康熙十二年（1673），知县赵光耀受川湖总督蔡毓荣之遣重修，题名为"宋儒胡文定公之墓"。

胡文定公之墓，原有花岗石栅栏包围，周围种有松柏。正副碑文都用汉白玉镌刻。其拜堂（即墓前地坪）纵180米，横68米，全用花岗石铺成。坪内置有香炉、石狮、石马、石凳等物，两侧下坡有花岗石台阶数十级。修建隐山水库时石材被拆毁。

乾隆长沙府志·胡文定公墓

胡文定公墓，三子祔葬在湘潭县隐山西南。（见清乾隆《长沙府志·陵墓志》，第 334 页）

乾隆长沙府志·三贤祠

三贤祠在皇祭岭下去隐山二里许，《一统志》云：胡文定父子及张南轩常往来此山。后文定葬其处。乡人立三贤祠以祀之。雍正十二年奉文重修。乾隆二年奉旨拨祭银，每岁四两八钱，春秋委员奉旨祭。（见清乾隆《长沙府志·祀典》，第 322 页）

光绪湘潭县志·胡文定祠

胡文定祠在隐山，祀宋儒胡安国，本墓旁家祠也！雍正十二年发公帑修建。安国流寓湘潭，子孙依墓为祠。乾隆十三年，定地方官岁二祭，以少牢教官往主其祀胡氏，奉祀生及子姓侍祠，岁次祭银八两。光绪七年胡植基等请款修祠，布政使令胡氏捐资修理。（见清光绪《湘潭县志·礼典》卷七，第 150 页）

湘潭县志·胡安国墓

胡安国墓，位于黄荆坪隐山东麓，始筑于南宋绍兴八年（1138）四月，名"宋·胡文定公墓"。其子胡宏，号五峰先生，死后与父母合葬于此。后几经毁修。1981 年，胡氏后裔重修，题墓名为"始祖胡文定公老大人、胡母老孺人之墓，二世祖五峰公祔墓"。墓长 7 米，宽 9 米。1986 年定为县级文物保护单位。（见 1995 年《湘潭县志·墓葬志》卷三十三，第 769 页）

1981年，胡氏后裔中的涌田八房集资重修。现为混凝土结构，墓周围新种植松柏28株，苍翠挺拔，郁郁葱葱。

1986年9月，湘潭县人民政府将其公布为县级文物保护单位；2001年，湘潭市人民政府将其列为市级文物保护单位。2011年1月24日，湖南省人民政府公布，将其列为湖南省级文物保护单位。

宋·胡文定墓与省级文物保护单位牌（胡国民摄影）

（五）湖湘文库·胡安国《春秋传》出版发行

2011年3月，湖湘文库编辑出版委员会将宋代理学名臣、湖湘学派开创者胡安国的《春秋传》，列为《湖湘文库》甲编，由岳麓书社编辑出版发行。王丽梅教授为该书校点，并撰写前言。

前　言

胡安国，字康侯，福建崇安（今福建武夷山市）人，生于宋神宗熙宁七年（1074），卒于宋高宗绍兴八年（1138），享年六十五岁。赐谥曰"文定"，后人尊称"胡文定公"。胡安国是南宋初年著名的思想家，湖湘学派的开创者，因避战乱辗转来到湖南，并在湖南湘潭和衡山结庐建舍，著书立说，授徒讲学，创立了名震一时的"湖南学"，培养了大批弟子，为湖湘学派的发展打下了坚实的基础，对宋代理学乃至中国思想史的发展都具有重要的作用与影响。

宋哲宗绍圣四年（1097），胡安国三试于礼部，中进士第，廷试考官定其策为第一，由于政治等种种复杂的因素，唱名前胡安国被换掉，并且第三名已有所属。宋哲宗命再读胡安国的"策对"，"注听称善者数四"，亲擢为第三。胡安国自登第迄谢事四十年，在官实历不及六载。数以罪辞官，但其忠君忧国之心远而弥笃，"每有君命，即置家事不问"。当时南宋朝廷偏安江左，时受金兵侵扰，百姓流离失所，常遭盗匪涂炭，胡安国"常若痛切于其身"。并且这种感受与凄苦，胡安国曾经有过切身的经历，尤其是建炎三年（1129）到绍兴三年（1133），胡安国一家一直过着颠沛流离的生活。这种切身的经历使胡安国对百姓疾苦有更加深刻的同情，对国家之难有一份深厚而沉重的责任感。忧国爱民之心使胡安国深刻地体会并认识到为学论道要解决现实社会和黎民生活的实际问题，所谓"康济时艰"。为学要经世，论道要致用，因此胡安国思想具有很强的"实用性"和"现实性"，经世致用成为胡安国思想的显著特征。对于胡安国乃至当时的儒者而言，尤其不能忍受的是金兵的侵扰，因为这是以夷乱华，是对朝廷的极大侮辱，也是对华夏的极大侮辱。中国传统思想中非常重视和强调华夷之辨，胡安国更是将华夷之辨思想提到一个新的高度，既有理论深度，又有现实基础，继承了孔子的"夷狄之有君不如诸夏之无也"和孟子的华夏、夷狄之辨，并赋予时代的新内容，使华夷之辨思想对现实社会具有一定参照性和指导性。这也是胡安国的用意与苦心。胡安国花费毕生精力，三十年苦著《春秋传》，李明复称："安国一生精力尽在是矣。"胡安国的思想，胡安国的抱负，为《春秋》作传的良苦用心，都倾注在这部书中。而胡安国的《春秋传》亦被定为元、明时期科举考试的范本。

胡安国自称"所传，事按《左氏》，义采《公羊》、《穀梁》之精者，大纲本《孟子》，而微词多以程氏之说为证"。绍兴元年（1131）十二月，胡安国除中书舍人兼侍读，专讲《春秋》。宋高宗曰："闻卿深于《春秋》，方欲讲论。"当时讲官四人，援例乞各专一经。高宗曰："他人通经，岂胡安国比？"可见，高宗皇帝对胡安国的信任以及对其《春秋传》的欣赏。绍兴五年（1135）二月，除胡安国微猷阁待制、知永州，胡安国辞。诏以经筵旧臣，提举江州太平观，令纂修《春秋传》。绍兴六年（1136）

十二月，胡安国将所著的《春秋传》上呈宋高宗，高宗叹称："深得圣人之旨，非诸儒所及也。"遂诏除胡安国提举江州太平观，进宝文阁直学士，赐银币。

胡安国著《春秋传》，"用意甚勤"，自草创至于成书，用时三十余载，"初稿不留一字"。自王安石废《春秋》不列于学官，胡安国谓："先圣手所笔削之书，乃使人主不得闻讲说，学士不得相传习。乱伦灭理，用夏变夷，殆由乎此。"故潜心是书数十余年，以为天下事物无不备于此。每每叹曰："此传心要典也。"自称此书（胡安国的《春秋传》历史上称谓不一，有《胡文定春秋传》《春秋胡氏传》《胡氏春秋传》《春秋胡传》等，今次统一称为《春秋传》）用夏变夷，"大法略具"。谨华夏、夷狄之辨，是胡安国《春秋传》所坚持的一个非常重要的春秋大义。胡安国云："所谓'谨严'者，何谨乎？莫谨于华夷之辨矣。中国而夷狄则狄之，夷狄滑夏则膺之。此《春秋》之旨也。"从某种程度上而言，华夷之辨是胡安国《春秋传》的宗旨。不能以夷滑夏，对金军的侵扰决不能妥协，要坚决抵抗；胡安国希望宋高宗能坚定信心，立志北图，恢复中原。这是胡安国作《春秋传》的良苦用心。正是因为如此，胡安国的《春秋传》"有牵强处"，它并非以经解经，亦非以传注经；而是为现实而解经，为社会需要而注经。换言之，胡安国的《春秋传》是立足于社会、立足于现实、立足于南宋朝廷而为《春秋》作传，立足于现实挖掘、申发经典所蕴含的哲理，将自己的苦心和抱负寄托于经典之中，并非立足于经典本身而作传。《朱子语录》曰：《胡氏春秋传》有牵强处，然议论有开合精神，亦千古之定评也。袁仁曰："宋胡安国愤王氏之不立《春秋》也，承君命而作传，志在匡时，多借经以申其说，其意则忠矣，于经未必尽合也。"《四库全书总目》称："顾其书作于南渡之后，故感激时事，往往借《春秋》以寓意，不必一一悉合于经旨。"这些评价对胡安国而言，确是"事实"；但这并非说明胡安国不通经，也不能说明胡安国"曲解"经典，恰恰表明胡安国的"良苦用心"——为南宋朝廷的振兴，为恢复中原，为国家社稷的统一，制作一剂"良方"（参阅胡寅《先公行状》）。

《春秋》是孔子笔削的一部"刑书"，寓褒贬，别善恶，故有"孔子成《春秋》而乱臣贼子惧"之说。胡安国在此基础上强化了它的现实性与针对性，从而《春秋》不仅仅是一部史书，亦不单单是一部理学著作；它将史学与经学结合，将春秋学与理学结合，从而开创了一个新的领域——历史哲学，并在向后理学发展中，"历史哲学"成为湖湘学派的特色和标识。正是史学与理学的结合，使得湖湘学派较之其他理学派别更注重实际，更务实一些。湖湘学派的重要代表人物，如胡宏、张栻、王船山等在此领域都颇有建树。胡宏的《皇王大纪》、张栻的《汉丞相诸葛忠武侯传》、王船山的《宋论》等都并非单纯是一部史书，其中都寓有作者的良苦用心，对现实都具有一定的针对性和指导意义。因此，无论从宋代理学，抑或中国思想史的角度而论，胡安国的努力及其影响都是不言而喻的，"历史哲学"这面旗帜更是昭示了胡安国的贡献。

道在平常处是胡安国理学思想的重要内容，是对庄子道无处不在和谢良佐"道从扫洒应对做起"思想的继承与发展。它虽然很简练，在所能见到的胡安国作品里，阐述的亦不是很多，但这一思想对宋明理学的影响很大，胡宏、张栻都在不同程度上受他的影响。因此，胡安国的这一思想亦成为理学中的一朵奇葩。

胡安国强学力行，以圣人为标的，志于康济时艰，操守坚定。谢良佐曰："胡康侯如大冬严雪，百草萎死而松柏挺然独秀者也。侯仲良原言必称二程先生，他无所许可，后见安国，叹曰："吾以为志在天下，视不义富贵真如浮云者，二程先生而已，不意复有斯人也。"《宋史》称："渡江以来，儒者进退合义，以安国、尹焞为称首。"又称胡安国"风度凝远，萧然尘表，视天下万物无一足以婴其心"。

胡安国的作品除《春秋传》三十卷之外，还有《资治通鉴举要补遗》一百卷、《文定集》十五卷，另外辑有《上蔡语录》三卷。《资治通鉴举要补遗》与《文定集》今已不得见，只有一些散见的诗、文等。

本书的点校以上海涵芬楼影印瞿氏铁琴铜剑楼藏宋刊本为底本，该本为乾道末年婺中刻本，以宋李明复《春秋集义》（简作集义本）、元汪克宽《春秋胡传附录纂疏》（简作纂疏本）、元俞皋《春秋集传释义大成》（简作大成本）、明胡广《春秋大全》（简作大全本）和四库全书《胡氏春秋传》（简作四库本）进行参校，同时辅校宋张洽的《春秋集注》、宋吕祖谦的《春秋集解》、元郑玉《春秋阙疑》、明湛若水《春秋正传》。李明复的《春秋集义》和俞皋的《春秋集传释义大成》完整录有胡安国的《春秋传》；汪克宽的《春秋胡传附录纂疏》是专为《春秋胡氏传》作的注疏，胡广的《春秋大全》是辑诸家《春秋胡氏传》之注疏，四库全书中《胡氏春秋传》是胡安国《春秋传》的另外一个版本，但阙失比较严重，改动也比较大。张洽的《春秋集注》在当时的影响也比较大，与胡安国的《春秋传》同时被定为元、明科举考试的范本，而且张洽的《春秋集注》多引用胡安国的《春秋传》。上述参校本本身有不同版本的，各版本亦进行互校。另参元李《春秋诸传会通》、明袁仁《春秋胡传考误》、明陆粲《春秋胡传辨疑》、明姜宝《春秋事义全考》、明王介之《春秋四传质》、清俞汝言《春秋四传纠正》等。

考虑到胡安国的《春秋传》自成体系，书中凡与《三传》歧义处，悉遵而不改，并出校记说明。凡改易底本文字者，均出校记说明；凡与底本不同的校本文字，均在校记中录出；己已巳等混用现象，据经传文意直接改正，不出校记；通假字均仍底本之旧。

由于本人水平有限，定存疏漏与错误，希望方家批评指正。

本书的编校得到了深圳大学王立新教授的相助和指导，以及南京大学赖永海教授和徐小跃教授的教诲，恩师的学养与人格是激励我认真体悟先哲的源泉和动力，是我一生的精神财富。同时，还要感谢林茂先生的帮助，感谢所有在本书编校过程中给过我帮助的人们。

王丽梅

2010 年 9 月 9 日

二、胡寅传记与文献资料

（一）国史与方志说

宋史·胡寅传

寅字明仲，安国弟（笔者注：实为堂兄）之子也。寅将生，弟妇（笔者注：实为堂兄）以多男欲不举，安国妻（笔者注：实为安国母）梦大鱼跃盆水中，急往取而子之。少桀黠难制，父闭之空阁，其上有杂木，寅尽刻为人形。安国曰："当有以移其心。"别置书数千卷于其上，年余，寅悉成诵，不遗一卷。游辟雍，中宣和进士甲科。

靖康初，以御史中丞何㮚荐，召除秘书省校书郎。杨时为祭酒，寅从之受学。迁司门员外郎。金人陷京师，议立异姓，寅与张浚、赵鼎逃太学中，不书议状。张邦昌伪立，寅弃官归，言者劾其离次，降一官。

建炎三年，高宗幸金陵，枢密使张浚荐为驾部郎官，寻擢起居郎。金人南侵，诏议移跸之所，寅上书曰：

昨陛下以亲王、介弟出师河北，二圣既迁，则当纠合义师，北向迎请。而遽膺翊戴，亟居尊位，斩戮直臣，以杜言路。南巡淮海，偷安岁月，敌人关陕，漫不捍御。盗贼横溃，莫敢谁何，元元无辜，百万涂地。方且制造文物，讲行郊报，自谓中兴。金人乘虚直捣行在，匹马南渡，淮甸流血。迨及返正宝位，移跸建康，不为久图，一向畏缩远避。此皆失人心之大者也。

自古中兴之主所以能克复旧物者，莫不本于愤耻恨怒，不能报怨，终不苟已。未有乘衰微阙绝之后，固陋以为荣，苟且以为安，而能久长无祸者也。黄潜善与汪伯彦方以乳姬护赤子之术待陛下，曰："上皇之子三十人，今所存惟圣体，不可不自重爱。"曾不思宗庙则草莽湮之，陵阙则畚锱惊之，堂堂中华戎马生之，潜善、伯彦所以误陛下、陷陵庙、蹙土宇、丧生灵者，可胜罪乎！本初嗣服，既不为迎二圣之策；因循远狩，又不为守中国之谋。以致于今德义不孚，号令不行，刑罚不威，爵赏不劝。若不更辙以救垂亡，则陛下永负孝悌之愆，常有父兄之责。人心一去，天命难恃，虽欲羁栖山海，恐非为自全之计。

愿下诏曰：“继绍大统，出于臣庶之谄，而不悟其非；巡狩东南，出于佞幸之心，而不虞其祸。金人逆天乱伦，朕义不共天，志思雪耻。父兄旅泊，陵寝荒残，罪乃在予，无所逃责。”以此号召四海，耸动人心，决意讲武，戎衣临阵。按行淮、襄，收其豪英，誓以战伐。天下忠义武勇，必云合响应。陛下凡所欲为，孰不如志？其与退保吴、越，岂可同年而语哉！

自古中国强盛如汉武帝、唐太宗，其得志四夷，必并吞扫灭，极其兵力而后已。中国礼义所自出也，恃强凌弱且如此。今乃以仁慈之道、君子长者之事，望于凶顽之粘罕，岂有是理哉！今日图复中兴之策，莫大于罢绝和议，以使命之币，为养兵之资。不然，则僻处东南，万事不竞。纳赂，则孰富于京室？纳质，则孰重于二圣？反复计之，所谓乞和，决无可成之理。

夫大乱之后，风俗靡然，欲丕变之，在于务实效，去虚文。治兵择将，誓勘大憝者，孝弟之实也；遣使乞和，冀幸万一者，虚文也。屈己求贤，信用群策者，求贤之实也；外示礼貌：不用其言者，虚文也。不惟面从，必将心改，苟利于国，即日行之者，纳谏之实也；和颜泛受，内恶切直者，虚文也。擢智勇忠直之人，待御以恩威。结约以诚信者，任将之实也；亲厚庸奴，等威不立者，虚文也。汰疲弱，择壮勇，足其衣食，申明阶级，以变其骄悍之习者，治军之实也；教习儿戏，纪律荡然者，虚文也。遴选守刺，久于其官，痛刈奸赃，广行宽恤者，爱民之实也；军须戎具，征求取办，蠲租赦令，苟以欺之者，虚文也。若夫保宗庙、陵寝、土地、人民，以此六实者行乎其间，则为中兴之实政也。陵庙荒圮，土宇日蹙，衣冠黔首，为血为肉，以此六虚者行乎其间，则为今日虚文。陛下戴黄屋，建罅殿，质明辇出房，雉扇金炉夹侍两陛，仗马卫兵俨分仪式，赞者引百官入奉起居，以此度日。彼粘罕者，昼夜厉兵，跨河越岱，电扫中土，遂有吞吸江湖，蹂践衡霍之意。吾方拥虚器，茫然未知所之。

君子小人，势不两立。仁宗皇帝在位，得君子最多。小人亦时见用，然罪者则斥；君子亦或见废，然忠显则收。故其成当世之功，贻后人之辅者，皆君子也。至王安石则不然，斥绝君子，一去而不还；崇信小人，一任则不改。故其败当时之政，为后世之害者，皆小人也。仁宗皇帝所养之君子，既日远而销亡矣。安石所致之小人，方蕃息而未艾也。所以误国破家，至毒至烈，以致二圣屈辱，羿、莽擅朝，伏节死难者不过一二人。此浮华轻薄之害，明主之所畏而深戒者也。

古之称中兴者曰："拨乱世，反之正。"今之乱亦云甚矣，其反正而兴之，在陛下；其遂陵迟不振，亦在陛下。昔宗泽一老从官耳，犹能推诚感动群贼，北连怀、卫，同迎二圣，克期密应者，无虑数十万人。何况陛下身为子弟，欲北向而有为，将见举四海为陛下用，期以十年，必能扫除妖沴，远迓父兄，称宋中兴。其与愒息遁藏，蹈危负耻如今日，岂不天地相绝哉！

疏入，宰相吕颐浩恶其切直，除直龙图阁、主管江州太平观。

二年五月，诏内外官各言省费、裕国、强兵、息民之策，寅以十事应诏，曰修政事、备边陲、治军旅、用人才、除盗贼、信赏罚、理财用、核名实、屏谀佞、去奸慝。疏上不报，寻命知永州。

绍兴四年十二月，复召为起居郎，迁中书舍人，赐三品服。时议遣使入云中，寅上疏言：

女真惊动陵寝，残毁宗庙，劫质二圣，乃吾国之大仇也。顷者，误国之臣遣使求和，以苟岁月，九年于兹，其效如何？幸陛下灼见邪言，渐图恢复，忠臣义士闻风兴起，各思自效。今无故蹈庸臣之辙，忘复仇之义，陈自辱之辞，臣切为陛下不取也。

若谓不少贬屈，如二圣何？则自丁未以至甲寅，所为卑辞厚礼以问安迎请为名而遣使者，不知几人矣，知二圣之所在者谁欤？闻二圣之声音者谁欤？得女真之要领而息兵者谁欤？臣但见丙午而后，通和之使归未息肩，而黄河、长淮、大江相继失险矣。夫女真知中国所重在二圣，所惧在劫质，所畏在用兵，而中国坐受此饵，既久而不悟也。天下谓自是必改图矣，何为复出此谬计邪？

当今之事，莫大于金人之怨。欲报此怨，必殄此仇。用复仇之议，而不用讲和之政，使天下皆知女真为不共戴天之仇，人人有致死之心，然后二圣之怨可平，陛下人子之职举矣。苟为不然，彼或愿与陛下歃盟泗水之上，不知何以待之？望圣意直以世仇无可通之义，寝罢使命。

高宗嘉纳，云"胡寅论使事，词旨剀切，深得献纳论思之体"。召至都堂谕旨，仍降诏奖谕。

既而右仆射张浚自江上还，奏遣使为兵家机权，竟反前旨。寅复奏疏言："今日大计，只合明复仇之义，用贤修德，息兵训民，以图北向。傥或未可，则坚守待时。若夫二三其德，无一定之论，必不能有所立。"寅既与浚异，遂乞便郡就养。

始，寅上言："近年书命多出词臣好恶之私，使人主命德讨罪之词，未免玩人丧德之失，乞命词臣以饰情相悦、含怒相訾为戒。"故寅所撰词多诰诫，于是忌嫉者众。朝廷辨宣仁圣烈之诬，行遣章惇、蔡卞，皆宰臣面授上旨，令寅撰进。除徽猷阁待制、知邵州，辞。改集英殿修撰，复以待制改知严州，又改知永州。

徽宗皇帝、宁德皇后讣至，朝廷用故事以日易月，寅上疏言："礼，仇不复则服不除。愿降诏旨，服丧三年，衣墨临戎，以化天下。"寻除礼部侍郎、兼侍讲兼直学士院。丁父忧，免丧，时秦桧当国，除徽猷阁直学士、提举江州太平观。俄乞致仕，遂归衡州。

桧既忌寅，虽告老，犹愤之，坐与李光书讥讪朝政落职。右正言章复劾寅不持本生母服不孝，谏通邻好不忠，责授果州团练副使、新州安置。桧死，诏自便，寻复其官。绍兴二十一年（笔者注：《宋史》原著有讹误，应为二十六年）卒，年五十九。

寅志节豪迈，初擢第，中书侍郎张邦昌欲以女妻之，不许。始，安国颇重秦桧之大节，及桧擅国，寅遂与之绝。新州谪命下，即日就道。在谪所著《读史管见》数十万言，及《论语详说》，皆行于世。其为文根著义理，有《斐然集》三十卷。（见《宋史·胡寅》，第12916—12922页）

嘉靖建宁府志·胡寅

胡寅，字明仲。《宋史》云：本安国弟（笔者注：实为安国堂兄）淳之子。寅将生，淳妻以多男欲不举。安国妻（注：实为安国母吴氏）梦大鱼跃盆水中，取而子之。少桀黠难制，安国闭之空阁中。其上有杂木，寅尽刻为人形。安国曰："当有以移其心。"别置书数千卷于其上。年余，寅悉成诵不遗一卷。寅早闻道于家庭，与弟宏磨砻薰染，所学粹然。长从河东侯师圣游，十九入辟雍。宣和三年，中进士甲科。历校书郎，从杨时游，迁司门员外郎。金人陷京师，议立异姓，寅与张浚、赵鼎逃太学中，不书议状。张邦昌僭立，寅弃官归。建炎三年，高宗幸金陵。以张浚荐为驾部郎官，寻擢起居郎。金人南侵，诏议移跸。寅上书乞按行淮襄，绝和议以图中原，不宜退保吴越。又言必务实效，去虚文，任君子，斥小人，反复数千言。疏入，宰相恶其切直，除主管江州太平观。会应诏，上十事曰：修政事，备边陲，治军旅，用人才，除盗贼，信赏罚，理财用，核名实，屏谀佞，去奸慝。不报。绍兴五年，迁给事中。时议遣使讲和，寅专以复仇为请，乞罢使命。以与张浚异议，乞郡便养，除徽猷阁待制知邵州，改集英殿修撰，复以待制知严州，又改知永州。宁德皇后服，故事，以日易月。寅上疏言："礼不复，则服不除。愿诏服丧三年，衣墨临戎以化天下。"寻除礼部侍郎兼侍讲直学士院，丁外艰。服除，时秦桧当国，除徽猷阁直学士奉祠，俄许致仕。桧憾之不已，坐通李光，落职新州安置。桧死，复元官。卒谥文忠。寅志节豪迈，初，安国颇许秦桧靖康之节，及桧擅国，寅遂与桧绝。在新州著《读史管见》数十万言及《论语详说》《崇正辩》皆行于世。又有《斐然集》三十卷，学者称为致堂先生。（见明嘉靖《建宁府志·人物·道学志》卷之十八，第494-495页）

万历衡州府志·胡寅

胡寅，字明仲。安国弟（笔者注：实为安国堂兄胡淳）之子也。安国妻（按：实为安国母吴氏）梦大鱼跃盆，惊觉，值弟妇生男，欲弃，遂往取而子之。少桀黠难制，父闭之空阁。上有杂木，寅尽刻为人形。安国曰："当有以移其心。"别置书数千卷于其上，年余，寅悉成诵。宣和中登进士，张邦昌伪立，寅弃官归。言者劾其离次，夺一官。金人南侵，诏议移跸之所，寅力陈其不可，吕颐浩恶其切直，除管江州太平观。后应诏上十事，又请罢云中使命。高宗嘉纳，曰："胡寅论使事，词旨剀切，深得献纳论思之体。"下诏奖谕，累官徽猷阁直学士、提举江州太平兴国观。俄乞致仕，遂归衡山。（见明万历《衡州府志·人物志校注本》卷之十二，第601页）

雍正崇安县志·胡寅

胡寅，字明仲。安国弟（笔者注：应为安国堂兄）淳之子也。寅生，安国妻（笔者注：应为安国母吴氏）取而子之。在乳抱中态度辄异，或夜啼，张灯示以书即止。蚤年闻道于家庭，长从河南侯师圣游，十九入辟雍。宣和中，擢甲科，历校书郎。因受业于杨时，得伊洛之学。金人陷京，议立异姓，与张浚、赵鼎逃太学中，不书议状。及张邦昌僭位，遂弃官归。建炎三年，高宗幸建康，再迁起居郎。金人南迁，诏议移跸之所。寅上书乞"按行淮襄，罢绝和议，以图中原，不宜退保吴越"，又"必务实效，去虚文，任君子，斥小人"，反复数千言。疏入，宰相吕颐浩恶其切直，除主管江州太平观。会诏求言，寅上十事曰：修政事；备边陲；治军旅；用人材；除盗贼；信赏罚；理财用；核名实；屏谀佞；去奸慝。不报。绍兴四年，拜中书舍人。时遣使议和，寅专以复仇为论，乞请罢使命。继以与张浚异议，乞便郡。除知邵州，历严州、永州。徽宗及宁德皇后讣至，故事，以日易月，寅上疏言："礼，仇不复则服不除，愿诏服丧三年，衣墨临戎，以化天下。"寻除礼部侍郎兼侍讲兼直学士院。左相赵鼎荐寅可大用，上眷注弥切，欲除政府，会丁父艰。免丧时，秦桧当国，除徽猷阁直学士，奉祠，俄许致仕。桧既怒寅，愤之不已，坐与李光书讥讪朝政落职，安置新州。桧死，复原官。寅志节豪迈，新州命下，刻日就道。在谪所著《读史管见》数十万言，及《论语详说》行于世。学者称"致堂先生"。卒谥文忠。（见清雍正《崇安县志·乡贤志》卷之四，第181－182页）

乾隆衡州府志·胡寅

胡寅，字明仲，安国弟（笔者注：安国堂兄）之子也。宣和中登进士。时张邦昌伪立，寅弃官归，言者劾其离次夺官。金人南侵，诏议移跸之所，寅力陈不可。吕颐浩恶其切直，除管江州太平观。后应诏，上十事，又请罢云中使命，高宗嘉纳曰："胡寅论使事，词旨剀切，深得献纳论思之体。"下诏奖谕。累官徽猷阁直学士，提举江州太平兴国观。俄乞致仕，遂归衡山。（见清乾隆《衡州府志·游寓志》卷之二十六，第520页）

乾隆衡山县志·胡寅

胡寅，宋史胡安国传：寅，字明仲，安国弟（笔者注：实为胡安国堂兄胡淳）之子。安国妻（笔者注：实为安国母）梦大鱼跃盆，惊觉。值弟妇（堂嫂）生男欲弃，遂往取而子之。少桀黠难制，父闭之空阁。其上有杂木，寅尽刻为人形。安国曰：当有以移其心。遂置书数千卷，年余，悉成诵。中宣和进士。时张邦昌伪立，弃官归。言者劾其离次，夺官。金人南侵，诏议移跸之所，力陈不可。吕颐浩恶其切直，除管江州太平观。后应诏上十事，又请罢云中使命。高宗嘉纳曰："胡寅论使事词旨剀切，深得献纳论事之体。"下诏奖谕，累官徽猷阁直学士，提举江州太平观。俄乞致仕，归衡山。（见清乾隆《衡山县志·人物志点校本》卷之十一，第226页）

道光宝庆府志·胡寅

宋高宗绍兴五年五月（笔者注：应为十一月），以胡寅为徽猷阁待制

知邵州。（见清道光《宝庆府志・大政纪二》，第 137 页）

宋高宗朝，胡寅，字明仲，崇安人。绍兴五年知邵州。（见清道光《宝庆府志・职官表一》，第 252 页）

胡寅，字明仲，崇安人。登宣和进士第。靖康之难议立异姓，寅与张浚、赵鼎逃入太学，不书议状。张邦昌伪立，寅弃官归。绍兴四年，召为起居郎，迁中书舍人，赐三品服。时议遣使入云中，寅上疏言，女真惊动陵寝，残毁宗庙，劫质二圣，乃吾国之大仇也！必无可通之议，疏入，高宗嘉纳。既而右仆射张浚自江上还，奏遣使为兵家机权，竟反前旨，寅复奏疏切谏。寅既与浚异，遂乞便郡，除徽猷待制，出知邵州。其在邵也，阐明理学人士向风，首举郡人金彦为天下孝第一，亲为题义门金氏，邵人多所感发云。（见清道光《宝庆府志・政绩录一》，第 1583 页）

道光永州府志・胡寅

宋・太守胡寅。（见清道光《永州府志・名宦乡贤志》，第 295 页）

胡寅，字明仲，安国弟之子（笔者注：应为安国堂兄胡淳之子），安国妻（笔者注：应为安国母吴氏）取而子之。宣和进士，任司门员外郎。张邦昌立，弃官归南渡上书辟和议，以即位为非，移跸为失计。吕颐浩恶，直除图龙阁管祠。寻命知永州。绍兴四年，召官中书撰词，多诰诫忌者日众。绍兴八年，复以待制守永，绰有父风。论者谓奕世载德云，后忤桧贬新州。桧死，得复官，祀名宦。（见清道光《永州府志・良吏传・郡守》卷十三，第 853 页）

光绪严州府志・胡寅

绍兴六年七月，胡寅自邵州知州改知严州。（见清光绪《严州府志・

官师志》卷十，第208页）

注：严州（今浙江省杭州市建德市），隋置睦州，唐武德四年（621），分桐庐为严州。严州名始此。

胡寅，字明仲，崇安人，文定安国之子。绍兴六年，以徽猷阁待制出知睦州（严州）。政教并行，民用胥劝。明年，文定自衡山抵书曰："汝在桐江一年矣，大凡从官作郡，一年未迁，即有怠意。汝宜作三年计，日勤一日，思远大之业。"未几，移知永州。学宫，寅所改作也。有祠祀名宦。

（见清光绪《严州府志·遗爱志》卷十二，第322页）

光绪湖南通志·胡寅

胡寅，安国弟（笔者注：应为堂兄）之子。志节豪迈，所著《读史管见》数十万言。历官徽猷阁直学士。乞致仕，归衡州。（见清光绪《湖南通志点校本·人物志·流寓志》，第4378页）

光绪南岳志·胡寅

胡寅，字明仲，安国从兄淳之子。生时，其母以多男欲不举。安国之母梦大鱼跃盆中，急往救之，命安国取而子之。少受业于杨时。宣和三年进士第。历校书郎，迁员外郎。金人陷汴京，立张邦昌，寅弃官归。言者劾其离次夺官。建炎三年，擢起居郎，应诏上十事，不报。寻命知永州。累官礼部侍郎、徽猷阁直学士。会秦桧当国，乞致仕，归隐衡山。卒年五十九，谥文忠。事具《宋史》列传。学者称致堂先生。黄宗羲述其师友渊源，为《衡麓学案》。著有《读史管见》《论语详说》诸书。初，致堂尝游岳麓寺，大书阁壁云：是何南海之鳄鱼，来作长沙之鹏鸟。师臣刘旦，潮阳人也，见之大怒，复谮寅于桧，坐是落职二十年。
案：《宋史》误以淳为康侯从弟，又误以梦鱼跃盆中者为康侯之妻。

《福建通志》据朱子所作《胡寅行状》及《致堂文集》正之。（见清光绪
《南岳志·前献二》，第 364 页）

民国宁乡县志·胡寅

胡寅，字明仲，官中书舍人。初，安国颇重秦桧节行，及桧擅国，寅
与绝世。称致堂先生。（见民国《宁乡县志》，第 320 页）

南岳区志·胡寅

胡寅（1098—1156），字明仲，胡安国从兄子，由安国育为己子。少
入太学，举宣和进士甲科。累官至徽猷阁直学士。学者称致堂先生。靖康
乱后，徽、钦二帝被捕，国难日甚，胡寅曾应诏陈"十事"。后又累次上
疏，坚拒和议，且力阻朝廷遣使探望二帝，认为是向金人"卑辞厚礼"。
高宗称其"词旨剀切，深得献纳论思之体"。致仕后，隐居南岳，著述之
余，徜徉胜迹，曾为上封一阁题"穷林阁"额。著有《读史管见》《论语
详说》《斐然集》诸书，均收入《四库全书》。（见 2000 年《南岳区志·
人物》，第 467 页）

湖南古今人物辞典·胡寅

胡寅（1098—1156），字明仲，福建崇安人。后迁衡阳。胡安国兄胡
淳子，养为己子。少时桀黠难制，安国以读书移其心。南宋宣和三年
（1121）进士。靖康（1126—1127）初，授秘书省校书郎。尝从祭酒杨时
学。历官司门员外郎、起居郎、永州知府、中书舍人、礼部侍郎兼侍讲、
徽猷阁直学士。秦桧当国，乞致仕，归衡州。因讥讪朝政，桧将其安置新
州。桧死，复官。著作有《崇正辩》《论语详说》《读史管见》《斐然集》
等。（见 2013 年《湖南古今人物辞典》，第 1256 页）

（二）历代名人与文献评说（选）

宋高宗赞曰

胡寅论使事，词旨剀切，深得献纳论思之体。（见《宋史·胡寅传》）

〔宋〕朱熹评说

胡致堂议论英发，人物伟然。可谓豪杰之士也！

又云：胡致堂说道理，无人及得他。

《读史管见》乃岭表所作，当时并无一册文字随行，只是记忆……。

（见《朱子语类》卷一〇一）

朱熹赞誉说："胡侍郎《进万言书札子》好，令后生读"，"《无逸传》好，《请行三年丧札子》极好，诸奏议，外制皆好。"（见《朱子语类》卷一百三十九）

祭胡侍郎

〔宋〕真德秀

昭告于故致堂先生侍郎胡公之墓。惟公早侍家庭，实闻至道，壮登侍从，屡进昌言。正章、蔡弄权之诛，斥汪、黄误国之罪，英风劲气，独立不回。旋触权臣，远摈岭海。方且心潜《鲁语》之大训，臆诵温公之遗编，著为二书，垂耀千古。某以晚出，幸同乡邦，顾瞻丘茔，适在郡境，往致一酹，慰其子孙，殁而不忘，鉴此诚意。尚飨。（见《真西山集》卷四十九）

宋宁宗嘉定三年（1210），闽人郑肇之持节湖湘，求先贤遗著，得时年约 62 岁胡大时珍藏先伯父致堂公胡寅的遗著《斐然集》。由是，郑肇之在湘中（长沙）将胡寅《斐然集》刊刻面世。是年八月，郑肇之特请宋宁宗朝大臣、礼部尚书章颖为《斐然集》撰序。

斐然集原序

〔宋〕章　颖

天之生圣贤也岂偶然哉？昔者洪荒之世，人物混并，贤不肖淆乱，尧、舜、禹、皋、夔、稷、契所以致力于此者，亦云尽矣。叙典秩礼，命德讨罪，皆天意也。天之所以命圣贤者，孰大于此！五品之未逊，五教之未敷，五刑之未明，是虽饱食暖衣，果能保其生哉？

由唐虞至于商周，天下事事物物凡当正名而辨分者，无一之或阙。及周之季，圣贤之泽微矣。圣如孔子，不得位而无以行其志，于是《春秋》作焉。故曰，《春秋》定天下邪正。迹其功用，不特被之当年，实为万世法程。由汉迄唐，大乱而后小治，极危而后粗安，饥渴者之于饮食，以为得是不啻足矣。而圣贤用力之地，鲜致意焉。故朝夕之安，不能销百年必至之患；斯须之快，不能偿他日无穷之忧。昧者安之，智者惧焉。皇宋作兴，文治灿然。百余年间，贤人君子所以推明乎是者，固已昭昭乎心目之间。遏人欲之横流，彰天理于既泯，士生斯时，抑何幸也！兵革纷纭，天下学者涣散而莫之统一。文定胡先生始以《春秋》鸣，而其子致堂继之，见于辞章，著于赋咏，陈于论谏，莫非极治乱之幾，谨名分之辨，黜邪而与正，尊王而贱伯，明义利之分，辨枉直之实。取而诵之，凿凿乎五谷之可以疗饥，断断乎药石之可以治疾。由其言以推其行事，即其文以究其用心，使其功化得尽显于时，则拨乱而反之正，三光明于上，民物育于下，犹反掌也。

世方交竞于利禄之途，角胜负于得失之际，滔滔驰骛，不可救止。古之圣贤所以挈挈焉者，固已与之背驰矣。此愚之所以中夜而起，抱书而叹也。三山郑君肇之持节湖湘，得是文于致堂之犹子大时，遂取而刊之木。夫致堂之为是文，夫岂知后世有扬子云哉？盖其露缊奥而寓诸言，发愤懑而形诸书，有不得已焉者。郑君之好尚，亦岂为文章之美哉？天理之明，人心之正，是书其标的也。

嘉定三年八月望日，南郡章颖序。

章颖（1141—1218），宋代大臣，著名学者。字茂献，自号云山居士，临江军（今江西清江）人。以兼经中之荐，守孝宗嗣，下诏求言。章颖上书万言，礼部奏名第一。调道州教授，作周敦颐祠。除太学录、迁太学博士。宋宁宗朝，章颖除侍御史兼侍讲，寻权兵部侍郎。韩侂胄用事，章颖被罢官。久之，知衢州，寻知赣州，除集英殿修撰，累迁刑部侍郎兼侍讲，除吏部侍郎，寻迁礼部尚书兼侍读。章颖为官操履端直，生平风节不为穷达所移。宋宁宗嘉定十一年（1218），卒，享年78岁。赠光禄大夫，谥文肃。著有《南渡十将传》《春陵志》《文肃公奏议》等。

宋宁宗嘉定八年（1215），时任衡州（今湖南省衡阳市）知府孙德舆"崇庠序之教""访士求书"，得胡氏家藏本胡寅《读史管见》手书稿。该手书为胡寅侄、胡宏次子胡大壮珍藏。时胡寅已谢世六十年。《读史管见》是胡寅在宋高宗绍兴二十年（1150）至二十五年（1155）被贬新州（今广东省云浮市新兴县）期间著述完成的。全书三十卷，凡六十万余言。它是一部史论方面的著述，主要是针对司马光《资治通鉴》"事多而义少"的情形而作，赋予历史事件以文化的意义。嘉定十一年（1218），衡州知府孙德舆将胡寅《读史管见》一书予以刊刻面世。自正月始刻，至冬十一月告竣。是年，胡寅之侄、胡宏次子胡大壮为《读史管见》撰序。（序文详见本年谱第415页）

宋理宗端平元年（1234），胡寅遗著《斐然集》由叙州冯侯邦佐再次刊著面世。九月，冯侯请时为宋理宗大臣、礼部尚书、同签书枢密院事，寻改资政殿学士、湖南安抚使知潭州的魏了翁为胡寅《斐然集》刊著行世撰序。

斐然集原序

〔宋〕魏了翁

　　长沙吴德夫间为予言，胡仲刚氏学业行谊为世楷则，出一编书名《斐然集》，以授予，曰："其为我广诸蜀。"予识之弗忘。后守广汉，将以刻诸梓，未皇然也。厥二十又七年，予归自南，旋起家渡泸，叙州冯侯邦佐已刊之，求一言冠篇。予又取而熟复之。

　　盖自公游庠序，已深诋王氏，专尚关洛诸儒之学。举宣和三年进士，教授西京国子监，与忠献张公同被荐，召入披中书。靖康改元，金人深入，与张公为当路策守御甚著。京师围解，始得省亲荆、潭。建炎再造，首以记注召还，极陈三诏之不同，论七事、六条之利害，娓娓数万言。如必罢和议，必用君子，必退小人，必明赏罚，必固本支，必建藩辅，必择守令，必讨盗贼，大抵监耿、李、汪、黄误国之不可再。引谊剚上，往往有敌己以下所不能堪者。高皇帝虽听奉祠而简注不忘。既狩钱塘，申命记注。首论"四维不张，惟刑是从；利在尼雅满，则欲释怨以悦其心；利在刘豫，则欲友邦以通其好"。文定亟称其得敷奏体。张公以右相视师，尝议遣使，公辩遏恳至，谓堂堂天朝，相率而为敌国之陪臣，盖视胡公邦衡后日之疏有过之。寻贰春卿，兼掌书命，如追废王安石配享孔庙，追谪章、蔡诬谤宣仁后及褒表谏臣等事。高文大笔，大抵皆公发之。暨赵、张去而桧再相，则公远徙炎荒，几陷五十三家罗织之狱。至桧死后，得复官还里。

　　迹其平生，任重道远，之死不渝，实由文定为之父，仁仲为之弟，谋之家庭者固如此。至其述《崇正辩》以辟异端，纂《伊洛绪言》以阐正学，著《论语详说》以明孔门传授之心法，《读史管见》以扶《资治通鉴》数千百家褒贬之实，最后传《诸葛侯世》以寓其讨贼兴汉之心。盖公自宣、靖、炎、兴四十年间，虽颠沛百罹而终始一说。所以扶持三纲者，其不谓大有功于斯世矣乎？因冯侯之请，摘其关于世教者著于篇。

　　端平元年九月戊申，鹤山魏了翁序。

魏了翁（1178—1237），南宋大臣、著名理学家。字华父，号鹤山，邛州蒲江（今属四川）人。少长，英悟绝出，日诵千余言，过目不再览，乡里称为神童。年十五，著《韩愈语》。宋宁宗庆元五年（1199）进士，授签书剑南西川节度判官。历任国子正、武学博士、试学工院，改秘书省正字、出知嘉定府。寻知汉州、眉州、遂宁府、泸州府、潼川府等。后遭诬陷罢官。宋理宗绍定五年（1232），起为复为潼川路安抚使知泸州。宋理宗端平元年（1234），入朝，擢礼部尚书兼直学士院，旋以端明殿学士、同签书枢密院事督江淮京湖军民。寻改资政殿学士、湖南安抚使知潭州，未几，改知绍兴府、浙东安抚使。宋理宗嘉熙元年（1237），改知福州，福建安抚使。是年，魏了翁卒，享年60岁。赠太师，谥号文靖。

明宪宗成化十三年（1477），胡寅遗著《崇正辩》藏于金陵吴廷润金宪处。时明宪宗朝大臣、丘濬遍访其书，得友人知南阳府段可久，乃以授之。于是丘濬欣然正其讹误，刊刻付梓。并为之序。

崇正辩序

〔明〕丘　濬

昔者圣人于华夷之辩盖甚谨焉。《书》言蛮夷猾夏、《诗》称戎狄是膺。《春秋》内夏外夷，其为斯世防也至矣。然其所谓夷者，皆处中国近境，时或侵轶，以害吾民之生，未至入吾域中，为斯人心术之害也。至战国时，邪说始盛，然所为说者，其人固中国之人也。其说虽未合于正，而犹不至悖逆天常，灭绝人理，如佛氏之甚焉。如杨氏为我，墨氏兼爱，其初岂真无父无君哉？孟子斥之，盖极其流弊言之耳。然人道生生之本固自如也。佛氏乃弃其天性之亲，而自谓出家，则真无父矣；蔑其无所逃之君，而自谓出世，则真无君矣。无父无君，非臣非子，其人何等人邪？甚至反阴阳之常，绝生育之理，忘其身之所从来，而阙其气之所由续。噫！穹然隤然之间，而无蠢然者禅续以生生，则人类绝也久矣！天地尚得为天地哉？万无是理也。

虽然，彼犹道其所道于其所生印度国中，去中国万余里，势不能以相及也。奈何后世主中国者无故自决其内外之防，引绝域裔爽入我华夏，使吾人从其俗，习其法，祀其鬼，诵其书。而或者又从而推演张大之，以乱吾中国圣人之教。上贬天帝，中误世主，下愚生人。世无古今，地无华夷，人无智愚，莫不恬而安之，以为当然；利而慕之，觊其必得；畏而怖之，莫敢轻议。宫室日广，徒侣日众，论说日巧。滋蔓至于今日，殆将与天地相为终始而无穷。其为中国发心之害，岂止如《诗》《书》所称，《春秋》所书，孟子所辟者而已哉！

自有佛氏千有余年，其间豪杰之士明言以痛斥之者，若傅太史、韩吏部、程夫子、朱文公，其论可谓明白而深切矣。然皆举其大纲，撮其大凡，细微旁曲之处，容有未尽焉者。彼犹或得以隐遁掩饰也。惟有宋致堂胡明仲先生《崇正辩》一书，凡为卷三，为条二百九十有九。盖因僧仁赞之所论，按其事而判之，随所言而折之，根究条析，琐细不遗，一本诸理之所有，以证其事之必无，理直而气壮，词严而意周。彼夫诞幻不经之邪见，茫昧无稽之虚言，一切破荡无余矣。非独儒者了然于心目之间，使为其徒者读之，彼亦人耳，天理之在人心者固未尝泯，虽其沉溺深固，口或肆然以辩，而其心亦将帖然以服矣。

予早岁于马氏《文献通考》中得其序文，读之欣快者累日，恨未得见其全书。后仕京师，遍于四方藏书家访之，近始得写本于金陵吴廷润金宪处。适友人段可久知南阳府，乃以授之。可久欣然正其讹误，用刻诸梓。嗟乎！夷狄之为中国害也久矣！彼肆其爪牙之毒以侵我边境，为吾人生聚之害，时暂然也，固已不可堪矣。矧译胡言以诪张，行鬼教以劫制，设幻术以诱惑，鼓妖说以党助，日新月盛以贼害吾人之心术于百千万年而无穷，偃然自大以傲我君父，居然自任以败我纲常，群然自恣以糜我货财，致吾中国自天地开辟以来百王之法，万世之道，为所汩乱焉。是盖夷狄邪说合而为一，缠绵胶固而终无可解之期，学孔、孟者所宜究心也。是用表章之，使天下后世之人知其为私，为邪，为非，为妄。是亦攘夷狄、辟邪说以正人心，而为世道之防之一助云。

成化十三年岁次丁酉二月辛未，翰林院侍讲学士琼山丘濬序。

丘濬（1419—1495），明孝宗朝大学士，一代臣。字仲深，琼山（今海南省海口市琼山区）人。幼孤，母李氏教之读书，过目成诵。明代宗景泰五年（1454）进士，改庶吉士，授编修。历侍讲、翰林院侍讲学士、迁国子祭酒，寻迁礼部右侍郎，掌祭酒事。明孝宗即位，丘濬表上其书，帝称善，特进礼部尚书，掌詹府事，修《宪宗实录》任副总裁，书成，加太子太保。寻命兼文渊阁大学士，参与机务。丘濬为一代臣，所居邸第十分狭窄简朴，且四十年不易。明孝宗弘治八年（1495），丘濬卒，享年77岁。赠太傅，谥文正。

道南源委·胡寅

〔明〕朱　衡

寅字明仲，本文定公弟（笔者注：实为堂兄）淳之子。初生，以多男不举，文定取而子之，少桀黠难制，闭之空阁，阁上有杂木，尽刻为人形。文定曰：当有以移其心。置书数千卷于其上，岁余成诵。长，从河东侯师圣游，十九入辟雍。宣和三年，登进士。除校书郎，从杨龟山受业，迁司门员外郎。金人陷京师，议立异姓，公与张魏公、赵忠简逃太学中，不书议状。张邦昌僭立，公弃官归，谏官劾其离次，降一官。

建炎三年，高宗幸金陵，以张魏公荐为驾部郎，寻擢起居郎。金人南侵，诏议移跸。公上书，乞按行淮襄，绝和议，以图中原，不宜退保吴越。又言必务实效，去虚文，任君子，斥小人，反复万言。宰相恶其切直，除管江州太平观。会应诏，上十事曰：修政事，备边陲，治军旅，用人才，除盗贼，信赏罚，理财用，核名实，屏谄佞，去奸慝。不报，命知永州。复召起居郎，迁中书舍人，赐三品服。

绍兴五年，迁给事中。时议遣使讲和，公授《春秋》大义，以复仇为请，高宗嘉纳，降诏奖谕。既而张魏公自江上还，言遣使为兵家机权，竟反前旨。公力言无益者十事不纳，乞便郡就养，除徽猷阁待制，改知严州，又知永州。宁德皇后服，故事以日易月。公上疏言，礼仇不复，则服不除，愿诏服丧三年，衣墨临戎以化天下。寻除礼部侍郎兼侍讲直学士院。丁父忧，免丧。时秦桧当国，除徽猷阁直学士奉祠，俄许致仕。桧憾不已，坐与李光书讥讪朝政，右正言章厦刻公不持生母服，不孝；谏通邻好，不忠，遂落职新州安置。桧死，诏自便，复其官。卒年五十九。谥文忠。

公志节豪迈，初擢第，张邦昌欲妻以女，不许。文定颇重秦桧靖康之节，及桧擅国，公遂与绝，新州之谪，即日就道。在谪所著《读史管见》数十万言及《论语详说》《崇正辩》皆行于世。又有《斐然集》三十卷。学者称为致堂先生。（见《道南源委》卷之一，第20-21页）

宋元学案·文忠胡致堂先生寅

黄宗羲　全祖望

胡寅，字明仲，崇安人，文定之弟（笔者注：实为堂兄）子也。（云濠案：陈直斋云："明仲，文定长子也。本其兄子。"）将生，母以多男不欲举，文定夫人（笔者注：文定母吴氏）梦大鱼跃盆水中，急取而子之。少桀黠难制，父闭之空阁，其上有杂木，先生尽刻为人形。文定曰："当有以移其心。"别置书数千卷于其上，年余，悉成诵。中宣和进士甲科。靖康初，荐授秘书省校书郎。时龟山为祭酒，禀学焉。迁司门员外郎。张邦昌僭位，弃官归。建炎三年，擢起居郎，言高宗当纠合义师，北向迎请，不宜遽践大位，遂奉祠。绍兴二年，起知永州。四年，复召为起居郎，迁中书舍人。时议遣使入云中，先生疏言："女真惊动陵寝，残毁宗庙，劫质二圣，吾国之大仇也。误国之臣遣使求和，苟延岁月，九年于兹，其效何如？幸陛下灼见邪言，渐图恢复，然后二圣之怨可平，陛下人子之职举矣。"高宗嘉纳，召至都堂谕旨。既张忠献浚自江上还，奏遣使为兵家机权，竟反前言，因乞郡就养，出知邵、严、永三州。徽宗讣至，故事以日易月，先生上疏言："礼，仇不复则服不除。愿降诏旨，服丧三年，墨衰临戎。"除礼部侍郎兼侍讲，直学士院。父丧除，起徽猷阁直学士。秦桧当国，乞致仕，归衡州。桧既忌先生，虽告老犹愤之，坐与李光书讥讪朝政，安置新州。桧死，复官。二十七年（笔者注：应为二十六年），卒，年五十九，谥文忠。先生志节豪迈，初擢第，中书侍郎张邦昌欲以女妻之，不许。文定素与秦桧善，及桧擅国，先生绝之，故为所恶。在谪所，随行无文字，先生以所记忆者著《读史管见》。平生所著，有《论语详说》及诗文《斐然集》。学者称致堂先生。（见《宋元学案》卷四十一《衡麓学案》，第1341-1342页）

明思宗崇祯八年（1635），胡寅《读史管见》再次刊刻面世，时著名文史学家张溥为之序。

宋胡致堂先生《读史管见》序

〔明〕张　溥

胡明仲先生读史之文，世不多见，其节录者往往著于《纲目》，然去取略矣。汴宋以来，儒者好议论、分善恶。《管见》一书，或病其责备贤者，言辞过甚，又谓以成败论人，所见未广，二者皆非也。先生承文定之学，明《春秋》之指，建炎中屡诏擢用，首格和议，贼桧衔之，贬置新州。当时忠孝发愤，著见言论，不得已托古人以寓志。其所流连三致意者，惟孔子攘夷、齐桓复仇为亟。至于戒日食、辟异端，忧小人之进、君子之退，生民日蹙而刑敛日繁，恫乎其伤之深切著明。自周威烈迄于五代，其间王侯大人行事，无异于春秋十二公也。朱子尝称："《管见》议论，《唐鉴》不及。《纲目》既成，中所折衷，多本胡氏。"是故善读史者，取《通鉴》《管见》《纲目》三书合而观之，然后知源流之一、是非之正也。温公奉诏开局，著成《通鉴》，各代考次，功非一人。蔡京宗王氏之说，《春秋》既废，史学益衰，《通鉴》虽蒙御序，学者畏不敢观，即或有慕而读之，卷帙猥烦，大都不竟，又孰有明其得失，助其未逮者？自《管见》书出，朱子始敢一笔一削，取《通鉴》勒为《纲目》。今观其书，诸葛之伐魏，不可言犯；晋王之击后梁，不可言寇。大义独断，皆《管见》发原。及其谈言微中，谓诸吕之诛，功不始陈平、周勃，后汉之亡，罪不专景延广。诸若此者，亦何尝兢兢成败责人无已哉？传者又言，张南轩宋之大儒，胡仁仲则先生之弟也，南轩讥《管见》之作，专为秦桧设，仁仲嫌其苛密，欲燔其书而不果。抑知世无乱贼，《春秋》不作，宋高之时，乱臣贼子孰有甚于桧者？痛言之犹恐不悟，何有于隐？仁仲厉辞绝桧，疾恶之严，不异其兄，而独非所论，此或家庭挹损忌讳之意，非本心也。旧刻《管见》，二版皆灭没讹落，予间较定，复为分著年月，标括论旨，编次一目，通见长短，以尔公好读史，强其公之人间。世有患《通鉴》《纲目》烦重难举者，此三十卷足以应之矣。然以《管见》之能辩能断，即深于二书者，尤不可不读也。

崇祯乙亥孟春太仓张溥谨序。

张溥（1602—1641），明代文史学家。字天如，号西铭，江苏太仓人。明熹宗天启四年（1624），张溥与郡中名士结为文社，称为应社，以文会友，后遍及全国，超过 3000 人。天启六年（1626），撰写《五从墓碑记》，痛斥阉党。崇祯元年（1628），与张采一起，在太仓发起了驱逐阉党骨干顾秉谦的斗争，所撰散文，脍炙人口，二张名重天下。明崇祯四年（1631）进士，选庶吉士。与同邑张采齐名，时称"娄东二张"。张溥一生著作宏丰，编述三千余卷，涉及文、史、经学各个学科，精通诗词，尤擅散文、时论。崇祯十四年（1641），病卒。时年 40 岁。

清乾隆二十七年（1762），胡寅后世裔孙江西南丰县人胡濬，将二世祖胡寅《崇正辩》重新刊刻行世。胡濬并撰有《重刻〈崇正辩〉纪言》。

重刻《崇正辩》纪言

《崇正辩》者，濬二世祖致堂公辟佛书也。昔先赠君藜村公尝语濬曰："士子读书，当崇正学。致堂公有《崇正辩》若干卷，宗孔、孟而黜释氏，大有关乎名教。予于残箧败簏中得览一卷，而未竟其全。厥后肆力构求，知原版毁于兵燹。尔曹当于藏书家广为搜觅，毋令先泽湮没。"濬谨受命。岁壬午，过南州朱桐冈太史，得全编，如获重宝。爰付剞劂，以绵祖泽。

惜先赠君未之见世，悲夫！

乾隆二十七年壬午岁谷雨前一日，南丰胡濬谨述。

（三）湖湘文库·胡寅《斐然集》《崇正辩》出版发行

二〇〇九年七月，湖湘文库编辑出版委员会将宋代著名学者胡寅著述的《斐然集》《崇正辩》二书合一，列为《湖湘文库》甲编，由岳麓书社编辑出版发行。著名思想史学者、深圳大学教授、博士生导师王立新为该书出版发行撰写前言。

前　言

胡寅（1098—1156）字明仲，字刚仲，又字仲虎，学者称为致堂先生，又称衡麓先生、衡楚先生。本胡安国同堂三兄之子，生父名胡淳，其同胞长兄就是朱熹的业师籍溪先生胡宪。方其生，父母"以多男欲不举"，置盆水中。胡安国母吴氏夜梦有大鱼跃盆水中，急往救之，挽回了这个弱小的生命。吴氏嘱令安国收养，以此为安国长子。

胡寅少时，"桀黠难治"，安国将他锁闭在空阁之内，数日下来，凡能着笔容刀之处，尽皆绘画刻镂。安国思"当有以移其心"，置数千卷书籍于其中，一年以后，胡寅倒诵如流。安国转而对其进行儒家传统教育，终成一世名儒。

政和六年（1116），胡寅于荆门举乡贡，旋赴京师入太学。24岁中进士甲科，名列第十，时宋徽宗宣和三年（1121）。奸相张邦昌欲以女妻之，胡寅躲避不允。

靖康二年（1127），与张浚、赵鼎避于太学，不尊张邦昌为帝。建炎二年（1128），随驾南渡。三年，任起居郎。同年九月二十一日，胡寅上万言书，指斥高宗一味退缩，不思北图恢复，强烈要求起义兵北伐，诛乱臣贼子，整顿朝纲，并迎请"二圣"还朝。绍兴三年二月，改任中书舍人，赐三品服。绍兴六年七月，胡寅改知严州。绍兴七年正月，宋人得知徽宗死于金之五国城（此事本在绍兴五年，但宋人不知），胡寅满腔义愤，上书要求举国齐哀，"服丧三年"，以丧服哀兵出战，坚决报仇雪恨，以示大宋朝廷之不可侮辱。绍兴八年四月，胡寅以徽猷阁待制试礼部侍郎，胡安国病卒，胡寅归湖南湘潭家中守丧。服除之后，改知湖南永州。绍兴十二年，朝中政敌以胡寅不为生母服为由，讼其不孝，胡寅受诬，请求致仕，六月得准，提举江州太平观。

此后直至绍兴二十年，胡寅闲身，尝与其弟胡宏往湖北荆门瞻拜祖父陵寝，亦尝往福建省亲。秦桧知其贫，赠以白金，胡寅坚拒。胡寅与安国弟子向子忞、韩叔夏友善，往复游赏南岳风光，品茗赋诗，互相激励，时人谓之"岁寒三友"。

绍兴二十年，秦桧制造"李光私史"冤狱，受牵连者甚众，胡寅坐与李光通书，知情不举，被贬果州团练副使，岭南新州安置。胡寅于绍兴二十年六月抵达岭南，开始长达六年的贬谪生活。绍兴二十五年十月，秦桧中风死，二十八天以后，胡寅恢复徽猷阁直学士致仕。十二月，朝廷令胡寅自便，胡寅重获新生。绍兴二十五年底或二十六年春，胡寅回到湖南衡山。绍兴二十六年闰十月十四日，胡寅因贬岭南时身染瘴疠毒发，作别人世，结束了自己潇洒壮阔的一生，年五十九岁。

"昨日春风花满山，回头秋叶锦斑斑。"胡寅一生收获颇多，举其大者，如《崇正辩》《斐然集》《读史管见》《论语详说》等不一。其中《崇正辩》一部，在胡寅生前即已刊印，今《斐然集》中有《崇正辩序》一文，可以资证。这部书共三卷，主要是为反佛而作，其中阐述了胡寅的辟佛思想，正如胡寅在该书的自序中所称："《崇正辩》何为而作欤？辟佛之邪说也。"这部书虽然在理论深度上有所不足，但却是南宋理学家中唯一一部直接针对佛教的专门之作，因此在儒佛关系史上，具有非同寻常的意义。

而《斐然集》在南宋中晚期后亦颇流行，有当时大儒魏了翁序。这是胡寅的"私人"文集，也包括奏章以及代皇帝起草的制诰等方面的文字。

《读史管见》是胡寅流寓岭南时期的作品。是胡寅在没有任何文字参照的情况下，全凭记忆所作。朱熹对此十分钦佩。这本书表明了胡寅对政治文化和历史的儒者立场，用今天的话来说，就是一部处于史论和历史哲学之间的著述。主要是针对司马光的《资治通鉴》"事多而义少"的情形而作，赋予历史事件以文化的意义。同时因为感于时势而有诸多议论，尤其是对北宋熙宁、元丰直至绍兴间的权奸误国所造成的祸患，特别寄意。朱熹后来作《资治通鉴纲目》，对胡寅的《读史管见》中的观点，多有认同和引用。张栻却以为讥刺秦桧的地方，仿佛专为批驳秦桧所作，有失史学著作的客观性。总之《读史管见》是王船山《宋论》和《读通鉴论》之前，非常珍贵的历史哲学的著述。此书在宋代嘉定间有刻本，胡宏子胡大壮作序，现藏北京图书馆。

《论语详说》，亦称《鲁语详说》，也是胡寅被贬岭南时期的作品。主要用意在于批判王安石的"三经新义"，用邵雍、张载、程氏兄弟和胡安国等的观点来解释《论语》，并附以己意。这部著作表明了胡寅的儒学理论功力和对现实生命的理解。该书虽已亡逸，但现存《斐然集》中有《鲁语详说序》，可证此书为胡寅当年所作无疑。

胡寅文字清丽而且雅致，顺畅又无拖累，甚为当时人所喜爱。朱熹赞誉说："胡侍郎《万言书》，好令后生读。""上殿札子《论元老》好，《无逸解》好，《请行三年丧》札子极好。诸奏议、外制皆好。"朱熹还曾亲自抄录一册《万言书》，可见喜爱之甚。

除此之外还有《左氏传》《子产传》《无逸传》等史学与理学兼容的作品，以及为孩童开蒙所作之《叙古千文》等。《叙古千文》虽为开蒙而作，但后世评价却很高。陈振孙《直斋书录解题》记曰："《叙古千文》，南康黄西坡灏商伯为之传。晦庵朱文公题其后曰：'叙事立言，昭陈法式，实有《春秋》经世之志。至于发明道统，开示德门，又于卒章深致意焉。新学小童，朝夕诵之而讽其义，亦足以养正于蒙矣。'"

胡寅一生兴趣广泛，书画琴棋，无所不通，而且酷嗜诗酒，终生不舍。其为人慷慨豪放，朱熹称其"豪杰之士也"。胡寅又机敏幽默，时人甚有了解，很多文字亦颇能体现此点。

胡寅与寺僧有着深入的交往，知佛甚深。但其坚守儒家人文主义立场，不因与寺僧关系密切而对佛教之"以邪害正"稍作容隐。《崇正辩》既为辟佛专作，其辟佛又先从其反三纲，毁四端，层层递进，而又涉及巨细环节。胡寅论世人之从佛以受戒，甚至包括念经斋僧之类，尽出于"惑""惧""贪"三蔽。出于"惑"者，因其不明以受其蛊惑，从而迷惑；出于"惧"者，因其恐惧而受怖，从而卑身下之；出于"贪"之大者，则畏死贪生，从而祈求长生，亦从而信从佛教。胡寅声称："吾儒诚能穷理养气而宅心，必无此三蔽。"由于胡寅对佛教实际情况的真切了解，因此其对佛教的批判，总体上说来是有目标、有系统、有深度且有直接针对性的。

在史学方面，针对"司马文正所述《资治通鉴》，事虽备而立意少"的情况，胡寅"用《春秋》经旨，尚论详评，是是非非，治乱善恶，如白黑之可辩"。司马光的《资治通鉴》是附寡义于腻事之后，胡寅的《读史管见》是立大义于史实之中，因此胡大壮在《序》中称说《读史管见》是继承先圣遗训、秉承家学传统的"以经断史"而非附义于事的作品。这种方法与其说是方法，毋宁说是原则，是理学家治史的原则。这是对所谓"春秋"笔法的进一步推演和普及。其实胡寅的其他历史类著述如《无逸传》《左氏传故事》《子产传》《诸葛孔明传》也都具有这样的特点，只是《读史管见》更集中、更全面地体现了"以经断史"的理学家论史的价值原则。

所谓"以经断史"，就是赋予历史事实以经典的意义，或者说是以经典为依据，赋历史事件以价值的意义。这是理学家的治史原则，尽管在胡寅以前已有此种做法，但树纛扬言、明标宗旨且付诸实际的，当以胡寅为首，胡寅承继胡安国《春秋传》传统，而独创新宗，可谓开一代治史新学风。尽管如此，胡寅作史，是有明显的用心的，讥刺秦桧"挟虏以自重，劫主以盗权"的用心确实比较明显。故张栻之讽，未必无实。但胡寅所著，却并非凝心此一处，在《子产传》之末，胡寅借孔子之言说："政宽则民慢，慢则纠之以猛；猛则民残，残则施之以宽。宽以济猛，猛以济宽，政是以和。"这实际上不是历史的写法，是现实的写法。当然中国传统的历史书写方式，往往欲以历史为借鉴服务现实，所以不论是否以"通鉴"为名，实际用心则在于"资治"。胡寅之《诸葛孔明传》与张栻之《汉丞相诸葛忠武侯传》，实际也不过是表其忠君爱民、勤政洁，以为居相位者提供借鉴参照而已。

胡寅在哲学上，坚持性本论，是其弟胡宏的性本论的重要同盟和助援。同时，胡寅又以"理之所在，先圣后圣，其心一也"。"尧舜禹汤文武之德，衣被天下，仲尼、子思、孟子之道昭觉万世。凡南面之君，循之则人与物皆蒙其福，背之则人与物皆受其殃。载在方册之迹，著矣。其原本于一心，其效乃至于此，不可御也。"又言："天地之内，事物众矣。其所以成者，诚也。实有是理，故实有是心；实有是心，故实有是事；实有是事，故实有是物；实有是物，故实有是用。"

此等议论，意义不仅在于坚守湖湘学派的尽心成性的基本学术、丝弦宗旨，而且蕴含了心本论的主要内容。

王立新二〇〇八年九月于深圳大学国学院

（四）湖湘文库·胡寅《读史管见》出版发行

二〇一〇年三月，湖湘文库编辑出版委员会将宋代官员、著名学者胡寅著述的《读史管见》，列为《湖湘文库》甲编，由岳麓书社编辑出版发行。湖南科技大学刘依平教授为该书出版发行点校整理，并撰写前言。

三、胡宁传记与文献资料

（一）国史与方志说

宋史·胡宁传

（胡）宁字和仲，以荫补官。秦桧当国，召试馆职，除敕令所删定官。秦熺知枢密院事，桧问宁曰："熺近除，外议云何？"宁曰："外议以为相公必不为蔡京之所为也。"迁太常丞、祠部郎官。

初，以宁父兄故召用，及寅与桧忤，乃出宁为夔路安抚司参议官。除知澧州，不赴。主管台州崇道观，卒。

安国之传《春秋》也，修纂检讨尽出宁手。宁又著《春秋通旨》，以羽翼其书云。（见《宋史·儒林五》列传一百九十四，第12926页）

嘉靖建宁府志·胡宁

胡宁，字和仲，安国次子。生有淑质，端重寡言。受《春秋》学于家庭，以郊恩补官，无任进意。秦桧当国，贻书其兄寅，问宁何不通书。宁勉为条陈数事，及奏乞以二程、邵、张从祀。既而召试馆职，除敕令所删修官。会秦桧子熺拜元枢，桧问外议如何？宁答云："蔡元长父子所为，岂所望于相公？"桧怒，因指为故相赵鼎之客，出为夔州路安抚司参议，改知澧州，以疾乞祠。卒。世称为茆堂先生。安国之传《春秋》也，修纂检讨多出宁手。宁又著《春秋通旨》以羽翼其书云。（见明嘉靖《建宁府志·人物·道学志》卷之十八，第497页）

雍正崇安县志·胡宁

胡宁，字和仲。安国季子（笔者注：实为次子）也。用荫补官。秦桧当国，甚留意名家子弟，既召试馆职，除敕令所删定官。会秦熺拜元枢，桧问："熺近除，外议云何？"宁曰："外议以相公必不为蔡京之所为也。"迁太常寺丞、祠部郎官。初，宁以父兄故，召用。及寅与桧忤，言者希意，论宁兄弟阿附赵鼎，乃出宁为夔路安抚司参议官，除知澧州，不赴，奉祠归。安国之传《春秋》也，修纂检讨，多出宁手。宁又著《春秋通旨》，以羽翼其书。世称为"茆堂先生"。（见清雍正《崇安县志·乡贤志》卷之四，第 182 页）

同治直隶澧州志·胡宁

胡宁，崇安人，宋高宗时任澧州知州。（见清同治《直隶澧州志职官志·文职》，第 293 页）

光绪南岳志·胡宁

胡宁，字和仲，文定次子，学者称茆堂先生。以荫补官，试馆职，除祠部郎。知澧州，不赴。文定隐衡岳，作《春秋传》，纂修搜讨，尽出先生手。又自著《春秋通旨》，辅传而行。吴渊颖谓：欲观正传，必先求之通旨。秦桧尝谓茆堂曰：先公《春秋》议论好，只是行不得。对曰：惟其可行，方是议论。又问：柳下惠降志辱身，如何？对曰：总不若夷、齐之不降不辱也。遂以书劝避相位，桧愈怒。未几，台章下矣。

全氏祖望曰：致堂、籍溪、五峰、茆堂四先生并以大儒隐衡岳，树节南宋之初。当时伊洛世适莫有过于文定一门者。四先生没后，广仲尚能传其家学，而伯逢、季立随兄游于朱、张之门，称高弟焉，可谓盛矣。（见清光绪《南岳志》前献二，第 365 页）

民国宁乡县志·胡宁

胡宁，字和仲，官太常丞祠部郎官，忤秦桧被斥。著《春秋通旨》。
（见民国《宁乡县志》，第 320 页）

湘潭县志·胡宁兄弟

胡宁，胡安国次子，佐父胡安国修纂《春秋传》，著《春秋通旨》。官祠部郎中，学者称茆堂先生。

胡寅，胡安国长子，官礼部侍郎，著《读史管见》数十万言。学者称致堂先生。

胡宏，胡安国季子，传父学，讲学碧泉 20 余年，传学于张栻等。著《胡子知言》等书。学者称五峰先生。（见 1995 年《湘潭县志·人物传》卷三十五，第 812 页）

南岳区志·胡宁

胡宁，字和仲，为胡安国育胡寅为子后降生，故为安国次子。以父荫补官，辞不就。胡安国著《春秋传》，胡宁为其"纂修搜讨"，并根据《春秋传》义理，著《春秋通旨》，"辅传而行"。吴渊颖谓"欲观正传，必先求之'通旨'"。学者称茆堂先生。（见 2000 年《南岳区志·人物》，第 468 页）

（二）历代名人与文献评说（选）

答胡宁和仲郎中书

［宋］陈　渊

其一

昨奉书，久无来报，意多事不暇遣人，遂发家仆驰问。方此悬望，忽辱专介惠书，获闻迩来侍奉多福，喜慰可知也。尊丈召除，大慰海内之望，前书已具贺。伏蒙诲谕，益荷眷予之厚。耆德汇征，天下之福。然来教以老者为言，非贱冗衰退之人所当觊望也。朝夕引去，终岳祠之任，即不复就禄矣。未由晤见，千万为亲爱重。谨奉状。不宣。

其二

蒙论及渊明事，若以人物言之，如云汉在天，可仰而不可及。但学者是是非非，又不可苟。夫正人之是非，乃所以正己也，岂可以轻议为嫌。前书谓陶公何讥焉者，盖谓秦、汉以来，道义不明，诸子百家各怀私见，故虽如陶公之贤，亦未尝予细观，诚有见焉，非妄说也。若以为雅意素有所主，即弃官为是，如此则晨门、荷蓧、长沮、桀溺之流，不经圣人指点，谁敢以为非乎。扬子云云："古者高饿显，下禄隐。"不知何所据而言？恐只是失身于天禄而不能去，恐或议之，聊以自湔耳。伯夷、柳下惠，孔子皆以为贤，孟子亦曰："其趋一也，何高下之辨乎？"故论其高，渊明乃千载之士；论其是，古人轨辙较然，亦可见也。龟山婺州之任，未尝从辟，盖方是时，饥饿不能出门户，帅司以摄阙员耳。仕固有为贫者，未易疵也。但尊丈既以柳下惠许之，不当更引渊明例耳。"不就"二字，已悉雅意。墓志第二本已送去将乐矣，请知之。久以病在告，不曾见丞相。前此甚望《春秋传》来，计得之，喜甚，旦夕叩问之。金紫辞不下，乞宫祠又未许，不知今岁得去否？

其三

渊蒙侍读以大科相荐，自顾何人，敢当此举？想出于诸友赞扬之力，愧荷愧荷。或云侍读意不在科目，徒欲因此振发衰懦耳。果尔，尤不可也。渊行年六十余。日觉昏耄，纵使向前，亦何所补。深恐缘是益重其过，更为长者之累。虽所幸也，其能安乎？近有问渊，尊丈何以相知，遂形论荐？渊答以"此翁必是见不肖与张柬之、公孙生年齿相上下，故以其似而荐之，不知渊学问名节与此两公大悬远也"。问者遂大笑。因侍次，幸道之。（见《默堂集》卷一七）

其四

渊启：令弟又荷录示疑问，至感至感。"果何求哉，心则远矣。"此两句极幽远有味，连上文读至此，语若不足，意已独至，盖不必稽之陶公而后得龟山之为人也。陶公于此，功名富贵诚不足以累其心，然于道其几矣，于义则未也，岂可与行义以达其道者同日语哉！孟子论伊尹之取与，既以谓"合于道"，又以谓"合于义"，其论养气，既以谓"配道"，又以谓"配义"，此理恐陶公所未讲也。何则？仕为令尹，乃曰徒为五斗米而已。一束带兄督邮，便弃官而归，其去就果何义乎？孔子之言《易》曰："和顺于道德而理于义，体用不分而动静一如矣。"自圣学不传，学者各任其意，则有舍义而言道者，佛之徒是也，陶公何讥焉，恐不可以龟山为比。如后来再问心远，所对数条，鄙意以谓以语陶公，犹未到他履践处，况于龟山。此盖老人恐学者不悟其语，故为是委曲辨析之词，未敢闻命。《系辞》曰"以言乎远则不御"，夫岂有畔岸哉！尝试以是观之，恐是老人初意更告为问过也。邹、陈以师礼事龟山，胡公实传其学，此居仁作行状，失于审详之，故铭序中不及，渊知其意矣。如以宣和御笔为当时海行指挥，可谓斩钉截铁之论。《春秋》笔削，岂复有假借乎？钦服钦服。（见《默堂集》卷一七，又见《伊洛渊源录》卷一〇）

陈渊（1067—1145），宋代官员，著名学者，字知默，又字几叟，世称默堂先生。南剑州沙县（今属福建）人。宋代著名学者杨时的女婿。宋高宗绍兴五年（1135），时年68岁的陈渊，得胡寅等名臣推荐，充枢密院编修官。绍兴七年（1137），又得理学名臣胡安国所荐，召对，改官赐进士出身。之后，陈渊历官监察御史，右正言、秘书少监、寻改宗正少卿。秦桧恶之被罢官。宋高宗绍兴十五年（1145）卒，享年79岁。著有《默堂文集》。

祭胡祠部墓祝文

［宋］ 真德秀

故祠部郎中胡公之墓。公以贤哲之嗣，得家庭之传。著《通旨》一书，亦既有功于圣笔，对权臣数语，尤足深折其奸心，兴言高风，仰止惟旧，往陈一奠，用表寸诚。尚飨。（见《西山文集》卷五三）

道南源委·胡宁

〔明〕朱 衡

宁，字和仲，文定仲子也。用荫补官。秦桧当国，留意名家子弟，贻书明仲，问公何不通书？公勉陈数事，及奏乞二程邵张从祀。既召试馆职，除敕令所删定官。会秦熺拜元枢。桧问曰：熺近除外议何如？答曰：外议以相公必不为蔡京之所为也。迁太常寺丞祠部郎。初公以父兄故召用，及兄与桧忤，言者希意论公兄弟阿附赵忠简，出为夔州路安抚司参议官。除知澧州，不赴，奉祠归。文定之传《春秋》也，修纂检讨多出公手。又著《春秋通旨》以羽翼之。学者称为茆堂先生。（见《道南源委》卷之一，第22-23页）

宋元学案·祠部郎官胡宁

黄宗羲 全祖望

胡宁，字和仲，文定次子。以荫补官。试馆职，除敕令所删定官。迁祠部郎官，出为夔路安抚司参议官。除知澧州，不赴。学者称为茆堂先生。

文定作《春秋传》，修纂检讨，尽出先生手。又自著《春秋通旨》，总贯条例、证掳史传之文，二百余章，辅传而行。吴渊颖曰："胡氏传本，大概本诸程氏。程氏门人李参所集程说，颇相出入，而胡氏多取之。盖欲观正传，又必求之《通旨》，故曰'史文如画笔，经文如化工'，若一以例观，则化工与画笔何异。惟其随学变化，则史外传心之要典，圣人时中之大权也。世之读《春秋》者自能知之，不可昔者向、歆之学而异论也。"由吴氏之言观，则茅堂《通旨》之书，多与文定相参考，可以互证者矣。是书在元初赵仁甫最传之，（云濠案：仁甫一作仁辅，即江汉先生）故《胡氏春秋》遂颁学宫。惜乎今之不可复见也！（修）

谢山《书宋史胡文定传后》曰：致堂、籍溪、五峰、茅堂四先生并以大儒树节南宋之初，盖当时伊洛世适，莫有过于文定一门者。四先生殁后，广仲尚能禅其家学，而伯逢、季随兄弟游于朱、张之门，称高弟，（梓材案：季随为朱、张高弟，伯逢特与朱、张有辩论，当非受业弟子）可谓盛矣。茅堂还朝，秦相问曰："令兄有何言？"对曰："家兄致意丞相，善类久废，民力久困。"秦相已愠，因谓茅堂曰："先公《春秋》议论好，只是行不得。"茅堂曰："惟其可行，方是议论。"又问柳下惠降志辱身如何，对曰："总不若夷、齐之不降不辱也。"遂以书劝避相位，以顺消息盈虚之理，秦相愈怒。一日，忽招茅堂饭，意极拳拳，归而台章已下。《宋史》只载其蔡京之对，且谓因致堂与秦相绝，遂并罢，不知茅堂自不为秦屈，不一而足，非以致堂之牵连也。（见《宋元学案》卷三十四《武夷学案》，第 1333–1335 页）

四、胡宏传记与文献资料

（一）国史与方志说

宋史·胡宏传

（胡）宏字仁仲，幼事杨时、侯仲良，而卒传其父之学。优游衡山下余二十年，玩心神明，不舍昼夜。张栻师事之。

绍兴间上书，其略曰：

治天下有本，仁也。何谓仁？心也。心官茫茫，莫知其乡，若为知其体乎？有所不察则不知矣。有所顾虑，有所畏惧，则虽有能知能察之良心，亦浸消亡而不自知，此臣之所大忧也。夫敌国据形胜之地，逆臣僭位于中原，牧马骎骎，欲争天下。臣不是惧，而以良心为大忧者，盖良心充于一身，通于天地，宰制万事，统摄亿兆之本也。察天理莫如屏欲，存良心莫如立志。陛下亦有朝廷政事不干于虑，便嬖智巧不陈于前，妃嫔佳丽不幸于左右时矣。陛下试于此时沉思静虑，方今之世，当陛下之身，事孰为大乎？孰为急乎？必有歉然而馁，恻然而痛，坐起彷徨不能自安者，则良心可察，而臣言可信矣。

昔舜以匹夫为天子，瞽瞍以匹夫为天子父，受天下之养，岂不足于穷约哉？而瞽瞍犹不悦。自常情观之，舜可以免矣，而舜戚然有忧之，举天下之大无足以解忧者。徽宗皇帝身享天下之奉几三十年。钦宗皇帝生于深宫，享乘舆之次，以至为帝。一旦劫于仇敌，远适穷荒，衣裘失司服之制，饮食失膳夫之味，居处失宫殿之安、妃嫔之好，动无威严，辛苦垫隘。其愿陛下加兵敌国，心目睽睽，犹饥渴之于饮食。庶几一得生还，父子兄弟相持而泣，欢若平生。引领东望，九年于此矣。夫以疏贱，念此痛心，当食则噎，未尝不投箸而起，思欲有为，况陛下当其任乎？而在廷之臣，不能对扬天心，充陛下仁孝之志，反以天子之尊，北面仇敌。陛下自念，以此事亲，于舜何如也？

且群臣智谋浅短，自度不足以任大事，故欲偷安江左，贪图宠荣，皆为身谋尔。陛下乃信之，以为必持是可以进抚中原，展省陵庙，来归两宫，亦何误耶！

万世不磨之辱，臣子必报之仇，子孙之所以寝苦枕戈，弗与共天下者也；而陛下顾虑畏惧，忘之不敢以为仇。臣下僭逆，有明目张胆显为负叛者，有协赞乱贼为之羽翰者，有依随两端欲以中立自免者，而陛下顾虑畏惧，宽之不敢以为讨。守此不改，是祖宗之灵，终天暴露，无与复存也；父兄之身，终天困辱，而求归之望绝也；中原士民，没身涂炭，无所赴诉也。陛下念亦及此乎？

王安石轻用己私，纷更法令，弃诚而怀诈，兴利而忘义，尚功而悖道，人皆知安石废祖宗法令，不知其并与祖宗之道废之也。邪说既行，正论屏弃，故奸谀敢挟绍述之义以逞其私，下诬君父，上欺祖宗，诬谤宣仁，废迁隆祐。使我国家君臣父子之间，顿生疵疠，三纲废坏，神化之道泯然将灭。遂使敌国外横，盗贼内讧，王师伤败，中原陷没，二圣远栖于沙漠，皇舆僻寄于东吴，嚣嚣万姓，未知攸底，祸至酷也。

若犹习于因循，惮于更变，亡三纲之本性，昧神化之良能，上以利势诱下，下以智术干上。是非由此不公，名实由此不核，赏罚由此失当，乱臣贼子由此得志，人纪由此不修，天下万事倒行逆施，人欲肆而天理灭矣。将何以异于先朝，求救祸乱而致升平乎？

末言：

陛下即位以来，中正邪佞，更进更退，无坚定不易之诚。然陈东以直谏死于前，马伸以正论死于后，而未闻诛一奸邪，黜一谀佞，何推中正之力，而去奸邪之难也？此虽当时辅相之罪，然中正之士乃陛下腹心耳目，奈何以天子之威，握亿兆之命，乃不能保全二三腹心耳目之臣以自辅助，而令奸邪得而杀之，于谁责而可乎？臣窃痛心，伤陛下威权之不在己也。

高阅为国子司业，请幸太学，宏见其表，作书责之曰：

太学，明人伦之所在也。昔楚怀王不返，楚人怜之，如悲亲戚。盖忿秦之以强力诈其君，使不得其死，其惨胜于加之以刃也。太上皇帝劫制于强敌，生往死归，此臣子痛心切骨，卧薪尝胆，宜思所以必报也。而柄臣乃敢欺天罔人，以大仇为大恩乎？

昔宋公为楚所执，及楚子释之，孔子笔削《春秋》，乃曰："许侯盟于薄，释宋公。"不许楚人制中国之命也。太母，天下之母，其纵释乃在金人，此中华之大辱，臣子所不忍言也。而柄臣乃敢欺天罔人，以大辱为大恩乎？

晋朝废太后，董养游太学，升堂叹曰："天下之理既灭，大乱将作矣。"则引远而去。今陛下目睹忘仇灭理，北面敌国以苟宴安之事，犹偃然为天下师儒之首。既不能建大论，明天人之理以正君心；乃阿谀柄臣，希合风旨，求举太平之典，又为之词云云，欺天罔人孰甚焉！

宏初以荫补右承务郎，不调。秦桧当国，贻书其兄寅，问二弟何不通书，意欲用之。宁作书止叙契好而已。宏书辞甚厉，人问之，宏曰："政恐其召，故示之以不可召之端。"桧死，宏被召，竟以疾辞，卒于家。

著书曰《知言》。张栻谓其言约义精，道学之枢要，制治之蓍龟也。有诗文五卷、《皇王大纪》八十卷。（见《宋史·儒林五》列传一百九十四，第12922-12926页）

嘉靖建宁府志·胡宏

胡宏，字仁仲，安国长子（笔者注：实为季子）。幼事杨时、侯仲良，而卒传其父之学。优游衡山下余二十年，玩心神明，不舍昼夜。张栻师事之。绍兴间，上书论复仇大义，累数千言。有曰："徽宗、钦宗劫于仇敌，远适穷荒，其愿陛下加兵敌国，犹饥渴之于饮食，庶几一得生还，父子兄弟相持而泣，欢若平生。引领东望，九年于兹。夫以疏贱痛心于此，尚欲有为，况陛下当其任乎？"末言："陈东、马伸以直谏正论死，未闻诛一奸邪，黜一谀佞，是虽当时辅相之罪，然以天子威灵，乃不能保二三腹心耳目之臣以自辅助，顾令奸邪得而杀之，窃伤陛下威权之不在己也。"司业高阅请幸太学，宏见其表，作书责之。其略曰："阁下目睹忘仇灭理，北面敌国，既不能建大论，明天人之理以正君心，乃阿谀柄臣，求举太平之典，欺天罔人孰甚焉！"

宏初以荫补官，不调。秦桧当国，贻书其兄寅，问二弟何不通书，意欲用之。宏书辞甚厉，人问之曰："正恐其召，故示以不可召之端。"桧死，被召，竟以疾辞。卒于家。著书曰《知言》。张栻谓："其言约，其义精，诚道学之枢要，制治之蓍龟也。"诗文五卷，《皇王大纪》八十卷。学者称五峰先生。（见明嘉靖《建宁府志·人物·道学志》卷十八，第495—496页）

万历衡州府志·胡宏

胡宏，字仁仲。幼事杨时、侯仲良，卒传父之学。优游衡山下余二十年，玩心神明，不舍昼夜，张栻师事之。绍兴间上书，大略谓："敌国据形胜之地，逆臣僭位于中原。牧马骎骎，欲争天下。臣不是惧，而以良心为大忧。盖良心充于一身，通于天地，宰制万事，统摄亿兆之本也。徽宗身享天下之奉，几三十年。钦宗生于深宫，以至为帝，一旦劫于仇敌、远适穷荒。陛下加兵敌国，犹饥渴之于饮食，庶几一得生还，父子兄弟相持而泣，欢若平生，引领东望九年于此矣。夫以疏贱，念此痛心，当食则噎，未尝不投箸而起，思欲有为。况陛下当其任乎？而在廷之臣不能对扬天心，充陛下仁孝之志，反以天子之尊、北面仇敌。陛下自念以此事亲，于舜何如也？且群臣智谋浅短，自度不足以任大事，故欲偷安江左，为身谋尔。王安石轻用己私，纷更法令，弃诚怀诈，尚功悖道，人皆知安石废祖宗法令，不知其并与祖宗之道废之也。邪说既行，正伦屏弃，故奸谀敢挟绍述之义以逞其私，诬谤宣仁，废迁隆祐，使我国家君臣父子之间顿生疵疠，遂致敌国外横、中原陷没、二圣远栖于沙漠，皇舆僻寄于东吴，祸至酷也。若犹习于因循，惮于更变，乱臣贼子由此得志矣。"

宏初以荫补右承务郎，不调。秦桧当国，贻书其兄寅，问二弟何不通书，意欲用之。宁作书，止叙契好而已。宏书辞甚厉，人问之，宏曰：

"政恐召,故示之以不可召之端。"桧死,宏被召,竟以疾辞。卒于衡山,著书曰《知言》。张栻谓其言约义精,道学之枢要、制治之耆龟也。有诗文五卷,《皇王大纪》八十卷。(见明万历《衡州府志·人物志校注本》卷之十二,第601-603页)

胡宏,家于衡山,以荫补右承务郎,隐居不仕,学者称五峰先生。(见明万历《衡州府志·选举志》卷之十,第532页)

康熙建宁府志·胡宏

(胡宏)既冠,游太学、与樊光远、张九成友善,执经于杨时。又从侯师圣游,优游衡山下余二十年。(见清康熙《建宁府志》,又中华书局《胡宏集》,第3页)

雍正崇安县志·胡宏

胡宏,字仁仲。安国之子也。幼颖敏,甫就外傅,锐然以求道为心,不屑于文字间。年十五,遂自为《论语说》,编《程氏雅言》,且夕玩诵。安国惧其果于自用,乃授以所修《通鉴举要》,于是肆力研穷,贯通古今。既冠,游太学,与樊光远、张九成善,事杨时、侯仲良,而卒传其父之学。优游衡山下二十年,玩心神明,不舍昼夜,张栻竟往从之游。绍兴间,上书论复仇大义。有曰:"二帝汴京失守,远适穷荒,愿加兵敌国,冀得生还,以慰朝夕,引领东望,于兹九年,夫臣至疏贱,尚尔痛心,况当其任者乎?"末言:"陈东、马伸以论谏死,而未尝诛一奸,黜一佞。是虽时相之罪,然以天子威灵,乃不能保二三忠鲠以自辅,顾令奸邪得而杀之,窃伤威柄之下移也。"司业高闶请幸太学,宏见其表,贻书切责,谓:"忘仇灭理,不能建大论,明正学以启沃君心,而乃依阿柄臣,求举太平虚典,欺天罔人,孰甚焉?"闻者为之叹服。宏初以荫补官,不调。秦桧当国,柬其兄寅,诘二弟何以"不通书问,意欲授登华要?"宏复书,词甚峻厉，人问之，曰："正恐其召，故示以不可召之端耳。"四方从学者甚众，一随其高下浅深，诱而进之，而汲汲于理欲之辩、仁敬之说。黄祖舜、沈大以《论语》辩论取正，因即其正处详为发明，学者争诵，目其书曰《论语指南》。宏身虽畎亩，心在廊庙，晚见国事日非，中夜几为起叹。秦桧死，陈武、汪应、凌九夏、张浚等交剡于朝，召命沓下而疾不可为矣。所著书曰《知言》，张栻称其"言约义精"。诗文五卷，《皇王大纪》八十卷。学者称"五峰先生"。（见清雍正《崇安县志·乡贤志》卷之四，第 181 页）

乾隆长沙府志·胡宏

　　胡宏，字仁仲，号五峰，文定公季子。文定为湖南提举学事，讲道衡山，以圣人为标的。先生自幼志道，师事杨中立、侯仲良，而卒传文定之学。优游衡山二十余年，玩心神明，不舍昼夜，力行所知亲切至到。

　　绍兴中，游潭州过宁乡，见灵峰峭立谷清幽，乃于其下筑室讲学，张栻师事之。

　　（考《宋史》本传，宏并无家宁乡。事岂旧志所传。）（见清乾隆《长沙府志·流寓志》，第 948 页）

乾隆衡州府志·胡宏

　　胡宏，字仁仲，安国季子。幼师事杨时、侯仲良，卒传其父之学，优游衡山下二十余年，玩心神明，不舍昼夜。张栻师事之。（见清乾隆《衡州府志·游寓志》，第 521 页）

乾隆衡山县志·胡宏

　　胡宏，字仁仲，安国仲子（笔者注：实为季子）。幼事杨时、侯仲良，卒传其父之学。优游衡山下二十余年，玩心神明，不舍昼夜，张栻师事之。绍兴间上书，大略谓：敌国据形胜之地，逆臣僭位于中原，牧马骎骎，欲争天下，臣不是惧，而以良心为大忧。盖良心充于一身，通于天地，宰制万物，统摄亿兆之本也。察天理莫如屏欲，存良心莫如立志，陛下亦有朝廷政事不干于虑，便嬖智巧不陈于前，妃嫔佳丽不幸于左右时矣。陛下试于此时沉思静虑，方今之世，当陛下之身，事孰为大乎？孰为急乎？必有歉然而馁，恻然而痛，坐起彷徨不能自安者，则良心可察，而臣言可信矣！昔舜以匹夫为天子，瞽瞍以匹夫为天子父，受天下之养，岂不足于穷约哉？而瞽瞍犹有不悦焉。自常情观之，舜可以免矣，而舜戚然有忧之。举天下之大，无足以解忧者，惟自强不息，以成其仁。

徽宗皇帝身享天下之奉，几三十年。钦宗生于深宫，以至为帝。一旦劫于仇敌，远适穷荒，其愿陛下加兵北伐，震之以武，犹饥渴之于饮食。庶几金人知惧，一得生还，父子兄弟相持而泣，欢若平生，引领东望，九年于此矣。

夫以臣之疏贱念此痛心，当食则噎，未尝不投箸而起，思欲有为，况陛下当其任乎！而在廷之臣，不能对扬天心，充陛下仁孝之志，反以天子之尊，北面仇敌。陛下自念，以此事亲，于舜何如也。且群臣智谋短浅，自度不足以任大事，故欲偷安江左，贪图宠荣，皆为身谋耳……

胡宏，初以荫补右承务郎，不调。秦桧当国，贻书其兄胡寅，问二弟何不通书，意欲用之。寅作书，止叙契好而已。宏书词甚厉。人问之，宏曰："正恐其召，故示之以不可召。"秦桧死，胡宏被召，竟以疾辞。卒于家。著书曰《知言》。张栻谓："其言约义精，道学之枢要，制治之蓍龟也！"有诗文五卷，《皇王大纪》八十卷。（见清乾隆《衡山县志·人物志》卷之十一，第227页）

嘉庆崇安县志·胡宏

胡宏，字仁仲，安国子。年十五即自为《论语说》，编《程氏雅言》。安国惧其果于自用，乃授以所修《通鉴举要》。长游太学，师事杨时、侯仲良。卒传父业。优游衡山下二十年，张栻往从之游。

绍兴间上书，言："治天下有本，在于仁，仁在于心也。心官茫茫，莫知其乡。其体有所不察，则不知。有所顾虑，有所畏惧，虽有能知能察之良心，亦浸消亡矣。此臣之大忧也。良心充于一身，通于天地，为宰制万事，统摄亿兆之本。察天理，莫如屏欲；存良心，莫如立志。试当政事不干，便佞不陈，佳丽不御之时，沉思静虑，方今事孰为大，患孰为急，必有歉然而馁，恻然而痛，坐起彷徨，不能自安者。则良心可察，而臣言可信矣。二帝汴京失守，远适穷荒，愿加兵敌国，冀得生还，引领东望，于今九年。臣尚痛心，况当其任乎！"末复言："陈东、马伸以论谏死，而未尝诛一奸，戮一佞，是虽时相之罪，然以天子威灵，不能保一二忠鲠以自辅，顾令奸邪得而杀之，窃伤威柄之下移也。"疏入不报。

司业高闶请幸太学，宏贻书责以忘仇灭理，不能建大论，明正学，以启沃君心，而仍依阿柄臣，求举太平虚典，欺天罔人孰甚。闻者叹服。

初，以荫补右承务郎，秦桧贻书其兄，欲用之。宏作书答桧，词甚厉。人问其故，曰："正恐其再召，故勇绝之。"

桧死，以陈武、汪应辰、凌九夏、张浚荐，复召，竟以疾卒于家。世称五峰先生。（见清嘉庆《崇安县志·人物志》卷七，亦见《胡宏集》附录四，第357-358页）

嘉庆衡山县志·胡宏

南轩书院邑，旧志：张栻，字南轩，父浚，三奉诏居永州。栻往来省侍，受业于五峰胡宏之门。又与朱子同游讲学，置书院于岳山后。今基存。（见清嘉庆《衡山县志·学校志》卷十五）

光绪湖南通志·胡宏

胡宏，安国季子。安国提举湖南学事，遂居衡山。宏游宁乡而乐之，筑室讲道其间。（一统志）。（见清光绪《湖南通志点校·人物志》，第4378页）

道山书院在宁乡县东三十里道山之阳，一名云峰书院，旧《志》作灵。宋胡宏、张栻讲学之所。（见清光绪《湖南通志点校本·学校志七》，第 1711 页）

岳麓书院志·胡宏

岳麓书院在北宋成为湖南地区的高等教育中心，确立了它在教育领域冠首全国书院的崇高地位。到南宋，书院的主持们积极进行学术建设，使之成为以胡宏、张栻为代表的湖湘学派的大本营，人称宋代学术"湖南一派，当时为最盛"。（见《岳麓书院志·前言》，第 7 页）

胡公宏，字仁仲，称五峰先生，康侯季子也。自幼志于大道，尝见杨中立于京师，又从侯仲良于荆门，而卒传其父之学。优游衡山下余二十年，玩心神明，不舍昼夜。综事物于一原，贯古今于一息。所著书曰：《知言》。（见《岳麓书院志·先儒列传·长沙岳麓志》卷之三，第238 页）

西山真氏《读书记》曰：二程之学，龟山得之，而南传之豫章罗氏，豫章罗氏传之延平李氏，延平李氏传之朱氏，此一派也。

上蔡传之武夷胡氏，武夷胡氏传其子五峰，五峰传之南轩张氏，此又一派也。

衡岳湘潭有武夷胡氏父子。（见《岳麓书院志·圣学统宗》，第 15-16 页）

岳麓书院志·胡宏与湖湘学派

湖湘学派创始于胡宏，学者称五峰先生。他承其父胡安国《春秋》家学，又师事杨时，其学博大精深，人称"绍兴诸儒所造，莫出五峰之上"。绍兴年间，他曾请为岳麓书院山长，但阻于奸相秦桧而未果，于是在衡山创办文定书堂、碧泉书院，收徒讲学。"远邦朋至，近地风从"，张栻（号南轩）、彪居正、胡大时（常惺）等一大批学者集于门下，切磋学术，"卒开湖湘之学统"。绍兴末年，胡宏逝世后，张栻即筑长沙城南书院，传其师说。乾道年间，他又被聘，主持岳麓书院七年。张栻离任后，胡宏门人中学术地位仅次于张栻的彪居正继掌院事。……

　　湖湘学派提出的性为宇宙本体，心和理相通相合，天理人欲同体异用的理论观点；倡导重践履务实学，经世致用的学风；"民为邦本，本固邦宁"的政治思想；造就"传道以济思民"的教育主张。（见 2012 年《岳麓书院志·前言》，第 11–12 页）

光绪南岳志·胡宏

　　胡宏，字仁仲，安国季子。幼颖敏，年十五自为《论语说》。既冠，游太学，受业于杨时、侯师圣，卒传其父之学。优游衡山二十余年，玩心神明，不舍昼夜。张栻师事之。绍兴间，上书言时事，辞极切至。先是，宏以荫补承务郎，不调。父忧服阕，求为岳麓山长。秦桧当国，贻书其兄寅，问二弟何不通书。意欲用之。寅复书，止叙契好而已。宏书辞甚厉，人问之，宏曰：正恐其召，故示之以不可召耳。桧死，宏被召，仍以疾辞。监潭州南岳庙。卒，谥曰明。事具《宋史》列传。著《知言》及《皇王大纪》八十卷，诗文五卷。学者称五峰先生。黄宗羲为作《五峰学案》。（见清光绪《南岳志》前献二，第 364 页）

民国宁乡县志·胡宏

　　胡宏，字仁仲，传父学。优游衡山下二十余年，张栻师之。以秦桧当国，不仕。卒于家。著《知言》。（见民国《宁乡县志》，第 320 页）

衡阳市志·胡宏

　　胡安国季子胡宏以荫补右承务郎，因秦桧当政不就，居南岳，建文定书院，创"心""性"学说。学者称五峰先生。张栻从永州负笈来南岳，就胡宏学。（见 1998 年《衡阳市志·大事记》，第 14 页）

南岳区志·胡宏

胡宏，字仁仲，胡安国季子，学者称五峰先生。幼师杨时，年十五作《论语说》。以荫补官，不赴。与兄就南岳故居改建为文定书院，增建春秋楼，改楼前应诏池（胡安国应诏命于此著《春秋传》，特辟池以"应诏"名）为春秋塘，于此讲学授徒 20 余年。有《五峰集》《皇王大纪》《知言》等著作行世。清全祖望在《宋儒学案》中评价胡氏一家曰："致堂、籍溪（即胡宪，胡安国侄，学者称籍溪先生。后依安国隐南岳）、五峰、茆堂四先生，并以大儒隐衡岳，树节南宋之初。当时伊洛世适，莫有过于文定一门者。"（见 2000 年《南岳区志·人物》，第 468 页）

（二）历代名人与文献评说（选）

［宋］朱熹评说

胡宏学识丰富，节操高洁，"当时无有能当之者"。（见《胡宏集·代序》，第 11 页）

五峰《有本亭记》甚好！

五峰善思，然思过处亦有之。（见《朱子语类》第一百一）

《知言》之书，用意深远，析理精微，岂未学所敢轻议？（见《朱文公集·答胡伯逢》卷四六）

［宋］张栻评说

宋孝宗乾道三年丁亥（1167），张栻居长沙。是年春，张栻至碧泉书堂，吊怀胡五峰先生。有诗云：

过胡文定公碧泉书堂

入门认溪碧，循流识深源。念我昔此来，及今七寒暄。

人事几更变，寒花故犹存。堂堂武夷翁，道义世所尊。

永袖霖雨手，琴书贲丘园。当时经行地，尚想语笑温。

爱此亭下水，固若玻璃盆。晴看浪花涌，静见潜鳞翻。

朝昏递日月，俯仰鉴乾坤。因之发深感，倚槛更忘言。

按：自绍兴三十一年，张栻拜见五峰先生于碧泉书堂，至乾道三年已是七年。

（见《张栻集》，第 452 页）

乾道四年戊子（1168），张栻居长沙。三月丙寅，张栻为感恩师胡五峰知遇之恩，为其遗著《知言》撰序。

［宋］张栻·知言序

《知言》，五峰先生之所著也。先生讳宏，字仁仲，文定公之季子也。自幼志于大道，尝见杨中立先生于京师，又从侯师圣先生于荆门，而卒传文定公之学。悠游南山之下余二十年，玩心神明，不舍昼夜，力行所知，亲切至到。析太极精微之蕴，穷皇王制作之端。综事物于一原，贯古今于一息。指人欲之偏，以见天理之全，即形而下者而发无声无臭之妙，使学者验端倪之不远，而造高深之无极。体用该备，可举而行。晚岁尝被召旨，不幸寝疾，不克造朝而卒。是书乃其平日之所著，其言约，其义精，诚道学之枢要，制治之蓍龟也。然先生之意，每自以为未足，逮其疾革，犹时有所更定，盖未及脱稿而已启手足矣。

或问于栻曰："《论语》一书，未尝指言性，而子思《中庸》独于其首章一言之，至于《孟子》，始道性善，然其为说则已简矣。今先生是书于论性特详焉，无乃与圣贤之意异乎？"栻应之曰："无以异也。夫子虽未尝指言性，而子贡盖尝识之曰：'夫子之文章，可得而闻也，夫子之言性与天道，不可得而闻也。'是岂真不可得而闻哉？盖夫子之文章，无非性与天道之流行也。至孟子之时，如杨朱、墨翟、告子之徒，异说并兴。孟子惧学者之惑而莫知所止也，于是指示大本而极言之。盖有不得已焉耳矣。又况今之异端，直自以为识心见性，其诪张雄诞，又非当时之比。故高明之士，往往乐闻而喜趋之。一溺其间，则丧其本心，万事隳弛，毫厘之差，霄壤之谬，其祸盖有不可胜言者。先生于此，又乌得而忘言哉？故其言有曰：'诚成天下之性，性立天下之有，情效天下之动。'而必继之曰：'心妙性情之德。'又曰：'诚者，命之道乎！中者，性之道乎！仁者，心之道乎！'而必继之曰：'惟仁者为能尽性至命。'"夫学者诚能因其言而精察于视听言动之间，卓然知夫心之所以为妙，则性命之理盖可默识，而先生之意所以不异于古人者，亦可得而言矣。若乃不得其意而徒诵其言，不知求仁而坐谈性命，则几何其不流于异端之归乎？

栻顷获登门，道义之诲，浃洽于中，自惟不敏，有负夙知，辄序遗书，贻于同志，不韪之罪，所不得而辞焉。

乾道四年三月丙寅门人张栻序

（见《胡宏著作两种》，第 4-5 页）

宋孝宗乾道五年己丑（1169），胡宏五峰公门人高足张栻在知严州（今浙江省建德市）任上，与学者张丈讲论先师胡宏五峰公《知言》。

《张栻年谱》引日本籍学者高畑常信《张南轩年谱》云：《知言》，往在严陵时，与张丈讲论。（见《张栻年谱》，第 126 页）

乾道六年庚寅（1170），是年，有学者在评说五峰公胡宏《知言》一书时，张栻有《答舒秀才书》，云："某向者受五峰先生之教，浃于心腑，佩之终身，而先生所选精微，立言深切，亦岂能窥其藩？向者元晦（朱熹）有所讲论，其间亦有与鄙见合者，因而反复议论，以体当在己者耳，固吾先生所望于后人之意也……但此议论只当同志者共绎所疑，不当遽泛示，以启见闻者轻妄心也。若左右谓以为成书而传之，则大误矣。"（见

《张栻集》卷二十七，第 1178–1179 页）

二月二日过碧泉

宋孝宗淳熙二年乙未（1175）二月初二日，张栻因桂林之役，自湘潭往省先茔过碧泉，面对书堂那荒凉的景象，忽有感慨。赋有诗云：

淳熙乙未春，予有桂林之役，
自湘潭往省先茔，以二月二日过碧泉，
与客煮茗泉上，徘徊久之

下马步深径，洗盏酌寒泉。念不践此境，于今复三年。
人事苦多变，泉色故依然。缅怀德人游，物物生春妍。
当时疏辟功，妙意太古前。屐齿不可寻，题榜尚觉鲜。
书堂何寂寂，草树亦芊芊。于役有王事，未暇谋息肩。
聊同二三子，煮茗苍崖边。预作他年约，扶犁山下田。

（见《张栻集·文集》卷三，第 744 页）

是年冬月，胡宏季子胡大时将先父五峰公诗文著述，编辑成《五峰先生诗文全集》，拜请恩师、岳父张栻为之作序。

淳熙三年丙申（1176），张栻在知静江府（今广西桂林市）兼广南西路经略安抚使任上。

正月初一日，张栻为恩师五峰公胡宏《五峰先生诗文全集》作序。

五峰先生诗文全集原序

五峰胡先生遗书，有《知言》一编，栻既序而传之同志矣。近岁，先生季子大时复裒辑先生所为诗文之属凡五卷以示栻。栻反复而读之，惟先生非有意于为文者也。其一时咏歌之所发，盖所以纾写其性情，而其他述作与夫问答往来之书，又皆所以明道义而参异同，非若世之为文者，徒从事于言语之间而已也。又惟先生粤自早岁服膺文定公之教，至于没齿，惟其进德之日新，故其发见于辞气议论之间，亦月异而岁不同。虽然，以先生之学而不得大施于时，又不幸仅得中寿，其见于文字间者，复止于如此，岂不甚可叹息！至其所志之远，所造之深，纲领之大，义理之精，后之人亦可以推而得焉。

淳熙三年元日门人张栻序

（见《胡宏著作两种》，第64页）

清王开琱《宣公年谱》云："淳熙三年丙申，宣公四十四岁。元日，为胡大时裒辑先公《五峰先生诗文全集》作序。"（见《张栻年谱》，第21页）

［宋］吕祖谦评说

五峰先生《知言》胜似张载《正蒙》（见《文献通考·经籍考》卷二百十）。

祭胡五峰墓祝文

［宋］真德秀

故五峰先生胡公之墓，昔者洙泗之门，高弟甚众。独曾子传之子思。而子思传之孟子。为得其真。自余源远末分，散为异端，其亦多矣。某尝窃谓子思之功在圣门为最盛，盖上能大其师学，而下能授之英贤，卒昌斯文，孰与之匹？

维两程氏讲道河南，曰谢与杨，得其要旨。文定早岁俱从之游，既诚其身，复以教子。公之生也，气禀特殊，玩心神明，不舍昼夜，优游自得，抱道以终。友罘其徒，曰子张子，斯文有托，谁之力焉？

仰视子思，庶几无愧。某以晚学，缅怀遗风，敬遣官僚，往致一奠。尚惟默相，于道有闻。尚飨！（见《真西山集》卷四十九）

跋胡子知言稿

〔宋〕真德秀

孟子以知诐、淫、邪、遁为知言。胡子之书以是名者，所以辨异端之言，与吾圣人异也。杨、墨之害不熄，孔子之道不著。故《知言》一书，于诸子百家之邪说，辞而辟之，极其详焉。盖以继孟子也。学者诚能深味其指，则于吾道之正且大，异端之偏而小，若辨白黑，若数一二矣。

萧君定夫以其所藏真稿示余，敬拜而书其后。（见《真西山集》卷三十四）

五峰文集后序

〔元〕许有壬

五峰胡先生文集凡五卷，南轩张先生序之矣。益阳刘用孚将刻诸家塾，且征余题其端。

余惟世之深知者莫若师友，先生之集，南轩之序详矣，余何人哉？然其引而不发者，愚不容讱也。

先生资质纯粹，根乎天性，讲贯精密，得之家传。于六经则沈潜反复，取道之原，于百家则参考互订，必是之归。其涵养见于《知言》一书，而性命道德之微无不贯；其设施著于《皇王大纪》，而礼乐政刑之用无不该。议论慷慨，辉光宣著，千载之下，犹想见其风采，至于发言为诗，抒言为文，皆修齐治平之实也。

先生避地衡山，结庐五峰，故尝造祝融之峰，以求先生之遗躅。而深山大谷，云烟草树，邈乎其不可求也。独取先生之书，伏而读之，其亦万一私淑者乎！用孚刻其书，俾大行诸世，其用心亦仁矣哉！（见《至正集》卷三十三）

道南源委·胡宏

〔明〕朱　衡

宏，字仁仲，文定子也。幼颖敏，甫就外傅，锐然以求道为心。年十五，遂自为《论语》说、编程氏雅言，旦夕玩诵。文定惧其果于自用，乃授以所修《通鉴举要》，于是肆力研究。弱冠游太学。初事杨龟山、侯仲良，而卒传其父文定之学。优游衡山下二十余年，玩心神明，不舍昼夜。张敬夫师事之。绍兴间，上书论复仇大义，累数千言。有曰：二帝远适穷荒，辛苦垫隘，其愿望陛下加兵敌国，心目睽睽，犹饥渴之于饮食，庶几父子兄弟生得相见，引领东望九年于此。在廷之人，不能对扬天心，充陛下仁孝之志，反以天子之尊，北面仇敌，陛下自念以此事亲何如也？陛下御位以来，中正邪佞更进更退，无坚定不易之诚，然陈东以直谏死于前，马伸以正论死于后。而未闻除一奸邪，黜一谀佞。虽当时辅相之罪，然中正之士，陛下心腹耳目也，奈何以天子之威，握亿兆之命，乃不能保全，以自辅助，顾令奸邪得而杀之，窃伤陛下威权之不在己也。司业高闶请幸太学，公见其表，作书责其欺天罔人，言当此忘仇灭理。北面敌国之时，既不能建大论，明天人之理，以正君心，乃阿谀柄臣，希合风旨，求举缛节，粉饰太平，闻者叹服。初以荫补官，不调。秦桧当国，意欲用之，贻书其兄明仲，言二弟何不通书？公作书词气甚厉，示以不可召之意。时四方从学者众，一随其高下诱进之。而汲汲于理欲之辩仁敬之说。桧死，侍臣交荐，朝命沓下，而病不可为矣。所著书曰《知言》，张敬夫称其言约义精，道学之枢要，制治之蓍龟。有诗文五卷、《皇王大纪》八十卷。学者称为五峰先生。（见《道南源委》卷之一，第 21-22 页）

宋元学案·承务胡五峰先生宏

黄宗羲　全祖望

胡宏，字仁仲，崇安人，文定之季子。自幼志于大道，尝见龟山于京师，又从侯师圣于荆门，而卒传其父之学。优游衡山二十余年，玩心神明，不舍昼夜。张南轩师事之。学者称五峰先生。朱子云："秦桧当国，却留意故家子弟，往往被他牢笼出去，多坠家声。独明仲兄弟却有树立，终不归附。"所著有《知言》及诗文、《皇王大纪》。（云濠案：谢山《学案札记》有云：五峰《易外传》一卷。）

百家谨案：文定以游广平之荐，误交秦桧，失知人之明。想先生兄弟窃所痛心，故显与桧绝，所以致堂有新州之徙。先生初以荫补右承务郎，避桧不出，至桧死，被召，以疾卒。呜呼，此真孝子慈孙，克盖前人之愆者也。其志昭然，千古若见焉。　　（见《宋元学案》卷四十二《五峰学案》）

湖南古今人物辞典·胡宏

胡宏（1105—1161），字仁仲，号五峰，福建崇安人，胡安国季子。年幼时曾师事二程门人杨时、侯仲良，晚承其父胡安国之学。曾以父荫补右承务郎，因秦桧当国，拒绝出仕，隐居湖南衡山达二十余年，主持碧泉书院、文定书堂讲学，研治理学。清学者全祖望称："绍兴诸儒所造，莫出五峰之上。其所作《知言》，东莱（吕祖谦）以为过于《正蒙》，卒开湖湘之学统。"（见《湖南古今人物辞典》，第1256页）

（三）湖湘文库·《胡宏著作两种》出版发行

二〇〇八年九月，湖湘文库编辑出版委员，将南宋一代名儒湖湘学派开创者胡宏著述的文集编辑成《胡宏著作两种》，列为《湖湘文库》甲编，由岳麓书社出版发行。著名思想史学者、深圳大学教授、博士生导师王立新点校整理该书，并撰写前言。

前　言

胡宏（1105—1162）字仁仲，福建崇安人，学者称五峰先生。其父胡安国是南宋"进退合义"的儒者典范，著名《胡氏春秋传》的作者。胡宏出身儒学名门，"幼闻过庭之训"，20岁随父入京师，师从程门著名学者杨时，旋至湖北荆门，成为程门弟子侯师圣的及门弟子。建炎三年（1129）秋，因避战乱，胡氏举家逃难，辗转进入湖南，卜居湘潭县碧泉村。后辗转流寓邵阳，广西清湘、灌阳一带，"奔走崎岖，幸免于死亡"。直至绍兴三年（1133）七月，胡氏一家才聚首湖南衡山，于衡山紫云峰下筑室定居，结束了长达四年的流亡生活。

绍兴八年（1138），胡安国病逝。此后，胡宏独立志思，"悠游于衡山之下二十余年，玩心神明，不舍昼夜"，往复于衡山和湘潭之间，依据湘潭文定书堂扩建碧泉书院，讲学授徒，传播儒学。胡宏在其父胡安国草创的基础上，最终完成湖湘学派的创建工作，形成了以性本论为主要特征的思想理论体系，培养了一大批优秀的儒学人才。如张栻、彪居正、吴翌、孙蒙正、赵棠、赵师孟、萧复、方畴、向浯、谭傃、谈子立、胡大原、胡广仲、胡大本、胡大壮、胡大时等。其中尤以张栻最为著名，与朱熹、吕祖谦并称东南三贤。胡宏与弟子们讲学论道，使湖湘学派成为南宋之初最具有影响力的新儒学派别。湖湘学派是南宋理学的嚆矢，南宋理学之盛，实昉于湖湘学派。胡氏父子在宋代儒学复兴和转进的过程中，功不可没，影响深远。

与其父兄一样，胡宏一生心系天下兴亡，关怀生民疾苦，体现了一代儒学宗师积极用世，以天下为己任的博大胸怀。

早在建炎之初，面对"宋室衰亡，金人强盛，天子卑微，邦昌尊显"的状况，胡宏抑制不住满腔的忧患与愤慨，致书当时的社会贤达，共同寻求应对时局维艰的方略。他致信汪应辰："大丈夫得路，固将辅是君而济斯民也。"绍兴五年（1135），他上书高宗，希望"圣上""察天理"而"屏人欲"，放弃苟安的幻想，确立雪耻复国的宏图远志，不要对野蛮的侵略者存有侥幸之心："夫金人何爱于我。土我土，人我人，然后彼得安枕而卧也。苟顺其欲而不吝，名号、土地、人民、财货以委之，正是以肉投虎，肉不尽，其博嗜不已。"胡宏还劝谏高宗皇帝"存良心"以"恤生民"，不要因为兴兵而伤害民众，更不要以兴兵为理由而加重生民的负担。以为："国之有民，犹人之有腹心也，国之有兵，犹人之有手足也。手足虽病，心能保之；心腹苟病矣，四肢何有焉！""国无治乱，时无丰凶，政无经权，莫不以辟土地、养人民为本。"胡宏对南宋之初所行"诛剥之政"，"纵意侵民，以奉冗卒"，致使田园荒芜、百姓离散的政策和现实提出了尖锐的指斥和严厉的批判。胡宏甚至对杨幺起义赋予了极大的同情，指出："杨幺为寇，起于重敛，吏侵民急耳。本农亩渔樵之人也，其情不与他寇同。故治之之法，宜与他寇异。"胡宏还对地方官员如何行政、理民提出了原则性的建议："治道以恤民为本，而恤民有道，必先锄奸恶，然后善良得安其业；而锄奸恶之道，则以得人为本也。"

胡宏对移风易俗，改造社会，投注了无限的用心。面对当时"行义凋损，政事殆废，风俗薄恶，人民嚣顽"的风气坏乱的情形，由衷伤怀。同时也对佛教盛行、儒家伦理沦亡的情况表示了深切的忧虑："方今圣学衰微，自非真积力久之儒辞而辟之，贝天下之祸未易息矣。"他号召儒家信徒，振作精神，批判佛教，改造自己，扶持纲常，拯救人心风俗之既衰："道学衰微，风教大颓，吾徒当以死自担，力相规戒，庶几有立于圣门，不沦胥于污世也。"

绍兴十二年（1142），秦桧致书胡宏之兄胡寅，敦促胡氏兄弟出山为官。胡宏回书称："稽诸数千年间，士大夫颠冥于富贵，醉生而梦死者，无世无之，何啻百亿！虽当时足以快胸臆，耀妻子，曾不旋踵而身名俱灭，某志学以来，所不愿也。至于杰然自立志气，充塞乎天地，临大节而不可夺，有道德足以赞时，有事业足以拨乱，进退自得，风不能靡，波不能流，身虽死矣，而凛凛然长有生气如在人间者，是真可谓大丈夫矣。"表明了一个正直的儒家学者坚贞不渝、守死善道的纯正操守。

胡宏一生勤勉，著述不辍，在哲学、史学、文学等方面均取得了骄人的成就。

在哲学上，胡宏创立性本论，提出"天命之谓性，性，立天下之大本也""非性无物，非气无形""性立天下之有""性也者，天地鬼神之奥也"等主张，为后来的理本论与心本论的产生奠定了坚实的理论基础。踵接孟子的"求放心"，胡宏主张"以放心求心"，尽心成性，为儒者的安身立命提供了有效的修养方法。对于情、才、欲、术、忧、怨等人性的表露，胡宏坚持性本论，矫正了当时的一些儒家学者将人的一切本来既有的"欲望"，简单地当成"人欲"的偏颇之见。他指出："凡天命所有而众人有之者，圣人皆有之。人以情为有累也，圣人不去情；人以才为有害也，圣人不病才；人以欲为不善也，圣人不绝欲；人以术为伤德也，圣人不弃术；人以忧为非达也，圣人不忘忧；人以怨为胡非弘也，圣人不释怨。"胡宏还以"天理人欲，同体而异用，同行而异情"的卓异见识，提醒"进修君子"深加分辨，树立正确的天理人欲观。

在史学上，胡宏提出了："诸家载记，所谓史也。史之有经，犹身之肢体有脉络也。《易》《诗》《书》《春秋》，所谓经也。经之有史，犹身之脉络有肢体也。肢体具，脉络存，孰能碍其生乎?"以经解史，经史结合，经是史的内在核心和意义，史是载经之体，离开经，史将不再具有意义，离开了史，经的价值也无法得以展现。这是胡氏一家治史的原则，从胡安国将《春秋》看成是"史外传心之要典"，到胡寅《读史管见》"用《春秋》经旨，尚论详评"的"以经断史"，直至胡宏上述的经史关系的论述，一脉相承，皆主张凸现历史的意义，彰显历史的价值，反对就事论事，惟以佐治为目的的治史方法，开创了历史研究的新格局。

关于文学创作，胡宏有诗云："章句纷纷似世尘，一番空误一番人。"又有："少年宜若励，诗酒勿留连。"像这样的诗句，目的不是为了反对文学的创作，只是厌弃拼添词文，为作诗作文而作诗作文，全不顾及社会担待和人生实际的虚矫文风。胡宏指出："学圣人之道，得其体，必得其用，有体而无用，与异端何辨!"他反对寻章摘句，不求实用的做法，主张学者要有真实的体验，在强调学问对于学者本身的修养发生作用，从而变化气质的同时，尤其希望学者们用学术来参与和影响社会，对社会生活发生有效的"济人利物"的作用。

在为学问题上，胡宏主张先存疑，再精思，然后讲论，批评一些学者仅凭主观臆断而妄立新说的浮躁和虚夸的做法，严厉指出"若见一义即立一说，初未尝求大体，权轻重，是为穿凿。穿凿之学，终身不见圣人之用"。胡宏重体会，重受用，反对随意立说，他曾告诫学者们"读书不贵苟有说，离得语言才是真"。这些经验之谈，被当时学术界奉为圭臬，即使在今天，也不无借鉴意义。

胡宏著作，现存的主要有《知言》《皇王大纪》和《五峰集》等数种，为儿童启蒙所作《叙古蒙求》，今已亡佚。《胡宏著作两种》，即是由湖湘文库依据清文渊阁《四库全书》中的《知言》《五峰集》编辑整理而成。

《知言》是胡宏的最主要的学术著作。其言论与要义主要来自于《皇王大纪论》《论语指南》《释疑孟》《周易外传》等著作以及与友人、学生的书信与谈话。根据张栻的记载，《知言》属于一部讲学记录，尽管胡宏晚年不断修正，力求完善，但由于受时代和个人条件的限制，最终未能如愿。"先生之意，每自以为未足，逮其疾革，犹时有所更定，盖未及脱稿而已启手足矣。""是书乃其平日之所著，其言约，其义精，诚道学之枢要，制治之蓍龟也。"《知言》宋时即有刻本，而且不止一种，可惜今已不得见。大约由于该书民族主义味道浓烈，加以朱、张、吕的怀疑和批评，"自元以来其书不甚行于世"。明弘治三年（1490），"明程敏政始得旧本于吴中"，其后坊贾间遂有刊板。《四库提要》称："惟永乐大典所载尚属宋椠原本，首尾完备，条理厘然"，四库馆存就是依据永乐大典本，"据其章目，详加刊正，以复其旧。"本次点校所用的底本是文渊阁四库全书中的六卷本，而以清道光三十年粤雅堂丛书本为主要参校本。排列顺序一依四库分卷法，未采用粤雅堂丛书本以《论语》将前两字冠为篇名的编排方式。

《五峰集》包括胡宏的诗、书简、杂文以及《周易外传》《论语指南》《释疑孟》等专门著述的部分章节。《五峰集》由胡宏季子胡大时整理，张栻作序。宋、元时皆有刊本，惜已亡佚，现存四库五卷本和清代的两个抄本。另外，其中一些章节，亦散见于《南宋文范》、清代存素堂抄本《宋元诗人集》《丛书集成初编》等文集之中。因为各种条件的限制，本次点校只能以文渊阁四库本《五峰集》为底本，以 1987 年中华书局版《胡宏集》中的五峰集部分为主要参证。

胡宏著述，除了此次《胡宏著作两种》辑入的作品之外，另有一些过去已经刊行的文字，因搜集、辨识尚需时日，容待将来。

需要说明的是，古籍点校的任务是恢复原著本来的面目，而本来的面目由于历史上不断地重新改写和刊印，错漏之处在所难免。就是最初的刻本，也未必就和原貌完全一致，甚至作者原来的文稿也可能有各种各样的文字失误和错漏。何况我们今天已经无法得到原稿和最初的刻本。而且还因为我们不熟悉各个历史时期、各种特定环境中的用语习惯和行文方式，所以很多看上去读不通和读不懂的地方，未必就是真正的错漏。像这样的情况就只好暂时保持原状，以俟博雅君子进一步纠偏改谬，使归于正。

承蒙湖湘文库编委会和岳麓书社的信赖，令我点校胡宏的《知言》和《五峰集》，使我感到荣幸之至。本次点校亦多有得益于 1987 年中华书局版《胡宏集》之处，谨此一并表示衷心感谢。由于点校的水平、见识、能力以及条件和出版时间的要求等的综合限制，错谬之处在所难免，甚望得到方家和读者的批评指正，点校者将因此受惠，谨此先行布达谢忱了。

王立新于深圳大学国学研究所

2008 年 2 月 21 日

五、胡宪传记与文献资料

（一）籍溪先生胡公行状

〔宋〕朱 熹

先生讳宪，字原仲，姓胡氏，建州崇安人。故侍读南阳文定公从父兄之子也。祖耸、父淳皆不仕。先生生而沉静端悫，不妄言笑。稍长，从文定公学。始闻河南程氏之说，寻以乡贡入太学，会元祐学有禁，乃独与乡人白水刘君致中阴诵而窃讲焉。既又学《易》于涪陵处士谯公天授，久未有得。天授曰：“是固当然，盖心为物渍，故不能有见，唯学乃可明耳。”先生于是喟然叹曰：“所谓学者，非克己工夫也耶。”自是一意下学，不求人知，一旦揖诸生，归隐于故山，非其道义，一毫不取于人，力田卖药以奉其亲。文定公称其有隐君子之操。而乡人士子慕从之游日以益众，一时贤士大夫闻其名者，亦皆注心高仰之。于是从臣折公彦质、范公冲、朱公震、刘公子羽、吕公祉、本中，共以先生行义闻于朝，诏特征之。先生以母老辞，既而折公入西府，又言于上，促召愈急。先生辞益固，乃授左迪功郎，添差建州州学教授。先生犹不欲起，郡守魏公矼为遣行义诸生入里致诏，且为手书陈大义，开譬甚力。先生不得已乃出，拜命既就职。日进诸生而告之，以古人为己之学，闻者始而笑，中而疑，久而观于先生，所以修身，所以事亲，所以接人，无一不如所言，于是翕然尊信悦服。而先生犹以为未足也。郡人程君元以驯行称，龚君何以节著，皆迎致之，俾参学政。于是教日益孚，士日益化。秩满，复留者再，盖七年不徙官。而太夫人年益高，不乐居官舍，求得监南岳庙以归。

居累年，间尝一为福建路安抚司，准备差遣帅守大鬻盐私贩者虽铢两必重坐，先生为陈法义请宽之。而帅守顾不悦，先生于是有去意。久之复请奉祠以归。

是时秦桧用事，天地闭塞，几二十年，先生亦已泊然无复当世之念。及桧死，群贤稍复进用，白以先生为大理司直。未行，改秘书省正字。人谓先生必不复起，而先生一辞即受。虽门人弟子莫不疑之，到馆下累月，又默默无一言，人益以为怪。

会次，当奏事殿中而病不能朝，即草疏言："虏人大治汴京宫室，势必败盟，今元臣宿将惟张浚、刘锜在，而中外有识皆谓虏果南牧，非此两人莫能当。惟陛下亟起而用之，臣死不恨矣。"时二公皆为积毁所伤，上意有未释然者。论者虽或颇以为说，然未敢斥然正言之也。至先生始独极意显言，无所顾避。疏入，即求去，诸公留之不得。上亦感其言，以为左宣教郎主管崇道观，使归而食其禄。

于是向之疑者乃始愧叹心服，而继其说者亦益众，以故二公卒召用，而先生则以病不起矣。绍兴三十二年壬午四月十二日也，享年七十有七。明年，葬于建阳县东田里。

先生两娶刘氏，皆白水先生之女弟。又娶严氏。子男一人，愉，蚤世。女一人，适进士詹炳。孙男亲仁，治进士业。

先生质本恬淡而培养深固，平居危坐植立，时然后言。望之枵然如槁木之枝，而即之温然，虽当仓卒，不见其有疾言遽色，人或犯之，未尝较也，其读书不务多为训说。独尝纂《论语》说数十家，复抄取其要，附以己说与他文草稿藏于家。先生所与同志唯白水先生，既与俱隐，又得屏山刘公彦冲先生而与之游，更相切磨，以就其学。而熹之先君子亦晚而定交焉。既病且没。遂因以属其子故熹于三君子之门，皆尝得供洒扫之役，而其事先生为最久。

先生葬时，亲仁尚幼，不克铭。乃令属熹，使状其行，将以请于当世之君子，熹不敢辞，谨件如右，以俟采择。谨状。

淳熙五年七月日，门人宣教郎、主管台州崇道观朱熹状

（见《全宋文》，第 319–320 页）

（二）国史与方志说

宋史·胡宪传

胡宪，字原仲，居建之崇安。生而静悫，不妄笑语，长从从父胡安国学。平居危坐植立，时然后言，虽仓卒无疾言遽色，人犯之未尝校。绍兴中（笔者注：应为政和初）以乡贡入太学。会伊、洛学有禁，宪独阴与刘勉之诵习其说。既而学《易》于谯定，久未有得，定曰："心为物渍，故不能有见，唯学乃可明耳。"宪喟然叹曰："所谓学者，非克己工夫耶？"自是一意下学，不求人知。一旦，揖诸生归故山，力田卖药，以奉其亲。安国称其有隐君子之操。从游者日众，号籍溪先生，贤士大夫亦高仰之。

折彦质、范冲、朱震、刘子羽、吕祉、吕本中共以其行义闻于朝，上特召之，宪辞母老。及彦质入西府，又言于上，趣召愈急，宪力辞。乃赐进士出身，授左迪功郎、添差建州教授，宪犹不屈。太守魏矼遣行义诸生入里致诏，且为手书陈大义，开譬甚力，宪不得已就职。日与诸生接，训以为己之学。闻者始而笑，中而疑，久而观其所以修身、事亲、接人者，无一不如所言，遂翕然悦服。郡人程元以笃行称，龚何以节著，皆迎致俾参学政，学者自是大化。

因七年不徙官，以母年高不乐居官舍，求监南岳庙以归。久之，起为福建路安抚使司属官。时帅张宗元榷盐急，私贩者铢两亦重坐。宪告以为政大体，宗元不悦，宪复请祠而去。

秦桧方用事，诸贤零落，宪家居不出。桧死，以大理司直召，未行，改秘书正字。既至，次当奏事，而病不能朝，乃草疏言："金人大治汴京宫室，势必败盟。今元臣、宿将惟张浚、刘锜在，识者皆谓金果南牧，非此两人莫能当。愿亟起之，臣死不恨。"时两人皆为积毁所伤，未有敢显言其当用者，宪独首言之。疏入，即求去。上嘉其忠，诏改秩与祠归。

初，宪与刘勉之俱隐，后又与刘子翚、朱松交。松将没，属其子熹受学于宪与勉之、子翚。熹自谓从三君子游，而事籍溪先生为久。方宪之以馆职召也，适秦桧讳言之后，宪与王十朋、冯方、查籥、李浩相继论事，太学士为《五贤诗》以歌之。人始信宪之不苟出，而惜其在位仅半年，不究其底蕴云。绍兴三十二年，卒，年七十七。（见《宋史·隐逸下》列传二百一十八，第 13463-13465 页）

嘉靖建宁府志·胡宪

胡宪　字原仲。生而静悫，不妄笑语。长从从父胡安国学，平居危坐，植立时然后言，虽仓卒，无疾言遽色，人犯之未尝校。绍兴中（笔者注：应为政和初），以乡贡入太学。会伊洛学有禁，宪独与刘勉之诵习其说。既而学《易》于谯定，久未有得。定曰："心为物渍，故不能有见。唯学乃可明耳。"宪喟然叹曰："所谓学者，非克己工夫耶！"自是一意下学，不求人知。一旦揖诸生，归故山力田，卖药以奉其亲。安国称其有隐君子之操。从游者日众，号籍溪先生。贤士大夫亦高仰之，折彦质、范冲、朱震、刘子羽、吕祉、吕本中，其以其行义闻于朝。上特召之，宪辞母老。及彦质入西府，又言于上，趣召愈急，宪力辞。乃赐进士出身。授左迪功郎添差建州教授，宪犹不屈。太守魏矼遣行义诸生，入里敦致诏旨，且为手书陈大义，开譬甚力。宪不得已就职，日与诸生接训以为己之学。闻者始而笑，中而疑，久而观其所以修身、事亲、接人者，无一不如所言，遂翕然悦服。郡人程元以笃行称，龚何以节著，皆迎致俾参学政，学者自是大化。以母年高，不乐居官舍，求监南岳庙以归。

久之，起为福建路安抚使司属官。时师张宗元榷盐，急私贩者，铢两亦重坐。宪告以为政大体，宗元不悦。宪复请祠而去。秦桧方用事，诸贤零落，宪家居不出。桧死，以大理司直召，未行，改秘书正字。既至，次当奏事而病不能朝，乃草疏言："金人大治汴京宫室，势必败盟。今元臣宿将，惟张浚、刘锜在。识者皆谓金果南牧，非此两人莫能当。愿亟起之，臣死不恨。"时两人皆为积毁所伤，未有敢显言。其当用者，宪独首言之。疏入即求去。上嘉其忠，诏改秩与祠归。

初，宪与刘勉之俱隐，后又与刘子翚、朱松交。松将没，属其子熹受学于宪与勉之、子翚。熹自谓："从三君子游，而事籍溪先生为久。"方宪之以馆职召也，适秦桧讳言之。后宪与王十朋、冯方、查籥、李浩相继论事，太学士为《五贤诗》以歌之，人始信宪之不苟出，而惜其在位仅半年，不究其底蕴云。（见明嘉靖《建宁府志·人物·道学志》卷之十八，第 496-497 页）

雍正崇安县志·胡宪

胡宪，字原仲。安国之从子也。生而静悫，不妄笑语。从安国学。平居以修省为事，怡颜愠辞，人犯之，亦未尝校。绍兴中（笔者注：应为政和初），以乡贡入太学。会伊、洛学有禁，独阴与刘勉之诵习其说。又问《易》于涪陵谯定，久之未有得，曰："心为物渍，故不能有见。唯学，乃可明耳。"宪叹曰："所谓学者，非克己工夫耶？"自是下学，不求人知己，而归隐故山，力田卖药，以奉其亲。安国称其有隐君子操。

从臣折彦质、范冲等交荐其贤，两膺诏召，俱以母老辞。及彦质入西府，又言于上，趣召愈急，宪复力辞。乃赐进士出身。添差福建教授，宪犹不屈。太守魏矼敦致诏旨，始强就职。日与诸生剖析疑义，训以"为己之学"，士习翕然丕变。久之，以母老丐祠。晚岁起为秘书省正字。朱熹饯之诗曰："心知不作功名计，只为苍生未肯休。"及至阙，疏言："金人大治汴京宫室，势必渝盟，请亟用张浚、刘锜以焉之备。"时浚、锜皆为积毁所伤，未有敢显言其当用者，宪独首言之。疏入，即求去。方宪之赴召也，适秦桧讳言之后，始与王十朋、冯方、查籥、李浩相继论事，太学士制《五贤诗》歌之。人益信宪不苟出，而惜其任位未久云。平生从游如林之奇、魏掞之、吕祖谦等甚众，而朱熹为最久。及卒，祖谦诔之曰："内圣外王，浑融同归，服膺师门，是则是效。"学者称"籍溪先生"。谥曰靖肃。所著有《论语会义》诸书行于世。（见清雍正《崇安县志·乡贤志》卷之四，第 180-181 页）

武夷山志·胡宪

胡宪，字原仲。学者称籍溪先生。朱文公熹、吕成公祖谦及魏掞之皆其门人。文公自言尊父命，从游胡、刘三君子，而事籍溪最久，得其学尤多。（见《武夷山志》卷十六）

南岳志·胡宪

胡宪，《宋史》本传：胡宪，字原仲，崇安人。从从父胡安国学。绍兴中（笔者注：应为政和初），以乡贡入太学。会伊、洛学有禁，宪独阴与刘勉之诵习其说。一日，捐诸生归故山，力田卖药以奉其亲。安国称其有隐君子之操，从游者日众。号籍溪先生。上特召之，以母老辞。寻特赐进士出身，授左迪功郎，建州教授。不得已，就职。居七年，以母年高不乐居官舍求监南岳庙以归。后官秘书省正字。初，宪与刘勉之俱隐。后又与刘子翚、朱松交。松将没，属其子朱熹受学于宪与勉之、子翚。朱熹自谓从三君子游，而事籍溪先生为最久云。卒，谥靖肃。朱子为作行状。（见清《南岳志·前献》卷二，第364-365页）

（三）历代名人与文献评说（选）

祭籍溪胡先生文

〔宋〕朱　熹

呜呼哀哉！惟公之生，气温质良。弱冠而学，有志四方。发轫蓬蒿，至于临漳。学承于家，行著于乡。乃献王府，乃游胶庠。中退而休，客彼洛阳。有隐其居，维蜀之庄。公乃束脩，蹑门升堂。一语妙契，发乎天光。浩然东归，衡泌洋洋。我箪我瓢，我糟我糠。或渔于溪，或圃于岗。水鲤鲜腴，药颖丰长。以是为养，胡考宁康。以是为乐，逍遥相羊。我心悠悠，岁月于荒。华发斑衣，名闻帝旁。弓旌鼎来，聘币是将。义不去亲，欲隐弥彰。乃降命书，乃赐冠裳。乃命典教，于梓于桑。学徒莘莘，俨立成行。謦欬未闻，眉睫不扬。式讹厥心，炳其文章。作人之功，于今靡忘。中秘之官，典册是藏。公晚而居，群儒所望。陈谟帝前，震声庙廊。人曰先生，允仁且刚。旋反旧庐，既寿且臧。云胡不淑，奄忽而亡？呜呼哀哉！

惟我先君，志行文洁。有不吾侪，一顾不屑。而于我公，所爱无斁。岂面而朋？所趣同辙。纩息之言，属以其孤。公亦见哀，不鄙其愚。卜兆使藏，卜邻使居。择术使由，求田使铺。我壮而顽，学无所至。悔尤已多，视公则愧。公不谓然，欲终诲之。其言谆谆，夫岂予欺？南风之薰，草堂画寂。方侍公言，遽问公疾。公启手足，我不及知。遣使馈药，公犹见之。谓我当来，命延以入。我趋适至，则已无及。祖跣而入，哭于寝门。渊冰之戒，竟莫得闻。呜呼哀哉！

惟昔治命，三公是托。屏山倾颓，草堂冥汉。幸公独存，灿若晨星。今亦往矣，谁复仪刑？呜呼哀哉！人生百年，谁则不死？公有令名，亦既寿祉。全而生之，全而归之。公实奚憾？后人之思。呜呼哀哉！尚飨。

（见《晦庵先生朱文公文集》卷八十七）

［宋］吕祖谦评说

内圣外王，浑融同归，服膺师门，是则是效。（见清雍正《崇安县志·乡贤》第181页）

淳熙十六年（1189）五月初七，丞相加少保的周必大因事罢为观文殿大学士，判潭州。胡宪之孙胡亲仁不远千里来到长沙，带着朱熹所作《籍溪先生胡公行状》，恳请周必大为前馆阁同仁作墓表。周必大欣然应允。（见周必大《周文忠集》卷三十五《籍溪胡先生墓表》）。

籍溪胡先生宪墓表

〔宋〕周必大

先生姓胡氏，名宪，字原仲，崇安人。绍兴庚辰与某同为秘书正字，原仲年长过倍，予敬而亲之；原仲尤相爱，每同舍退，往往留语竟日。原仲自言少从其从叔文定公传《论语》学，时时为予诵说，以为入道之要也。明年，原仲上书论事求去。天子待之良厚，缙绅皆荣其归。官长玉山汪公圣锡合馆职七人置酒道山堂，以"先生早赋归去来"之句分韵饯别。

又明年而原仲没。今盖一世矣，其孙亲仁，远来长沙，出门人秘阁修撰朱元晦所作《行状》求表其墓。凡其家世出处、问学本末，元晦纪次有法，行远无疑。若夫怀思旧好，尚论师友，以慰夫慈孙之心，则亦不得而默也。

自尧、舜、禹、汤、文、武、周公以道相传，见诸行事，所谓师弟子之说固不必论。惟孔子继圣有作，无时无位，折衷六艺，授之门人。固尝自谓"文不在兹乎"，而终有"天丧予"之叹者。以颜子既死，曾子晚方传道，其余则所得未深，其器未大也。驯至战国，异端浸起，独孟子能因师说仅续不传之绪，然诸子百家已复并行。道术自是分裂，

至秦遂一扫而空之。汉兴，诸儒稍习六艺之文，而不知明圣人之道，专门名家，互相矛盾，道德性命之理，仁义礼乐之具，视之蔑如。又其久也，虽训诂章句犹且前无所承，后无所授，况其上者乎？韩退之晚出于唐，颇以师道自任，终亦莫能救也。

天启圣朝，世与道兴，上而元臣大老信此道以觉斯民，下而老师宿儒进此道以觉后觉，然后人知圣贤事业本非空言。间有操持或谬、趋向或僻者，相与辞而辟之，纵未能尽得周孔之传，其视历代从事末流、失其指归者固已不同。乖离千岁，庶几复合，兹非师友渊源之效与？方其盛时，伊川程公正叔之门徒学者众，上蔡谢良佐显道最为高弟，以其所得授之文定公康候，而涪陵谯定天授亦学于程氏者。

原仲既传其家学，复往问《易》于谯。谯谓其学有不可以言传，特为原仲稍发其端。原仲因诵所闻，谯弗许，曰："心为物渍，则不能有所见，

惟学乃可明耳。"原仲退而求之，久乃有得，喟然叹曰："所谓学者，克己工夫也。"由是自信不疑，笃志力行，以至于老。中间可仕则仕，必行其道；可止则止，必致其义。近而一乡，远而四方，皆师尊之。于是元晦以先大夫之命事原仲如父，既尽得其言行之美而又日进焉，今遂为世儒宗，岂无所自而然哉！

顾予何足以知之，姑述见闻附元晦所书之后，使亲仁归并刻之，以告来者。年月日，具位周某书。（见《周文忠集》卷三十五《省斋文稿》）

道南源委·胡宪

〔明〕朱　衡

宪，字原仲，文定弟安老之子也（笔者注：文定堂兄胡淳之子也）。公生而静悫，虽仓卒无疾言遽色。长从文定学，绍兴中（笔者注：应为政和初），以乡贡入太学，会伊洛学有禁，独与刘白水阴诵窃讲，既又学《易》于涪陵谯公天授，久未有得。天授曰："是固当然，盖心为物渍，故不能有见，惟学乃可明耳。"公喟然曰："所谓学者，非克己工夫耶。"自是一意为己，不求人知。一旦揖诸生归故山，力田卖药，以养其亲。文定称其有隐君子之操。乡人士从者益众。近臣折彦质、范仲、朱震等，以其行义闻于朝。被召，以母老辞。及彦质入西府，又言之。趣召愈急，赐进士出身。授左迪功郎，添差建州教授。公犹不出，太守魏矼遣行义诸生入里致诏，且手书力劝。乃勉就职，日进诸生，训以为己之学。闻者始而笑，终而疑，久而劝，其所以修身事亲接人，无一不如所言，遂翕然悦服。延致笃行程元，节袭何，俾参学政，学者大化，秩满，复留者再。盖七年不徙官，嗣以母老不乐居官舍，求监南岳以归。久之，起为福建路安抚司属官。时师张宗元榷盐急，私贩铢两亦重坐。公告以为政大体，帅不悦，遂请祠去。会秦桧用事，天地闭塞，公泊然无复当世之念者，殆二十年。及桧死，召大理司直，未行，改秘书省正字，疏言金人大治汴京宫室，势必败盟。元臣宿将，惟张浚、刘锜在，愿亟起之，时两人皆为积毁所伤，未有敢显言当用者。公独首言之。疏入，即求去。诸公留之不得，上亦感其言，以为左宣教郎，主管崇道观，使归而食其禄。后浚、锜二公召用，公之力也。卒，年七十七，谥靖肃。公在位仅半年，极意显言，每论天下事，至于慷慨洒涕。初与刘白水俱隐，后交朱韦斋、刘屏山。韦斋将没，嘱晦庵师事焉，晦庵自言与公游最久。而吕祖谦、林之奇、魏掞之、熊克、曾逢皆其门人。著《论语会义》诸书行世。称籍溪先生。

宋元学案·简肃胡籍溪先生宪

黄宗羲 全祖望

　　胡宪，字原仲，崇安人，文定从父兄子也。从文定学，即会悟程氏之说。绍兴中（笔者注：应为政和初），以乡贡入太学，会伊洛学有禁，先生独与乡人刘白水勉之阴讲而窃诵焉。既而学《易》于谯天授，久未有得，天授曰："是固当然。心为物渍，故不能有见。惟学乃可明耳！"先生喟然叹曰："所谓学者，非克己工夫邪？"一旦揖诸生归，隐故山，力田卖药以养其亲，从游日众。行义闻于朝，诏特征之，赐进士出身，授左迪功郎、建州学教授，先生犹不起。郡守魏矼手书开譬，始就职，迪诸生以为己之学，诸生孚化，共留七年不徙。以母老，监南岳庙以归。是时秦桧用事，先生无复当世之念。及桧死，召为秘书正字，疏言金人势必败盟，宿将惟张浚、刘锜在，愿亟起之。时两人皆为积毁所伤，无有敢显言者，先生疏入，即求去，帝嘉其忠，诏改秩左宣教郎，主崇道观，归。初，先生与刘白水俱隐，又与刘屏山子翚、朱韦斋松交。韦斋将没，特属其子文公熹并受学。文公自谓从三君子游，而事籍溪先生为最久。籍溪，先生之所居，而以自号者也。年七十七卒，谥靖肃。

　　胡籍溪语（补）

　　凡学者治经术，商论义理，可以问人。至于出处，不可与人商量。

　　祖望谨案：时范伯达被召，问之，先生不应。再三叩之，答以此语。

　　附录：先生归隐故山，决意不出，文定称其有隐君子之操，贤士大夫皆注心高仰之。于是朝臣折公彦质、范公冲、朱公震、刘公子羽、吕公祉、吕公本中共以先生行义闻于朝，诏特征之，先生以母老辞。折公入西府，又言于高宗，促召愈急，先生辞益固。郡守魏公矼遣行义诸生入里致诏，且手书陈大义，开譬甚力，始不得已出拜命。

绍兴己卯，先生由司直改正字，将就职，晦翁送行诗云："执我仇仇讵我知，漫将行止验无机。猿惊鹤怨因何事？只恐先生袖手归。"后又寄诗云："先生去上芸香阁，阁老新羖羊角冠。（时刘珙自秘书丞除察官）留取幽人卧空谷，一川风月要人看。""甕牖前头列画屏，晚来相对静仪刑。浮云一任闲舒卷，万古青山只么青。"五峰见之曰："其言有体而无用。"别赓之曰："幽人偏爱青山好，为是青山青不老。青山出云雨太虚，洗尽尘埃山更好。"

先生质本恬淡，而培养深固，平居危坐植立，时然后言，望之枵然，如槁木之枝，而即之温然。虽当仓卒，不见其有疾言遽色。人或犯之，未尝校也。其读书不务多为训说，尝纂《论语说》数十家，复钞取其要，附以己说。

先生教诸生，于功课余暇，以片纸书古人懿行，或诗文铭赞之有补于人者，黏置壁间，俾往来诵之，咸令精熟。

谢山《书文定传后》曰："《宋史》别列籍溪于《隐逸》，不知是何义例。籍溪虽立朝不久，然再召适当秦桧讳言之后，一时诵其轮对疏者，以为朝阳之凤，固不可谓之潜德终沦者矣。况渊源实建安所自出，虽建安谓其讲学未透，要不可不列之《儒林》也。"又曰："籍溪少尝卖药，其后书堂中尚有胡居士熟药正铺牌，卒成一代儒者，真人豪哉！"

六、胡门中的部分其他学人 传记与文献资料

（一）胡安止

胡安止（1111—1157?），字康年，胡渊次子，胡安国二弟。福建崇安人，在湖北荆门出生。宋徽宗宣和元年（1119）十一月，胡渊逝世时，安止、安老两兄弟尚年幼。胡渊临终前嘱托长子胡安国将两个年幼的弟弟抚养教育成人，胡安国不负先父重托。胡安止感奋力学，以经书行义著称。以兄安国荫补官右朝奉郎，累官至岳州（今属湖南岳阳市）通判。（通判，官名。宋代为加强控制地方而置于各州、府，辅佐知州或知府处理政务，凡兵民、钱谷、户口、赋役、狱讼等州府公事，须通判连署方能生效，并有监察官吏之权，亦称监州）。胡安止约于宋高宗绍兴二十七年（1157）在南岳衡山去世，归葬衡山县云密峰之东。子男二：实、寓。

闽书·胡先生安止

父渊，临诀以安止与其弟安老，授安国命严敕之。安国誓不忍挞，乃抚而教焉。皆感力学，俱以经术行义著称。以兄安国荫，累官右朝奉郎、岳州通判。子二：实、寓。（见《闽书》卷九十八）

雍正崇安县志·胡安止

胡安止，以兄安国荫官朝奉郎，授岳州通判，未赴而卒。（见清雍正

《崇安县志·叙荫志》卷之六，第 373 页）

（二）胡安老

　　胡安老（1115—），字康尧，胡渊季子，胡安国三弟。福建崇安人，在湖北荆门出生。胡渊临决时，因安老与安止尚年幼，于是将安止、安老授安国，命严饬之。安国誓不忍挞，乃抚而教焉。兄弟二人皆感奋力学，学有所成。胡安老也以兄安国荫补官，出为宜春（今属江西）、罗江（今属四川德阳市）知县，累官知袁州（今江西省宜春市）。

　　胡安老有子男一：宝；《崇安谱》载，安老子男二：宓、宋。其后裔应多在今江西境域。

闽书·胡先生安老

　　胡安老，字康尧，恬简简默，喜周人急。用安国荫补官，尝知宜春、罗江二县，终知袁州。子一：宝。（见《闽书》卷九十八）

正德袁州府志·胡安老

　　宋绍兴三十年，胡安老出任袁州府宜春知县事。（见明正德《袁州府志·职官志》卷之六，第 120 页）

正德袁州府志·胡安老

　　胡安老，建安人。绍兴三十年宰宜春。赞曰：政先抚字，不为钩距。民安乐之，为立生祠。（见明正德《袁州府志·名宦志》，第 147 页）

正德袁州府志·胡安老

宜春县治：府治北百步，北内隅。初在郡治东城内，隋大业三年移于州之东七里。宋绍兴三十一年，邑宰胡安老始徙于城内善政坊。（见明正德《袁州府志·公署府治志》卷之四，第71页）

雍正崇安县志·胡安老

胡安老，字康尧。以兄安国荫官朝散郎。父渊，临诀以二荆授安国，命严督二弟，安国誓不忍挞，抚而教之。安老与兄安止因感奋力学，俱以经术、行义著。恬淡简默，喜周人之急。及以荫补官知罗江县，继擢知袁州，皆以惠闻于时。（见清雍正《崇安县志·叙荫志》卷之六，第373页）

江西通志·胡安老

据《江西通志》卷五十一称：胡安老于乾道九年（1173），以右朝散郎出知贵州（今广西壮族自治区贵港市）。

（三）胡　实

胡实（1136—1173），字广仲，胡安止长子，建州崇安（今福建省武夷山市）人。自幼聪敏，年十五，从家塾习辞艺，后从堂兄五峰公胡宏学。胡实比张栻小三岁，与张栻亦师亦友，是为湖湘学派主要成员之一。胡实以门荫补将仕郎，不求仕进。后得任广西钦州灵山县主簿，未赴也。宋孝宗乾道九年（1173）秋九月，胡广仲因事至湘阴县（今湖南），忽得疾，坚痞在腰股间。医生误以快药下之，结果使疾病加重。十月庚辰殁于正寝，年38。是年十二月癸酉，葬于衡山县云密峰之东，祔其先父（胡安止）墓旁。娶妻黄氏，鄂州知府黄抗之女。子男二人，大同、大有；一女，其后不详。

宋孝宗乾道初，张栻在潭州（今湖南长沙）创建城南书院（今湖南第一师范学院），后又主讲岳麓书院，传胡宏之学。自此，湖湘学派的中心由南岳衡山、湘潭碧泉转移至岳麓书院。

宋孝宗乾道三年（1167），是年，东南三贤之一的朱熹时远在两千里之外福建，得闻张栻阐胡宏之学于长沙岳麓书院，即于是年秋，偕弟子范念德（胡宏表兄范如圭之子），字伯崇；林用中，字择之；"往从而问焉"。这就是中国学术史上著名的张栻与朱熹会讲。

朱熹于乾道三年赴长沙与张栻会晤，在与《曹晋叔》书中，朱熹曾提道："九月八日抵长沙，今半月矣，相与讲明其所未闻，日有问学之益。敬夫学问愈高，所见卓然，议论出人意表。近读其《语说》，不觉胸中洒然，诚可叹服。"（见《张栻集·前言》，第 24 页）

（清）王开琠《宣公年谱》云："乾道三年丁亥，宣公三十五岁。九月八日，朱子来访，讲论《中庸》之旨，三日夜不辍。"

此次会讲，以"中和"（心性论）为主题，涉及太极、乾坤（本体论），持敬、察识持养（道德修养论）等理学所普遍关注的问题。讲论两月有余，学徒千余。这是继胡宏卒开湖湘之学后，湖湘文化最大的盛事。

此次会讲，胡门学人，张栻门人胡广仲、胡大原、胡大壮、胡大时等参与其中；受益匪浅，或参与辩难，或参与践行。

十一月初六日，张栻偕朱子往南岳，林用中从行。胡广仲、彪德美、范伯崇皆来会。十三日登山，且约胡广仲、胡大原、胡大本来会上封寺。（见《张栻集》卷二，第 717 页）。十六日始下，十九日离南岳，二十二日与朱熹别。（见《张栻年谱》，第 15 页）。朱熹与弟子范念德、林用中自株洲渡湘江东归福建；而张栻则北还长沙。张栻、朱熹、林用中南岳之行，共撰写诗作149首。张栻撰有《游南岳倡酬序》，朱熹撰有《南岳游山后记》。(见《南岳唱酬集》，第1–5页)

宋孝宗乾道三年（1167）十一月七日，张栻与朱熹、林择之等自长沙岳麓书院出发，前往南岳衡山。《朱子文集》云"七日发岳麓，道中寻梅不获，至十日遇雪"；张栻十三日登南岳衡山，十一月二十二日，与朱子别。其间，湘潭彪居正，字德美，拟登山同行，因怯寒辞归；胡实字广仲，范念德，字伯崇，二人特登峰看望名师张栻、朱熹，好友林用中；且同游仙人桥。张栻等甚为高兴。有诗云：

胡丈广仲与范伯崇自岳市来
同登绝顶举酒极谈得闻比日讲论之乐

朱熹诗云
我已中峰住，君从何处来。
莫留严底寺，径上月边台。
浊酒团圆坐，高谈次第开。
前贤渺安在，清酹寄余哀。

张栻诗云
久憩珠林寺，高轩自远来。
携朋上乔岳，载酒到琼台。
论道吟心乐，吟诗笑眼开。
遥观松柏树，风韵有余哀。

林用中诗云
自得中峰住，怜君冒雪来。
兴登福严寺，齐上古层台。
斗酒酬佳兴，诗怀喜独开。

飘然尘世隔，谈论转堪哀。

（见《南岳酬唱集》，第32-33页）

乾道七年（1171），是年，张栻有《答胡广仲》书信。胡实《致张栻书》，书已佚。

张栻·答胡广仲

来书所谓性善之说，于鄙意殊未安。夫善恶相对之辞，专善则无恶也；犹是非相对之辞，曰是则无非矣。性善云者，言性纯是善，此"善"字乃有所指。若如彼善于此之善，则为无所指，而体不明矣。而云如彼善于此之善，非止于至善之善，不亦异乎？且至善之外，更有何善？而云恐人将理低看了，故特地提省人，使见至善之渊源，无乃头上安头，使人想像描貌而愈迷其真乎？切幸更精思之也。

《主一箴》之谕甚荷，但某之意正患近来学者多只是想象，不肯着意下工。伊、洛老先生所谓主一无适，真是学者指南，深切著明者也。故某欲其于操舍之间体察，而居毋越思，事靡它及，乃是实下手处，此正为有捉摸也。若于此用力，自然渐觉近裹趋约，意味自别。见则为实见，得则为实得，不然，徒自谈高拽妙，元只在胶胶扰扰域中三二十年，恐只是空过了，至善之则乌能实了了乎？《箴》之作，亦以自警云尔。更幸察焉，却有以见教是望。正作此书间，又领叶家便价所持帖，尤慰。所谕《大学》知止知至之说，大略是如此。盖知止是知其所止，虑而后能得，得是得其所止，未至于得，未可谓知至也。然《易》所谓知至而曰至之，此知至字却须轻看；而至之者乃《大学》知至者也，如何？尺纸无由尽意，加以私家有少修造，未能详，幸察。（见《张栻集·文集》卷二十七，第1175-1176页）

乾道八年（1172），张栻居长沙，胡实有《致张栻书》，书已佚。
是年，张栻有《答胡广仲》书信。

张栻·答胡广仲

向来临行时所示讲论一纸，连日寻未获，然其略亦颇记得矣。大抵某之鄙意以为民受天地之中以生，均有是性也，而陷溺之，陷溺之则不能有之。惟君子能存其良心，故天性昭明，未发之中，卓然著见。涵养乎此，则工夫日益深厚。所谓存心养性之妙、然而其见也，是心体流行上发见矣，不是有时而心，有时而性也。此精微处，须究极之，只为世间人思虑纷扰百出，故无未发之时，自信不及。此话须要以收放心为先。此意非言语可尽，远书姑道万一，试更与伯逢、德美共思，不可以旧所安为至，更不研究也。某所见亦岂敢自以为是，亦幸往复焉。（见《张栻集·文集》卷二七，第1174页）

乾道九年（1173），胡广仲就朱熹对胡宏《知言》的"尽心成性"挑剔疑义时，纷起抗争，曾致书朱熹。胡广仲告曰："心有知觉谓之仁，此乃上蔡谢良佐先生救拔千余年陷溺固滞之病，岂可轻议哉！"面对湖湘学派的抗争，迫使朱子不得不回书致歉，称自己轻议上蔡、五峰，乃是后学轻躁，犯了对先贤不恭忌讳。（见《从胡文定到王船山理学在湖南地区的奠立与开展》，第106页）

宋孝宗淳熙元年（1174）九月，应胡实生前好友吴翼之求，张栻为钦州灵山县主簿胡实字广仲撰写墓表。

《张栻年谱》引清王开琜《宣公年谱》云："淳熙元年甲午，宣公四十二岁。居长沙。九月，为灵山主簿衡山胡实作墓表。"（见《张栻年谱》，第19-20页）

钦州灵山主簿胡君墓表

〔宋〕张 栻

惟建州崇安胡氏至文定公而始大，其上世皆居里中。文定公宦游荆楚岁久，皇考宣义公渊殁，葬于荆门。绍兴初，因徙家衡岳之下。于是二弟实从。仲曰安止，仕为朝奉郎，生子实，字广仲，是为君。君虽生晚，不及亲受文定之教。而自幼敏茂，气识异于常儿，年甫十五，从家塾习辞艺。从兄五峰先生宏察其质之美也，从容告之曰："文章一小技，于道未为尊。所谓道者，人之所以生而圣贤得之所以为圣贤也。吾家文定之业，子知之乎？"君拱而作曰："某不敏，故窃有志乎此，愿有以诏之。"先生嘉其志，乐以告语。君虽素羸多疾，而矻矻自力不肯置，由是所见日以开明。先生之殁，君独念前贤沦落，且惧绪业荒坠，慨然发愤，见于辞色，孜孜访友，惟恐不逮；讲论反复，以求至当。议论贵决白，不为含糊模棱态。其居家雍睦而有制，闺门内外无不敬爱之。或谀其所以致此，则曰："家道之失和平，皆由小知自私害之。吾一以公心恻怛居其间，故无事耳。"始朝奉公没时，幼子寓仅垂髫，君抚育教训，恩意甚力。轻财好施，意气豁然。舅之子贫无所依，君收养之终身。以至族姻之不能自振者，赖君区处调护非一。而其好善疾恶亦本于天资。亲朋有过，尽言不隐。虽甚愚窒，不忍弃，必反复开导。至其以非意相犯，则恬不与较。平时诵习文定公《春秋》之说，尤患末俗统系看乱，每举"莒人灭鄫"之义，言意深切。其操心主于忠厚，为学谨于人伦，贵日用而耻空言。行事之可见者，大抵如此。

早以门荫补将仕郎，殆将二纪，约居恬然，不急仕进。近岁始就广西铨选，得钦州灵山县主簿，亦未上也。乾道九年秋，因事至湘阴，得疾。坚痞在腰股间，医者误以快药下之则益甚，亟归旧庐，以十月庚辰殁于正寝，享年三十有八。娶黄氏，知鄂州抗之女。子男二人：大同，大有，皆幼。一女才及笄。

君之殁，士之识君者莫不为德门惜。君之贤，至其所居乡里之细民亦曰:"何善人之不寿也!"予与君交几十五年,志意相合,岁时会遇,与夫书尺往来,无非以讲论切磋为事,则予之惜君,又岂常情可比哉?

嗟夫!学者之病固非一端,以予观于近世,其大者有二焉:贪高慕远,则不能循序而有进;负己自是,则不能降心以从善。是二者,抑学者之所甚病也。数年以来,晌君熟矣,盖务实趋本,自反于卑近,而虚中求益,不私其故常。予是以知其所造将不可量也,孰谓天之降年止于斯邪!学力而未极其成,才高而未著于用,予之所深痛也,予岂不知修短之有命耶?是岁十二月癸酉,葬于衡山县云密峰之东,从其先君之北。其友同郡吴翼以状来求表墓。明年乃克为之。

淳熙改元九月戊申述

(见《张栻集·文集》卷四十,第 1375-1377 页)

宋元学案·主簿胡广仲先生实

黄宗羲

胡实,字广仲,五峰之从弟也。先生年十五,初习辞艺。五峰谓之曰:"文章小技!所谓道者,人之所以生,而圣贤得之,所以为圣贤也。"先生曰:"窃有志于此,愿有以诏之!"由此就学。以门荫补将仕郎,不就铨选,以讲道为事。晚得钦州灵山至簿,亦未上也。乾道九年卒,年三十八。与考亭、南轩皆有辩论,未尝苟合也。 (见《宋元学案》卷四十二《五峰学案》,第 1385 页)

光绪湖南通志·胡实

灵山县主簿崇安胡实墓在衡山县境云密峰东。(见清光绪《湖南通志·陵墓三》卷三十八,第 1110-1111 页)

光绪湖南通志·胡实

胡实,安国弟之子。从其父安止家衡岳下。自幼敏茂,轻财好施,意气豁然。以门荫补将仕郎，约居恬然，不急仕进。因事至湘阴，得疾急归旧庐，卒。葬衡山云密峰之东。张栻撰《墓志》。（见清光绪《湖南通志点校·人物志·流寓》，第 4378 页）

光绪南岳志·胡实

胡实，字广仲，安国弟之子。从其父安止家衡岳下，后徙居武陵。自幼敏练，轻财好施，意气豁如也。以荫补将仕郎，监南岳庙。后授灵山县主簿，不赴。乾道丁亥十一月，朱、张二子游南岳，由方广寺抵上封。次日，广仲偕兄弟伯逢、季立及范伯崇来会，遂同游仙人桥，缘南轩张子有诗约之来也。越二日，朱、张归，广仲兄弟与赵醇叟等饯于云峰寺前之枫木桥，剧论所疑而别。《南轩集》中有《约广仲伯逢季立来游上峰》诗。广仲卒，葬云密峰之东。南轩志其墓，朱子为之墓表。（见清光绪《南岳志·前献》卷二，第 373 页）

（四）范如圭

范如圭（1102—1160），字伯达，建州建阳人，胡安国的外甥。少从舅父胡安国受学《春秋》。宋高宗建炎二年（1128）登进士第。历官武安军节度推官、召试秘书省正字、迁校书郎兼史馆校勘，出为邵州、荆南府通判，以直秘阁提举江西常平茶盐，移利州路提点刑狱。复起知泉州（今福建省泉州市）。宋高宗绍兴三十年（1160），卒，享年 59 岁。是年，胡宏为之撰有《祭表兄范伯达文》。

祭表兄范伯达文

〔宋〕胡　宏

呜呼表兄！鞠于我家。孩幼聪慧，兰苗其芽。固永寿君之所钟爱，而文定公之所称夸。与我兄弟，情均靡他。同队嬉戏，言语呕哑。发蒙就傅，唱和弦歌。诵诗读书，共李分瓜。居我姑丧，哀毁莫加。从亲宿师，待禄京华。数载奉丧，南归西坡。寝苦泣血，哀深蓼莪。斩然头角，志尚可嘉。奉养偏继，弟妹拊摩。天性孝友，能容以和。勤力耕耘，姑之桑麻。兄弟朋友，相从相过。带经问学，如切如磋。上论羲轩，下述丘轲。妙在胸次，神化森罗。作为文章，未壮登科。遭时离乱，遭回婆娑。官于长沙，寓领之阿。流落虽深，事业炙炙。大臣知之，荐于蓬瀛。转对丹陛，纳忠大君。国论未定，奏记辅臣。好不可恃，仇宜治兵。时宰疾之，退职祠庭。阐高东南，籍籍厥声。不戚困踬，自乐其正。久乃监郡，复二大州。廊庙思贤，明诏征求。万化本心，献于前旒。天子嘉之，秘阁宠收。有忌我者，持节分忧。剖符南海，散地归休。呜呼少壮，未尝不合。并既老至，而长分离。况外家之多难，而孤露之已衰。思往日之不可得，已冀今来犹可致书而相绥。呜呼天乎！何斯人之不淑，而讣音之奄来也。敬致薄奠，式陈菲辞，以写予痛哭无穷之悲。（见《胡宏著作两种》卷三，第 178-179 页）

宋史·范如圭传

范如圭字伯达，建州建阳人。少从舅氏胡安国受《春秋》。登进士第，授左从事郎、武安军节度推官。始至，帅将斩人，如圭白其误，帅为已署不易也。如圭正色曰："节下奈何重易一字而轻数人之命？"帅瞿然从之。自是府中事无大小悉以咨焉。居数月，以忧去。辟江东安抚司书写机宜文字。近臣交荐，召试秘书省正字，迁校书郎兼史馆校勘。

秦桧力建和议，金使来，无所于馆，将虚秘书省以处之。如圭亟见宰相赵鼎曰："秘府，谟训所藏，可使仇敌居之乎？"鼎悚然为改馆。既而金使至悖傲，议多不可从，中外愤郁。如圭与同省十余人合议，并疏争之，既具草，骇遽引却者众。如圭独以书责桧以曲学倍师、忘仇辱国之罪，且曰："公不丧心病狂，奈何为此，必遗臭万世矣！"桧怒。草奏与史官六人上之。

金归河南地，桧方自以为功。如圭轮对，言："两京之版图既入，则九庙、八陵瞻望咫尺，今朝修之使未遣，何以慰神灵、萃民志乎?"帝泫然曰："非卿不闻此言。"即日命宗室士儇及张焘以行。桧以不先白己，益怒。

如圭谒告去，奉枢归葬故乡，既窆，差主管台州崇道观。杜门十余岁，起通判邵州，又通判荆南府。荆南旧户口数十万，寇乱后无复人迹，时蠲口钱以安集之，百未还一二也。议者希桧意，遽谓流庸浸复而增之，积逋二十余万缗，他负亦数十万，版曹日下书责偿甚急。召圭白帅，悉奏蠲之。

桧死，被旨入对，言："为治以知人为先，知人以清心寡欲为本。"语甚切。又论："东南不举子之俗，伤绝人理，请举汉《胎养令》以全活之，抑亦勾践生聚报吴之意也。"帝善其言。又奏："今屯田之法，岁之所获，官尽征之。而田卒赐衣廪食如故，使力穑者绝赢余之望，惰农者无饥饿之忧，贪小利，失大计，谋近效，妨远图，故久无成功。宜籍荆、淮旷土，画为丘井，仿古助法，别为科条，令政役法，则农利修而武备饬矣。"

以直秘阁提举江西常平茶盐移利州路提点刑狱，以病请祠。时宗藩并建，储位未定，道路窃有异言。如圭在远外，独深忧之，掇至和、嘉祐间名臣奏章凡三十六篇，合为一书，囊封以献，请深考群言，仰师成宪，断以至公勿疑。或以越职危之，如圭曰："以此获罪，奚憾!"帝感悟，谓辅臣曰："如圭可谓忠矣。"即日下诏以普安郡王为皇子，进封建王。复起如圭知泉州。

南外宗官寄治郡中，挟势为暴，占役禁兵以百数，如圭以法义正之，宗官大沮恨，密为浸润以去如圭，遂以中旨罢，领祠如故。僦舍邵武以居，士大夫高之，学者多从之质疑。卒年五十九。

如圭忠孝诚实，得之于天。其学根于经术，不为无用之文。所草具屯田之目数千言，未及上，张浚视师日，奏下其家取之，浚罢，亦不果行。有集十卷，皆书疏议论之语，藏于家。子念祖、念德、念兹。（见《宋史》列传一百四十，第 11729-11731 页）

道光宝庆府志·范如圭

范如圭，字伯达，建州建阳人。高宗朝绍兴中通判邵州。（见清道光《宝庆府志·职官表一》，第 252 页）

宋元学案·知州范先生如圭

黄宗羲

范如圭，字伯达，建阳人。从舅氏胡文定受《春秋》学。以乙科授武安节度推官。召试秘书省正字，迁校书郎。以忤秦桧，谒告奉祠，读书不与外事者十余年。起判邵州、荆南。召对，提举江西，复奉祠归。起知泉州，寻罢。绍兴三十年，卒，年五十九。（见《宋元学案》卷三十四《武夷学案》，第 1185 页）

（五）向　沈

向沈（1108—1171），南宋抗金名臣向子韶之子，胡安国的女婿。河南开封人。父向子韶登元符三年（1100）进士第，累官知淮宁（今河南淮阳）府。宋高宗建炎三年（1128），金兵侵淮宁，向子韶率军民抗击金兵，后城陷向子韶被俘，不屈而死，其家人共六口遇害。向沈时留守胡安国家免遭害，遂从安国研习《春秋》。后迎娶胡安国之女胡申为妻。向沈痛心家国，淡于禄仕。之后贤者举荐，言其父向子韶忠节，当录用其后，尚书下符促召，竟不往。因是忠烈之后，向沈前后五监南岳庙，以右通直郎致仕。宋孝宗乾道七年（1171），卒，享年 64 岁。

宋孝宗淳熙二年（1175），是年，通直郎向沈逝世已是四年矣。其子向士行持姐夫胡大原撰写的《向公行状》，远赴在知静江（今广西桂林市）

府任上的张栻，拜请为其先父向沈公求墓志铭。由是张栻撰写了《通直郎致仕向君墓表》。

通直郎致仕向君墓表

〔宋〕张　栻

开封向氏，自文简公相真宗，天下称贤，其家始大于后。钦圣宪肃皇后作配神宗，母仪三朝，其族益光显，人才亦接踵而出，始终与国并昌。靖康女真之变，二帝北狩，衣冠南渡，一时伏节死义之臣仅可屈指计。而建炎之元，守死淮宁、风烈暴白者，实文简四世孙忠毅公也。忠毅死时，其家几亡噍类。第四子沈适以逆妇于故侍读文定胡公之家，获免于难。君即沈也，字深之云。君生名门，资禀静厚，既受室于胡氏，日亲文定之教，熏陶义理，步趋矩度，益以成其德。独痛家国祸难之酷，终身于禄仕盖泊如也；至于《春秋》复仇之义，则不能以忘于中。无路自伸，积忧熏心，早衰多病，以至没齿，识者惜之。自宣和中用叔中奉公子褒恩补登仕郎，绍兴中始授右迪功郎，监潭州南岳庙。又十五年复为添监厘其务。有刘昉者安抚湖南，尝希时宰意，诬奏君叔父秘阁公子忞。至是昉复来，君即引去，适改君湖南安抚司准备差遣，迄不上也。君念所生母李氏自淮宁相隔，历岁久远，迎养礼绝，遵律追服，率礼无违，服除，申畀前命。言者论忠毅淮宁之节，访其后人，尚书下符促赴阙。君以时方多虞，己又抱疴，养身崇德，无辱其先，庶几足矣，希宠徼进非所愿也，竟不往。前后凡五监潭州南岳庙，最后以上登极恩转右从政郎，在法选人六考致其事，则通朝籍，君觊得以追贲李氏，即引疾请，会新制，止得改次等。已而岳庙理考，故人之在朝列者为之请，乃更授右通直郎致仕。拜命才八日而君没，未及为李氏言也，闻者尤伤之。君孝友端谅，奉先致严。居家有制，为人谋必周，主财用必公，制事敏而详，接物简而和。居处服用，取适可而止，视外营末趣、纷华盛丽，举无足以挠其中，盖其天资之美，而亦薰习之力也。君事秘阁如事父，间关百为，备极勤力，深爱和气，小心畏忌，奉承干蛊凡四十年，人无间言。始忠毅死事，朝命官其后六人，君以其一奏季弟鸿，鸿盖淮宁脱死于襁褓中者，自余悉以听秘阁之命畀其族人，而君之子士行，秘阁又以郊祀恩先已诸孙而及之。推此可见其叔父犹子相与情义之笃也。故侍郎胡公寅每咨嗟语人曰："若向深之之事叔父，可以为人犹子之法矣。"秘阁自南渡以来，聚族而处，甚恩。既没，君复率诸弟守其遗训，纲纪辑睦如初。乾道七年四月十八日微疾没于正寝，享年六十有四。是岁六月，葬于衡山县紫盖乡梅桥山，祔于忠毅公茔侧。君曾祖考绶，故西京左藏库使，祖考宗琦，故太中大夫，赠少师；考忠毅公子韶，故中奉大夫、知淮宁府，赠通议大夫，赐谥。君之配胡氏，文定公之女，贤德懿范，为闺阃之表。子男六人：曰士行，迪功郎、前荆湖南安抚司准备差遣；余皆夭。女四人：长适通直郎、江南东路转运司主管文字胡大原（胡寅长子）；次适将仕郎刘无忌；次适萧澣，次适赵维，皆进士。孙男二人：公颐、公颛。淳熙二年，士行以大原所状君行来曰："先君没四年矣，而墓表未立，敢泣以请！"某惟念如君之贤，实中心平日所敬者，独惧文字不足以称耳，而尚何辞！乃为之铭。铭曰：

有赫其门，国之休兮。有美其质，羌好修兮。被服名教，言行周兮。艰关百罹，抱隐忧兮。世所趋慕，匪予求兮。湘江之湄，独夷犹兮。终莫克知，尚奚尤兮。碣以诏后，表于丘兮。（见《张栻集·文集》卷三十九，第 1363-1366 页）

光绪南岳志·向沈

向沈，字深之，知淮宁府谥忠毅向子韶子也。胡安国之女婿。南渡后，由开封府徙居衡山。忠毅死难，其家属几无噍类，先生以逆妇于胡文定得免。痛心家园，日从文定讲明《春秋》复仇之说。而时方主和议，无路自申，遂淡于仕进。事叔父秘书向子忞如其父。尝监南岳庙，值湖南安抚刘昉阿时宰意，劾子忞，先生义不为昉属，遂引去。廷议以忠毅淮宁之节，当用其后人，尚书下符促召。先生叹曰：时方多难，无辱先人足矣，余非所愿也。竟不往。前后五监南岳庙，以右通直郎致仕。（见清光绪《南岳志》卷十一，第 366 页）

（六）胡大正

　　胡大正，生卒年不详，南宋官员。初名慥，字伯诚。建州崇安（今福建省武夷山市）人。本胡寅胞长兄胡严次子，胡寅从子，或记于胡寅名下，为其长子？胡大正以季父胡寅恩荫补官，调兴化县（今福建省莆田市）尉，累官泉州（今福建省泉州市）签判。

　　崇安谱载，胡大正有子男四：纯仁、洵仁、显仁、体仁。

宋元学案·签判胡先生大正

黄宗羲　全祖望

　　胡大正，字伯诚，崇安人，致堂先生从子也。以任入官，累迁泉州签判。贼有逼临漳者，泉为邻境，城门昼闭。忽近郊有荷斧四五十人，逻卒捕之。同官欲斩以徇，先生不可，曰："贼岂无攻具，乃以短斧思破城邪？"讯之，果樵者。时人称之。（补。）（见《宋元学案》卷四十一《衡麓学案》，第 1361 页）

闽书·签判胡伯诚先生大正

　　大正初名慥，字伯诚。用季父寅郊恩补官，调兴化尉。郑侨以疑讼系于官，大正奇其人，力为辨白，且勉以远业。侨感奋，卒以大正魁为时名捕。再调南康军司法，史浩、刘拱荐其贤明清介，改秩签判泉州。剧贼罗动天者，逼漳州甚急，泉为邻郡，忽近郊有荷斧者四五十人，兵捕以闻。时郡守政尚勇决，同幕希意请肆诸城下，大正不书牒，曰："贼欲攻城，乃无戎装、攻具、长兵耶？"询之，果采山菌者，皆释之。同幕惭服。郡为蕃商之会，每舶至，验视者得利不赀。大正秋毫无取焉。（见《闽书》卷九十八）

淳熙九年（1182），时在泉州胡寅之子胡大正，在温陵中和堂刊刻胡寅《读史管见》80 卷。序称是书前无刊本，淳熙九年为最初刻本，每半页 12 行，行 22 字。所惜罕见流传。（见《历代泉州刻书》）

雍正崇安县志·胡大正

胡大正，字伯诚。以季父寅郊荫官，签判泉州。初，大正调兴化尉。郑侨以疑讼系于官，奇其人，力为辩白，且勉以远业。侨感奋，卒以大魁为时名辅。再调南康司法。史浩、刘珙荐其贤明清介，改秩签判泉州。剧贼罗动天者，逼漳州甚急。泉为临郡，忽近郊有荷斧者四五十人，兵捕以闻。同幕请肆诸城下，大正不书牍，曰："贼欲破城，乃无戎装、攻具、长兵耶？"询之，果采山菌者，皆释之，同幕惭服。（见清雍正《崇安县志·叙荫志》卷之六，第 374 页）

光绪湘潭县志·胡大正

胡大正，字伯诚，寅之从子也。以荫补入官，累迁泉州签判。贼有逼临漳者，泉为临境城门尽闭。近郊有荷斧四五十人，逻卒捕之，同官欲斩，以询大正不可："曰贼岂无攻具，乃以短斧思破城邪？"讯之，果樵者，时人服焉。（见清光绪《湘潭县志·人物志》卷八，第 248 页）

（七）胡大原

胡大原（1124—?），南宋官员，湖湘学派主要学者之一。字伯逢，胡寅长子。宋徽宗宣和六年（1124）四月，胡大原在西京（今河南省洛阳市）出生。因父胡寅长期居官在外，胡大原幼从祖父胡安国学，又从程门高足杨时游，后从叔父胡宁与胡宏学，得益于叔父胡宏学为多。胡大原年长张栻九岁，与张栻亦师亦友，是为湖湘学派主要骨干成员之一。胡大原年长朱熹六岁，宋孝宗乾道三年（1167），朱熹赴长沙与张栻讲学论道，胡大原得以参与。胡大原以父荫补官右承务郎，改通直郎江南东路转运司主管文字，累官尝任建康府（今江苏省南京市）。

胡大原娶姑妈胡申长女向氏为妻。据《崇安胡氏谱》载，胡大原有子男六人：里仁、绛、纬、景、力仁、求仁。

宋徽宗宣和六年（1124），胡寅在西京国子监教授任上。四月，胡大原在西京（今河南省洛阳市）出生。"甲辰孟夏，生男子，今名大原。"（见《斐然集·悼亡别记》卷二十，第381页）

宋高宗绍兴六年（1136）七月，胡寅出知严州（今浙江省建德市），胡大原随父行。

绍兴七年（1137）八月，胡寅在严州知府任上，收到远在南岳衡山夫人张季兰的书信。时胡寅因病，手挛不能亲书回信，令十四岁的胡大原书之。（见《斐然集·悼亡别记》卷二十，第382页）

九月初四日，胡大原母亲张季兰病逝，享年30岁。

是年，胡寅撰有《悼亡别记》《祭亡室张氏》《亡室张氏墓志铭》等悼念文章，交付子胡大原藏之，使笃孝思云。（见《斐然集·悼亡别记》卷二十，第384页）

宋孝宗乾道初年间（1167—1169），朱熹质疑胡宏《知言》，胡大原与叔父胡广仲等学子仍守胡宏《知言》师说甚固，与朱熹、南轩皆有辩论，不以《知言疑义》为然。并愤然致书朱熹申辩："心有知觉之谓仁，此乃上蔡先生传道端之语，恐不可为有病。"湖湘学派的抗争，迫使朱熹不得不回信道歉。

朱熹·答胡伯逢

《知言》之书，用意深远，析理精微，岂末学所敢轻议？向辄疑之，自知已犯不韪之罪矣。兹承海喻，尤切愧悚。但鄙意终有未释然者。知行先后，已具所答晦叔书中，其说详矣……（见《朱文公文集》卷四六）

乾道八年（1172）夏，胡大原就《中庸解》学术问题《致张栻书》。佚。

张栻·答胡伯逢

《中庸解》录未毕，今先写三段去，大纲规摹如此也，未知如何？垂谕"性善"之说，详程子之言，谓"'人生而静'以上更不容说，才说性时便已不是性"，继之曰"凡人说性只是说'继之者善也'，孟子言'人性善'是也"。但请详味此语，意自可见。大抵性固难言，而惟善可得而名之，此孟子之言所以为有根柢也。但所谓善者，要人能名之耳。若曰难言遂不可言，曰不容说而遂不可说，却恐渺茫而无所止也。《知言》之说，究极精微，固是要发明向上事，第恐未免有弊，不若程子之言为完全的确也。某所恨在先生门阑之日甚少，兹焉不得以所疑从容质扣于前，追怅何极！然吾曹往返论辩，不为苟同，尚先生平日之志哉！热甚，近郊已复觉旱，彼中何如？更几以远业自重。（见《张栻集·文集》卷二十五，第1143-1144页）

胡大原尝任官建康府，张栻有诗云：

送胡伯逢之官金陵

相望数舍已云疏，远别何因执子袪。

漫仕想应同捧檄，旧闻当不废观书。

月明淮水空陈迹，山绕新亭有故墟。

暇日更须频访古，因来为我道何如。

（见《张栻集·文集》卷四，第 761 页）

宋元学案·胡伯逢先生大原

胡大原，字伯逢，五峰之从子也。（云濠案：伯逢为致堂先生长子。）先生与广仲、澄斋守其师说甚固，与朱子、南轩皆有辩论，不以《知言疑义》为然。

闽中理学渊源考·胡伯逢先生大原

李清馥

胡大原，字伯逢，五峰从子，胡寅长子。按《朱子文集》答书第四首略曰："《知言》之书，用意深远，析理精微，岂末学所敢轻议？向辄疑之，自知已犯不韪之罪矣。兹承诲喻，尤切愧悚。但鄙意终有未释然者。知行先后，已具所答晦叔书中，其说详矣。乞试取观，可见得失矣。至于性无善恶之说，则前后论辨，不为不详。近又有一书与广仲论此，尤详于前。此外，盖已无复可言者矣。然恐蒙垂谕，反复思之，似亦尚有一说，盖孟子所谓性善者，以其本体言之，仁义礼智之未发者是也。（原注：程子曰："人之生也，其本真而静。其未发也，五性具焉，曰仁义礼智信）所谓可以为善者，以其用处言之，四端之情发而中节是也。盖性之与情，虽有未发、已发之不同，然其所谓善者，则血脉贯通，初未尝有不同也。此孟子道性善之本意，伊洛之所传而未之有改者也。《知言》固非以性为不善者。窃原其意，盖欲极其高远以言性，而不知夫名言之失，反陷性于淫荡恣睢、驳杂不纯之地云。"再按张南轩先生答书略曰："垂谕性善之说，详程子之言谓人生而静，以上更不容说。才说性时，便已不是性。"继之曰："凡人说性，只是说继之者善也，孟子言人性善是也。但请详味

403

此语，意自可见。大抵性固难言，而惟善可得而名之。此孟子之言，所以为有根柢也。但所谓善者，要人能名之耳。若曰难言而遂不可言；曰不容说而遂不可说，却恐渺茫而无所止也。《知言》之说，究极精微，固是要发明向上事，第恐未免有弊，不若程子之言为完全的确也。某所恨在先生门阑之日甚少。兹焉不得以所疑从容质扣于前，追怅何极？然吾曹往返论辨，不为苟同，尚先生平日之志裁。"（见《闽中理学渊源考》）

光绪湘潭县志·胡伯逢先生大原

胡大原，字伯逢，其先崇安人。祖父胡安国，字康侯，绍圣进士。尝为太学博士，提举湖南学事。蔡京恶之、除名。高宗时为给事中，论故相朱胜非落职奉祠。门人黎明，杨训除庐舍储峙以待，且往迎之至碧泉，至则如归，遂定居焉。道学开自周敦颐，乡邦无传其学者。至安国及子寅、宏来，发明之湖湘学，比于关洛。寅官至礼部侍郎，宏以荫补右承务郎。寅侮秦桧贬，桧死复官；宏终不仕。大原则寅之子也。寅常官于外，又久迁谪。大原皆不及从，故不传其父学，得于宏者为多。宏弟子以张栻为最，栻初守师说，先察识后涵养，及后与朱熹更定其说。熹有中和旧说之辑，详著其说明改义所由也。唯彪居正以为栻见大本未明，故为人所移。大原与其季父实及吴翌等仍守师说甚固，与朱、张并有辩论，不以《知言疑义》为然。大原于兄弟最长，逮事祖父安国；诸父从杨时游，习闻其绪论，又尝追录其语焉。（见清光绪《湘潭县志·人物志》卷八，第248页）

光绪南岳志·胡大原

胡大原，字伯逢，致堂先生长子也。伯逢与广仲及吴澄斋守其师说甚固，与朱子、南轩皆有辩论，不以朱子所作《知言疑义》为然。（见清光绪《南岳志·前献二》，第385页）

（八）胡大经

胡大经，约生于宋高宗绍兴十二年（1142），然历史文献记载鲜见其身世。现所见到的，只有胡大经的伯父胡寅于宋高宗绍兴二十二年（1152）撰写的《先公行状》中有相关记载，《先公行状》云："公没五年之后，始生大经、大常、大本、大壮、大时。"文中的"公"是指胡寅的先父胡安国，意思是说，胡安国逝世五年之后，始生大经等五位孙辈兄弟。"这个五年之后"，是指绍兴十二年（1142）起，止于绍兴二十二年（1152）这段时期。

文中提及到胡大经等五位"大"字辈兄弟，系胡宁、胡宏二位之子无疑。但哪几位是胡宁之子？哪几位又是胡宏之子？文中没有详明。《先公行状》行世至今近九百年了，由于历史的变迁，年代的推移，业已看到的文献资料记述不一：

1. 中华书局1987年出版的《胡宏集》第68页，收录有胡宏《示二子》五言诗一首：这首诗应是宋高宗绍兴三十一年（1161）前后，晚年的胡宏疾病缠身、齿发脱落，重病或弥留之际对儿子们的嘱托。诗句有云："早年勤学道，晚节懒为官。"从诗句题意来看，胡宏健在时，其"大"字辈儿子只有两人。

2. 查阅明、清时期编纂的《衡山县志》《湘潭县志》《南岳志》《岳麓书院志》《张栻年谱》等，五峰公胡宏大字辈的儿子只记载了西园先生胡大壮、盘谷先生胡大时两位。

3. 清同治福建《崇安胡氏谱》载：胡宁子一：大常；胡宏子四：大经、大本、大壮、大时。

4. 清光绪湘潭《涌田胡氏七修谱》记载：胡宏子二：常慄（大壮）、常惺（大时）。

5. 深圳大学王立新教授《从胡文定到王船山：理学在湖南地区的奠立与开展》一书中第496页记载："胡大经，茆堂长子。"

6. 江西泰和县螺溪镇保全村舍溪胡氏谱载："舍溪胡氏系五峰公胡宏的后世裔孙。"江西教育出版社 1991 年出版的《江西出土墓志选编·胡尧时墓志铭》一书中说："先大夫讳尧时，字子中，别号仰斋，世居舍溪。舍溪胡氏之先，本建州人五峰先生之后，其仕宋江西提举，讳成，字美之，卒于官，因家泰和，葬蟠龙山，提举之后，十二承事生国宝，始开基舍溪……。"舍溪胡氏宗祠正梁匾额上题有"大经堂"堂号。

胡尧时（1499—1558），字子中，号仰斋，江西泰和人。明嘉靖五年（1526）进士。历淮安府推官、泰州知州，累官至贵州按察使。

（九）胡大本

胡大本，生卒年不详，南宋时湖湘学派主要学者之一。字季立（衡湘谱名常恺）。胡安国孙，胡宁次子，潭州衡山县人（今属湖南）。因父胡宁居官在外，胡大本学于叔父胡宏。《衡湘胡氏谱》载，胡大本，谱名常恺，由胡宏继娶夫人何氏抚养，胡大本或记于胡宏名下？《衡南泉湖谱》载，胡常恺（大本）胡宏长子。宋孝宗乾道初年间（1166—1169），张栻主持讲学长沙岳麓书院，胡大本从之。胡大本最敬重张栻，未参与朱熹、张栻质疑胡宏《知言疑义》。故同门也有非议。胡大本未曾享受父亲胡宁恩荫补官，只乐道家学不求仕进，以隐居终其身。

宋孝宗乾道初年间（1166—1169），张栻主讲岳麓书院，胡大本从之游。其间，胡大本有《致张栻书》。已佚。

是年，张栻有《答胡季立》书信。

张栻·答胡季立

垂谕，足见讲学之勤，至所愿幸。某愚，惟不敢不深潜其思，时有所见，亦未必是也，惟愿与朋友共论焉。夫天命之全体流行无间，贯乎古今，通乎万物者也。众人自昧之，而是理也何尝有间断？圣人尽之，而亦非有所增益也。未应不是先，已应不是后，立则具立，达则具达，盖公天下之理，非有我之得私。此仁之道所以为大，而命之理所以为微也。若释氏之见，则以为万法皆吾心所造，皆自吾心生者，是昧夫太极本然之全体，而返为自利自私，天命不流通也，故其所谓心者是亦人心而已，而非识道心者也。《知言》所谓"自灭天命，固为己私"，盖谓是也。若何？所断句则不成文义，失先生意矣。更幸思之，却以见教。（见《张栻集·文集》卷二十五，第1144页）

宋元学案·胡季立先生大本

黄宗羲　全祖望

胡大本，字季立，茆堂次子，伯逢弟也。（梓材案：先生乃伯逢从弟。）与南轩共学于岳麓。（补）（见《宋元学案》卷四十二《五峰学案》，第1387页）

光绪湘潭县志·胡季立先生大本

胡大本，字季立，大原从弟也，父宁，安国第二子，以荫补官，试馆职，迁祠部郎官，出为夔路安抚司参议，除知澧洲。大本学于叔父宏，与张栻共学。栻从馆岳麓，大本从之，最敬重栻，以为同门所不及。胡氏诸子中亦无有笃信栻如大本者。大本乐道不求仕，以隐居终其身。（见清光绪《湘潭县志·人物志》卷八，第248页）

光绪南岳志·胡大本

胡大本　字季立，茆堂先生之次子，致堂从子也。与张南轩共学于岳麓。（见清光绪《南岳志·前献》卷二，第386页）

湘潭县志·胡大本兄弟

胡安国孙辈有：

胡大原，胡寅之子，从叔父胡宏治学。

胡大壮，胡宏之子，传父学，又问学于张栻。学者称西园先生。

胡大时，胡宏少子，守家学，师事张栻，后为岳麓书院著名学者。学者称盘谷先生。

胡大本，胡宁之子，从张栻讲学岳麓书院，隐居终身。（见 1995 年《湘潭县志·人物传》卷三十五，第 812 页）

（十）胡大常

胡大常（1148—?），南宋官员，又名胡太常。胡安国孙，胡宁季子。或生于南宋京都临安（今浙江杭州）。因胡宁时在京城为官，宋高宗绍兴十八年，胡宁官至太常丞，是年胡宁季子出生，可谓双喜临门，胡宁有可能将季子取名太常，即大常谐音也。大常后以父荫补官从政郎，出为安福（今江西省安福县）县令。彭龟年于宋孝宗乾道五年（1169）登进士第，之后曾出任安福县县丞（县令佐官、副县级），或许胡大常与彭龟年曾同期共事。彭龟年曾求学岳麓书院，师事胡宏高足张栻，与胡大壮、胡大时等为同门师兄弟。因崇敬胡氏学，又加之胡大常在安福县县令任上，莅官有守，属意爱民所感动，撰写了《上丞相论胡安福盛年纳禄乞与差遣书》。

《上丞相论胡安福盛年纳禄乞与差遣书》

〔宋〕彭龟年

某窃见从政郎、前安福县令胡太常以儒学世家，负性刚直，莅官有守，属意爱民。前在安福不及两月，而百姓至今去思不已。盖其不畏强御，足以立善良，能驭胥吏，足以伸冤滥，纪纲严整，官府安静。安福虽号败阙去处，逋负数多，自本官之来，亦能办集钱物，应副州郡。但为奸人所谗，州郡不察，以数十年之积逋而责之于两月之间，走吏循习，追扰无礼。胡令不平其慢，投劾去官。州郡无以留之，因罗织其罪，以申朝廷。近闻朝廷以下本路监司，实得吉州劾所申胡令之事，皆以谬妄，未闻处分施行。缘胡令乃文定公之孙，郎中讳宁字和仲之子。伟然自立，克绍其家。伏自陈乞休致之后，不复仕宦，行惜盛年，退老田野。倘蒙朝廷为之辨明其事，复与一等差遣，令贤者之后不致绝禄于清宇，县令之气或可少伸于百里，实天下之幸。（见《全宋文》第二百七十八册，第239-240页）

彭龟年是宋代著名学者，官员，累官至吏部侍郎，由这篇文章也可见他与胡大常关系很不一般。

彭龟年（1142—1206），宋代官员，著名学者。字子寿，临江军清江（今属湖北）人。七岁而孤，事母尽孝。乾道初年求学岳麓书院，拜张栻为师，与胡大时、赵方等同为张栻门人高足。后又结识朱熹，理学思想更加完备，《宋元学案》称其为"岳麓巨子"之一。倡导"务实"思想，提倡湖湘学派"务实"的精神。宋孝宗乾道五年（1169）登进士第。历官袁州宜春尉、吉州安福县丞、除太学博士、御史台主簿、改司农寺丞，进秘书郎兼嘉王府直讲、寻除起居舍人。宋宁宗朝，彭龟年以焕章阁待制知江陵府、湖北安抚使。迁吏部侍郎兼侍读。寻以宝谟阁待制致仕。宋宁宗开禧二年（1206），卒。享年65岁。赠宝谟阁直学士，谥忠肃。

同治安福县志·胡太常

胡太常，又名胡大常，南宋时出为江西安福县县令。县志载："籍贯不明，任职时间不详。"（见清同治《安福县志·秩官志点校本》卷七，第100页）

胡大常，此后又在哪任职？其后裔情况又怎样？尚未见到其他文献记载。

（十一）胡大壮

胡大壮（1144—1241），南宋时湖湘学派主要学者之一。字季履（衡湘谱名曰常愿、又字守志），学者尊之为西园先生。胡宏次子。幼聪慧，先期受业于父五峰公。宋高宗绍兴三十二年胡宏病逝时，胡大壮约 17 岁。之后，胡大壮从堂叔胡广仲和张栻、彪居正、吴晦叔、赵师孟等讲论学术。既得家学，又磨砺以师友，所造精粹，涵养益深。

宋宁宗嘉定五年（1212），南宋大臣，参知政事（副宰相）卫泾罢知潭州（今湖南长沙市）时，曾将胡大壮一人荐于宋宁宗，期盼胡大壮出任岳麓书院山长。之后，胡大壮未能出任书院山长之职，是朝廷未准允，还是胡大壮不愿出任？尚未见文献记载。《湘潭县志》有云：大壮"冠岁学成，即不事科举，隐居衡岳之下，躬耕自给，读书自娱。"

胡大壮虽有饱学之才，然终生未仕，传承家学。晚年常往来南岳衡山、湘潭与闽之崇安。胡大壮的父亲胡宏与伯父胡寅、胡宁均中寿，未年过花甲。然方志与谱载，胡大壮年岁最长，约殁于宋理宗淳祐元年（1241）三月，享寿 98 岁。

胡大壮有子男二：覃和、覃贞。

宋孝宗乾道初，胡大壮问学于岳麓书院张栻门下，时有《致张栻书》。已佚。

张栻·答胡季履

承论观史工夫，要当考其治乱与坏之所以然，察其人之是非邪正，至于几微节目，与夫疑似取舍之间，尤当三复也。若以博闻见助，文辞抑未矣。此间士子辈观《通鉴》，尝令先将逐代大节目会聚始末而观之，颇有意味。如高祖入关、灭项、诛功臣之类，皆作一门备其源流，此亦编得有

次第，方欲取前辈议论之精者入于其间也。（见《张栻集·文集》卷二十五，第 1144-1145 页）

是年，胡大壮又有《致张栻书》。已佚。
张栻有《答胡季履》书信。

张栻·答胡季履

所谕读书欲自博而趋约，此固前人规摹，其序固当尔。但旁观博取之时，须常存趋约之意，庶不至溺心。又博与杂相似而不同，不可不察也。有所发明，毋惜示教。（见《张栻集·文集》卷二十五，第 1145 页）

宋孝宗乾道三年（1167），朱熹赴长沙与张栻讲学论道。胡大壮得识朱熹，且参与为朱子饯行。

宋孝宗淳熙十四年丁未（1187），朱熹致信胡大壮。欲令大壮告诫其弟大时，努力求实，勿为象山（陆九渊）"邪说"所迷惑。文曰："向来虽幸一见，然忽忽今已二十余年矣。时于朋友间得窥佳句，足以见所之一二。顾未得会面为歉耳。今承惠问，荷意良勤，区区每患世衰道微，士不知学，其溺于卑陋者固无足言。其有志于高远者，又或骛于虚名，而不求古人为己之实。是以所求于人者甚重，而所以自任者甚轻。每念圣人乐取诸人以为善之意，意其必有非苟然者，恨不得与贤者共详也。季随明敏，朋友中少见其比，自恨衰堕，岂足以副其远来之意？然亦不敢虚也，归日当相与讲之。有所未安，却望见告，得以反复为幸。昆仲家学门庭非他人比，而区区所望，又特在于其实而不在于名。愿有以深察此意也。"从书信语气来看，朱子并未把胡大壮当作自己的学生，而其关系当为讲友。可见大壮时学识之知名。（见《朱熹集·答胡季履大壮》）

胡大壮与朱门高足曹彦约交往甚好。曹彦约，南宋大臣、历官知潭州

（今湖南省长沙市），累官至兵部尚书。今存《昌谷集》卷二，收有曹彦约写给胡大壮的诗歌可为一证。

和西园胡季履见寄

衣冠叶叶著师儒，创见皇家异代无。

前事盛哉中国吕，近时继者武夷胡。

累朝经学堪贻厥，三世名家列友于。

莫道新来凋一萼，西园老柏更清癯。

（见《从胡文定到王船山理学：在湖南地区的奠立与开展》，第123页）

宋宁宗嘉定五年（1212），会朝廷有旨，令举地方隐贤。南宋大臣，参知政事卫泾，罢知潭州（今湖南省长沙市）时，只将胡大壮一人荐于朝，期盼宋宁宗准允胡大壮出任岳麓书院山长。

奏举布衣胡大壮乞赐褒录状

〔宋〕卫 泾

检准嘉定五年十一月十二日近降指挥，臣寮上言节文，方今收用人才，非止一途，然山林畎亩之间，怀德抱道、不求闻达者岂无其人？愿俾监司守臣博加采访，具以名闻，无为文具。朝廷审察其实，以礼招致，从而尊显之，庶几上有得贤之实，下无遗材之叹。三省同奉圣旨依。臣闻君以求贤致化，臣以选贤报国，古之道也。恭惟陛下圣化日新，上法乎祖宗崇儒重道、博选贤俊之意，比者明诏有司，加惠遗逸，责之搜访，俾以名闻，且欲考察其实，以礼招致而尊显之。虽尧舜之用心，大禹之勤求不是过也。臣溢分符阃，远在湖湘，钦承德音，夙夜惟谨，广求精选，幸得其一，讵敢忘报国之谊，干蔽贤之典，而不以上达？臣伏见潭州衡山县布衣胡大壮，故宝文阁直学士谥文定安国之孙，右承务郎宏之子也。抗志高远，制行介洁。自其少时，已著孝友之称。既长，受其祖安国之学于父宏，研究经术，博通坟典。其持论以明义利为本，其立己以尚诚实为要。冠岁学成，即不事科举，隐居衡岳之下，躬耕自给，读书自娱，爵禄外慕不以婴其心，深藏固匿，足迹未尝至城市。州县官必礼于其庐，然后得见。于是行成于身，理于家，信于乡党，达于远迩，邦人敬爱，咸慕其道德，尊之西园先生。平日著述虽多，而《封建论》数篇尤为先达推重。近时如前帅臣曹彦约、提举乐章成嘉其行，相继剡上。本州以岳麓书院堂长虚席，尝遣官吏以礼延致，至今力辞未就。臣观其学识节行足以师表后进，盖亦古之所谓逸民也。臣窃闻孝宗朝尝有诏举遗逸，于是福建诸司芮烨等以魏掞之之名来上，则掞之自布衣召对赐第，命为学官。又尝与监察御史谢谔论郭雍之学皆本于《易》，则雍自冲晦处士加封颐正先生。此皆近事彰彰在人耳目者。矧自陛下更化以来，动遵孝宗成宪，至于奖进恬退，尤所急先。今大壮年踰六十，虽曰无求于世，而体力康强，亦非无用于世者。若使朝廷试加表异，俾如魏掞之、郭雍辈，得以齿下士，被光宠于朝，不至与草木同腐，则兴起人心，转移风俗，视孝宗时亦何难焉。是以臣愚辄体古人报国之谊，不敢泛然论荐，而以大壮应诏。欲望圣慈特降宽旨，下之三省，斟酌典故，将大壮量褒录，或俾之一命而授以在外学官之职，或锡之纶诰而假以处士之名，庶几山林岩穴之弃材悉为时用，可以仰副陛下求贤致化之意矣。臣不胜惓惓。（见《全宋文》第二百九十一册，第 294-295 页）

卫泾"广求精选，幸得其一"，荐胡大壮为岳麓书院堂长，可见其对胡大壮评价如此之高。时卫泾以荆湖南路安抚使兼知潭州身份，主政全湖南而仅以胡大壮一人应诏荐举，谨慎之至，可想而知。由是大壮之人品、学养，盖可知矣。

卫泾（1159—1226），南宋大臣。字清叔，号后乐居士，西园居士，嘉兴华亭（今上海奉贤区）人，徙居平江昆山（今属江苏）。宋孝宗淳熙十一年（1184）举进士，状元及第。授承事郎，添差镇东军签判，改授秘书省正字。宋宁宗朝迁工部尚书，又吏部尚书，御史中丞，参知政事。嘉定五年

（1212）为奸臣所忌，罢知潭州（今湖南省长沙市）。九年（1216），知扬州，拜资政殿学士致仕。宋理宗宝庆二年（1226），病逝于家，享年68岁。赠太师，谥文节。

嘉定八年（1215），时任衡州（今湖南省衡阳市）知府孙德舆，"崇庠序之教""访士求书"，得胡氏家藏本胡寅《读史管见》手书。该书稿时为胡大壮收藏。《读史管见》是胡寅在宋高宗绍兴二十年（1150）至二十五年（1155），被贬新州（今广东省云浮市新兴县）期间完成著述的。全书三十卷，六十万余言，是一部史论方面的著述，主要是针对司马光《资治通鉴》"事多而义少"的情形而作，赋予历史事件以文化的意义。

孙德舆，生卒年不详，南宋官员。字行之，福清县（今属福建省福州市）人。宋宁宗嘉定元年（1208）进士第。历官校书郎、著作郎，嘉定八年（1215）出任衡州（今湖南省衡阳市）知府。其间孙德舆"访士求书"，得胡大壮家藏伯父胡寅《读书管见》一书。于是将其刊刻，得以传世。孙德舆后累官至江南提刑。

嘉定十一年（1218），衡州知府孙德舆将胡寅《读史管见》一书刊刻面世。自正月始刻至冬十一月告竣，历时10个月。胡大壮为伯父《读史管见》撰序。

胡大壮·读史管见旧序

《读史管见》，先伯父侍郎论史之书，书名所自命也。一气分阴阳而为天地，万物生殖其间，惟人为灵，号曰三才。出类拔萃之谓圣，参天地，赞化育，裁成辅相之。伏羲分阴阳为奇耦，画卦以明理。仓颉因物形制字，书以纪事。后圣明理以为经，纪事以为史。史为案，经为断，史论者，用经义以断往事者也。夫子生知大圣，赞《易》定《书》，记古之事，断自唐虞，因鲁史以作《春秋》，垂法万世，与尧、舜、禹、稷水土耕稼同功。大圣生而知之，常人则学而知之，不学不知，则不得为灵，而与物等耳。先大父文定以经学受知于高宗皇帝，奉诏纂修《春秋传》，弘纲大义，日月著明。二百四十二年之后至于五代，司马文正所述《资治通鉴》，事虽备而立义少。伯父用《春秋》经旨，尚论详评，是是非非，治乱善恶如白黑之可辨。后人能法治而戒乱，趋善而去恶，人君则可以保天下、安兆民而为明君，人臣则能致其身、尽臣节而为良臣，士庶人则可以不陷于不义而保其家于天地间，岂小补云乎哉？苟不知著书之意，徒耽玩词采，以资为文，以博闻记，则失先贤之旨，而无益于大用矣。书成于绍兴乙亥，逾一甲子，衡阳郡守孙侯德舆为政之初，即崇庠序之教，与郡之废坠，次第修举，于是访士求书，得家藏《读史管见》脱稿善本，刻而传之，自春正月至冬十有一月告成，可谓知所先后矣。晚学小子辄不自揆，谨序所以仰明先志，以启后人。伯父名氏言行，家有《状》，史有《传》。

　　嘉定著雍摄提格日南至，犹子大壮谨序。

　　　　　　　　　　　　　　　　　　（见《读史管见》，第3页）

　　胡大壮《序》称伯父《读史管见》是继承先圣遗训，秉承家学传统的"以经断史"的力作，而非附义于事的简单作品。此书与司马光的《资治通鉴》不同，司马光作《资治通鉴》的目的是给后世人君提供统治的借鉴，然在胡大壮看来，"司马文正所述《资治通鉴》，事虽备而立意少"。而"伯父用《春秋》经旨，尚论详评，是是非非，治乱善恶，如白黑之可辨"。

　　当时，胡寅逝世已是六十三年了。胡寅《读史管见》得以传世，胡大壮功莫大焉！

　　嘉定十三年（1220）季秋，胡大壮主修《衡湘胡氏谱》告竣。该谱亦称《胡氏一修族谱》，胡大壮为之撰序，并请抗金名将、刑部尚书衡山籍人赵方为谱作客序。

　　赵方（？—1221），抗金名将，南宋大臣。字彦直，衡山县人。父赵棠，少从胡宏学，慷慨有大志，是为胡门七子之一。宋孝宗淳熙八年

（1181），赵方举进士。历官知青阳县、知随州、工部侍郎、京湖制置使兼知襄阳府。因枣阳之战抗金有功，累官至刑部尚书。宋宁宗嘉定十四年（1221），卒，赠太师，谥号忠肃。

光绪湖南通志·胡大壮　胡大时

胡大壮，宏子。与弟大时俱受业张栻之门，而大时则其婿也。世其家学。大壮兄弟俱尝学于朱子，大时又尝学于陆九渊。（见清光绪《湖南通志·人物志五十·流寓卷》，第4378页）

光绪湘潭县志·胡季履先生大壮

胡大壮，字季履，宏子也。早传父学，复问学于张栻，又与弟胡大时卒业于朱子。其后群众零落殆尽，独大壮老寿，学业益精进，造请问业者户履常满，邦人尊之曰"西园先生"，四方钦仰焉。卫泾《奏举布衣胡大壮乞赐褒录状》称其学于其父，"研究经术，博通坟典，其持论以明义利为本，其立己以尚诚实为要。冠岁学成，即不事科举，隐居衡岳之下，躬耕自给，读书自娱。"（见清光绪《湘潭县志·人物志之三》卷八，第248页）

光绪南岳志·胡大壮

胡大壮，衡山人。卫泾有荐举大壮疏，其略云：衡山县布衣胡大壮，故谥文定安国之孙也。研究经传，博通坟典，其持论以明义利为本，其立己以尚诚实为要。隐居衡岳，躬耕自给，邦人尊之曰"西园先生"，望圣慈量才褒录。（见清光绪《南岳志·前献》卷二，第386-387页）

（十二）胡大时

胡大时（1148—?），南宋著名学者，湖湘学派后期主要领导人之一。

字季随（衡湘谱名曰常惺），学者称盘谷先生。胡宏季子。胡宏病危时，胡大时尚不满 14 岁，胡宏只好将其托付弟子张栻教育培养。胡大时传承家学，师事张栻。宋孝宗乾道三年（1167），张栻与朱熹在长沙岳麓书院会讲，胡大时又从朱熹学，后又问学陆九渊，胡大时博采众家、学问渊博。张栻英年早逝。张栻之后，胡大时实为湖湘学派、岳麓书院后期领导人之一。

胡大时娶恩师张栻长女为妻。有子男二：覃覅、覃蠦。

据朱熹撰《右文殿修撰张公神道碑》载："张栻，子焯，承奉郎，亦早世。二女，长适五峰先生之子胡大时，次未行而卒……后数年，胡氏女与某亦皆夭。"（见《张栻集·附录》，第 1647 页）

九月，朱（熹）张（栻）长沙"朱张岳麓会讲"，岳麓书院因此声名远播。此后，朱子质疑胡宏《知言》，胡大时未及与朱子辩难。乃从堂叔胡广仲、从兄胡伯逢（大原）、胡大本、兄胡大壮等游学。胡大时后来精研文定《春秋》，五峰《知言》、致堂《读史管见》等。

乾道四年（1168），张栻为恩师胡宏五峰公遗著《知言》撰序。

乾道七年（1171），是年，胡大时有《致张栻书》。已佚。
是年，张栻有《答胡季随》书。

张栻·答胡季随

迩来玩绎，想自不废，有可见告者否？若入浙因一见伯恭，甚善。近来士子肯向学者亦时有之，但实作工夫耐久者极难得也。且是要鞭辟向裏如此下工，方自觉病痛多耳。

垂谕浩然之气，工夫正在集义，当于谦、馁处验之。集义以敬为主，孟子此一段虽不说著敬字，勿忘、勿助长，是乃敬之道也。（见《张栻集·文集》卷二十五，第 1148–1149 页）

是年冬，胡大时奉娘亲（何氏）之命，去往武林（今浙江省杭州市）省亲。明年，胡大时往杭州归来长沙时，致书恩师张栻，有《致张栻书》。已佚。

是年，张栻又有《答胡季随》书信。

张栻·答胡季随

辱惠书，审闻侍奉平达武林①，履候胜福，极以为慰。谕及日读二程先生《遗书》，甚善。要当平心易气，优游涵泳。所谓其间谈性命处，读之愈勤，探义愈晦，无怪其然。若只靠言语上求解，则未是。须玩味其旨，于吾动静中体之，久久自别也。归来所作《洙泗言仁序》《主一箴》录去。所要诗亦写在别纸。彼中过从谓谁？岁月易迈，人心易危，华盛之地，夺志者多，惟敬自勉，以承先世之业。更祝厚爱，所见所疑，便中不惜频示。还辕当在何时耶？（见《张栻集·文集》卷二十五，第1145-1146页）

是年，胡大时就二程先生《遗书》有关学习之疑问，致信求教《致张栻书》。

张栻有《答胡季随》书信回复：

张栻·答胡季随

所谓二先生《遗书》，其间固有传写失真者，向来龟山欲删正，而迄未下笔，要须究极精微，无所憾者，乃可任此，未容轻议也。今元晦所集皆存元本，在学者亦好玩味，其间真伪，在我玩味之久，自识别之耳。所谓未容轻议者，非是为尊让前辈，盖理未易明，不应乘快便据目前断杀，须是潜心。若果下工夫，方觉其未易也。只据前人所辨，亦须自家胸中自见得精神乃可。不然，亦只是随人后赞叹而已。某顷年编《希颜录》，如

---

① 笔者注：胡大时去往武林，张栻《答胡季随》之书信，时为宋孝宗乾道八年。此说详见《张栻年谱》第130页，《张栻师友门人往还书札汇编》第18页。

《庄子》等诸书所载颜子事多削去，先生以书抵某云："其他诸说亦须玩味，于未精当中求精当。不可便容易指以为非而削之也。"此事是终身事，天地日月长久，今十有二年矣，愈觉斯言之有味，愿吾友深体之。它希笃沉潜之功，以轻易为戒，勉茂远图，厚自爱。（见《张栻集·文集》卷二十五，第1147页）

乾道九年（1173），胡大时就研读伯父胡寅致堂公《史论》一事请教张栻，有《致张栻书》。佚。

张栻有《答胡季随》回书。

张栻·答胡季随

论及日阅致堂《史论》，甚善。秦汉以来，学道不明，士之见于事业者固多可憾，然其间岂无嘉言善行与一事之得者乎？要当以致远自期，而于人则一善之不废，是乃扩弘恕之方，而为聚德之要也，正惟勉之。《名臣言行录》未有别本可寄，得之即附往。但此书编得未精细，元晦正欲更改定耳。（见《张栻集·文集》卷二十五，第1147-1148页）

宋孝宗淳熙元年（1174）张栻《答胡季随》书。

张栻·答胡季随

"一日克己复礼，天下归仁。"盖是积累工夫到处，非谓只勇猛便能如此，如释氏一闻一超之说也。

如云尚何序之循，又何必待于自迩自卑而后有进？此等语意，全不是学者气象，切宜戒之。所谓循序者，自洒扫应对进退而往皆序也，由近以及远，自粗以至精，学之方也。如适千里者，虽步步踏实，亦须循次而进。今欲阔步一蹴而至，有是理哉？自欺自误而已。前日谓二气之运而不齐，故事在天下，不容无善恶之异云者，论气故不容无善恶之异，且须将程子《遗书》详考精思，未可易而言也。

人人固有秉彝。若不栽培涵泳，如何会有得？古人教人自洒扫应对进退礼乐谢御之类，皆是栽培涵泳之意。若不下工夫，坐待有得而后存养，是枵腹不食而求饱也。（见《张栻集·文集》卷三十二，第 1264-1265 页）

淳熙二年（1175），时，南宋一代大儒、五峰公胡宏逝世已是一十四年，其季子胡大时利用讲学论道之闲，将先父胡宏的遗作诗文整理编纂成书五卷，即《五峰先生诗文全集》。呈恩师张栻审定，并请为之序。

淳熙三年（1176），张栻在知静江府（今广西桂林市）兼广南西路经略安抚使任上。农历正月初一，张栻为《五峰先生诗文全集》作序。

《张栻年谱》引清王开琸《宣公年谱》云：淳熙三年丙申，宣公四十四岁。元日，为胡大时裒辑先公《五峰先生诗文全集》作序。

淳熙四年（1177），胡大时尝往杭州见过吕祖谦，盖亦尝问学。时胡大时又问学于陆九渊，陆九渊时与朱熹齐名，然见解多不合。大时问学于两端，实际上成了朱熹与陆九渊争取的对象，也是中间的牺牲品。

陆九渊（1139—1193），南宋著名学者，学者称之为象山先生。

淳熙七年（1180）二月，南宋官员、著名学者，一代学者宗师，湖湘学派的领袖张栻在知江陵府任上英年早逝。享年 48 岁。

《张栻年谱》引清王开琸《宣公年谱》云：淳熙七年庚子，宣公四十八岁。卒于知江陵府任上。公卒。长子（张）琸，承奉郎，次子炳，均早世。长女，适胡五峰子大时。

张南轩逝世后，胡大时实已成为湖湘学派之领袖。大时师源家学，又承续南轩之学，发挥朱子之学，永嘉事功之学、象山心学等，兼采众家之长，凸显宋时兼学成为常态。

淳熙十年（1183），胡大时为整理岳父张栻生前文集，常向同为南宋著名学者，张栻生前挚友朱熹请教。

淳熙十一年（1184），是年，朱熹有《答胡季随书》书信。

朱熹·答胡季随

《南轩集》误字已为检勘，今却附还。其间空字向来固已直书，尤延之见之，以为无益而贾怨，不若刊去。今亦不必补，后人读之自当默喻也。但序文后段，若欲删去，即不成文字……

淳熙十四年（1187），胡大时过闽中拜会朱熹。自张南轩去世以后，大时与朱熹往复通信十余年，至此再见朱子。朱子《与陈伯坚》一文中所云："胡季随近到此数日，明敏有志，甚可喜也。"大时从朱子问学，科条不少。今以《朱熹集》中写与大时的信件内容看来，包括四书五经以及相关历史等问题，涉及面相当广泛。但主要集中于人性论、修养工夫论等问题之上。

时，胡大时虽为湖湘学派的领袖人物，其思想、学术方面虽没有很大创新，但其学品人格仍然有相当的感召力。

宋宁宗嘉定三年（1210），闽人郑肇之持节湖湘，求先贤遗著，得时年约 62 岁的胡大时，珍藏先伯父致堂公胡寅的遗著《斐然集》。由是，郑肇之在湘中（长沙）将胡寅《斐然集》遗书手稿刊刻面世。至此，胡寅逝世已是五十五年了。八月，郑肇之特请宋宁宗朝大臣，礼部尚书章颖为《斐然集》行世撰序。

胡大时卒年不详。但朱门高徒，宋宁宗嘉定年间曾为湖南转运判官知潭州，累官至兵部尚书的曹彦约有挽章。这足以说明胡大时与曹彦约关系不一般。而卒，应在曹彦约之前，约为宋宁宗嘉定十五年（1222）前后。殁后，葬在湘潭碧泉书院背后的盘屈石山之上。胡大时去世时，其兄胡大壮尚健在。

胡大时被学人称为"盘谷先生"，看来，胡大时是颇受时贤所敬重的。胡大时逝世后，曹彦约撰有挽章。

盘谷胡季随挽章二首

天地开南学，葵轩接五峰。淳熙亡一鉴，盘谷有其踪。
庭立心传鲤，门乘玉润龙。风流遮不断，堂斧若为封。

我负光华遣，君从恳请来。人如九鼎重，席为百泉开。
梁坏怅懷屋，星移绛帐台。湘西明在眼，欲渡不堪哀。

（见《从胡文定到王船山理学在湖南地区的奠立与开展》，第 124 页）

曹彦约（1157—1228），南宋大臣，字简甫，号昌谷，南康郡都昌（今属江西）人，宋孝宗淳熙八年（1181）进士，曾从朱熹讲学，历官知成都、潭州，迁兵部、礼部侍郎，累官至兵部尚书。

宋元学案·胡季随先生大时

黄宗羲　全祖望

胡大时，字季随，崇安人，五峰季子。（云濠案：《序录》岳麓巨子胡盘谷当即先生。）南轩从学于五峰，先生从学于南轩，南轩以女妻之。湖湘学者以先生与吴畏斋为第一。南轩卒，其弟子尽归止斋，先生亦受业焉。又往来于朱子，问难不遗余力。或说季随才敏，朱子曰："须确实有志，而才敏方可，若小小聪悟，亦徒然。"最后师象山。象山作荆公祠记，朱子讥之，先生独以为荆公复生，亦无以自解。先生于象山最称相得云。（见《宋元学案·岳麓诸儒学案》卷七一，第 2368 页）

光绪湘潭县志·胡大时

胡大时，字季随，宏少子也。宏疾甚，以大时托张栻，栻遂教之，而妻以女。乾道中，朱熹、吕祖谦及栻徒众并盛东南，称三大儒。栻学源胡氏，后乃从朱氏。大时仍持家说，然亦广博。陈傅良传永嘉经制之学，通判潭州，大时又从问焉。朱张游南岳，大时复数请益疏往来，屡有辨难。其后陆九渊自谓其学易简不支离，大时契之……约为婚姻，自是宅心高明。复类金溪云为陆学者迁或援时为九渊弟子，其于道学中类几家也。自安国居碧泉，宏又作本亭于泉上，有竹石花木之胜。绍兴中朱震与安国饮碧泉，叹其胜比诸李愿之乐盘古，学者因称大时曰盘古先生。张栻即没，门人数十聚处湖外论说常不合，咸就大时质正。大时各为剖析分别更以呈，朱子亦卒，无以易也。碧泉距南岳通而远于县治，故于时称衡山胡氏，而后或遂以胡氏为衡山人。（见清光绪《湘潭县志·人物志之三》卷八，第248-249页）

光绪南岳志·胡大时

胡大时，字季随，崇安人。五峰季子也，随父居衡山。南轩从学于五峰先生，复从学于南轩，南轩以女妻之。衡湘学者，以先生与吴畏斋为第一。南轩卒，其弟子尽归，止斋先生亦受业焉。又往来问难于朱子，最后师象山，最称相得。

赞曰：胡开潭学，朱张继尝。五子名家，季随为长。自治治人，何分岐两。且立程门，功先洒养。

（见清光绪《南岳志·前献》卷二，第386页）

湖南古今人物辞典·胡大时

胡大时（1149？—1210），字季随，学者称盘谷先生。福建崇安人。

胡宏季子、张栻女婿。幼时从父学，后从学张栻于岳麓书院，成为"岳麓巨子"之一。(见 2013 年《湖南古今人物辞典》，第 1258 页)

（十三）胡　显

胡显（？—1234），南宋抗金抗元名将，累官至检校太尉。湖南湘潭人。端平元年（1234）六月，宋理宗令抗金名将赵葵，乘金灭之，率五万之师一举抚定河南。七月二十一日，宋军进驻洛阳，由于粮草供应不上，将士只好采蒿作食。八月一日，元军将领塔斯前军铁骑突然出现，宋军一万三千余人在无食的情况下，经数日奋战，几乎全军覆灭。名将胡显也在八月七日的战斗中阵亡，捐躯献国。

胡显与弟胡颖系胡安国六世孙。胡显、胡颖之父胡琭，祖父胡覃和，曾祖父胡大壮（谱名常憀），高祖父胡宏。

胡显有子男三：彦位、彦佐、彦仕，徙江苏扬州（据衡湘谱载）。

宋史·胡显传

弥远犹未欲兴讨，参知政事郑清之赞决之。乃加葵直宝章阁、淮东提点刑狱兼知滁州。范刻日约葵，葵帅雄胜、宁淮、武定、强勇步骑万四千，命王鉴、扈斌、胡显等将之，以葵兼参议官。显，颖之兄也，拳力绝人，方在襄阳，每出师必使显及葵各领精锐分道赴战，摧坚陷阵，聚散离合，前无劲敌，以功至检校太尉。(见《宋史·赵葵传》列传一百七十六，第 12501 页)

湖南通志·胡显

胡显，湘潭人，父琭，娶赵方弟雍之女。显拳勇绝人，以材武入官。（赵）方在襄阳，每出师，命显与其子葵各领精锐分道战，摧坚陷阵，聚

散离合，前无劲敌，以功至检校太尉。《宏简录》《宋史·胡颖传》。（见清光绪《湖南通志·人物志三》，第3186页）

（十四）胡 颖

胡颖（1208—1272），南宋官员，封疆大吏，抗元将领，唯物主义法学大家。字叔献，号石壁。胡宏五世孙，胡大壮的曾孙。潭州湘潭（今湖南省湘潭县）人。胡颖自幼聪慧，机警不常，很得南宋大臣、名将赵范、赵葵诸舅父赏识。宋理宗绍定三年（1230），朝廷令赵范讨伐李全，胡颖被召入幕。时胡颖常微服行诸营，察众志向，归必三鼓。李全败被俘，舅父赵范遣胡颖献俘入朝，以赏补官。绍定五年（1232），胡颖登进士第，即授京秩。寻知平江府（今江苏省苏州市）兼浙西路提点刑狱（刑狱，官名。掌一路刑狱，审问囚徒，详覆案牍的司法行政长官）。开庆元年（1259），改任湖南提刑兼提举常平。胡颖助帅臣向士壁执掌湖南刑狱、常平仓、免役、市易、坊场、河渡、水利等。为正风俗，胡颖所至，毁淫祠数千区。其间胡颖又与帅臣向士壁携手同心、共抗元军，屡屡取得胜利。

宋理宗景定四年（1263），胡颖以枢密都承旨擢广东经略安抚使，主政广东。时潮州僧寺有大蛇惊动人，潮州吏民皆以信奉为神灵。胡颖主政广东后，令寺僧将此蛇"以阑槛载"运至广州，遂杀之。毁其寺，并罪僧。胡颖此举名噪江南，被誉为唯物主义法学大家，"司法长城"！宋度宗咸淳五年（1269），胡颖知静江府（今广西桂林市）、广西经略安抚使兼计度转运使，主政广西。咸淳八年（1272），胡颖迁京湖（概指京杭大运河与江淮五大湖区域）总领财赋。是年病卒，享年65岁。宋度宗为表彰其一向勋业，特赠四官。

胡颖为学、为人、为官，均为当时所盛称。南宋大臣，抗元将领文天祥撰有《祭都承胡石壁文》，极为称赞：言"石壁之锋，神人天出。金铁可摧，孰公为直？石壁之蕴，尊华贱质。泰华可移，孰为吾蓍吾龟。更几千百载之祝融，而复为此奇……"（详见《文天祥全集》）

据《衡湘谱》载：胡颖有子男一：彦儒。彦儒生子男二：震美、震奂，兄弟二人皆徙江苏扬州。故此，胡颖后世子孙多在今江苏省域，诸如澄江香山等地。

宋史·胡颖传

胡颖，字叔献，潭州湘潭人。父璪，娶赵方弟雍之女，二子，长曰显，有拳勇，以材武入官，数有战功。颖自幼风神秀异，机警不常，赵氏诸舅以其类己，每加赏鉴。成童即能倍（背）诵诸经，中童子科，复从兄学弓马，母不许，曰："汝家世儒业，不可复尔也"。遂感励苦学，尤长于《春秋》。

绍定三年，范讨李全，檄颖入幕，颖常微服行诸营，察众志向，归必三鼓。后全败，遣颖献俘于朝，以赏补官。五年，登进士第，即授京秩。历官知平江府兼浙西提点刑狱，移湖南兼提举常平，即家置司。性不喜邪佞，尤恶言神异，所至毁淫祠数千区，以正风俗。衡州有灵祠，吏民夙所畏事，颖撤之，作来谂堂奉母居之，尝语道州教授杨允恭曰："吾夜必瞑坐此室，察影响，咸无有。"允恭对曰："以为无则无矣，从而察之。则是又疑其有也。"颖甚善其言。

以枢密都承旨为广东经略安抚使。潮州僧寺有大蛇能惊动人，前后仕于潮者皆信奉之。前守去，州人心疑焉，以为未尝诣也；已而旱，咸咎守不敬蛇神故致此，后守不得已诣焉，已而蛇蜿蜒而出，守大惊得疾，旋卒。颖至广州，闻其事，檄潮州令僧舁蛇至，至则其大如柱而黑色，载以阑槛，颖令之曰："尔有神灵当三日见变怪，过三日则汝无神矣。"既及期，蠢然犹众蛇耳，遂杀之，毁其寺，并罪僧。移节广西，寻迁京湖总领财赋。咸淳间卒，赠四官。

颖为人正直刚果，博学强记，吐辞成文，书判下笔千言，援据经史，切当事情，仓卒之际，对偶皆精，读者惊叹。临政善断，不畏强御。在浙西，荣王府十二人行劫，颖悉斩之。一日轮对，理宗曰："闻卿好杀。"意在浙狱，颖曰："臣不敢屈太祖之法以负陛下，非嗜杀也。"帝为之默然。

（见《宋史·胡颖传》列传一百七十五，第 12478-12479 页）

万历衡州府志·胡颖

胡颖，字叔献。湘潭人。父瑑，娶赵方弟雍之女。子长曰显，有拳勇，以材武入官，数有功。颖自幼丰神秀异，机警不常。赵氏诸舅以其类己，每加赏鉴。绍定五年（1232）登进士第，历官知平江府兼浙西提刑，移湖南兼提举常平，即家置司。性不喜邪佞，尤恶言神异。所至毁淫祠千区，以正风俗。衡州有灵祠，吏民夙所畏事，颖撤之，作来谂堂，奉母居之。尝语道州学正杨允恭曰："吾夜必瞑坐此室，察影向咸无。"允恭对曰："以为无，则无矣。从而察之，则是又疑其有也。"颖甚善其言。颖为人正直刚果，博学强记。吐辞成文，书判下笔千言，援据经史切当。事情仓卒之际，对偶皆精，读者惊叹。临政善断，不畏强御。（见明万历《衡州府志·人物志》校注本卷三十二，第 597-598 页）

乾隆长沙府志·胡颖

胡颖，字叔献，湘潭人。幼时秀异机警，中童子科。宋绍定间登进士第。历官知平江府兼浙西提刑，移湖南提举。性不喜邪佞，尤恶神异，所至辄毁淫祠。衡州有灵祠，吏民畏事，颖撤之作来谂堂奉母居之。复为广东经略安抚使。潮州僧寺有大蛇为怪，人信奉之，值卑前守往祷，见蛇惊死。胡颖闻其事，檄僧弄蛇至杀之，毁其寺。移节广西，寻迁京湖总领财赋。咸淳间卒。

胡颖为人刚果，博学，吐辞成文，书判下笔千言，引据经史皆切中，临政善断，不畏强御。在浙西荣王府十二人行劫，颖恶斩之。一日轮对，理宗曰："闻卿好杀意在浙狱。"颖曰："臣不敢屈太祖之法，以负陛下，非嗜杀也。"理宗默然。（见清乾隆《长沙府志·人物志》，第 731 页）

光绪湘潭县志·胡颖 胡显

胡颖，字叔献，父瑹，娶赵方弟雍之女，故赵颖与兄胡显俱从赵方。胡显，拳勇绝人，以才武得官。赵方在襄阳每出师，命与其子赵葵各领精锐，分道赴战摧坚陷阵，聚散离合前无劲敌。

端平元年六月，赵范为师，遣弟赵葵及全子才经略二京。七月二日，子才至汴，道荒梗不得进二十日。范至，督显和子才将范用吉等万三千人持五日粮取洛阳。明日遂发诸军俱粮不继，乃以五日粮为七日食。至中牟监军徐敏子议遣勇士谕洛使趣降，胡显以深入召敌持不可，因命显分所部二千人护河阴；张迪将二百人袭洛阳，夜逾拔入城，空无一人。二十八日，军皆入。二十九日。食尽，其夜后军逼元兵于洛东三十里败溃。

八月戊辰朔，元兵至城下，诸将议退师，分步军为东西翼，敏子率大军济洛而阵，元兵突营败退。明日，元兵以团牌拥进拒战，杀四百余人，夺团牌三百余。自旦至午，军士饥困突围，由嵩山走浮光，元兵追之，大溃，余三百余人，经元砦栅转斗而前凡，食桑叶者两日，食黎枣者七日。赵范等闻变，遽自汴还襄阳，委过杨义、徐敏子等，而胡显得全师从范归。累官至检校太尉。

胡颖自幼机警，丰神秀异，诸舅赏焉。以为类己，成童即能背诵诸经，中童子科，复从兄学弓马，母不许，曰：汝家世儒业，不可复尔，遂励苦学，尤长于《春秋》。绍定三年，赵范讨李全檄颖入幕。李全败，遣献俘于朝，以赏补官。

五年，登进士第。历官知平江府兼浙西提点刑狱，移湖南兼提举常平，即家置司所至毁淫祠数十区。衡州有灵祀吏民畏事，胡颖撤其屋作来谂堂奉母居之。加枢密都承旨为广东经略安抚使。潮州僧寺有大蛇，前后任潮者皆敬奉之，前守未尝诣，俄去官，州人疑焉！已而旱则咸以为不敬蛇所致，后守未尝不得已诣之，蛇蜿蜒而出，大惊得疾遂卒。胡颖至广州檄潮州令僧弄蛇至，大如柱而黑色，载以阑槛。颖令之日果有神，当三日见灵变，及期蠢然杀蛇毁寺，并罪及僧。

咸淳八年，知静江府广西经略安抚兼计度转运使。乞祠禄，诏勋一转依所乞宫观。胡颖正直刚果，不喜邪佞，博学强记，吐辞成文，书判下笔千言，仓卒之际对偶皆精切，当事情援据经史，读者惊叹。在军微服，察行诸营夜分不息；临政善断，不畏强御；荣王府十二人行劫，颖悉斩之。

一日轮对，理宗曰："闻卿好杀，意谓浙狱也。"颖曰："臣不敢屈太祖之法，以负陛下。"帝默然。及卒。赠四官。

赞曰：端平半壁，衡山是力。颖勇似舅，策名帝室。安抚刚方，文通武辟。晚得优游，退闲为福。（见清光绪《湘潭县志·人物志》，第 249-250 页）

光绪湖南通志·胡颖

胡颖，字叔献，显弟，自幼风神秀异，机警不常，赵氏诸舅以其类己，每加赏鉴。成童即能背诵诸经，复从兄学弓马，母不许。遂感励苦学，尤长于《春秋》。绍定三年，赵范讨李全，檄颖入幕。颖常微服行诸营，察众志向，归必三鼓。全败，遣颖献俘于朝，以赏补官。五年，登进士第，授京秩，历官知平江府兼浙西提刑，移湖南兼提举常平，即家置司。性不喜邪佞，尤恶言神异，所至毁淫祠数十区。衡州有灵祠，吏民夙所畏事，颖撤之，作来谂堂奉母。以枢密都承旨为广东安抚使。潮州僧寺有大蛇，能惊动人，仕于潮者皆信奉之。前守去州人疑以为未尝诣也。已而旱，咸咎守不敬蛇神，故至此。后守不得已诣焉，蛇蜿蜒出，守大惊，得疾卒。颖至，闻其事，檄潮州令僧舁蛇至，大如柱，而黑色，载以阑槛。令之曰："尔有灵，当三日见变怪。"及期，蠢然犹众蛇，遂杀之，毁其寺。移节广西，迁京湖总领财赋。咸淳间卒，赠四官。

颖为人正直刚果，博学强记，书判下笔千言，仓卒之际，对偶皆精。临政善断，不畏强御。在浙西，荣王府十二人行劫，悉斩之。一日轮对，理宗曰："闻卿好杀，意在浙狱也。"对曰："臣不敢屈太祖之法以负陛下。"帝默然。《宋史》本传。（见清光绪《湖南通志·人物志三》，第 3816-3817 页）

（十五）胡志华

弘治衡山县志·胡志华

胡志华，明洪武十七年岁贡，授礼部主事。（见明弘治《衡山县志·岁贡志校注本》卷之四，第90页）

万历衡州府志·胡志华

胡志华，衡山县人，五峰公胡宏之裔孙。明太祖洪武十七年岁贡，授礼部主事。（见明万历《衡州府志·选举志》校注本，第51页）

后 记

《胡安国与子侄年谱》（以下简称《年谱》），付梓在即。历时四年的艰辛付出，总觉得尚有些许话题与读者诸君交流分享。

一、编纂整理先贤《年谱》，旨在弘扬与传承中华优秀传统文化

胡安国与子侄五位先贤，是北宋晚期与南宋初期著名的经学家、史学家、哲学家、教育家，其历史功绩和生平简略，《宋史》有传，方志有记。尽管历史已远去九百多年了，至今没有一部记述五位先贤的年谱专著，然先贤的门人高足，如南宋时东南三贤的张栻、朱熹、吕祖谦，后世均有学者为其撰写年谱行世，这不得不说是一大历史遗憾。作为文史爱好者的我们，于是决定尽绵薄之力来研习先贤们的生平纪事，编纂出版先贤年谱，旨在再现先贤们的历史荣光与时代印记，让优秀的中华传统文化得以弘扬与传承。

二、编纂整理先贤《年谱》，是一项宏大的历史文化工程

用编年体体裁记述、编纂整理两宋时期五位胡姓先贤的生平纪事，几年来，我们主要从以下几个方面尽心尽力。

（一）征集文献典籍，还原历史真实

五位胡姓先贤，他们之中既有朝廷官员和封疆大吏，又有著书立说和讲学授徒的教育大家，还有一代学术宗师和湖湘学派开创者，其足迹遍及两宋时期的多个行政区域。为再现其生平纪事，还原其历史真实，必须依据大量的文献资料佐证。为此，笔者广征博引，先后在省、市图书馆、新华书店查找、阅读，并购置了数十部（卷）文献典籍及明清时期相关府、州、县编纂的地方志等文献资料。湘潭县胡镇庚先生还寄赠了清乾隆《四

431

库全书》的电子版及相关出版读物。

（二）举办研讨会，向方家学者请教

编纂先贤年谱，除博采征引典籍文献资料外，还得走出去，以文会友，向方家学者请教。

2022 年 11 月 26 日，《年谱》书稿第一次研讨会在湖南东一传媒集团衡阳工作室（衡阳市科技局 705 室）召开，传媒集团负责人胡瀚允女士对本次研讨会的召开提供方便，安排周到，与会学者有胡素、胡朝阳、胡国繁等。

2023 年 3 月 11 日，第二次研讨会在"南岳游击干部训练班"陈列馆召开，编委会主任胡国民协调相关部门并率子侄、宗亲为会议召开做了详尽的准备工作，笔者胡秀华、胡定华二位先后在会上作主旨发言，与会领导、学者、历史文化爱好者有南岳区的胡显西、胡重阳、杨水洪、胡启华、胡义仲、胡利文、胡启辉、胡永忠；衡阳市的胡泽民；衡山县的胡融峰、胡湘岳、胡文新、胡伯恺、胡宏平、胡定安；衡东县的胡蔚东；衡南县的胡素；常宁市的胡自文、胡爱华、胡凡及胡安国的后世裔孙共 60 余人。

2023 年 7 月 8、9 日两天，编委会又先后在衡山县佳和建材有限公司和湘潭市盛世名烟名酒大鹏中路店召开《年谱》书稿研讨会及出版发行前宣传推介会。其间，得到衡山县佳和建材有限公司董事长胡湘岳、衡山县知名文史学者胡志良、湘潭大鹏烟酒店经理胡杏香等盛情接待，与会领导与学者共 40 余人。

（三）探寻先贤足迹，穿越时空交流

"靖康之变"，宋室南渡。胡安国父子自湖北荆门为躲避战乱，渡洞庭而南，定居湖湘，讲学授徒、著书立说，开创了在中国古代学术史上具有特殊地域性的学术派别——湖湘学派。为探寻先贤足迹，我们放眼湖南，与先贤们穿越时空交流。

2023 年盛夏，在本《年谱》编委会主任胡国民先生率领下，笔者先后赴湘潭县排头乡黄荆坪村隐山拜谒先贤胡安国父子的坟茔。随即又赴湘潭县锦石乡碧泉村。碧泉村或因碧泉潭而命名，人们因其颜色而呼之为"碧泉"，或曰"碧泉潭"。南宋建炎三年（1129），胡安国一家数十余口因避战乱迁徙于此，购地筑庐，讲学授徒，建碧泉书院和有本亭。我们抵达碧泉村时，该村书记谭俊明、安国公后世裔孙胡德意、碧泉潭饮用矿泉水厂

负责人刘四明等热情接待了我们。随即瞻仰了宋代碧泉书院遗址，参观了2010年碧泉潭村两委集资重建的"有本亭"等景点。

湖湘学派发祥地之一的宋代文定书院，其遗址在今湖南岳云中学校园内。岳云中学坐落于南岳衡山风景名胜区，隶属衡山县教育部门，是湖南省首批挂牌示范重点中学之一。该中学的科技楼，其前身是南宋理学名儒、湖湘学派开创者胡安国父子与家人在南岳居住、讲学和奉诏编纂《春秋传》之处。宋高宗绍兴九年（1139），胡宏将其改建为书堂，并以先父胡安国的谥号命名为文定书堂。2024年1月12日，笔者一行赴岳云中学寻访先贤足迹，瞻仰文定书院遗迹。此行得到了该校党委书记彭文星、校长吕强、老师杨菊云、杨光辉、肖红辉等热情接待，并为《年谱》编纂与整理提供了珍贵的史料信息。

三、《年谱》的编纂与出版，感恩各方的关爱与支持

著名思想史学者、中国哲学博士导师、深圳大学王立新教授对《年谱》书稿的完成是建立在审校的基础上这点予以充分肯定，并为《年谱》撰《序》。

湖南大学岳麓书院院长肖永明教授，对本《年谱》编纂出版甚为关心，当浏览即将付梓的书稿之后，连连称赞！

本土文化学者、衡阳市人大常委会原副主任旷瑜炎，衡阳市文联原主席、二级巡视员谭崇恩，衡阳市委宣传部副部长林新华，衡阳市供销合作总社理事会主任刘定安，衡阳市委统战部副部长、市政府侨办主任杨伟东，衡阳市图书馆原馆长刘忠平，衡阳市文化馆书记罗马，衡阳市图书馆副馆长谭宇昊、馆员王芳慧、屈路明，南岳区人大常委会原主任胡显西，本土知名文史学者谭民政、旷顺年、胡重阳、杨水洪、胡启华、胡素、胡志良、廖和平、杨庆国等为《年谱》编纂与整理均提供了有益的指导与帮助。

衡阳市社科联主席罗东云等领导与专家评委通过评审，决定将本《年谱》定为2023年度衡阳市社会科学著作出版资助项目予以支持。

南岳区、衡山县的领导和有关部门负责人，对《年谱》的编纂与出版给予关爱，寄予厚望。岳云中学、文定学校等校负责人对《年谱》的编纂

与整理提供不少的帮助与支持。

长沙衡山商会执行会长、长沙宝沣信息技术咨询有限责任公司董事长胡运武，衡山县佳和建材有限公司董事长胡湘岳，安徽天长市千秋房地产开发有限公司董事长胡支明，湖南省衡洲建设有限公司董事长唐仕亮，原中国西北航空公司高级经济师胡文学，湖南省优秀民营企业家胡定明（益阳市人），全国五一巾帼标兵，安徽省劳动模范胡敏女士（蚌埠市人）等，对《年谱》的出版发行皆给予了大力支持与资助。

本《年谱》的编纂与整理，还得到南岳区民族宗教局、南岳佛教协会与南台、祝圣、上封等名寺古刹的住持、方丈及名僧的关注与支持。

《年谱》编纂委会主任胡国民与编委员会全体同仁，湖南湘潭大学刘建平教授，湖南湘潭市胡铁华、胡杏香，福建武夷山市胡良忠，江西吉安市胡香一，江苏徐州市胡恒俊、南京市胡仕礼，湖南衡阳市胡泽民、南岳区徐衡、衡南胡文海等知名文化学者与热心人士，对《年谱》编纂与整理，不时提供资料信息，且从多方面给予鼓励与支持。

湖南大学胡湘云教授非常关心和支持《年谱》的编纂与整理，还将《年谱》推荐给湖南大学出版社出版发行。湖南大学出版社文史编辑室王桂贞老师为书稿的选题报批、合同签约提供了优质服务；责编崔桐老师业务能力强、工作认真负责，遇事常与作者沟通联系。

楚子文化有限公司总经理谢嫔率员工历经数年，为《年谱》排版设计，改版打印，不厌其烦，辛勤付出。

文章千古事，得失寸心知。由于编者水平有限，加之部分文献资料匮乏，书中或有疏漏错误及不尽人意之处，敬请方家和读者指正。

二〇二四年农历九月初三是先贤胡安国诞辰950周年，本《年谱》编纂与整理旨在缅怀先贤，推进文化自信，弘扬和传承宋代理学名儒胡安国父子所开创的湖湘学派及爱国情怀。并谨以本《年谱》的出版发行向湖南第三届旅发大会献礼。

胡秀华谨记

二〇二四年八月于雁城都市村庄

征引与参考文献

编号	书　名	作者及编撰者	出版社与出版时间	
1	春秋传	〔宋〕胡安国 王丽梅　校点	岳麓书社	2011 年
2	胡宏集	〔宋〕胡宏 吴仁华　点校	中华书局	1987 年
3	胡宏著作两种	〔宋〕胡宏 王立新　点校	岳麓书社	2008 年
4	斐然集　崇正辩	〔宋〕胡寅 尹文汉　点校	岳麓书社	2009 年
5	读史管记	〔宋〕胡寅 刘依平　点校	岳麓书社	2011 年
6	张栻集	〔宋〕张栻 杨世文　点校	中华书局	2015 年
7	杨时集	〔宋〕杨时 林海权　整理	中华书局	2017 年
8	朱子语类	〔宋〕黎靖德　编 黄坤　曹姗姗　注评	凤凰出版社	2013 年
9	胡安国《春秋传》 校释与研究	王雷松	北京师范大学出版社 2016 年	
10	宋　史	〔元〕脱脱等撰	中华书局	1985 年
11	宋史全文	汪圣铎　点校	中华书局	2016 年
12	南岳唱酬集	〔宋〕朱熹 张栻　林用中	线装书局	2015 年
13	从胡文定到王船山 理学在湖南地区奠 立与开展	王立新	中国社会科学出版社 2014 年	

续表

编号	书　名	作者及编撰者	出版社与出版时间	
14	张栻年谱	〔清〕王开琸 〔民国〕胡宗楙 日本　高畑常信 辑校　邓洪波	科学出版社	2017 年
15	张栻师友门人往还书札汇编	任仁仁　顾宏义	中华书局	2018 年
16	左　传	〔春秋〕左丘明 译注　郭丹　程小青 李彬源	中华书局	2015 年
17	续资治通鉴	〔清〕毕沅	岳麓书社	2008 年
18	道南源委	〔明〕朱衡	中华书局	1985 年
19	弘治衡山县志	〔明〕刘熙　何纪 熊仲荣　刘文新　校注	湘潭大学出版社	2013 年
20	正德袁州府志	〔明〕徐琏　维中 欧阳文　鄢文龙　校注	暨南大学出版社	2019 年
21	嘉靖建宁府志	〔明〕夏玉麟　汪佃 吴端甫　许友泉 蔡伟缵　点校	厦门大学出版社	2009 年
22	万历衡州府志	〔明〕林兆珂　伍让 整理　杨伟东等	线装书局	2020 年
23	雍正崇安县志	〔清〕刘靖　张彬 叶国盛　陈平　点校	福建教育出版社	2021 年
24	乾隆荆门州志	〔清〕舒成龙　纂修 李柏武等　校注	中国文史出版社	2021 年
25	乾隆长沙府志	〔清〕吕肃高　张雄图 王文清	岳麓书社	2008 年
26	乾隆衡州府志	〔清〕饶佺　旷敏本	岳麓书社	2008 年
27	乾隆衡山县志	〔清〕白德贵　钟光序 熊仲荣　刘文新　点校	中州古籍出版社	2021 年
28	嘉庆衡山县志	〔清〕侯玲　张富业 丁钰	江苏古籍出版社　民国十三年 （1924）重印	

编号	书　名	作者及编撰者	出版社与出版时间	
29	道光永州府志	〔清〕吕恩湛　宗绩辰	岳麓书社	2008 年
30	岳麓书院志	〔明〕吴道行 〔清〕赵　宁 邓洪波　谢丰　点校	岳麓书社	2012 年
31	道光宝庆府志	〔清〕黄宅中　张镇南 邓显鹤	岳麓书社	2008 年
32	同治直隶澧州志	〔清〕何玉棻　黄维赞	岳麓书社	2010 年
33	同治安福县志	〔清〕姚濬昌　周立瀛	江西科学技术出版社	2019 年
34	光绪湘潭县志	〔清〕陈嘉榆　王闿运	岳麓书社	2010 年
35	光绪衡山县志	〔清〕李维丙　郭庆飏 文岳英	江苏古籍出版社	民国十三年 （1924）重印
36	光绪严州府志	〔清〕吴世荣等	浙江古籍出版社	2017 年
37	光绪湖南通志点校	湖南省地方志 编纂委员会	湖南人民出版社	2017 年
38	光绪南岳志	〔清〕李元度 刘建平　点校	岳麓书社	2013 年
39	宁乡县志	〔民国〕周震鳞　刘向	湖南人民出版社	2009 年
40	湖南通史·古代卷	伍新福	湖南人民出版社	2008 年
41	湖南古今人物辞典	王晓天　王国宇 毛健	湖南人民出版社	2013 年
42	衡阳市志	衡阳市地方志 编纂委员会	湖南人民出版社	1998 年
43	湘潭县志	湘潭县地方志 编纂委员会	湖南人民出版社	1995 年
44	南岳区志	南岳区志办	岳麓书社	2000 年
45	朱熹大辞典	张立文	上海辞书出版社	2013 年
46	中国历代职官辞典	沈起炜　徐光烈	上海辞书出版社	2014 年

续表

编号	书　名	作者及编撰者	出版社与出版时间	
47	中国姓氏起源考与历史名人	胡秀华	湖南人民出版社	2016 年
48	朱子与籍溪先生	陈国代	武夷山胡安国研讨会论文	2018 年
49	湖湘学派创始人胡安国	宁淑华	福建人民出版社	2019 年
50	中国历代大事年表	杜文玉	商务印书馆	2020 年
51	上蔡先生语录译注	杨周靖	中州古籍出版社	2021 年